Hermann Hesse

Schilderungen, Tagebücher,
Gedichte, Aufsätze, Buchbesprechungen
und Erzählungen

Herausgegeben und mit einem Nachwort
von Volker Michels

Suhrkamp

Die Reproduktion der Bilder erfolgte mit freundlicher Genehmigung u.a. des Hesse-Depositums des Deutschen Literaturarchivs in Marbach am Neckar, der Edizione Giusti di Becocci, Florenz, und des Herausgebers.

Umschlagfoto: Eid/laif

suhrkamp taschenbuch 689
Erste Auflage 1983
Erstausgabe

Druck: Nomos Verlagsgesellschaft, Baden-Baden
Printed in Germany
Umschlag: Göllner, Michels, Zegarzewski
ISBN 3-518-37189-4

9 10 11 12 13 14 – 10 09 08 07 06 05

Inhalt

Stimmungsbilder aus Oberitalien

Gedichte

Hermann Hesses Italienbild – Ein Mosaik aus Briefen, Rezensionen und Dokumenten

Erzählende Schriften

Stimmungsbilder aus Oberitalien

Seit meiner ersten Italienfahrt im Frühjahr 1901 habe ich mich mit Land und Leuten, Geschichte und Kultur der Toskana und von Venetien vielfach weiter beschäftigt und vertraut gemacht und bin namentlich in Venedig sehr heimisch geworden. Dennoch vergaß ich von den Eindrücken jenes ersten Besuches nichts, und ich habe mit Absicht an den nachfolgenden, im Jahr 1901 entstandenen Aufzeichnungen nichts geändert. Denn das jahrelang sehnlich erträumte Betreten italienischen Bodens gab mir damals ein so intensives erhöhtes Glücksgefühl, wie ich es bis dahin kaum gekannt hatte und wie es mir vielleicht nie wieder zuteil werden wird.

Daß mein Reisen, Sehen und Erleben unabhängig von Mode und Reisehandbüchern war, wird man leicht sehen können. Wer auf Reisen wirklich etwas erleben, wirklich froher und innerlich reicher werden will, wird sich die geheimnisvolle Wonne eines ersten Schauens und Kennenlernens nicht durch sogenannt »praktische« Reisemethoden verderben. Wer mit offenen Augen in ein fremdes, bis dahin nur aus Büchern und Bildern gekanntes, aber seit Jahren geliebtes Land kommt, dem wird jeder Tag unerwartete Schätze und Freuden geben, und fast immer behält in der Erinnerung dieses naiv und improvisiert Erlebte die Oberhand über das planmäßig Vorbereitete. *(1904)*

Pisa, der »Platz der Wunder« mit dem Baptisterium, dem Dom und dem Campanile.

Der Triumph des Todes

Vor dem hübschen, ruhigen Städtchen Pisa liegt abseits und von grünen friedlichen Wiesen eingeschlossen eine stille, ernste, marmorne Welt, einsam und vom Zauber einer alten, untergegangenen Kunst übergossen. Das ist jene berühmte Pisaner Gruppe heiliger Gebäude, des Baptisteriums, des Domes, des Kampanile und des Campo Santo, sämtlich aus jener uns seltsam anziehenden Zeit stammend, in welcher aus der Dantesken Kultur des endenden Mittelalters heraus die ersten überraschenden Keime einer neuen Kunst und eines neuen Lebens erstanden.

Wer aus den Straßen der wenig belebten Stadt heraustretend zum erstenmal von diesem einzigartigen Anblick überrascht wird, der bleibt mit Herzklopfen vor dieser adlig schönen Gruppe stehen. Kein Haus, kein Bild oder Klang modernen Lebens stört den Eindruck, abgeschlossen und in der ganzen Reinheit von ehemals liegt diese kleine Welt im Grünen, deren späteste Teile sechs Jahrhunderte alt sind. Wen hier nicht ein Gefühl von Ehrfurcht

Der Campo Santo in Pisa.

und heiligem Schauer überwältigt, der ist vergebens nach Italien gekommen; er wird keinen zweiten Ort finden, von dem ein Stück des alten Italiens sich so großartig rein und edel erhalten hat.

Nach dem Erwachen aus dem ersten ehrfürchtigen Staunen wendet sich unwillkürlich die erste Neugierde dem Kampanile, dem berühmten schiefen Turme, zu. Auch mir ging es so, und vom ersten Augenblick an war es mir rätselhaft, daß viele der Ansicht sind, dieser Turm sei mit Absicht schief angelegt worden. Denn wenn die beiden schiefen Türme von Bologna den erstrebten Eindruck des apart Bizarren wirklich machen, so kann man den Pisaner Turm nur mit tiefem Bedauern über seine schiefe Neigung betrachten, welche den einzigen Mißklang in einer vielleicht nirgends sonst so großartig vorhandenen vornehmen Harmonie gibt.

Nachdem ich den wundervollen Turm betrachtet und erstiegen, den Dom mit der glänzenden Fassade und den Bildern des Andrea del Sarto, sowie das Baptisterium mit der streng schönen, reliefgeschmückten Kanzel des Giovanni Pisano besucht hatte, wandte ich mich zu dem wenige Schritte entfernten Campo Santo, in dessen Innern ich einen Eindruck besonderer Art auf mich warten wußte.

Der Campo Santo ist ein rechteckiger, grüner Platz, von nach innen offenen Hallen umgeben, deren Wände die berühmten Fresken bedecken. Der ganze Raum ist totenstill, abgelegen und feierlich und hat die Stimmung der Weltferne und des nachdenklichen Ernstes. Die Steinböden der Hallen sind aus Grabplatten zusammengesetzt, auf denen eine wichtige Sammlung antiker und mittelalterlicher Plastik aufgestellt ist. Ich hatte das Glück, der einzige Besucher zu sein; nichts störte meine stille Betrachtung, kein Laut als der meiner eigenen Schritte traf mein Ohr. Ich besah die bunte Reihe der Fresken, fand bei den Skulpturen einige höchst anziehende etruskische Stücke und ließ dann mein Auge auf dem grün bewachsenen Hofe ausruhen, um dann das Hauptbild, den Triumph des Todes, würdig zu betrachten. Während dieses Ausruhens in der vollkommenen Stille war meine Phantasie mit dem Bilde der Zeit beschäftigt, in welcher diese Wände erbaut und bemalt wurden, die durch die Vermittlung der englischen Präraffaëliten wieder einen so enormen Einfluß auf die Kunst der letzten Jahrzehnte geübt haben. Bei allem Reiz hatte das historische Phantasieren an diesem Ort der Vergangenheit und des Todes etwas Traurigmachendes; ich riß mich los und stellte mich nun dem »Triumph des Todes« gegenüber auf.

Die schwermütige Mystik des scheidenden Mittelalters redet aus diesem gewaltigen Bilde, das heute noch, beschädigt und antiquiert, die Schatten der Trauer und Todesgedanken auf die Seele des Beschauers legt. Links ist das fromme Leben der Einsiedler dargestellt, für welche der Tod keine Schrecken hat; der eine ruht an einen Baum gelehnt, ein anderer liest gebückt in einem Buche, ein dritter melkt eine Hirschkuh. Rechts sehen wir die Seligen im Paradiese sitzen, unter laubigen Fruchtbäumen, in tiefem Frieden, bei Gespräch und Lautenspiel. Die Mitte aber schildert in drei Hauptgruppen den Triumph des Todes, der nach Willkür grausam über die Menschen herrscht. Da reitet eine vornehme, reichgekleidete Jagdgesellschaft, auf schönen Rossen, von Hunden umbellt. Plötzlich begegnen die Vordersten des fröhlichen Zuges drei offenen Gräbern, in welchen Leichname in den verschiedenen Stadien der Verwesung sichtbar werden. Ein obenan reitender schöner Jüngling erbleicht und zeigt den Nachfolgenden stumm mit ausgestrecktem Finger das Schrecknis, die Dame zu seiner Rechten blickt scheu und verstört hinüber. Und nun pflanzt sich der Schauer des Todesschreckens durch die glänzende große Reihe

Ausschnitt aus dem Fresko »Triumph des Todes« im Campo Santo von Pisa.

fort, ein Hündlein nähert sich angstvoll winselnd den Gräbern, eines der Pferde stiert mit vorgerecktem Halse scheu auf die Leichname. Die nächstfolgende Dame neigt in schmerzlicher Todesangst das schöne Haupt auf die Hand und kann nicht nochmals hinübersehen; der ganze Zug gerät in ängstliches Stocken, nur die Hintersten, die noch nichts ahnen, blicken lebensfroh und übermütig uns aus dem Bilde an.

Nebenan folgt die ergreifendste Gruppe. Eine Schar von Armen und Bettlern steht und liegt am Wege. Sie alle sind elend, alt, krank und des Lebens müde; der eine ist blind, ein anderer lahm, andere vom Alter gekrümmt oder durch Unglück verstümmelt. Mit herzzerreißenden Gesten und Blicken flehen sie zum Tode, er möge sie erlösen, sie, die einzigen, welche gern zu sterben bereit sind.

Aber der Tod erhört sie nicht. Als grauenhafte Megäre mäht er mit riesiger Hippe seine Beute nieder, lauter Junge, Reiche, Schöne, Vornehme, die am Leben hingen. Sie liegen dicht in welken Haufen am Boden, Äbte, Nobili, Edeldamen und in der Blüte weggeraffte Jugend. Darüber in den Lüften streiten sich Engel und Teufel um die Seelen.

Das ist der *trionfo della morte*. Ich weiß kein Bild und keine Dichtung, aus denen so gewaltig düster die ewige Todesbotschaft spricht, es seien denn zwei oder drei jener fast trostlos herben Todesverse in den Psalmen, im Jesus Sirach und im Prediger Salomo. *(1901)*

Anemonen

Kennt ihr den Frühling von Florenz? Wenn am Viale die Rosen zu knospen beginnen? Wenn die weichen Hügel hinan die zärtliche lichte Röte der Obstblüte fließt? Wenn Schlüsselblumen und gelbe Narzissen die fröhlichen Wiesen ganz mit Gold überdecken?

Oh, das ist schön! Diese Tage, da die schwarzen Zypressen sich in ersten warmen Lüften wiegen! Diese heißen Mittagsstunden im April, wenn die Mauern der Hügelpfade leis zu glühen beginnen und die erste warme Rast auf durchsonnten Zinnen winkt! Wie dann die Erde sich reckt und glänzt; wie da die fernen Berge immer blauer und sehnlicher herüberstreben, bis euer Herz voll treibendsüßen Wanderfiebers wird!

Über Fiesole leuchtete ein Aprilmittag, sonnig heiß, mit blankbefiederter Bläue. Veilchenmädchen lärmten in den Gassen, farbig gekleidete Fremde trieben sich im römischen Theater herum. In dem warmen, steilen Sträßchen, das von der Piazza zum Kloster führt, saßen Strohflechterinnen und arbeiteten im Freien. An der Aussichtsbank war allerlei Leben. Kinder – viele blonde darunter – lagen und spielten im Gras, jeden Augenblick bereit, aufzuspringen, wehmütige Gesichter zu machen und zu betteln. Ein paar Hausierweiber mit Strohwaren standen erwartungsvoll dabei, und hart an der Mauer hatte ein hübscher Bursche sein Fernrohr aufgestellt, durch welches man für zwei Soldi jedes Haus von Florenz bis zur Torre del gallo sehen kann. Die schöne Zwillingszypresse umströmte leis ein wohlig warmer Wind.

Vom Kloster herab kam ein junger Deutscher gegangen. Alles an ihm war Freude und Begeisterung, sein Gang wiegte sich freudig, seine Augen glänzten, seine Arme waren in erregter Bewegung. Es ist nicht anders, wenn ein junger Nordländer zum erstenmal Fiesole im Frühling sieht. Ihr könnt ihm ansehen, daß er an Lorenzo den Prächtigen, an Jakob Burckhardt und an Böcklin und zugleich mit halbem Mitleid an die ferne Heimat denkt. Nun tritt er mit beiden Füßen das Land, von dem er seit Knabenzeiten gehört und geschwärmt hat! Nun liegt zu seinen Füßen Florenz, und rings umdrängen ihn Hügel, Villen, Gärten mit ihrer großen Geschichte und ihrer großen Schönheit.

Er fühlt, daß er noch nicht in die Stadt zurückkehren und heute überhaupt nicht arbeiten darf. So ein Tag ist einzig zum Wandern da. Also schlendert er durch Fiesole, kauft Orangen und schlägt

Blick auf Florenz.

den Höhenweg nach Settignano ein.

Es lohnt sich wohl, im Frühjahr diesen Weg zu gehen. Die Stadt verschwindet, man sieht bald weder Häuser noch Menschen mehr, nur bunte Nähen, ergrünende Felder, satte Wiesen und ernste schöne Bergzüge, dazwischen einsam und grau das sonderbare Schloß Vincigliata in seinem dürren jungen Nadelwald. Dem Wanderer war in der Seele wohl; jeder blühende Baum erfreute ihn, und jede am Hügelkamm auftauchende Zypresse entzückte ihn durch ihr energisches Emporlodern. Das Schönste aber sah er zuletzt.

Das waren die Anemonen. Sie sind freilich nichts eigentlich Toskanisches, man findet sie überall, aber sie gedeihen hier besonders üppig und sind schöner als der ganze üppige Frühling zusammen. Sie sind blau, rot, weiß, gelb, lila und violett. Sie haben große runde Blüten und bedecken ganze Fluren. Man darf wirklich von ihnen sagen: sie lachen. »Sieh, es lacht die Au!« Sie schauen so staunend, offen und selig in die Welt wie Kinder. Sie machen die Wiesen zu frohen, buntgewirkten Teppichen – man sieht sie auf zahllosen toskanischen Bildern des Quattrocento, und sie erhöhen deren süßen kindlichen Liebreiz.

Als der junge Fremde die Anemonen sah, war er wieder entzückt. Er stürzte sich auf sie und brach ganze Hände voll davon ab. Er freute sich schon, sie in seinem Zimmer zu sehen, einige zu pressen und getrocknet nach Hause zu schicken – als Gruß aus der *città dei fiori*.

Dann marschierte er weiter, ließ Vincigliata liegen und strebte Settignano zu. Die ungewohnte Wärme und der erschlaffende Frühlingsdunst machten ihn schließlich still und müde. Vor Settignano sprang ihm ein Mädchen mit Blumen entgegen.

»Prenda, prenda, Signore!«

Er hielt ihr seinen eigenen Strauß entgegen. Da sah er erst, daß er welk war. Und er warf ihn bedauernd weg und kaufte dem Mädchen ihre Blumen ab.

Eine halbe Stunde später schritt ein zweiter Wanderer denselben Weg. Auch ein Deutscher, nur wenig älter, aber weniger begeistert. Ihn machte die Sonne nicht müde. Ihn umklangen nicht die Namen der Medici. Er kannte sie wohl, vom alten *pater patriae* bis auf die herzogliche Sippschaft herab. Er war auch einmal in ihrem Bann gestanden, doch waren ihm seither allerlei andere Dinge wichtiger geworden.

Den schönen Frühling aber liebte er nicht weniger als jener Jüngere. Er kannte hier jede Höhe und jeden Pfad, auf allen war er oft gegangen, und auf all diesen Mäuerchen hatte er heiße einsame Rasten gehalten. Kein Meierhof, kein Kreuzweg, kein Olivengarten, den er nicht kannte und mit dem ihn nicht irgendeine kleine Erinnerung verband.

Er sah auch die Anemonen, seine Lieblinge. Er dachte daran, wie viele tausend von ihnen jetzt wieder von den Fremden gepflückt und zertreten würden. Er grüßte sie mit warmen Blicken und nickte ihnen zu.

Als er sich Settignano näherte, sah er jenen welken Strauß auf der Straße liegen. Er fluchte ingrimmig.

»Bande, elende! Da schwärmen sie für Fra Angelico, und mit den Blumen gehen sie um wie die Barbaren!«

Er war schon ein paar Schritte weitergegangen. Da kehrte er wieder um, hob die Blumen von der Straße auf und suchte, ob noch unverwelkte darunter wären. Nein, alle waren verdorben.

Er wollte den Strauß wieder wegwerfen, besann sich aber und nahm ihn bis zur nächsten Brücke mit; dort warf er ihn in den kühlen Bach. Der Strauß löste sich auf, und die welken Anemonen trieben einzeln und langsam bachab. Er sah ihnen nach und machte im stillen dem Wanderer wieder Vorwürfe.

»Da droben stehen ja noch Tausende davon«, hörte er ihn in Gedanken antworten.

Da deutete er vorwurfsvoll auf die davonschwimmenden Blumen und vergaß einen Augenblick ganz, daß er ja allein war. *(1901)*

Initialen

Nächst den Träumereien sonnig stiller Frühlingsnachmittage, an denen ich auf warmen Bänken oder im hohen Grase lag und mich ganz dem Zauber der Sonnenwärme und des Blumenduftes hingab – nächst diesen Träumereien und nächst dem Geplauder mit den kleinen, barfüßigen toskanischen Bauernmädchen fand ich in Italien vielleicht nirgends so viel Selbstvergessen und so viel reines vollbefriedigtes Hingegebensein wie in den Kapitelsälen, Bibliotheken, Sakristeien und Schatzkammern der Klöster und Kirchen, wo ich, in staubigen Schränken oder auf alten Lesepulten ruhend, Sammlungen alter Mönchsmalereien fand.

Die Arbeit eines klösterlichen Miniaturmalers muß etwas unsäglich Befriedigendes gehabt haben; man spürt es diesen bunten, frischen, fleißig ausgeführten Bildchen und Ornamenten so deutlich an, daß sie mit unversieglicher Treue und Laune und mit einer beglückenden Liebe zur Sache gemalt wurden. Im Gebiet der bildenden Künste kenne ich kaum etwas, was auf den Beschauer so heimatlich anziehend, so tröstlich, reinigend und erfreuend wirkt, wie diese in satten Farben und unverblichenem Golde leuchtenden kleinen Produkte einer fleißigen und soliden Kunstarbeit. Außerdem verbinden sie die kräftigen Effekte des rein Dekorativen apart und lustig mit der freien erzählerischen Phantasie der Griffelkunst; sie wirken durch ganze Bände, ja durch ganze Bibliotheken hindurch gleichmäßig und einheitlich schmückend, und dennoch sind sie zumeist von verblüffend lebendiger, individueller Laune und Erfindung überquellend voll.

Sehr schöne Initialen fielen mir in der *Certosa di Pavia*, im Museum von San Marco und der Sakristei von Santa Croce in Florenz und in der Certosa di Val d'Ema auf. In Santa Croce stach mir, als ich eben im Begriff war, die flüchtig betrachtete Sakristei wieder zu verlassen, beim Vorübergehen in einem der Schränke plötzlich etwas aufleuchtend Farbiges ins Auge. Ich trat näher und fand einige Pergamentblätter mit gemalten Initialen aufgeschlagen daliegen. Sie hatten eine Wand voll prunkhaft goldgestickter Priesterornate zum würdigen Hintergrund. Da war namentlich ein riesiges lateinisches P, der Anfangsbuchstabe einer Liturgie, das mich fesselte.

Der Buchstabe hebt sich in schönem Umriß blau mit rot und grünem Blätterornament vom goldenen Grunde ab, das Gold

Initial »D«, ausgefüllt mit einer Miniaturdarstellung der »Anbetung der hl. drei Könige«, Mönchsmalerei aus dem 16. Jhdt.

selbst ist nur durch eine schmale schwarze Leiste eingefaßt, und diese Leiste ist wieder von einem in Orangegelb ausgeführten Ornament durchflochten. In die fast kreisförmige Rundung des P ist der Drachensieg des heiligen Georg gemalt. Der ganze Horizont wird hier auffallenderweise durch ein fleißig gearbeitetes Stadtbild mit Mauer, Giebeln und zwei Toren gefüllt, während sonst die Miniaturisten für solche Darstellungen ungern auf die kräftig dekorative Folie eines leuchtend tiefblauen Himmels verzichten. Den Mittelgrund des Bildchens füllen einige graue, mit einzelnen Pflanzen bestandene Hügel, die schroff gegen eine dunkelgrüne, prachtvolle Wiesenfläche des Vordergrundes abfallen, auf welchem Ritter, Jungfrau und Drache in lebhafter Zeichnung und starken Farben hervortreten. Hier ist nun jedes Detail mit liebevollster Sorgfalt ausgeführt. Der Heilige reitet ein fahl lilafarbenes Roß, das mit blauen Strängen gezäumt und rot mit gelbem Riemenwerk gesattelt ist. Der zierlich geschweifte Sattel ist mit weißen, sternförmig geordneten Punkten umsäumt. Der Drache, dem der Spieß des Reiters eben den Rachen durchbohrt hat, blickt grimmig und mit verdrehtem Halse zu seinem Feind empor, während sein starker Schweif ein Hinterbein des Rosses krampfhaft umringelt. Das Pferd setzt, um sich zu befreien, den zweiten Hinterhuf auf den Drachenleib, während es vorn vor dem qualvoll grinsenden Drachenhaupt sich bäumt.

Der Ritter glänzt in kobaltblauem Reitrock, stark flatterndem rotem, lila gefüttertem Mantel, kurzer gelber Hose und roten Ritterschuhen mit blauen Sporen. Seine Linke hält den weißen Schild mit rotem Kreuz, seine Rechte die siegreiche Lanze. Das jugendlich milde Gesicht umrahmt der keimende blonde Bart. Etwas zur Seite steht die Jungfrau, zarte weiße Hände betend zusammengelegt, in rotem Kleide und blauem Oberkleid mit blaßroten Ärmeln und goldstoffenem Gürtel. Lange blonde Haare umrahmen das fromme stille Gesicht.

Das Schönste am Ganzen aber ist eigentlich die Wiese des Vordergrundes, satt dunkelgrün, von blauen und orangefarbenen Blumen durchglänzt. Mehr noch als das Gesicht und die gefalteten Hände der Jungfrau ist dieses grüne Feld vom Zauber der Weltferne und des harmonisch friedlichen Daseins erfüllt; ein Hauch von Wärme und Sommer liegt darüber, der etwas Besänftigendes und auch Heimwehweckendes hat.

In der Certosa di Val d'Ema fragte ich den greisen Mönch, der mich führte, warum seit so langer Zeit in seinem Kloster keine solchen Sachen mehr gemalt würden. Er lächelte gutmütig, wies mit der Hand auf die offen daliegenden Pergamentblätter und sagte: »Unsere Gäste haben danach noch nie gefragt. Was nicht fünf Jahrhunderte alt ist, interessiert sie nicht.«

Und nach einer Pause fügte er, während er die Bibliothektüre verschloß, hinzu: »Sie verachten uns! Sie verachten uns ebenso wie sie unsere Vorgänger bewundern.«

»Sie verachten vielleicht in euch ihre eigene Zeit und vielleicht sich selber«, sagte ich zum Abschied.

»Wer kann das wissen?« lächelte er und führte mich die breite sonnige Treppe zum Hof hinab. *(1901)*

Der lustige Florentiner

Nicht weit vom Palazzo Pitti hatte ich eine jener seltenen kleinen Weinstuben entdeckt, die noch den einfachen, aber behaglichen alten Florentiner Typus haben und in denen der Chianti reiner, besser gekellert und billiger ist als in den modernen Osterien. Es war ein schmaler, niedriger Raum im Erdgeschoß, der von Möbeln nichts enthielt als die üblichen Marmortrinktische und zwei Dutzend dreibeinige Holzstühle. Dennoch sah die Stube durchaus nicht leer und nüchtern aus, denn unter der Decke liefen die ganzen Wände entlang zwei tiefe Regale, in denen eine Menge von Fiaschi, Bottiglien, Bottiglietten sowie Würste, Schinken, Körbchen mit Früchten dekorativ und verlockend ins Auge fielen. Die eine Ecke des Raumes war für leere Flaschen reserviert, die in großer Anzahl, teilweise zerbrochen, herumlagen. An der weißgetünchten Wand hing ein tüchtiger Kupferstich, die Badia[1] vorstellend, neben einem lithographierten Porträt des unvermeidlichen Vittorio Emanuele[2].

Eines Abends brachte ich zwei Bekannte mit in diese Kneipe, einen Dresdener Maler und einen Heidelberger Studenten, der sich ein unmögliches Thema zu seiner kunstgeschichtlichen Dissertation ausgesucht hatte und nun schon seit zwei Monaten in der Toskana bummeln ging, ohne die Belege für seine hinterm Ofen ersonnenen Kombinationen finden zu können. Wir ließen uns einen Fiasko Chianti geben und aßen unsere bescheidenen Salamibrötchen dazu, unser gewöhnliches Abendessen. Nur der Maler, der ein erkleckliches Reisestipendium genoß, leistete sich außerdem ein Gericht *Vermicelli al sugo*. Bei dem ausgezeichneten Wein entspannen sich bald die jugendlichen Gespräche, die seit Jahrzehnten in jedem italienischen Wirtshause alltäglich erklingen – über die Schönheiten der Kunst, über das Elend unserer heutigen Kultur und über die absolute Notwendigkeit, neue Lebensformen im Sinne einer künstlerischen Renaissance zu schaffen. Es wird bei solchen und ähnlichen Gesprächen von jungen Deutschen manche Nacht in Italien verbracht und mancher Fiasko Wein geleert; die klugen und genügsamen Italiener aber sitzen daneben und sehen sich die blonden, meist brillentragenden Reformatoren aus dem Norden mit unverhohlenem Spott und stummer Überlegenheit an.

[1] Benediktinerkirche gegenüber dem Palazzo Bargello.
[2] Damaliger König von Italien.

Während ich zufrieden trank und schwieg und meine Cavour rauchte, und während der Maler, der erst heftig mitgesprochen hatte, die Karikatur einer liegenden Venus auf die blanke marmorne Tischplatte strichelte, redete der Kunsthistoriker allein und eifrig drauf los, schrie uns an, als wären wir an allen Übelständen schuld, und bewies, daß die ganze moderne Kunst einen blauen Teufel wert sei. Dabei richtete er zuweilen den Blick gegen den abseits hantierenden Wirt, der dann jedesmal einen Augenblick stillstand und den Redner mit bekümmerter Miene anstarrte, als hätte er dessen Klagen verstanden.

Ich hatte unterdessen die mit Bleistift und Kohle an die Wand gezeichneten Köpfe und Scherzbilder betrachtet. Unter diesen fiel mir nun plötzlich ein brillant gezeichneter, höchst grotesker Männerkopf auf. Ich trat näher und sah ihn mir genauer an. Eine Mischung von Stumpfsinn und Schlauheit, Gutmütigkeit und Lasterhaftigkeit lag auf den flott hingestrichenen Zügen des Kopfes, die verkniffenen Augen unter der starken Stirn konnten ebensowohl Schelmerei wie Trübsinn ausdrücken, die feste Unterlippe war von einer Holzpfeife links herabgezogen und ließ ein paar robuste Stockzähne sehen, deren auffallendes Hervorgrinsen der ganzen Zeichnung Charakter und Eigenart gab. Ich fragte den Wirt, wer das gezeichnet habe.

»Nicht wahr«, antwortete er, »ein schönes Stück! Wer es gemacht hat? Nun, der Herr Costa, Sie kennen ihn doch? Der berühmte Herr Costa.« Ich erinnerte mich, daß ein Maler dieses Namens allerdings in Florenz große Beliebtheit genoß. »Und schauen Sie, Herr«, fuhr der Wirt fort, »da hinten haben Sie die ganze Figur. Sie stellt einen meiner ältesten Gäste vor.« Die Zeichnung, vor die er mich führte, zeigte wirklich den Inhaber jenes Kopfes in ganzer Figur. Er stand auf kurzen, schinkenartigen Beinchen, in weiter Hose, in deren Taschen die Hände staken. Der Kopf war derselbe, die hölzerne Pfeife zog auch hier die Unterlippe schief, dazu trug er hier einen Hut, der mit grandioser Nonchalance auf dem mächtigen Schädel saß. Der Dresdener war zu mir getreten und lobte die lebendige, offenbar nur leicht karikierende Zeichnung; schließlich kam auch der Kunsthistoriker, dem die sonderbare Figur ein lautes Gelächter entlockte.

In diesem Augenblicke öffnete sich die Tür. Wir beachteten den Eintretenden nicht, der Wirt aber stürzte ihm entgegen und zerrte ihn am Arm zu uns her. »*Ecco, Signori, l'originale!*« rief er mehr-

Apsis und Kuppel des Florentiner Domes »Santa Maria del Fiore« (von Filippo Brunelleschi).

mals, während er bald auf die Zeichnung, bald auf den Gast, den er noch immer am Arm festhielt, deutete. Wirklich erkannten wir in ihm sofort das Original des auffallenden Porträts, das uns nun der Wirt mit überschwenglicher Höflichkeit vorstellte. »Herr Ercole Aglietti, mein alter Freund – und hier deutsche Gäste, gelehrte und vornehme Herren.« Während er weiterschwatzte, schüttelten wir einander die Hände und baten den Ankömmling an unseren Tisch. Dort schenkte ich ihm ein Glas Chianti ein. Er dankte und

Der von Giotto entworfene Campanile (1334) des Florentiner Domes.

trank langsam und kostend. »Unser Freund Wirt führt keinen schlechten Wein«, sagte er dann schmunzelnd, »aber seinen besten hat er euch nicht vorgesetzt.« Der Wirt beteuerte, ein besserer Wein als der, den wir tränken, sei in der ganzen Toskana nicht aufzutreiben. Herr Aglietti lachte, kniff die schlauen Äuglein zusammen und flüsterte dem Freund etwas ins Ohr. Darauf verschwand derselbe und kehrte mit einer staubigen Flasche zurück.

»Diesen Jahrgang, meine Herren, verkaufe ich an gewöhnlichen Tagen nicht. Sie müssen Herrn Aglietti dafür danken, daß er mich heute überredet hat, eine Flasche davon herauszugeben. Ich selbst, bei der Madonna, wage es kaum, am Feste des Täufers Giovanni ein Gläschen davon zu trinken.« (In der Folge machte er »mir zuliebe« diese Ausnahme jeden Abend.)

Unsere halbleere Flasche wurde zurückgenommen und wir ließen uns den wirklich vorzüglichen »uralten« Chianti kräftig schmekken. Dabei entlockten wir Aglietti allerlei Geständnisse. Wir erfuhren, daß er sechzig Jahre alt und von Geburt Pistojese sei, daß er früher wie eine Nachtigall gesungen habe und daß er noch heute eine Schwäche für guten Wein und schöne Frauen habe. Er war in allem das Urbild eines alten, behäbigen Toskaners, der mit einem gelegentlich recht losen Maul eine rührende Gutmütigkeit und mit einem hochmütigen Lokalpatriotismus die zutraulichste Liebenswürdigkeit gegen Fremde, die ihm schmeicheln, verbindet. Auf unsere Bitte begann er denn auch bald, aus seinem Leben zu erzählen, eine Geschichte um die andere, fließend und gewandt, wie ein Novellist von Beruf. Eine davon schrieb ich nachher auf – hier ist sie:

»Wie ihr wißt, findet jedes Jahr am Ostersamstag die große Feierlichkeit des *scoppio del carro* statt, wobei auf dem Domplatz und in allen daranstoßenden Straßen sich teils aus Florenz, teils aus Fiesole, Settignano, Prato und der ganzen Umgebung viele Tausende fromme und neugierige Zuschauer versammeln. Ich hatte die Festlichkeit Jahr für Jahr mitgemacht und ging auch diesmal beizeiten zum Dom. Ein deutscher Herr, welcher damals mein Nachbar und mir gut bekannt war, schloß sich mir an, denn er hatte den Scoppio noch nie gesehen. Da die Stufen der Domtreppe schon alle besetzt waren, überredete ich meinen Begleiter zu der kleinen Ausgabe des Eintrittsgeldes und bestieg mit ihm den Glockenturm des Giotto. Es war ein warmer Tag wie heute, darum stiegen wir bis aufs Dach, das trocken und erwärmt war und

Blick auf die Ponte Vecchio, die Brücke der Goldschmiede in Florenz.

setzten uns auf den schiefen Rand desselben, stemmten die Füße gegen die Brustwehr und hatten so einen bequemen Warteplatz. Man sieht von dieser Höhe aus die ganze Stadt, außerdem die Berge, Fiesole, San Domenico, San Miniato und die Talebene des Arno. Während wir den schönen Anblick genossen und das mitgebrachte Brot mit Limonaden verzehrten, erzählte mir der junge Herr eine Liebesangelegenheit, in welcher er mich um Rat und Beistand bat. In Prato drüben hatte er mehrmals ein sehr schönes Mädchen gesehen, hatte auch ihre Wohnung erfragt und ein paar Worte mit ihr gesprochen. Seither hatte er vergeblich sich ihr zu nähern versucht. Ich merkte bald, daß er nicht daran dachte, sie zu heiraten, sondern nur sein Vergnügen im Sinne hatte. Da ich aber an solchen Affären Freude hatte und wußte, daß er dabei gern einige Fünfernoten springen lassen würde, versprach ich, ihm beizustehen.

Indessen begann unten die Prozession und wir sahen zu, bis mit dem Schlag zwölf Uhr alle Glocken einfielen und das am Heiligen Wagen reichlich angebrachte Feuerwerk mit großem Lärm und Rauch verbrannte. Vier weiße Stiere mit vergoldeten Hörnern

Die »Scoppio del Carro« am Ostersamstag vor dem Hauptportal des Florentiner Domes.

zogen darauf den *carro* hinweg und die ungeheure Volksmenge lief auseinander. Auch wir verließen den Campanile und begaben uns in die Via del Sole, wo damals eine der besten Trattorien war. Nach Tisch beschloß ich, heute noch mir die Sache in Prato anzusehen, da vom Feste her ohne Zweifel viele Besucher dorthin zurückkehren und ich also leicht eine billige Fahrgelegenheit finden würde. So gab mir denn der verliebte Herr einiges Geld, nannte mir genau die Wohnung des Mädchens und ließ mich ziehen. Ich konnte umsonst auf einem stattlichen Wagen mitfahren und war also bald in Prato, ersparte außerdem das erhaltene Fahrgeld und befand mich daher in bester Laune. Deshalb hielt ich, in Prato angekommen, keine besondere Eile für nötig, sondern besuchte erst meinen Freund, welcher nahe beim Rathaus wohnte. Ihr wißt, wie berühmt die *biscotti* (Backwerk) von Prato sind! Nun, mein Freund fabrizierte solche *biscotti* und machte damit sein gutes Geschäft. Heute hatte er auch wegen des Feiertages die Arbeit eingestellt und freute sich sehr, einen so fröhlichen Gesellschafter zu bekommen. Wir tranken in seinem Gärtchen Kaffee, plauderten und waren guter Dinge. Bald darauf kam auch seine Braut, ein wohlgewachsenes, sauberes Mädchen, jedoch keine sehr auffallende Schönheit. Ich mußte nun Gitarre spielen, singen und Geschichten erzählen, denn darin war ich damals stark und deshalb überall nicht wenig beliebt. Es gab noch *biscotti* und viele andere gute Dinge, so daß ich vor lauter Vergnügen meinen Herrn und seinen Auftrag völlig vergaß.

Gegen Abend, da das Mädchen nach Hause zurückkehren mußte, begleiteten wir beide sie bis zu ihrer Tür. Ihre Mutter war Witwe und führte einen kleinen Kramhandel. Zu meinem Erstaunen kam mir hier alles merkwürdig wohlbekannt vor, bis mir plötzlich einfiel, daß ich just vor dem Hause stand, welches der Deutsche mir beschrieben hatte. Das Mädchen, dem er nachstellte, war also Giulia, die Braut des Bäckers, meines Freundes. Kaum hatte ich dies wahrgenommen und ein wenig überdacht, so nahm ich diesen beiseite und erzählte ihm die ganze Sache. Und obwohl er anfangs sehr dagegen war, überredete ich ihn doch, meinen Plan zu unterstützen.

Vier Wochen lang hat es gedauert. Der Verliebte hieß mich jeden Samstag Geschenke kaufen, so daß das schöne Silber mir froh im Sack erklang. Auch schrieb er zärtliche Briefchen und erhielt darauf freundliche, aber zögernde und vertröstende Antworten, die ich selbst verfaßte und von einer Freundin schreiben ließ. Von der ganzen Angelegenheit wußte das Mädchen in Prato kein Wort. Endlich, als mein Herr gar zu ungeduldig wurde, gestattete ich ihm einen Besuch in Prato, wobei ich dafür sorgte, daß er das Mädchen nicht zu sehen bekam. Er war wütend und ich mußte darauf denken, ein Ende zu machen. Vielerlei Pläne überlegte ich mit dem Bäcker, bis einer uns endlich gut schien. Wir beschlossen nämlich, den Liebhaber nächstens zu einem Ständchen zu veranlassen und dafür zu sorgen, daß er dabei Prügel bekäme, dann würde er sich das ganze Unternehmen leichter aus dem Kopfe schlagen. Der Plan war leicht auszuführen. Weil der gute Deutsche weder einen Ton singen noch Gitarre spielen konnte, erbot ich mich, den Musikanten zu machen; für die Prügel wurden zwei Bekannte des Bäckers bestellt. Und so kamen wir denn eines schönen Abends in den Hof der Signora. Ich stellte mich im Schatten auf und sang so schön, daß der Herr mein Tremolo höchlich bewunderte. Ich sang zwei lange Lieder durch und wollte eben das dritte anstimmen, als die Kellertür sich öffnete und zwei Burschen mit starken Rebstöcken hervorstürzten. Ich nahm mein Instrument unter den Arm und war in derselben Sekunde verschwunden, erwartete aber auf dem Domplatze vor dem Café meinen Herrn, der nach einer Viertelstunde keuchend dahin kam. Er war elend durchgeprügelt worden, blutete an einer Hand und sah im Gesicht schneeweiß aus. Doch verbiß er seinen Schmerz und fragte mich sogar mit Teilnahme, ob ich heil davongekommen sei. Ich antwortete, daß ich zwar einige schmerzliche Hiebe auf den Rücken erhalten hätte, doch unverletzt sei und der Madonna für unsere Rettung danke, da mit den Burschen von Prato bekanntlich nicht gut Kirschen essen sei. Übrigens hörte ich nun zu meiner großen Erleichterung, daß mein braver Herr von der Liebe und dem Prügeln genug habe und in seinem Leben diese Stadt des Unglückes nicht wieder zu sehen begehre. Damit schien mir der ganze Handel erledigt, mit dem ich durchaus zufrieden sein konnte. Das Beste folgte aber noch.

Andern Tages nämlich bekam ich den Auftrag, in der Wohnung des Freundes zu erscheinen. Natürlich glaubte ich, er habe nun die Sache durchschaut, würde mich schnöde behandeln und Rechenschaft über das Geld verlangen, das er mir für die Geschenke gegeben hatte. Aber ich hatte mich getäuscht. Er klopfte mir freundlich auf die Achsel, sagte, er sei für meine gestrige Musik und für die Schläge, die mich getroffen hätten, noch in meiner Schuld und drückte mir ein ganz schönes Stück Geld in die Hand. Bei Gott, so sonderbar wie damals ist mir nie mehr zumute gewesen.

Jawohl, die Deutschen sind gute Leute, wie ich immer sage, deshalb allein, ihr Herren, habe ich euch auch heute den vorzüglichen Wein verschafft, den sonst kein Fremder je zu trinken bekommt.«

(1901)

Blick von Hesses Florentiner Quartier auf die »Piazza della Signoria«.

Der Raffael

In meiner kleinen Wohnung an der Piazza Signoria in Florenz erschien eines Tages ein graubärtiger gebückter Mensch. Er trug einen geknickten, ausgedienten Hut von moderner Form, einen ebensowenig für ihn gefertigten, schäbig gewordenen Gehrock, der aus Mangel an einer Weste dicht zugeknöpft war, und darunter eine sehr antiquierte Hose aus grünlichbraunem Plüsch.

Die Art seines Eintritts und Grußes zeigte mir, daß er irgendein tolles Angebot vorzubringen habe. Vielleicht ein Theaterabonnement, vielleicht alte Bücher, vielleicht auch eine zu vermietende Villa im Gebirge, ein Zweirad oder ein Reitpferd. Ich wappnete mich mit Geduld und fragte nach seinem Anliegen. Da zog er langsam aus den viel zu weiten Rockschößen ein Stück grauen

Karton hervor, wickelte mehrere Meter Faden davon ab und brachte aus der Hülle ein Stück Papier zum Vorschein, das er mir in einiger Entfernung mit abwartend feierlicher Miene vorhielt. Nun folgender Dialog:

Ich: Was ist das?
Er: Ein Raffael. Eine Zeichnung von Raffael. O Herr, sehen Sie es an, bewundern Sie es! Zwei bambini, schön und sauber, zwei erstaunlich schöne Kinder! O schauen Sie, schauen Sie!
Ich: Woher wissen Sie denn, daß das Blatt von Raffael ist?
Er: Oh, Sie zweifeln? Aber glauben Sie mir, es ist von ihm, es ist vom göttlichen Raffael mit eigener Hand gezeichnet. Jeder Verständige muß das sehen. Und ein Maler, der bei mir wohnt, versicherte es mir noch ausdrücklich. Er ist arm, Herr, aber ein gelehrter Mann; und wenn er nicht arm wäre, hätte er mir mit Freuden hundert Lire dafür gegeben.
Ich: Hundert? Dann ist er verrückt.
Er: Oh, Sie scherzen. Nun, er sagte mir freilich, für 75 könne ich es weggeben, obwohl der Wert dreimal soviel betrage. Ein Raffael!
Ich: Raffaello hat vor vierhundert Jahren gelebt. Ihr Blatt ist aber höchstens 150 alt, soviel ich sehen kann. Jedenfalls ist es nicht von Raffael.
Er (blickt mich vorwurfsvoll an).
Ich: Ja, es hilft nichts. Zeigen Sie das Blatt einem Professor, er wird Sie auslachen.
Er: Ja, die Professoren! Aber Sie sind ein Kenner, Sie lassen sich nicht täuschen! Sollte es vielleicht ein Schüler des großen Raffael gewesen sein? Oder vielleicht Perugino?
Ich: Oh, das Blatt wird immer älter. Nächstens schwören Sie, es sei von Giotto.
Er: Giotto? Oh, ein gewaltiger Meister! Er hat den Campanile gebaut! Aber im Ernst, wollen Sie 50 Lire geben?
Ich: Nein, ich will es überhaupt nicht kaufen.
Er: Nicht kaufen? Aber Sie sagten doch –
Ich: Was sagte ich?
Er: Ei nun, ich sah wohl, daß Sie es haben möchten. Vierzig Lire?
Ich: Bemühen Sie sich nicht, es ist schade für die Zeit. Ich will die Zeichnung nicht, und wenn ein anderer sie mir anbieten würde, so würde ich höchstens fünf Lire geben.

Er: Fünf Lire? Fünf ist gut! Mein Gott, Sie wollen mit einem alten Manne Scherz treiben. Ich bin 65 Jahre alt. Fünf Lire! Für einen Raffael!

Ich: Also adieu! Lassen Sie Ihren Raffael einrahmen und haben Sie Ihre Freude daran!

Er: Ja, nicht wahr, man kann es nicht genug betrachten. Gott, was der Kleine da für süße Händchen hat! Die Händchen sind zwanzig Lire wert. Nun, sagen wir 25 fürs Ganze!

Ich: Gehen Sie, gehen Sie! Ich habe wahrlich nicht soviel übrige Zeit.

Er: Fünfzehn?

Ich (winke verzweifelt ab).

Er: O Madonna, so soll ich also das ganze prächtige Blatt für zehn Lire hergeben? Für zehn! Gratulieren Sie sich, o Herr, ein Raffael für zehn Lire!

Ich: Jetzt basta! Ich will nicht und will nicht. Gehen Sie doch endlich!

Er: Sie sind grausam. Also sechs Lire.

Ich: Nein. Fort!

Er: Nein, also fünf! (Schwerer Seufzer).

Ich: Herrgott, lassen Sie mich in Ruhe! Ich will es nicht geschenkt.

Er: So? Sie haben aber vorher fünf Lire geboten. Ich lasse den Karton dabei. Fünf Lire.

Ich war hereingefallen. Im billigen Toskanerland sind fünf Lire ein Vermögen. Ich hätte mir einen vergnügten Tag damit machen können. Statt dessen besaß ich nun eine lumpige schülerhafte Kopie nach Raffael, die mich heute noch ärgert, sooft ich sie sehe. *(1901)*

Lo scoppio del carro

Am Ostersamstag jedes Jahres begehen die Florentiner eine eigentümliche Feier, den *scoppio del carro*, den »Wagenschuß«. Die Geschichte des uralten Brauches ist nicht in allen Punkten völlig klar – das Wichtigste sei hier kurz erzählt.

Im Kreuzzug des Gottfried von Bouillon war ein Pazzo aus dem berühmten Florentiner Patrizierhause der Pazzi der erste Mann, der den Fuß auf die Mauer von Jerusalem setzte. Ihm schenkte Gottfried, um seine Tapferkeit zu belohnen, später drei Steine vom Heiligen Grabe, welche Pazzo auf einem wundervollen Wagen im Triumph nach Florenz führte. Die Steine wurden in die Apostelkirche verbracht, da damals der Dom noch nicht stand, und aus diesen Steinen schlugen die Priester das Heilige Feuer für die geweihten Lampen der Kirchen und Privathäuser. Der Familie der Pazzi aber verblieb das Privilegium, auf jenem Wagen den Gläubigen die geweihte Flamme auszuteilen. Der Wagen wurde mit Fackeln und Kerzen besteckt, die am Hochaltar entzündet waren und bewegte sich feierlich durch die Stadt.

Dies die zugrunde liegende Legende. Der heute benützte Wagen soll der dritte Nachfolger des ursprünglichen sein. Die Feuerzeremonie aber hat sich im Lauf der Zeiten zu einer Art von kirchlichem Feuerwerk umgestaltet, das indessen noch immer eine praktische Bedeutung hat, freilich eine ganz andere als ehemals. Nach jetzigem Brauch wird der Carro, der mit Feuerrädern, Schwärmern und anderem Feuerwerk reich garniert ist, auf dem Domplatz durch eine vom Hochaltar des Domes ausgehende Rakete entzündet. Die Rakete hat die Form einer Taube und gleitet einer Schnur entlang vom Altar durch das ganze Schiff des Domes und durch das Hauptportal ins Freie. Aus dem Flug dieses »Täubchens« nun schließen die Landsleute festen Zutrauens auf die jeweils zu hoffende Ernte. Wehe dem Korn und Obst, wenn die Taube unterwegs im Fluge stockt und ihrem Lauf nachgeholfen werden muß! Kommt sie aber ohne Hemmung ans Ziel, so bricht das Landvolk in laute Rufe der Befriedigung aus, denn nun ist eine reiche Ernte sicher!

Der Ostersamstag dieses Jahres war so sonnig und klar, daß ich schon um zehn Uhr den Glockenturm des Domes erstieg und mir auf dem hohen Dachkranze einen bequemen Platz aussuchte. Ein prachtvoller Aufenthalt! Zunächst fesselt die Betrachtung des Domes, dessen Kuppel von hier aus einen architektonischen Anblick

Der von einem Ochsengespann gezogene »Carro« vor dem Baptisterium von Florenz.

ersten Ranges bietet. Dann die zahllosen Türme, Zinnen und Kirchengiebel der Stadt. Neben dem trotzig schönen Turm des Palazzo Vecchio steht der breite, schlichte des Bargello und das schlanke, spitzige Türmchen der Badia. Nach links schließt Santa Croce und die Synagoge sich an. Dann jenseits des Arno die Porto San Niccolo, die Kirchen Santo Spirito, Carmine und Frediano, und weiterhin Santa Maria Novella, San Michele, San Lorenzo und die ganze glänzende Reihe der Kirchen, die das Auge mit Freude erkennt und begrüßt und neben welchen da und dort wie kleine Inseln die grünen Vierecke der Kreuzgänge auftauchen. Und hinter alledem auf beiden Seiten des glänzenden Flusses die grünen Hügel, die jetzt in der Obstblüte schimmern.

Auf dem Domplatze sammelte sich schon jetzt die Menge. Landleute kommen in zahlreichen Gruppen von allen Toren her, Bauern aus Settignano, aus Fiesole, aus San Domenico, aus Majano und weiter her. Der Carro stand zwischen Dom und Baptisterium, von zwei dichten Volksreihen umdrängt; der Dom selbst war schon voll von Menschen. Der Verkehr auf dem Domplatz war gesperrt,

Das Feuerwerk auf dem »Carro«, nach der Ankunft der Taube.

Wagen konnten schon um halb elf Uhr nicht mehr passieren. Von meiner Höhe aus war es anziehend zu beobachten, wie die Neugierde der ganzen großen Stadt aus den fernsten Straßen her gegen den Dom herandrang, bis der ganze Platz schwarz von Volk war. Aus der dunklen Menge leuchteten da und dort die Körbe der Orangenverkäufer, die Rufe der Traktatkrämer und Zeitungskolporteure drangen bis zu mir herauf.

Um elf Uhr bewegte sich ein farbig reicher Priesterzug aus dem Hauptportal des Domes und verschwand langsam ins Baptisterium. Kurz vor zwölf Uhr kehrte er ebenso feierlich in den Dom zurück. Die Volksmenge bedeckte nun dichtgedrängt den ganzen Platz und stand ringsum noch weit in den Nachbarstraßen, Fenster und Dächer waren dicht besetzt. Um zwölf Uhr fiel gleichzeitig mit dem mittäglichen Kanonenschuß das Geläute sämtlicher Türme betäubend ein. Die »Taube« flog vom Domaltar heraus, heil und ohne Stockung, zum lauten Jubel der Landleute. Und nun rauchte und flammte unter langdauerndem entsetzlichen Krachen das Feuerwerk des Wagens zusammen, vom Zuruf der Menge begleitet und den ganzen Domplatz mit Pulverdampf erfüllend. Als endlich das letzte noch flammende Feuerrad langsam und zuckend verglüht war, wurden dem Wagen vier prachtvolle, gewaltige weiße Ochsen mit rotem Lederzeug und vergoldeten Hörnern vorgespannt und in pomphaftem Zuge, vom Volk begleitet, abgeführt. In meiner Trattorie traf ich später einen der Bauern, der in froher Erntehoffnung sich den Luxus einer doppelten Portion delikater *maccheroncini ragutati* gönnte und dessen strahlend behäbiges Toskanergesicht die Freude über das schöne Fest und den glücklichen Taubenflug mit einem unbeschreiblichen Ausdruck schlauer Zufriedenheit schmückte. *(1901)*

Blick auf die Klosterhöhe von Fiesole bei Florenz.

Fiesole

Während des Monats, den ich in Florenz zubrachte, besuchte ich die Höhe von Fiesole wohl ein dutzendmal. Ich war dort in kühlen Morgenstunden, am heißen Mittag, an klaren blauen Frühlingsabenden. Ich erstieg die steile Via vecchia im Staube heißer Sonnentage und fuhr, im Mantel fröstelnd, an grauen Regentagen mit der Trambahn hinauf, und jedesmal fand ich nicht nur Ruhe, reine Luft und feiertägliche Stimmung, sondern jedesmal auch irgendeinen neuen Reiz der Landschaft, der Gassen, des Klosters, so daß mir für die anstrengenden Florentiner Studienwochen der stille Bergort eine liebe Zuflucht und eine Quelle der Erfrischung und Lebensfreude wurde.

Um so rasch als möglich dem Staub der Vorstadtstraßen zu entrinnen, fuhr ich gewöhnlich bis Domenico. Von da benützte ich mit Vorliebe die steile gepflasterte Via vecchia, die an der Villa Medici vorüber rasch zur Kathedrale hinaufführt. Von hier aus ersteigt man die Klosterhöhe in wenigen Minuten.

Von den römischen Ruinen bis zur Villa Böcklins hat Fiesole aus verschiedenen Zeitaltern Anziehendes und Interessantes, das Beste aber ist seine köstliche Lage auf und an zwei stattlichen, von Obstgärten und Landhäusern bedeckten Höhen über Florenz. Der Blick auf die große freundliche Stadt und das grüne Arnotal ist von sanfter, ruhiger Schönheit, wird aber übertroffen durch die jenseitige Aussicht in die Berge, die man am besten vom Settignaneser Weg oder vom römischen Theater aus genießt. Wer aus dem bewegten Stadt- und Fremdengetriebe von Florenz auf diese Höhe flüchtet, dessen Geist und Auge ruht an den Linien der grünen Berge und auf den Zypressengruppen der Gärten gerne und befriedigt aus. Von hier aus führt auch ein etwas heißer, schöner, wenig begangener Weg in das träumerisch öde, totenstille Tal von San Clemente hinüber, wo man stundenlang auf der Heide liegen kann, ohne einen menschlichen Laut zu hören.

Der schönste Platz von Fiesole ist unstreitig die Klosterhöhe. Dort verträumte ich manchen warmen Spätnachmittag im Geplauder mit den Strohflechterinnen, Bettlern und Kindern, auf der breiten Mauer liegend. Dort steht ein prachtvoller Zypressenzwilling, zwei Stämme aus einer Wurzel, dessen reicher, schwanker Doppelgipfel schwarz und scharf gegen den Himmel steht. Zu Füßen hat man Weinberge und Olivengärten, die sich in steiler hellgrüner Flucht gegen die Badia hinab senken. Dahinter liegt die Stadt Florenz, vom riesigen, zartfarbig schimmernden Dom mit dem herrlichen Glokkenturm überragt und beherrscht, hinter welchem wieder der schlanke hohe Turm des Palazzo vecchio sichtbar wird. Dieser Turm mit der kecken Anschwellung des Kranzes ist das eigentliche Wahrzeichen der Stadt, in deren Kunst und Kultur die schlanke, männlich strenge Form und eine gewisse herbe Gesundheit und Klarheit vorherrscht. Weiterhin findet das Auge da und dort bekannte und verehrte Stellen: das spitze, schmale Türmchen der Badia, die Kuppel von San Lorenzo und die ganze Reihe der Kirchen. Jenseits der Stadt liegt hell und winzig San Miniato auf der Höhe, fast von den hohen Zypressen des Hügelweges verdeckt. An die Stadt schließt sich der schöne, langgestreckte Park der Lascinen und abwärts ein anmutiges Stück des Arnotals, weit hinaus vom blanken Lauf des Flusses durchglänzt. – Das Schönste, was man von dort oben sehen kann, ist der Sonnenuntergang an einem klaren Abend. Fünfmal genoß ich diesen unvergeßlichen Anblick, doch ist einer dieser Abende mir besonders treu und schön im Gedächtnis geblieben. Es war gegen Ende April, der Abend eines heißen,

Blick auf den Palazzo Vecchio mit seinem 94 m hohen (Foraboschi-)Turm, dem Wahrzeichen von Florenz.

leuchtenden Tages. Ein Fest in den Lascinen hatte Städter und Fremde angezogen, so daß hier auf der Höhe nur vereinzelte Spaziergänger sich zeigten. Ich saß auf der steinernen Ruhebank, von einem ganzen Hofstaat von Bettlern und Kindern umgeben, die mich von öfteren Besuchen her kannten und deren harmlose Gegenwart und Unterhaltung mir immer lieb war. Ein achtjähriges Mädchen hatte sich auf meinen Schoß gesetzt. Sie war das Enkelkind eines alten mürrischen Bettlers, ein behendes, schön gewachsenes Kind mit wundervoll reichem Blondhaar, wie denn überhaupt in der toskanischen Landschaft die Menge schöner Kinder dem Fremden auffällt. Die Kleine wollte Karamellen von mir haben, die ich ihr Tags zuvor versprochen hatte, und schmollte eine Weile ernstlich, daß ich sie vergessen hatte. Dann gab sie sich damit zufrieden, einige Orangen mit mir zu teilen. Wir zerlegten jede in sechs Schnitze, von denen abwechselnd einer mir und einer meiner Freundin zufiel. Es war entzückend, in das helle, doch ernste Kindergesicht zu sehen, während ich die süße Speise in das offen wartende Mündlein steckte. Während des Essens erzählte sie mir vielerlei, den Tod zweier Katzenjungen, die Wäsche im Haus der Tante und anderes Wichtige. Dazu blickte sie mich aus den großen schönen Augen an wie aus einer bodenlosen Tiefe von Zufriedenheit und namenlosem Glück. Die Tante, eine Korb- und Fächerverkäuferin, war mit ihrem Strohwarenbündel ebenfalls da.

Die Sonne stand niedrig über den jenseitigen, graugrünen Hügeln und nahm, während sie sich deren Rande langsam näherte, an Größe und Röte stetig zu. Das schwer goldene, warme Licht flutete durch den klaren Raum herüber und ruhte weich verklärend auf den weißen Villen, auf den Zypressenreihen, auf der Fläche der Mauer, auf dem blonden Kinderhaupt, auf unsern Händen und Gesichtern. Ich hieß die Kleine schweigen, bis die Sonne gesunken wäre, auch die andern wandten sich dem leuchtenden Anblick zu und so standen und saßen wir alle der wachsenden Röte zugewendet, die uns mit Glanz und Feierabendfrieden übergoldete. Die Sonne berührte nun den Hügelrand, der sogleich zu beiden Seiten mit wundervoll klarem Kontrast auftauchte. Noch ein Atemzug und noch einer, und der letzte flammende Teil der roten Scheibe war versunken.

In diesem Augenblick verwandelte sich die Farbe der Hügel plötzlich in ein reines Blau, das ich so tief, satt und hinreißend bis dahin nur auf den Hintergründen Tizianischer Bilder gesehen hatte.

Ausblick vom Boboli-Garten auf den Palazzo Vecchio (1314 vollendet), den Florentiner Dom (1436 vollendet) und rechts das sechseckige Glockentürmchen der Badia-Kirche aus dem Jahre 978.

Zugleich erfüllte ein rosiger Duft das ganze Tal und tauchte die Stadt in eine rötliche Dämmerflut. Das Blau der Hügel wandelte sich langsam in ein weiches Violett, das gegen den golden roten Himmel eine intensive, prachtvolle Leuchtkraft zeigte und fast eine halbe Stunde anhielt. Die Kleine ging mit der Tante zum Abendessen, der alte Bettler erhielt einen Soldo und ging weg, die Kinder auch, und ich saß noch lange allein oben, an dem Anblick der dämmernden Farbenübergänge ganz verloren. Ein schwacher Wind erhob sich und erklang leise mit langen ungleichen Pausen in der Doppelzypresse. Die Stadt versank in Dämmerung, nur der Glockenturm des Giotto und die Kuppel des Brunelleschi schimmerten noch matt hervor. Und während ich nach San Domenico hinabstieg, nahm der wolkenlose Himmel das tiefe, rätselhaft leuchtende Blau der italienischen Nächte an. *(1901)*

Der Ozeanbrunnen im Giardino di Boboli, Florenz.

Il Giardino di Boboli

Sosehr ich bemüht war, die Zeit meines Florentiner Aufenthaltes fleißig auszukaufen, bereue ich es doch nicht, einige halbe Nachmittage im Boboli-Garten verbummelt und verträumt zu haben. Vom Besuch mancher wichtigen Kirche, ja von ganzen, flüchtig besuchten Städten nahm ich nur eine vage, konturlose Erinnerung mit, die Stunden im Boboli-Garten aber hoffe ich nie zu vergessen.

Wer den Garten richtig genießen will, darf ihn nicht an den Sonntagnachmittagen aufsuchen, wo die Wege und Bänke von Besuchern wimmeln. Man muß ihn sehen, wenn er in grünem Schweigen liegt, am besten in der heißen Stille einer Mittagsstunde. Dann vermag er einen Begriff zu geben von jenen italienischen Fürstengärten, die man erst in Rom sucht und die jeder aus den träumerischen Versen Eichendorffs kennt, von jenen klassischen Gärten, wo tiefschattige Wege sich durch hohe immergrüne Gebüsche winden, wo kühle Brunnen und weiße Statuen aus dunkeln Hainen blicken. Wer den Boboli-Garten in solch einer stillen, sonnigen Stunde allein besucht, dessen Phantasie kann nicht widerstehen, die Wege und Rasenplätze mit lustwandelnden oder ballspielenden adligen Jünglingen in der Tracht des 16. Jahrhunderts, die Bänke mit konversierenden Gentildonne und adligen Liebespaaren zu bevölkern.

Dort lag ich manchmal rücklings auf einer Bank oder im Grase, von den großblumigen, bunten Anemonen und Narzissen umgeben, und folgte mit gedankenlosen Blicken den weißen Frühlingswolken, die hoch über den schwarzen Zypressenwipfeln am reinen Himmel wanderten. Ich dachte mir den ersten Besitzer des Gartens hier wandeln, den Herzog Cosimo I., oder die Künstler, die seine Anlage besorgten, den Tribolo und den famosen liebenswürdigen Giovanni da Bologna; und ich schämte mich nicht, mich einem leicht zu verspottenden, dennoch eigenartig beglückenden Rausch von Schönheit und Vergangenheit hinzugeben. Dann ging ich überall umher, die malerischen Durchblicke aufzusuchen, an denen der große Garten reich ist. Man kann von einer glücklichen Stelle aus den Dom und Kampanile in einem Rahmen von Lorbeer und Zypressen erblicken, oder, über die dunkelgrünen Gebüsche auftauchend, das in der Sonne glänzende Fiesole, fern und friedlich wie ein Traumbild, vom klaren Himmel überwölbt.

Mich berührte, wenn ich vom Meere absehe, dort zum erstenmal der Zauber des Südens. Es ist wahr, unsere süddeutschen und schweizerischen Waldgebirge sind unendlich viel reicher, grüner, üppiger, und der Frühling kommt bei uns mit vollerer und süßerer Luft – ich empfand das bei meiner Rückkehr in den lieben Schwarzwald wohl. Dennoch zog mich die südliche Landschaft mächtig an: Kahle, mit reinem Umriß in den Himmel stehende Berge, graugrüne Abhänge, von Oliven- und Obstgärten bedeckt, dazwischen an den Hügel gelehnt die hellen Landhäuser, denen selten eine Gruppe schwarzer schlanker Zypressen fehlt, das alles gehoben durch die klare, höchst durchsichtige Luft und die kräftige Sonne. In Florenz kommt dazu der schöne, gewundene Fluß und die blumenreichen, prachtvollen Frühlingswiesen des Tales, die schimmernd weiße Blüte der Birnen und die zartrote, ganze Hänge schmückende der Aprikosen. Wenn das heutige Florentiner Leben mit dem der toskanischen Glanzzeit wenig Gemeinsames mehr hat, so kann man doch heute noch jene lieblichen, zarten Landschaften, die von Ghirlandajo bis in die Jugendwerke des Raffael so unzählig vorkommen, in Toskana wiederfinden.

Wenn ich vom Giardino Boboli rede, darf ich den Fontänenteich mit den Goldfischen nicht vergessen, der mich manche Stunde lang ergötzt hat. Mit Ausnahme eines Schweizer Malers fand ich freilich in Florenz niemand, der sich mit mir für diese Goldfische begeistert hätte. Ich hatte eine besondere Freude an den behenden Fischen, die in großen Scharen den Teich erfüllen. Unter ihnen fand ich eine Menge jener Prachtexemplare, auf deren Rücken von der Rückenflosse bis zum Schwanze ein Streif echten, fast blendenden Goldes glänzt. Ich sah ihn am schönsten an jungen Exemplaren. Es ist ein köstlicher Anblick, wenn ein Schwarm der zinnoberrot und golden leuchtenden Tiere durch das hellgrüne Wasser über weiße Spiegelwolken wegschwimmt, durch das außergewöhnliche Farbenspiel sowohl wie durch den Reichtum an raschen, eleganten, mühelosen Bewegungen entzückend. In mancher Stadt sah ich berühmte Paläste, deren Anblick mich nicht halb so frisch und kräftig erfreute, und ich lachte über die Menge der Reisenden, die in ängstlicher Eile von Stadt zu Stadt gewissenhaft dem Baedeker folgen und für einen harmlosen Spaziergang, für den Eintritt in eine unbekannte Kapelle, für lustige Straßengespräche oder auch für Goldfischteiche absolut keine Viertelstunde übrig haben. Mir wurden jene lebhaften, schönen Fische allmählich ein Hauptzweig des berühmten Gartens. Ich sah und lernte an ihnen soviel Erfreuliches wie in mancher Galerie. Reizend ist es z. B., wenn in dem besonnten Wasser ein gewöhnlicher, grauer Fisch sich den Rotgoldenen nähert und von ihnen schimmernde Reflexfarben erhält, und ganz köstlich ist es, einen ganz dichten Schwarm einer Brotkugel oder einem Steinchen nach plötzlich in die Tiefe tauchen zu sehen, wobei die urplötzliche heftige Verkürzung so vieler Körper komisch überrascht.

Wenn ich nicht wüßte, daß dergleichen in italienischen Reisebriefen niemand sucht und liebt, so könnte ich eine Reihe ähnlicher Schilderungen anfügen, namentlich über Vögel, dann über Eidechsen, deren ich im Boboli eine Menge traf und deren kluge, elastische, dem wohlwollenden Menschen zugeneigte Art mich oft erheiterte. Ich war freilich nicht nach Florenz gereist, um dort mit Eidechsen zu spielen, aber sollte ich es abweisen, wenn eine harmlos frohe Stunde mir sie vor's Auge brachte? Ich gestehe, daß ich nächst dem Genuß der Kunstwerke ersten Ranges von nichts so viel Freude hatte und an nichts so gerne zurückdenke, wie an die naiven Unterhaltungen mit Wolken, Bäumen, Kindern und Tieren. Darf ich sagen, daß ich während derartiger Allotrien zuweilen das Bewußtsein hatte, von genußreichen Reisen mehr zu verstehen als die große Mehrzahl der mit Baedeker und Rundreisebillet dahineilenden Italienfahrer?

(1901)

Wer in fremden Landschaften und Städten nicht lediglich dem Berühmten, Auffallendsten nachgeht, sondern Verlangen trägt, das Eigentliche, Tiefere zu verstehen und mit Liebe zu erfassen, in dessen Erinnerung werden meistens Zufälligkeiten, Kleinigkeiten einen besonderen Glanz haben. Wenn ich an Florenz denke, sehe ich als erstes Bild nicht den Dom oder den alten Palast der Signorie, sondern den kleinen Goldfischteich im Giardino Boboli, wo ich an meinem ersten Florentiner Nachmittag ein Gespräch mit einigen Frauen und ihren Kindern hatte, zum erstenmal die Florentiner Sprache vernahm und die mir aus so viel Büchern vertraute Stadt zum erstenmal als etwas Wirkliches und Lebendes empfand, mit dem ich reden und das ich mit Händen fassen konnte. Der Dom und der alte Palast und alles Berühmte von Florenz ist mir darum nicht entgangen; ich glaube es besser erlebt und mir herzlicher zu eigen gemacht zu haben, als viele fleißige Baedekertouristen, es wächst mir aus lauter kleinen, nebensächlichen Erlebnissen sicher und einheitlich heraus, und wenn ich ein paar schöne Bilder der Uffizien vergaß, so habe ich dafür die Erinnerung an Abende, die ich mit der Hauswirtin in der Küche, und an Nächte, die ich mit Burschen und Männern in kleinen Weinschenken verplauderte, und an den gesprächigen Vorstadtschneider, der mir unter seiner Haustüre die zerrissenen Hosen auf dem Leibe flickte und mir dazu feurige politische Reden, Opernmelodien und fidele Volksliedchen zum besten gab.

(Aus »Über das Reisen«, in »Die Zeit«, Wien vom 30. 4. 1904)

In den Kanälen Venedigs

Venedig! Man steigt in der großen Halle des Bahnhofs aus, tritt ins Freie und hat eine breite, ins Wasser hinabführende Treppe vor sich, an welcher, wie bei uns die Droschken, die Gondeln warten. Mit dem Rufe »gondola! gondola!« drängen sich die zahlreichen Gondoliere auf. Man wählt sich eines der schlanken schwarzen Fahrzeuge aus, setzt sich in die weichen Polster und fährt leise mit behaglichem Wiegen in die fremde Welt der Kanäle hinein.

Beschreiber und Dichter haben von dieser eigenartigen kleinen Wasserwelt in unzähligen Büchern erzählt; ich begnüge mich, einige einzelne Erlebnisse und Stimmungen zu berichten. Venedig übte auf mich einen stärkeren Zauber aus als irgendeine andere italienische Stadt, und ich glaube, in den kurzen drei Wochen meines dortigen Aufenthaltes nach Möglichkeit in seine Geheimnisse eingedrungen zu sein.

Die Lage meiner Wohnung, von der nur eine einzige schmale Gasse mit großen Umwegen nach den wichtigeren Plätzen der Stadt führte, nötigte mich, von der Gondel sehr reichlich Gebrauch zu machen. Und eine Reihe intimer, poetischer Eindrücke verdanke ich diesen Fahrten. Schon das Fahrzeug, die schwarze, leichte, schlanke Gondel, und die lautlos sanfte Art der Bewegung hat etwas Fremdartiges, träumerisch Schönes und gehört als wesentlicher Faktor in die Stadt des Müßigganges, der Liebe und der Musik. Wer in Venedig die Kunststätten besucht, schätzt dies besonders; aus einer Kirche, einem Palaste, einem Museum tretend, verliert man meistens durch das sich aufdrängende, Aufmerksamkeit fordernde Straßenleben aus Augen und Sinn die zarteren Eindrücke, während man hier auf der Fahrt von einem solchen Orte zum andern oder nach Hause ungestört auf dem stillen Wasser das Gesehene bewahren und nachgenießen kann.

Ganz zu Beginn meiner Venezianer Tage rief ich eines Abends vom Fenster meines Zimmers aus einen Gondoliere herbei, stieg vor der Haustüre ein und gab als Ziel den Rialto an, in dessen Nähe ich zu Abend essen wollte. Es war ein schwüler Tag gewesen, ein Gewitter stand bevor. In den ohnehin durch die hohen Häuserreihen verdunkelten engen Kanälen wuchs die Dämmerung eilig. Seltsam war es, den starken Gewitterwind, vor dem unser schmaler Kanal völlig geschützt war, über die Dächer brausen zu hören, während unten kein Lüftchen rege war. Mein Gondoliere ruderte eifrig, ich hatte

Venedig, Blick durch den Rio della Canonica auf die Seufzer-Brücke.

ihm ein Trinkgeld versprochen, wenn wir vor dem Ausbruch des Regens ankämen. Aus dem engen Kanal bogen wir in einen noch engeren, der schon fast völlig dunkel war. Eilig glitten wir den finsteren Wänden entlang, zwei, drei Regentropfen klatschten schon in das schwarze tote Wasser. Der Kanal mündete in einen anderen, breiteren, und dieser lag dem Durchzug des Windes frei, den man schon in einiger Entfernung dort tosen hörte. Wir erreichten die Mündung, der Gondoliere wollte einbiegen, wurde vom Wind zur Seite gedrängt, versuchte es nochmals und mußte nach längeren Anstrengungen die Versuche aufgeben. So warteten wir denn an der Kanalecke in vollkommen stillem Wasser, während zwei Schritte von uns der breite Kanal vom Sturm durchpfiffen und stark erregt war. Ich ermunterte den Ruderer zu einem neuen Versuch, die Biegung zu gewinnen. Auch dieser mißlang. In diesem Augenblick brach plötzlich eine fahle Helle durch die tiefe Dämmerung – der erste Blitz. Auf diesen folgte ein dichter, toller Regenguß. Ich rief dem Ruderer zu, eiligst ins Trockene zu flüchten, und wir fuhren nun so rasch als möglich im selben Kanal zurück, bis wir die nächste Brücke erreichten. Unter dem stark gewölbten, doch niedrigen Brückenbogen machten wir nun, in völliger Finsternis, halt. Die Breite der Brücke entsprach genau der Gondellänge, in der Mitte der Gondel saß ich behaglich im Dunkeln, neben mir stand der Gondoliere, das Fahrzeug an der Mauer festhaltend; zu beiden Seiten rauschte der gewaltige Regen herab. Einige beschauliche Minuten vergingen so, da kam Unterschlupf suchend eine zweite Gondel an und legte sich neben die meinige, und nach kurzer Zeit kam in schleuniger Flucht eine dritte hinzu. Die drei Gondeln füllten den ganzen überbrückten Raum knapp aus. Man konnte einander in der Dunkelheit nicht erkennen, dennoch entstand aus vereinzelten Ausrufen und Scherzen über unsre eigentümliche Lage bald ein gemeinsames Gespräch. So hingen nun die drei Gondeln unter der kleinen Brücke wie flüchtige Vögel untergekrochen, und von Gondel zu Gondel ging in der Finsternis vertrauliche Rede und Antwort hin und her – eine Viertelstunde voll seltsamer Märchenplauderstimmung, geheimnisvoll und fröhlich zugleich, die mir wie ein kleines trauliches Lied mit der Begleitung des niederstürzenden Regens in der Erinnerung liegt.

Ein andermal war ich nach San Redentore gefahren und hatte die Gondel entlassen, ohne an die Rückfahrt zu denken. San Redentore liegt auf der Giudecca, einer langgestreckten Insel, und hat keinen festen Gondelhalteplatz. Als ich nun nach kurzer Zeit die Kirche wieder verließ, fand ich keine Gondel vor. Den einzigen im Augenblick gegenwärtigen Menschen, einen Schiffsknecht, bat ich vergebens, mich nach San Giorgio überzusetzen. Das nächste Omnibusschiff sollte erst in einer Stunde kommen, und ich wurde am Markusplatz von Freunden erwartet. Da fuhr in der Nähe das Segelboot eines Fischers vorüber und nahm mich auf mein flehentliches Anrufen auf. So kam ich wenigstens einmal dazu, eine Strecke auf einem solchen Boot zu fahren, mit deren Besitzern ich in Malamocco und Chioggia manchmal geplaudert hatte und deren malerische Erscheinung am Horizont des offenen Meeres mich vom Lido aus, wo ich täglich badete, so oft erfreut hatte. Das schwere Boot mit dem braunroten Segel glitt rasch über die Lagune hin, die in opalartig mildem Glanze leuchtete, von perlmutternen Schillerfarben überflogen, und ich erreichte Venedig schneller, als ich gehofft hatte. Unterwegs verzehrte ich eine Handvoll frische Austern, die mir der Fischer aus seinem Korbe anbot, und die, vom herben Meerwasser gewürzt, mir köstlich mundeten. Es gelingt mir nicht, das zu schildern, was diese morgendliche Bootfahrt mir lieb und wertvoll macht, – ich erinnere mich ihrer als eines unschätzbaren Genusses. Wer die Lagune kennt, wie sie an sonnigen Tagen ist, wird mich verstehen: das vielfarbige Glänzen des ebenen Wassers, die gegen den tiefblauen Himmel traumhaft aufsteigende Stadt mit dem Dogenpalast im Vordergrund, der blendend leuchtende Globus der Dogoma und dahinter die elegante Kuppel der Salute, dazu der herbe Duft des Wassers, der Glanz des roten Segels und das stille Kreuzen der größeren Schiffe – das alles ist von so berückender Schönheit, daß man sich träumend glaubt und beständig fürchtet, das so unwirklich scheinende, auf dem Wasser stehende Bild der Wunderstadt möchte plötzlich wie das Irisspiel einer sonnigen Wolke verschwinden.

Auch an eine der in so vielen Liedern besungenen venezianischen Mondnächte kann ich nicht ohne Bewegung zurückdenken. Ich hatte mich stundenlang an einem klaren Maiabend auf der Piazzetta herumgetrieben; nun saß ich ausruhend am Fuß der Säule des heiligen Theodor, die stundenlang anhaltende Bläue des Nachthimmels und die Wechsel der Lichter und Schatten auf dem Wasserspiegel beschauend. Hinter den Inseln stieg, noch unsichtbar, der Mond herauf, so daß die Giebellinie der Giudecca scharf hervortrat. Die schöngeformte, tiefschwarze Silhouette von San Giorgio

Venedig, die Kirche Santa Maria della Salute vom Canal Grande aus gesehen.

Maggiore stieg wie eine fabelhafte, unglaubliche Dekoration aus dem Wasser, die ganze Inselwelt hob sich vom Himmel ab mit einer traumhaft unplastischen Schönheit. Dazwischen lag das spiegelglatte, dunkle Wasser, abwechselnd in silbernen Kielfurchen und roten, zackigen Laternenlichtern flüchtig aufleuchtend. Diese ganze ungewisse, in halb sichtbarer Schönheit dämmernde Welt schien den Aufgang des Mondes wie eine erlösende Entzauberung zu erwarten. Die letzten Takte der Abendmusik klangen vom Markusplatz herüber, die helle Doppelfront des Dogenpalastes schimmerte matt, als hätte der zweifarbige Marmor etwas von der tagsüber eingesogenen Sonne bewahrt.

Da stieg hart neben dem Kampanile von San Giorgio der große, glänzende Mond herauf. Weiße Glanzlichter sprangen über Turm und Kirchendach. Die Lagune überzog sich mit einem schwebenden milden Licht, einzelne von Barken erregte kleine Wellen blitzten mit hastigem Glanze auf. Ich sprang in die nächste Gondel und rief dem herbeieilenden Gondoliere zu, mich langsam in den Canale grande hinein zu rudern. Jenseits der Salute, in der Lagune zwischen den

Zattere und der Giudecca, schwamm eine Musikbarke, deren Töne stark gedämpft noch hörbar waren. Diese Geigen- und Gitarrenklänge und das weiche Mondlicht schienen lebendiger und wesenhafter zu sein als die stillen, hohen Paläste des Kanals, die schweigend, bleich und mondbeglänzt in der warmen Nacht lagen und deren feste Giebelkonturen in den schwerblauen Himmel zerflossen. An einem dieser Paläste waren drei Fenster erleuchtet, aus denen der Gesang einer schönen Frauenstimme drang. Ich ließ die Gondel halten und gab mich eine Weile dem Genuß dieses Gesanges hin, der sich mit Nacht und Mondlicht zu verschwistern und eigens dieser weichen, schönen Stunde anzugehören schien. Dann fuhr ich zur Piazzetta zurück und gab als nächstes Ziel San Giovanni e Paolo an. Die Gondel glitt durch stille, schlafende Kanäle, unter der Seufzerbrücke hindurch; die Rufe des Gondoliere, durch die an den Kanalbiegungen etwa entgegenkommende Gondeln zum Ausweichen aufgefordert werden, diese dem Fremden schwer verständlichen, halb gesungenen Rufe verklangen in die Totenstille der nächtlichen Gassen und Kanäle. Bei San Giovanni e Paolo stieg ich für einige Minuten ans Ufer. Die kleine Piazza war mondhell, die schöne Fassade der Scuola di San Marco glänzte auffallend hervor, das wundervolle Reiterstandbild des Colleoni stand ernst und wuchtig gegen den Himmel. Das gewaltige Denkmal des fünfzehnten Jahrhunderts steht mit seiner trotzigen Schönheit im wunderbaren Kontrast zum übrigen Venedig, dessen Schönheit durchaus weich und musikalisch ist, und dieser Kontrast fiel mir heute ganz besonders auf.

Von allen Städten, die ich in Italien besuchte, ist mit Ausnahme Ravennas Venedig diejenige, die am meisten zu traurigen Gedanken über den Untergang eines großen Ehemals reizt, dennoch ist sie reicher als jede andere an Schönheiten, die ihr durch die Jahrhunderte unverändert geblieben sind. Geblieben ist ihr der Zauber eines durchaus abgesonderten, eigentümlichen Lebens, der Glanz der Lagune, die Schönheit seiner Frauen und die ganze verlockende Poesie der Gondel. Auch fand ich nirgends sonst eine solche Einheit des heutigen Lebens mit dem Leben, das aus den Kunstwerken der goldenen Zeit Venedigs redet und in welchem Sonne und Meer wesentlicher sind als alle Historie. *(1901)*

Das Reiterstandbild des Bartolomeo Colleoni, dem gefürchtetsten Heerführer der Venezianischen Republik im 15. Jahrhundert.

Die Lagune

Niemals hat die Lagune von Venedig sich meinem Auge so glücklich entschleiert wie an einem Vormittag im Mai, den ich fast ausschließlich ihrer Betrachtung widmete. Ich kenne nichts Beglückenderes als die Stunden, in welchen ein merkwürdiges Stück Natur oder Kunst sich dem Auge zum erstenmal so klar und durchsichtig darbietet, daß die aufmerksame Betrachtung dem schaffenden Geist der Schönheit unmittelbar auf frischer Spur zu folgen vermag. Landschaften, Wolken, Bilder, an denen wir oft mit unbewußter Freude vorübergingen, enthüllen in solchen Augenblicken plötzlich und überraschend den in ihnen wirksamen Schöpfergedanken. Dann ist es dem geübten und fleißigen Beschauer vergönnt, im glücklichen Belauschen und Verstehen an dieser Schöpfung so teilzunehmen, daß er dem schönen Objekt gegenüber selbst das Gefühl des Erschaffenden hat. Es ist genau dasselbe Glücksgefühl, das ein Buch, eine Musik in der Stunde des vollkommenen Verstehens gewährt; dann ist das Kunstwerk dein Eigentum und du selbst bist der Dichter.

Die Kirchentüre von San Sebastiano schloß sich hinter mir, und ich trat ins Freie. Dort war mir plötzlich Paolo Veronese verständlich und liebgeworden, dessen Werke noch mehr als die der andern Venezianer der heimischen Luft und Umgebung bedürfen, um völlig genossen zu werden. Dieser Genuß, den mir die Säle des Palazzo Ducale nur erst teilweise erschlossen hatten, war mir nun in ganzer Fülle in San Sebastiano zuteil geworden, wo um das Grab des Malers her eine Anzahl seiner üppig farbigen Werke von Wänden und Decke glänzt. Von der Lagune kommend, das Haar noch feucht vom Wasserduft, muß man diese Werke besuchen, während vor der Tür die Gondel wartet; dann erscheinen sie wie sorglos schöne, weiche Träume, reich und rechenschaftslos aus der schlummernden Fülle der Lagunenstadt aufgestiegen, dann reden sie ihre echte Sprache, die Sprache der unbekümmerten Lebensfülle, der Schönheit und des Genusses. Ganz Venedig spiegelt sich in ihnen, die Welt der flüssigen Konturen, der träumerischen, vom Wellenschlag begleiteten Musik, die Welt des süßesten Schmelzes, der in mattblauem Gewässer sich spiegelnden Abendröten, der Welt, welche vor den Stürmen des Landes durch ihren Wassergürtel und vor den Stürmen des Meeres durch den Gürtel ihrer Inseln gesichert, sich im Genuß einer reichen Gegenwart wiegt. Man begreift die mageren,

Gondel, unterwegs von San Marco zur Giudecca-Insel.

melancholischen Engel der früheren Toskaner und alle Bilder der großen Meister, in denen Armut, Kampf des Lebens, rauhe Natur, Tod und Leid geschildert sind, nicht mehr, solange man unter dem einseitigen Eindruck dieser üppigen und glänzenden Kunst steht.

Von San Sebastiano aus erreicht die Gondel in wenigen Minuten die Lagune, welche dort Canale della Giudecca heißt. Die Giudecca liegt gegenüber. Über ihre lange Häuserreihe ragen die Kirchen Eufemia und Redentore auf, rechts führt an der Sacca Santa Biagio vorbei die Dampferlinie nach Furina, links schließt San Giorgio die Aussicht. Ich befahl dem Gondoliere, langsam dem Ufer entlang nach rechts zu fahren. Es war ein kristallheller, durchsichtiger Sonnenmorgen, ganz dünne, schneeweiße Flaumwölkchen standen in einzelnen langen Streifen am hellblauen Himmel, dessen Farbe bis an den Horizont herab noch dunstlos rein war. Das Wasser, von einem leichten Windhauch kaum sichtbar bewegt, war auf lichtgrünem Grunde von wunderbaren Farbenspielen überflogen, die meine ganze Aufmerksamkeit fesselten. »Langsam! Noch langsamer!« rief ich wiederholt dem Ruderer zu, bei Santo Spirito endlich ließ ich ihn haltmachen und winkte ihm nur noch jeweils, die

Gondel nach rechts oder links zu wenden, je nachdem ein auffallender Reflex mich anzog.

Das Wasser der Lagune, dessen Grundfarbe ein der Rheinfärbung sehr ähnliches Hellgrün ist, hat durchaus die Lichtqualitäten matter Edelsteine, namentlich des Opals. Die Spiegelung ist sehr unscharf, starke Lichter dagegen erwecken auf der scheinbar stumpfen Oberfläche wahrhaft überraschende Reflexe. Man ist erstaunt, diese milchig matte Fläche so enorm lichtempfindlich zu finden. Die Sonne verlieh ihr einen gleichmäßig matten Glanz, der aber an Stellen, die von Schiffen oder Ruderschlägen erregt wurden, in blendenden, goldenen Feuern aufloderte. Aber auch die unbewegte, fast spiegelebene Lagune war unaufhörlich farbig belebt, und zwar ganz anders als das offene Meer, indem auch die lebhaftesten Farben nie die transparente Klarheit des Meerwassers annahmen, sondern alle wie durch einen gemeinsamen milchweißen Grund gedämpft und ins Zartere, Differenziertere, Flüchtigere getönt waren.

Venedig wäre nicht Venedig, wenn es im freien Meere läge; an jenem Morgen empfand ich den enormen Unterschied von Meer und Lagune. Die leuchtend frischen, jubelnden Farben des bewegten Meeres würden Venedig seinen eigensten Schmuck rauben: das Verschleierte, Traumhafte, verborgen Schillernde der Farben. Es ist kein Zufall, daß so viele Venezianer, namentlich der brillante Crivelli und später Paris Bordone, in ihren Gemälden mit besonderer Liebe und mit vollendetem Raffinement den verfeinerten koloristischen Reizen der Edelsteine, des Atlas, des Sammet und der Seide nachgingen – sie hatten auf der Lagune stündlich dieselben Farbenreize eines aparten Materials vor Augen.

Am häufigsten fiel mir das durch jeden Licht- und Bewegungseinfluß leicht hervorgerufene Spiel der Irisskala auf, das wie ein Hauch zart und scheu über jede kleinste Wogenhöhung hin erschauert. Ich belauschte den flüchtig schönen Hauch unzählige Male. Dann ward mir durch das langsame Vorbeifahren eines großen, frisch mit Zinnober gestrichenen Lastschiffes ein ganz köstlicher Genuß. Das durchdringende Rot drängte sich dem sonst schlecht spiegelnden Wasser fast gewaltsam auf und glänzte unvermischt und unverändert aus den Wellen zurück, in der Harmonie grünlichblauer, unsicherer Perlfarben der einzige feste, grelle Ton.

Die Lagune als Ganzes aber hat noch ein wichtiges Farbenmoment, das sich von meinem niederen Augenpunkt aus nicht beobachten ließ. Das sind die sumpfigen Stellen und Schlammbänke, auch bei hohem Wasserstand kenntlich durch die sie umgebenden hohen Pfosten, deren Linie den Schiffen die fahrbare Bahn bezeichnet. Schon vom Schiff aus fällt ihre vom tiefen Wasser abweichende Färbung auf, am besten beobachtet man sie, wie überhaupt die Lagune im ganzen, vom Kampanile von San Giorgio Maggiore aus. Bei trübem Wetter erscheinen sie meist rostbraun, auch schmutzig graugrün, bei Sonne aber liegen sie als schimmernd farbige Inseln in der einheitlich grünen Lagune. Sonne und Wolken verändern ihre farbige Erscheinung sehr rasch, daher ist es ein eigenartiger Genuß, sie bei klarem Himmel aus der Höhe jenes Kampanile zu betrachten. Von dort aus sah ich sie in mattem Braunrot, in kräftigem Karmin, die entfernteren in blauen Tönen bis zum sattesten Violett.

Ich stand einmal in einer glänzenden Mittagsstunde dort oben, die helle Stadt mit ihren drei grünen Baumgärten lag schweigend in der heißen Sonne, die Lagune, von bunten Segeln bevölkert, schimmerte matt, die Schlammbänke brannten in unbeständigen, kräftigen Farben. Mehr als alle Kunstgenüsse lag diese leuchtende Stunde und jene vormittägliche Lagunenfahrt mir im Sinn, als ich am Ende meiner Reisezeit schweren Herzens von Venedig und Italien Abschied nahm. *(1901)*

Blick vom Domplatz auf die Fassade des Mailänder Domes.

Reisetagebuch 1901

Montag (25. März 1901) Abend Abreise von Calw. Übernachten bei Tante Plebst.

Dienstag. Reise von Stuttgart nach Milano. Bis Schaffhausen mit einem 50jährigen Hochzeitspaar, das mich mit Champagner bewirtet. Hohentwiel und Rheinfall. Dann in leidlicher deutscher Gesellschaft [Dame und Herr aus Thüringen, die nach Lugano fuhren][1] über den Gotthard. Ankunft in Milano abends 11½ Uhr. Fahrt zum Hotel bei Mondlicht am Dom vorbei.

Mittwoch (Tagebuchnotizen). Mailand, Dom: dekorativer Eindruck enorm, das Innere [namentlich durch die Höhe] kolossal, auch das an den Marmorsäulen gebrochene Licht der bunten Fenster schön. Tantardinis Relief »Mariä Geburt« in den Linien edel, doch flach wirkend. *Santa Maria delle Grazie:* Herrliche Kuppel von Bramante. Im Kreuzgang warme Sonne. Leonardos

[1] Bemerkungen in eckigen Klammern sind Randnotizen Hesses.

Abendmahl bei bestem Licht gesehen, besser erhalten als ich glaubte, besonders auch die schöne Landschaft des Hintergrundes. [Das »Abendmahl« von zahlreichen, zum Teil instruktiven älteren und neuen Copien umgeben.] Um 12 Uhr Lunch im Hotel, dann Bummel und Besuch der *Brera*[1], wo die Fresken von Luinï und eine Madonna von Crivelli nächst den Sposalizien besonders wirken. Dann Bummel in den sehr belebten Straßen und Besteigung des Domdaches mit Führer. Großer Eindruck dieser Welt aus Marmor, Aussicht auf Stadt und Alpen. Dann Bummel und Eintritt in die Kirche S. Stefano (modern), Kaffee in einer Winkelkneipe. Abendessen in kleiner Trattoria (macheroni con sugo) [sehr billig], wo die ganze Familie nebst Katze dabeisaß und mein Italienisch belachte. Katzen in allen italienischen Wirtshäusern, oft schöne Tiere.

Donnerstag (28. März 1901)

Ausflug zur Certosa di Pavia[2] bei Schnee und Regen. Ich bin dort fast der einzige Besucher. Die Fassade und Kirche prächtig, nach dem unruhigen Mailänder Eindruck wunderbar harmonisch und edel wirkend. Von Gemaltem zogen mich zwei kleine liebliche Quattrocento-Madonnen al fresco von Borgognone besonders an. Im Dorf Torre Einkehr in ländlicher Osteria, eng, schmutzig und malerisch; behagliche naive Leute, die mir sehr entgegenkamen und mein Italienisch belachten. Rückfahrt bei Sonnenschein und warm. Im Hotel, dessen Personal ganz italienisch, entdeckte ich im Zimmermädchen eine Solothurnerin. Ich wollte sie auf italienisch bitten, mir das greulich leichte Bett zu verbessern, da sagte sie gleich bei meiner schwungvollen Anrede, mich unterbrechend: »Hänt Sie chalt?« Ich begrüßte sie deutsch, plauderte mit ihr und bewog sie, mir eine Decke und einen zweiten Teppich zu geben. – Mailand hat ganz Großstadtcharakter, der Korso elegant und belebt; die Galleria Vittorio Emanuele ist prachtvoll und hat schöne Läden. In allen Buchhandlungen lagen die beiden Novitäten von d'Annunzio aus (»Il morte di G. Verdi« und[3]). Ich sah auch eine Kompagnie Soldaten marschieren, deren Musik »Mein Herz, das ist ein Bienenhaus« blies. Im Hotel eine nette rote Engländerin, sonst in Mailand wenig schöne Frauen gesehen, dagegen manche sehr reizende Kin-

[1] Ehemaliges Jesuitenkolleg mit Gemäldegalerie und Sternwarte.

[2] Zwischen Mailand und Pavia gelegenes Kartäuserkloster, eines der kunstgeschichtlich bedeutendsten Gebäude Italiens.

[3] Titel ausgelassen. Vermutlich das Theaterstück »Francesca da Rimini«.

Madonnenfresko von A. Borgognone (1514) aus dem Refektorium der Certosa di Pavia.

der. [Später sah ich in Italien noch einige von jenen (nicht jungen!) schönen Frauen; hohe, klassisch wohlgebaute Gestalten, deren dunkle, ruhige Augen schön und gleichgültig wie aus unbewegten Tiefen blicken. Nur wessen Leben ruhig und wessen Seele naivst gesund ist, kann solche Augen haben, die man sonst nur auf einigen italienischen Madonnenbildern sieht.] Donnerstag abend traf ich im Café zwei Schwaben, mit denen ich ein paar Glas Wein trank und fidel war. Der hiesige Rotwein ist gut, aber schwer und herb, der weiße Landwein gering. Morgen früh will ich nach Genua weiter.

Freitag (29. März 1901)

Morgens 8 Uhr ab nach Genua. Fahrt nicht so langweilig wie man sagt: Reisfelder, Wiesen, Moor, alles Ebene, Birken, Weiden und Pappeln. Von Voghera an östlich die Berge, der schöne Monte Penna tief im Schnee. Bahnhof Novi so schmutzig wie der Basler Badische. Vor Genua die ersten Schlüsselblumen, doch auch Schnee. Wetter gut. Bei Ronco beginnen die Genueser Berge von gelbem Gestein, mit blaugrünem Fluß, sehr malerisch. Schöne Sonne und klarster Himmel. In Ronco glänzt ein weißes Kirchlein mit farbigem Sankt Martin vorbei. In Genua vom Bahnhof Fahrt durch die Stadt zu Oettingers (via Caffaro 36), wo ich die Frau treffe (Mutter von Frau Baeschlin[1]). Dann Gang durch die farbige Stadt und einstündige Barkenfahrt mit zwei eisgrauen Ruderern durch den Hafen (zwei Molen und Leuchttürme). Besuch des Palazzo Durazzo, sehr prächtig, schöner Hof und Marmortreppenhaus. Innen eine Masse meist schöner van Dyck, »Silen« von Rubens, auch ein köstlicher kleiner Dürer. Im Garten Orangen (erfroren!) am Baum; »Magdalena« von Tizian (?), eine Menge Porträts, herrliche Leuchter und Vasen, »Ceres« von Tizian. Besonders lieb ein kleiner Lucas van Leyden. Bummel durch die Gassen lustig und bunt, ein paar hübsche Frauen, enge Gassen, Laden an Laden, Lärm, Matrosen, Blumenbuden. Bei der Santa Annunziata traf ich die Frl. Gemuseus aus Basel. Ich schreibe dies in einer Trattoria beim Hafen, wo neben mir der Wirt mit einem Frauenzimmer Karten spielt. Auf 6 Uhr bin ich zu Oettingers geladen. Wetter hell und warm. Genua gab mir das erste echt italienische Bild: Sonne, helle weiße Häuser, blaugrünes Meer schillernd, bunt gekleidetes Volk, Bettler und Bummler auf den Treppen der Häuser und Kirchen. Dazu der Hafen mit Schiffen aller Länder. [Nahe beim Leuchtturm ein Spielplatz, wo Arbeiter sehr gewandt und eifrig Boccia spielen.] Abends fünf Uhr Gang (beim Leuchtturm) ans Meer, das schneeweiß am Molo Nuovo brandete. [Dieser erste Anblick des Meeres ging mir wie ein Traum vorbei, sitzt mir aber fest im Gedächtnis als unbestimmt großartiger, andächtig ernster Eindruck.] 6 Uhr Tafel bei Oettingers, die mir liebenswürdigst Gastrecht gewähren. Vor Schlafengehen Spaziergang mit der Tochter Ida durch die Stadt.

Genua. Samstag (30. März 1901)

Früh Regen. Tramfahrt nach Staglieno, wo in schöner Landschaft der riesige, pompös angelegte Camposanto liegt. Schöner Tempel mit innen hübsch kassettierter Kuppel krönt die mittlere Hauptgalerie. Umgebung prächtig. Unzählige, sehr pomphafte Grabdenkmäler, enorme Massen von Marmor. Allegorie und Geschmacklosigkeit feiern hier im Bund mit einer geradezu elementaren Naivität wahre Orgien. Rückfahrt in die Stadt. Dort Besuch des Palazzo Rosso, wo ein Porträt von Tintoretto und zwei Historien von Paris

[1] Mutter von Hesses Basler Buchhändlerfreund Theo Baeschlin (1881–1963). Bei ihr in der Basler Burgefeldstr. 12 wird Hesse von Sept.–Nov. 1901 zur Miete wohnen.

Die Marmorbrüche von Carrara.

Bordone mir auffallen. Oettingers sind liebe Wirte. Leben bei ihnen italienisch: schönes hohes Zimmer mit Steinboden, früh Kaffee, um 1 Uhr Frühstück, um 6½ Uhr Diner. Samstag um 2 Uhr Gang am Meer über dem Molo Giano mit großer Brandung. Besuch von San Lorenzo, schwarzweiß Marmor, schön. Auf der Straße rafft ein Mädchen gierig eine von mir weggeworfene Zündholzschachtel auf, fast ehe sie den Boden berührt. Eintritt in San Ambrogio, alte schöne Kirche, Malerei und bunter Marmor. Auf der Straße am Hafen großes Leben, Neger, Asiaten etc. Dann Palazzo Bianco. Abends wieder Gang mit Frl. Ida, bei kaltem, heftigem Seewind. In der Stadt überall geflochtene Palmen, die morgen geweiht werden sollen.

[Florenz] Sonntag (Palmsonntag, 31. März 1901)

Früh bei Regen Abfahrt nach Pisa, wo ich zwei Tage bleiben will. Fahrt bei Sturm und Regen durch endlose Tunnels, zwischen denen ich das stark bewegte Meer zu sehen und zu hören bekam. Meer wundervoll, besonders von Spezia an. Bis Rapallo fuhr und plauderte ich mit netter, fescher junger Münchnerin. Brüche von Carrara, weiß wie Schneeberge. Aprikosenblüte. In Pisa so übles Wetter, daß ich nicht bleiben mag. Es reicht (unser Genueser Zug hatte ½ Stunde Verspätung) gerade, ein Billett und Zigarren zu kaufen und die Hände zu waschen. Dann nach Florenz weiter (abends 6 Uhr), das wir mit fast einer Stunde Verspätung erreichten. Im Wagen Pforzheimer Juwelier Kern. Ankunft in Florenz Sonntag abend 9 Uhr. Piazza Signoria 5 schönes Zimmer und liebenswürdige Aufnahme bei Prof. Thurnheer. [Mein Zimmer in Florenz: viele Treppen, aber unvergleichliche Lage, roter steinerner Fußboden, mit großer Strohmatte gedeckt, einfach und gut möbliert. Decke geweißtes Gebälk, wie hier meistens Bedienung angenehm und prompt. Nachts großer Lärm bis gegen Morgen auf der Piazza.] Weintrunk in einer Fiaschetteria (vulgärst). Angenehm, daß man überall dieselben Monopolzigarren bekommt, ich rauche Cavour à 7 cts. In Florenz Luft milde, fast warm. Zimmer, Bett und Möbel gut.

Montag (1. April 1901)

Morgens Herrn Haupt bei Brogi besucht. Dann Uffizien. Erst die untern Säle mit Malerporträts, darunter [den] mir liebgewordenen Filippino Lippi, Rembrandt, Tizian, Schiavone. Dort ist auch das große Selbstporträt von Rubens, schneidig, flott und glänzend. Dann Velázquez. Moderne, die mich fesselten: Herkomer, Watts, Millais. Oben Korridor die Antiken.

Nun erster Saal oben: herrlich der große Van der Goes, leuchtend schön und naiv. Daneben eine süße Madonna von Botticelli. Desselben Pastell »Anbetung der Weisen« äußerst dramatisch bewegt, das unmögliche Gestein schadet sehr. Sehr ähnlich, doch kompakter dieselbe Darstellung von Filippino Lippi, dessen große daneben hängende Madonna aber enttäuscht. Besonders frisch wirkt der naive Ghirlandajo. [Wenn man die Uffizien verläßt, empfiehlt es sich, erst in den Loggien zu warten, bis die Augen das Licht und Leben der Straßen wieder ertragen, da man sonst auf der rastlos belebten Piazza Signoria mit Sicherheit überfahren wird, was mir zweimal ums Haar passierte.] Mittagessen mit Haupt, dann Dom und Ghibertitür des Baptisteriums. Der Dom mit Turm ist überwältigend großartig, auch namentlich die Farben. Spaziergang auf beiden Seiten des Arno mit Brücken, dann Abendessen und frohe Kneiperei mit Haupt bis 3 Uhr nachts. Der Wein ist meist vorzüglich und billig, nicht leicht, doch bekömmlich.

Blick von der Loggia dei Lanzi auf die Piazza della Signoria in Florenz (rechts neben der Säule das Haus, in dem Hesse wohnte).

Dienstag (2. April 1901)

Schlechte Schokolade im Café. Dann Uffizien. Zunächst verweilte ich wieder lang vor der großen Anbetung von Van der Goes, die mich sehr anzieht. Die Landschaft des rechten Seitenbildes (Flügels) ist merkwürdig frühlinghaft herb-süß. Dann der Botticellisaal mit Magnificat, Verkündigung, Fortezza etc., im selben Raum schöne

Rechter Flügel des Triptichon der »großen Anbetung« (1420) von Van der Goes in den Uffizien von Florenz.

Lorenzo di Credi und eine sehr buntlustige Anbetung des Ghirlandajo, dessen naives Frohsein neben Botticelli sehr hervorsticht. [Das Magnificat übertrifft die daneben hängenden andern Botticelli weit, es ist von einem Schmelz und Glanz der Farben wie kein anderer Botticelli. Es müßte aber ein eigenes Zimmer haben.] Das Magnificat enttäuscht auch die gesteigertste Erwartung nicht. Im kleinen Toskaner Saal einige schöne Porträts von Unbekannten (die besten frühern Porträts der Uffizien sind immer vom »Ignoto«), Botticellis Calumnia und ein winziger reizender Beato Angelico. [Botticellis Venus Anadyamene, die in den Uffizien sein soll, fand ich bis jetzt noch immer nicht.] In der Tribuna wird alles, auch Tizian, durch Raffaels Stieglitzmadonna verdunkelt – das Bild wiegt alles auf, was ich je sah, und lohnt allein die Reise; daneben sehen die hiesigen Tizianfrauenköpfe fast gemein aus. Lieb ward mir in der Tribuna auch Peruginos Madonna. [Die Tribuna, als Ganzes betrachtet, enttäuscht; es sind minderwertige Sachen dabei, dazu hängt das meiste schlecht und ist der Raum zu eng. Für den Schleifer und die Ringer ist es schade, daß sie dort im Gedränge stehen. Michelangelos Heilige Familie in der Tribuna ist wohl technisch virtuos, aber entbehrt aller Stimmung und ist farbig unbedeutend.] Um 12½ verließ ich die Galerie und fand draußen warme Sonne. Das Geld geht trotz des billigen Lebens eiligst fort: Galerien, Wein, Blumen, Trinkgelder etc. Und nun der erste warme Frühlingstag! Schon schwitzend, stieg ich steil nach San Miniato hinauf, wo die Sonne brannte, kühle mich in der stillen schönen Kirche ab; unten glänzen Arno und Stadt in der heißen Sonne. Das ist der erste helle, große Eindruck des Südens, diese leuchtenden weißen Villen und alten Mauern zwischen den klassischen, ernstschönen Piniengruppen, Zypressen, Sonne, Wärme, Blumen. San Miniato schöne Marmorkirche mit guter Fassade und alten Bildern, der Turm fast Ruine; das ganze Anwesen dient als Friedhof. Innen Krypta mit vielen kleinen Säulen, in der Sakristei Fresken (Leben Sankt Benedikts). In den Gärten Obstblüte. Ich spazierte am Hügelweg, ließ mir auf Miniato und auf der Piazza Michelangelo (Bronze-David) den Pelz voll Sonne brennen, saugte Orangen aus und blieb bis Abend dort liegen. Zwei arme Jungen sitzen am Fuß des Geländers, ein dritter liegt oben und spuckt mit unsäglicher Wonne den beiden auf die Mützen, die sie friedlich einer von des andern Kleidern abreiben. Ich faulenzte bis vor 6 Uhr oben; dann nach Hause, wo mich das vor dem Fenster lärmende Platzleben

Das »Magnificat« von Sandro Botticelli in den Uffizien von Florenz.

Raffaels Stieglizmadonna (Madonna mit dem Distelfink) in den Uffizien von Florenz.

belustigte: Zeitungsausrufer, Blumenhändler, Cigarraio, Fremde, Militär, Lausbuben, die barfuß herumlungern und über die breiten Brotkörbe der Händler wegspringen. [In den Galerien braucht es viel Humor und guten Willen, sich über das Publikum nicht zu ärgern; man hört haarsträubende Aussprüche. Dagegen findet man dazwischen auch stille Bewunderer, sympathische Gesichter, und manchmal schöne Frauen, die ich noch lieber als die Bilder betrachte.] Man sieht Künstler, deutsche Geldsäcke, englische präraffaëlitisch schlanke, phantastische Damen. Abendtrunk mit Haupt in famoser Kellertrattorie, wo ein unterirdischer Gewölbekeller Schankraum, Küche etc. zugleich ist, herrlicher billiger Wein, Reinlichkeit naivst. Abtritte haben alle diese Kneipen keine – man geht auf die Straße. Überall Kinder, die mithelfen bedienen, und Katzen [– zuweilen majestätisch schöne Kater.]

Mittwoch (3. April 1901)

Heute herrliches Wetter. Wieder Uffizien. Zunächst Saal des Hermaphroditen: Hermaphr., Juno, sterbender Alexander, mächtiger schöner Fauntorso, Reliefs. Dann Niobesaal. Säle der Handzeichnungen: schöne von Raffael, Filippo Lippi, Andrea del Sarto, Michelangelo (Cleopatra!), die von Botticelli fand ich nicht. Sala del Baroccio, mit Baroccis großer Madonna del Popolo, Snyders' Eberjagd, Van Dyck etc. nicht von Wichtigkeit. Ich besah nun unten im Verbindungsgang die Kupfer (Abendmahl, Marc Antonio!). Große prächtige Kupfer von Audran, Edelinck, J. Callot, Ponzio, Radierungen von Rembrandt: Kreuzabnahme, Landschaften, Selbst- und andere Porträts, 100 Guldenblatt, ecce homo, Löwenjagden. [Diese schöne Sammlung Rembrandt'scher Werke war das einzige Niederländische, was neben den Italienern mir stark zu imponieren vermochte.] Am Fenster dort Blick auf den Arno. Der Arno grün und wasserreich, ziemlich wie der Basler Rhein, der Ponte Vecchio mit den alten kleinen Häusern und Juwelierläden sehr malerisch. Die Sammlung der Rembrandtschen Blätter macht mir großen Eindruck. Ich kenne nun die ganze Ausdehnung der Uffizien und kann mich zurechtfinden und einrichten. Eigentlich würden sie allein für vier Wochen Arbeit geben. Dann noch ½ Stunde zum Magnificat, zur Stieglitzmadonna, in der Tribuna bewundere ich auch wieder die herrliche Ringergruppe (9. Jahrhundert). [Daß die »Fornarina« der Tribuna nicht von Raffael, sondern von Sebastiano ist, leuchtet auf den ersten Blick ein. Natürlich

Die den Arno überbrückende Ponte Vecchio um die Jahrhundertwende.

bezeichnet das offizielle Schild sie als Raffaello.] Vor dem Gehen besuchte ich noch die zwei Rembrandtporträts unten. Die Piazza finde ich schon wieder wohlig heiß. Morgens war ich auch beim Antiquar Olschky, wo ich den gescheiten deutschen Kollegen Mielke kennenlernte. Tisch mit Haupt. Nachmittags Fahrt nach Fiesole. Im Tram finde ich Wölfel aus Basel und einen deutschen Chemieprofessor Tafel. Oben große Aussicht, Kloster und Theatrum Romanum mit Thermen, wo ich einige Mosaiksteinchen mitnehme. Zurück bis Domenico zu Fuß (Kirche). Dann mit Wölfel zu Wagen. Gespräch mit ihm. Unterwegs sehr hübsche kleine Italienerin, der ich Orangenschnitze in den Mund stecke. Wölfel wohnt Hotel Helvetia. Prof. Thurnheer lädt mich auf morgen abend ½9 Uhr ein. Den Abend brachte ich mit Wölfel zu, der sich freute, »eine Seele« zu finden und mir trotz seiner verbittert nervösen Schopenhauerart interessant und lieb ist. Obwohl er immer wild auf die Deutschen schimpft, geht er doch nur in deutsche Hotels und Restaurants, statt in die besseren, interessanteren und billigeren italienischen, er versteht überhaupt nicht zu reisen.

Gründonnerstag (4. April 1901)

Blumenmarkt. Ich bummle erst über Piazza Madonna zum großen Mercato, wo ich aber nichts von Blumen finde. Der Mercato ist eine sehr große Markthalle, namentlich für Fleisch, Fische und Gemüse, Obst etc. Ich fand ihn sehr belebt und hielt mich trotz des Gestankes eine Weile auf. Dann zurück zum Mercato Nuovo. Unterwegs zwei Bäckerjungen, die sich prügeln und mit ihren Körben hauen, daß Brote und Wecken auf der Straße herumrollen. Auf dem schönen reichen Blumenmarkt kaufe ich einen großen rotblühenden Zweig für mein Zimmer. Nun bereite ich mich nach einer gedruckten Beschreibung auf den merkwürdigen Scoppio del Carro am Ostersamstag vor. Wetter heute grau. Mit Wölfel nach Santa Croce, wo Messe mit Gesang und Orgel, Grabmal für Dante 1829 errichtet, Gedenkmäler für Macchiavelli, Leon Battista Alberti, Rossini. Uffizien mit Marsyas, Demeter und Niobiden. Dann Akademie: Michelangelos riesiger David, Ghirlandajos Anbetung, Fra Angelico, Luca Signorelli, schöner Fra Filippo. Botticellis »Frühling« sehr matt in der Farbe, dennoch schön, besonders die Flora. Botticellis thronende Madonna hat vier schöne Engel, Kind und Johannes sind krankhaft häßlich. Schön in milden Tönen der Tobias. Anbetende Hirten von Lorenzo di Credi. Saal des Fra Angelico golden und

Ausschnitt aus Botticellis »Frühling« in den Uffizien von Florenz.

rotblau leuchtend. Besuch in San Marco (dicht voll) und Palazzo Riccardi, endlich 4 Uhr Essen im Gambrinus, worauf Wölfel wahnsinnig besteht. Dann Bummel mit ihm, die Straßen am Gründonnerstag laut, dicht und festtäglich belebt, alle Kirchen gedrängt voll. Wölfel entschließt sich, erst morgen abend nach Rom zu fahren, so daß wir morgen noch zusammen sind, ein mir zweifelhaftes Vergnügen. Der heutige Tag (ich schreibe abends 8 Uhr) war höchst ermüdend, und auf ½ 9 Uhr bin ich noch zu Prof. Thurnheer geladen. Bis dahin will ich mich noch legen. Profitiert habe ich heute von Wölfel besonders für die Antiken, speziell bei der genauen Betrachtung der zwei Marsyas (mit Schleifer) – [Auch Niobidengruppe und Demeter. Für Bilder hat Wölfel wenig Liebe.]

(Später) Bis ¾ 11 Uhr war ich nun bei Professors. Zwei deutsche Kunsthistoriker waren da, einer davon Scherer aus Heidelberg, mit dem ich mich gut unterhielt, dann noch zwei Italiener, von denen der eine, Musiker, uns Klavier spielte, u. a. eine tolle eigene Komposition. Jetzt ist der milde Abend herrlich schön. Die Kirchen, von denen ich in einige hineinsah und -ging, waren heute voll von Kerzen, Blumen und Menschen. Gründonnerstag ist hier hoher Festtag, an dem der fromme Italiener sieben Kirchen besucht. Von den allzu vielen heutigen Eindrücken ist mir doch am meisten die Flora des Botticelli'schen Frühlings geblieben, mein alter Liebling, und eine zarte blaue Madonna von Fra Filippo. Jetzt abends 11 Uhr bin ich nach dem namentlich mit Scherer verplauderten Abend wieder ganz frisch und gehe nur ungern schon zu Bett.

Karfreitag (5. April 1901)

Heute Karfreitag, der aber hier nicht gefeiert wird – alle Läden sind offen; Leben, Handel und Geschrei wie sonst. Morgens kurzer Aufenthalt in der Loggia dei Lanzi, beim Menelaus. Es regnet ein wenig, die Kutscher fahren wieder mit enormen bunten Schirmen. Auf der Piazza eine große Menge Landvolk, darunter Männer mit roten Mänteln und grünen Regenschirmen. Hier sucht schon seit zwei Tagen ein Junge eine selbstgeflochtene Drahtkette für einige Soldi zu verkaufen und preist sie jedem unermüdlich an – ob er sie je los wird? Der Platz wird immer belebter, es sind wohl ein paar hundert Leute da. Ich erfrage von der Magd, daß Bauernmarkt ist. Ein Wagen mit Trompeter macht Reklame, ein andrer girlandengeschmückter fährt Chiantiflaschen zur Schau. Endlich halb elf Uhr kommt Wölfel. Wir gehen in den Palazzo Vecchio, dessen großer

Madonnenrelief von Luca della Robbia an der Kirche von Orsanmichele in Florenz.

Saal einige wichtigere Antiken und große (späte) minderwertige Fresken und Decken hat, dazu einige schöne Tapeten. Der Saal hat große Verhältnisse und sucht in den Seitenwänden die schiefe Parallelogrammform zu vertuschen. Nun kauften wir Photographien in der Uffizienloggia und fuhren um 12 Uhr nach San Miniato hinauf, das ich diesmal genauer besehe. Der Frühling geht nun schnell voran, und alles grünt, auch blüht das Obst reich und schön. In der Kirche Miniato Grabmal G. Giustis, des Dichters, unbedeutend. In der linken Seitenkapelle Altarbild und Verkündigung al fresco (schön) von Baldovinetti, Jacopo-Kardinalgrabmal von Rosellino, daran namentlich schönes Madonnenrelief, und an der Decke vier blauweiße Medaillons vom lieben Luca della Robbia, Tugenden darstellend. Bei der Kirche ein geschmackloser Campo

Santo, in dem nur die edlen Zypressen schön sind. Schöne Zypressen auch weiter unten vor dem Piazzale Michelangelo. Da Wölfel wieder absolut im Gambrinus essen will, trennen wir uns, und ich gehe in Haupts Trattorie zum Essen. Kaufe Vasari bei Brogi. Nach Tisch berichtet mir der sehr dienstfertige Haupt, daß abends 6 Uhr Musik in Santa Annunziata sei. Ich schlief bis 5 Uhr. Dann holte mich Haupt ab, wir holten Wölfel und gingen in die Annunziata, wo sich Wölfel bald drückte. Es war Kirchenmusik: Orchester, Orgel, Männer- und Knabenchor (unsichtbar), von Litanei unterbrochen, im Chor unter der großen dunkelnden Kuppel, von überwältigender Wirkung, voll Andacht und Schwermut. Wenn zum Schluß eines Gesangs der volle Chor mächtig anschwoll, ging ein Schauer von Musik und Andacht durch die ganze gefüllte Riesenkirche. Es war ein Bariton dabei, dessen Solo den ganzen kolossalen Raum gewaltig füllte, dann war der Knabengesang violinenartig hell und süß, das Ganze ein unvergeßlicher Eindruck, in der hochgewölbten, reichdekorierten, großen Prachtkirche. Wir saßen im Chor unter der hohen Kuppel. Nachher Abendimbiß mit Haupt in einer vorzüglichen Pizzicheria, Kaffee und um 9½ Uhr nach Hause. Morgen abend wollen wir die Aida hören.

Samstag (6. April 1901)

Früh Spaziergang und Betrachtung von Or San Michele mit Donatellos hl. Georg. Vor dem Dom steht um 9½ Uhr schon der Carro und viel Volk. Ich aß zwei teure Eier und trank einen billigen Schnaps. Im Dom singen zahlreiche Priester in weißen, schwarzen und roten Gewändern die Litanei und [es] strömt viel Volk aus und ein. Um 10 Uhr bestieg ich den Campanile, wo sich ein ganz einziger Blick über Florenz auftut. Besonders schön ist die Übersicht über den Dom selbst, dessen Anlage und geniale Kuppel, ein unschätzbarer architektonischer Blick. Dann die vielen Kirchen, Türme, Tore, Plätze, Paläste der Stadt. Vom obersten Dache sieht der Domplatz winzig und das Baptisterium wie ein Schächtelchen aus. Die vielen Menschen wimmeln unten wie Punkte. Mit Ausnahme des Domkuppelkreuzes und der Turmspitze des Palazzo Vecchio ist dies hier der höchste Punkt der Stadt. Ich lege mich lang auf das warme Dach, lasse mich von der Sonne verbrennen und habe Stadt, Hügel und Arno glänzend unter mir. Über die Berge weg denke ich hier zum erstenmal lebhaft an die Heimat, doch ohne Heimweh. Schon vor 11 Uhr haben sich um den Carro zwischen Dom und Baptisterium zwei dichte Reihen gesammelt, die Passage ist gesperrt, der Verkehr auf der Piazza beginnt zu stocken. Die Auslagen der Orangenhändler leuchten feurig aus der dunklen Masse. Dicke Menschenknäuel bilden sich, auch die untern Fenster des Campanile sind alle besetzt, während ich allein oben auf dem Dache bin. Von Miniato bis Fiesole sind die Berge klar, das übrige dunstig. Jetzt um elf Uhr geht vom Dom, der auch dicht voll ist, ins Baptisterium ein langer Priesterzug hinüber, die einfachen schwarzweiß, die hohe Geistlichkeit in reichen violetten, roten und bunten Ornaten, der Erzbischof dabei. Der Platz wimmelt nun riesig, Blumen- und Brotverkäufer sind überall dazwischen. Die Rufe der Händler dringen bis zu mir herauf. Die Reihen verdoppeln sich, die Trottoirs stehen voll, viele klettern an der Fassade hoch, Fenster und Dächer sind voll Menschen. Um ½12 Uhr kehrt der Priesterzug vom Baptisterium zum Dom zurück. Um ¾12 Uhr ist der ganze Domplatz schwarz von Volk, dennoch strömen immer noch neue herzu. Ganz Florenz ist auf den Beinen, es müssen viele Tausende sein. Aus allen Straßen strömt es noch gegen den Dom her. Man sieht von hier oben famos, wie die Neugier einer ganzen großen Stadt verkörpert als schwarze Masse sich aus allen fernsten Straßen an *einem* engen Ort zusammenschiebt. Viele müssen in den Straßen stehen bleiben. Punkt zwölf Uhr mit dem Kanonenschuß beginnen alle Glocken zu läuten, das Volk jubelt, die Luft ist voll Getöse. So muß es an den großen Festen des alten Florenz geklungen haben. Der Carro wird durch eine am Seil aus dem Dom-Innern heranschwirrende Flamme entzündet, und das Feuerwerk, mit dem er bedeckt ist, knallt mit Lärm und Rauch betäubend zusammen. Massen von aufgeregten Tauben irren in der Luft. Der Carro selbst wird nicht verbrannt, sondern ist noch der sechshundertjährige alte. Nun kommen vier gewaltige, schneeweiße Ochsen, bekränzt und mit vergoldeten Hörnern und rot gezäumt, werden davorgespannt und ziehen den Carro fort. Köstlich von oben der Anblick der ungeheuren, sich zerstreuenden Menge. Der Carro fährt nach San Firenze. Halb ein Uhr kann ich für einen Augenblick nach Hause, müde, aber befriedigt. Am Neptunbrunnen laufen die Fontänen und geben ein angenehmes Wassergeräusch. Ich gehe gleich wieder aus und finde am Bargello um 1 Uhr noch den Carro stehen und [eine] große Volksmenge. Eben fährt er nun weiter, unter großem Jubellärm, zum Prato, wo er aufbewahrt wird. Essen. Rasieren (dauert ¾ Stunden!), Verabredung mit Haupt auf den Abend zum Theater. Nun Spaziergang den Lungarno hinab in die Cascine, herrlich blauer Himmel, heiß. Dort liege ich unter den schönen frühlingsgrünen Bäumen im Grase. Das ist ein italienisches Hauptvergnügen, auf sonnigen windstillen Plätzen zu liegen, in die Wolken zu gucken und einzuschlafen. Auf dem Rückweg kaufe ich ein Fiaschetto Chianti und komme um halb sechs Uhr heim. Dann geht Frau Professor mit mir nach einer Violine. Ich erhalte eine hübsche kleine Italiener, alt und gut, für 5 fr. Monatsmiete. Abends 8½ Uhr ging ich dann mit Haupt in ein größeres Theater, wo Verdis »Aida« gegeben wurde. Musik nicht dumm, stellenweise raffiniert schön, doch lärmig und ganz nur auf Effekt aus. Aufführung mit kolossalem italienischem Pathos, vom Publikum scharf kontrolliert und an Lieblingsstellen wütend applaudiert, mit Geheul belobt und da capo verlangt, ganz ohne Rücksicht auf das Stück, das einfach unterbrochen wird, um eine pathetische Stelle nochmals zu geben. Pausen sehr lang. Dekoration mäßig, Bühne groß, doch nicht tief, Orchester groß und gut. Auf den Galerien herrschte lebhafteste Teilnahme. Einzelne singen laut mit. Das Ganze, bis 12½ Uhr dauernd, war eine vorzügliche Gelegenheit, dieses Volk näher kennenzulernen, das bei einem sentimentalen Tremolo Tränen vergießt und im selben Augenblick über ein kleines szenisches Versehen jubelnd lacht. Diese Leute sind, wenn sie nicht gerade Geschäfte machen, von einer Naivität und Sicherheit des Sichgebens, dabei von einer natürlichen Lebensart und Beweglichkeit, neben der wir Nordländer Marionetten sind. Nachts beim Heimkommen finde ich Blumen und Ostergruß meiner Hauswirte im Zimmer.

Sonntag (Ostern, 7. April 1901)

Alles wünscht einander »gute Ostern«. Ein glänzend schöner Tag, blau und sonnig, auf der Piazza festliches Bummelleben schon in aller Frühe. Ausgang mit Haupt den Lungarno hinab, Eintritt in San Frediano, wo eine aus der in Restauration begriffenen Kirche in die Sakristei gehängte Kreuzigung (Altarbild) mich anzieht, wohl älter als Botticelli, frühflorentiner Typus, mit schöner Magdalena und Katharina. Darauf besuchen wir die nahe schöne Kuppelkirche Carmine, mit der kostbaren Kapelle Brancacci, welche Fresken von Filippino Lippi und Masaccio hat. Masaccios »Vertreibung aus dem Paradies« ist gewaltig schlicht und edel. In den Lippi-Fresken fällt namentlich die liebenswürdige, unglaublich lebendige des schlafenden jungen Wächters Petri auf. Petris Kreuzigung (Lippi)

Ausschnitt aus einem Fresco von Masaccio »Die Vertreibung aus dem Paradies« in der Basilica di Santa Maria del Carmine, Florenz.

zeigt durch einen Türbogen eine schöne ferne Landschaft, in derselben Tür in der Jünglingsgruppe Filippinos eigener Kopf, ausdrucksvoll aus dem Bilde herausschauend. Ein Streif Sonne fiel auf die rechte Wand, und wir warteten, bis er auch den schönen Petriwächter traf, der nun mit dem edel modellierten Kopf in zarter Färbung hervortrat, ein ungemein anmutender Anblick. Wir stiegen nun bei schönster Sonne den Berg hinan, kauften und aßen auf der Straße ein paar Eier, die hartgesotten und schon geschält haufenweis in Körben feil lagen, unreinlich, aber wohlschmeckend. Wir gingen schwitzend bis Bel Sguardo, einer hochgelegenen, leider unzugänglichen Villa, Hitze wie bei uns im Juni, und kehrten um ein Uhr zurück. Beide Male kamen wir an Hildebrands schönem Anwesen vorbei, oben Blick auf Tal und Berge, prachtvoll in der Hitze leuchtend. Die in den blauen Himmel ragenden alten Zypressen sind wunderbar schön. Bei der Rückkehr fand ich auf der Piazza in der Loggia dei Lanzi Konzert, dem ich vom Fenster aus zuhörte. Statt des Mittagessens dient Musik und ein Glas Wein auf der Bude. Dann bummle ich nach dem Piazzale Michelangelo hinauf. Tramfahrt auf dem Viale dei Colli bis Gelsomino, nun zu Fuß zur Villa Poggio Imperiale, schöne fürstliche Mediceervilla, daneben Reiterkaserne. An Villa Passerini Bartolommei vorbei brennend heiße Straße bis Torre del Gallo, Haus und Turm mit Erinnerungen an Galilei (Bildnisse, Handschriften, Instrumente), oben Aussicht weit und herrlich über San Miniato weg auf die Stadt und jenseits in die Berge, große Hitze, viele Schmetterlinge. Schönes Mädchen in weißem ungegürtetem Kleid. Oben esse ich Zitronen, eine Erfrischung, an die ich mich nun schon gewöhnt habe. Unten fand ich dann eine schöne Wiese, wo ich unter lauter rosa Obstblüten lag und einen schönen Strauß von Blumen pflückte, die massenhaft wachsen und mir meist fremd waren, darunter viel wilde Narzissen und eine Art rotblauer Anemonen. Gegen Abend wurden die Berge völlig klar. Als Vesper nahm ich eine Orange mit, die ich zu Haus aß. Um 6 Uhr Stadtbummel. Ich saß je zehn Minuten im Baptisterium und im Dom. Auch ohne Kunstsachen zu suchen, bummle ich gern durch die Kirchen, wo Priester singen und manchmal schöne Frauen in den Bänken knien. Schönen Hof eines Privatpalazzo in der Via Ginori besichtigt. Langer Straßenbummel durch sonntägliches Stadtleben. Abends 7½ Uhr nehme ich Käse mit Brot und Wein in einer Trattoria, wo zwei Heilsarmeemädchen italienische Kriegsrufe kolportieren, die eine davon hübsch und witzig. Meine Wahr-

Blick von der »Paradiespforte« in das Baptisterium von Florenz.

scheinlichkeitsrechnung wird von der wirklichen um ein Viertel unterboten. Auch in den besten italienischen Trattorien gibt es weder Aschenbecher noch Zündhölzer, noch – Abtritte. Die Unterhaltung ist stets allgemein, geht über alle Tische weg, Signore und Schuhputzer nehmen ohne Unterschied teil. Die Lebhaftigkeit der Rede und der Anstand (bei aller Naivität) übertrifft deutsche Verhältnisse weit. Abends bietet mir Prof. Thurnheer freundlichst Literatur über Florenz an.

Ostermontag (8. April 1901)

Heute beginnt die dritte Woche meiner Reise, die zweite meines Florentiner Aufenthaltes. Erst heute erfuhr ich, daß die gestern verzehrten harten Eier in der Kirche geweiht waren, was mich freute, da ich sie in Erinnerung an die heimatlichen Ostereier mit besonderer Andacht gegessen hatte. – Früh kaufe ich Photographien, sehe dann auf der Straße Frl. Reinhardt aus Tübingen. Nun zum [Palazzo] Pitti, dessen kräftig schöner, großer Bau einen herbschönen Anblick bietet. Im ersten Saal der Galerie freut mich neben den großen Andrea del Sarto und dem Fra Bartolommeo namentlich die wundervolle Madonna von Perugino, der mir überhaupt immer lieber wird. Tizians Christus hat einen jener weichen, tiefblauen venezianischen Hintergründe. In der Sala della Stufa nun der erste Tizian, der mich begeistert, »Sposalizien der hl. Katharina« mit viel Landschaft, in Bau und Kolorit harmonisch, weich und süß, das ganze Bild wie Musik. Entzückend ist die kleine Sala del Bagno, ein ganz köstliches Badezimmer, Boden-Mosaik, Decke und Lünetten-Reliefs, vier reizende korinthische Säulchen, Marmorwanne, zwei Tischchen und Stühle. Im Saal des Ulysses eine in der Lichtgebung auffallende Madonna von Tintoretto und einige Salvator Rosa. Carlo Dolci wirkt durchweg abstoßend affektiert. Im nächsten Saal Tizians Pietro Aretino, ein großartiges Porträt, ebenda Filippo Lippis Rundbild: die lieblich feine Madonna, mit Mariä Geburt im Hintergrund. Daneben ein kleiner, bunter, zierlicher Pinturicchio. Im selben Saal zwei runde florentinische Madonnen, ohne Namen, den Lippi verwandt, und Botticellis Simonetta. [Wichtig und mir sehr lieb geworden sind auch die zwei schönen Selbstporträts des Andrea del Sarto, der in Florenz so viele edelschöne, symphatische Bilder hat.] Dann der Hauptsaal: die Granduca von ganz überirdischer Schönheit. Ergreifend das »Konzert« von Giorgione. Die Sedia hat prächtig leuchtende Farben; es ist eine

Die Certosa bei Florenz.

Lust, das Bild zu betrachten, doch hat es wenig Seele.

Halb 12 Uhr Essen mit Haupt. Nach Tisch Dampftramfahrt von Porta Romana aus nach der Certosa, in überfülltem Zuge stehend. Ein heißer, mauerumschlossener Steinweg führt zum Kloster empor, das stattlich und burgartig auf der Höhe über dem Tal der Enna liegt. Im kleinen Vorhof von den festungsartigen Mauerzinnen schöner Blick ins grüne, reiche Tal der Enna. [Für die ganze Florentiner Landschaft typisch ist die schön geschwungene Hügellinie, helle Farben, und die Villen, Klöster, Häusergruppen und Gartenmauern zwischen hohen, spitzen Zypressen oder Pinien. Eine prächtige Allee dieser Bäume führt nach Villa Poggio hinauf.] Ein Mönch führt uns durchs Kloster. Wundervolle liegende Grabmalfiguren von Donatello, darunter ein wunderbar lieblich-schöner Jüngling. Im Kapitelsaal eine Madonna von Perugino. Viele Kreuzgänge, im größten kühler Trunk aus der Zisterne. Auf der andern Klosterseite Blick nach Fiesole und Prato und in die Berge. Es sind nur wenige Mönche da, meist alte müde Leute in weißen Kutten, freundlich. Rückfahrt mit hübscher Engländerin, die ich schon öfters in den Uffizien kopieren sah. Im Klosterhof Bekanntschaft mit einem Schweizer, kluger freier internationaler Mensch, scheint Künstler, der sich schon lang in Frankreich, Spanien, Italien herumtreibt. Der Frühling ist nun völlig reif, besonders das Grün der jungen Fruchtfelder auffallend reich und leuchtend. Abends esse ich mit Haupt einen Bissen zu Nacht und verabrede auf morgen früh einen Spaziergang.

Dienstag (9. April 1901)

Früh 7 bis 9 Uhr Spaziergang mit Haupt, über Santa Croce auf dem Ringweg um die Stadt. Ein herrenloses nettes schwarzes Hündlein läuft eine Stunde weit mit; wir kaufen ihm Wurst, die er nicht frißt, und lassen ihm in einem Café Milch und Zucker geben. Dann suche ich bei Brogi Bilder heraus. In der Stadt, nahe dem [Palazzo] Strozzi, finde ich zwei Fassaden, die lebhaft an Häuser in Masolinos Freske »Petrus und Rabita« in Carmine erinnern (Brogi 6359). Ich suche bei Brogi über 100 Photographien aus, dann Besuch der Trinità, sehr alte Kirche in der Via Tornabuoni, worin eine Holzstatue der Magdalene und eine herrliche Kapelle mit Fresken von Ghirlandajo, um die Sarkophagnischen hübsches Relief, Altarbild derselben Kapelle scheint moderne Kopie von Ghirlandajos »Anbetung« in der Akademie, in prächtigem Rahmen. Links in einer Kapelle ein unbenanntes Altarbild (thronende Madonna mit Heiligen) auf Goldgrund, mit köstlich naiver Predelle. Gang nach der Piazza Santa Maria Novella. Am Platz, der Kirche gegenüber, schöne Loggia di San Paolo, 10 Bögen, mit guten Tonmedaillen von Andrea della Robbia außen, innen sehr schöne Türbogenfüllung von demselben, Begegnung von Franz und Dominikus (Tonrelief). Gegenüber der Loggia an stumpfer Straßenecke ein altes Tabernakel, steifes Bild des 14. Jahrhunderts mit freundlichem Madonnenkopf, sonst vom Staub verdorben. Kirche Santa Maria Novella hat prächtige, nicht gut erhaltene Mamorfassade, daneben Kreuzgang mit Gräbern, außen in schwarzweiß Marmor modern hübsch restauriert. Auf den Steinplatten vor der Kirche spielen Kinder Boccia etc. Die Altarbilder sind spät und unbedeutend. In der Kapelle Rucellai der große Cimabue leider ganz ohne Licht, dennoch einiger Eindruck von Majestät. Die Kapelle war zu dunkel, als daß ich die andern Bilder und Grabmäler hätte besehen können. Besser beleuchtet war der Chor, mit Ghirlandajos wundervollen Fresken aus dem Leben Mariä links und Johannis rechts. Besonders entzückte mich Mariä Geburt in der untern Fensterecke, mit glän-

Das Fresko »Geburt der Maria« von Domenico Ghirlandajo in der Basilica di Santa Maria Novella, Florenz.

zendem Interieur, besonders Puttenornament reizend, frisch und reich. Einzelne, ja viele Köpfe auf diesen herrlichen Fresken sind von großem Eindruck und so frisch, als wären sie gestern gemalt. Darunter zweifellos eine ganze Anzahl Porträtköpfe, welche mit Architektur und Kostüm zusammen ein lebhaftes Bild des Florenz im Quattrocento geben. Die oberen Bilder sind schlechter erhalten und mühsam zu sehen. In »Joachinis Vertreibung« reiche Renaissancearchitektur des Tempels, sonst viele Fassaden im Florentiner Palaststil, mit Loggia im obersten Stock, wie man sie hier so oft findet. Drei schöne Frauen links unten auf der »Heimsuchung«, ebenda zwei reizend lebendige Knaben, die über die Mauerbrüstung hinabsehen und die Rücken ins Bild kehren, sowie zwei schöne Bäume. In der »Geburt Johannes« typische Figur der eilenden Dienerin mit Fruchtkorb mit Hintergrund, der eine sehr schöne Landschaft leider nur ahnen läßt. Dann im linken Querschiff das große Fresko von Orcagna, in dessen etwas steifer Mystik eine Anzahl sehr gut gezeichneter, schön bewegter Körper auffällt. Das Fresko übt ganz die Wirkung düster dantesker Mystik. Zum Schluß

Ausschnitt aus dem Fresko »Maria besucht die hl. Elisabeth« von D. Ghirlandajo in der Basilica di Santa Maria Novella, Florenz.

Gang um den ganzen Komplex von Santa Maria Novella.

Dann Essen mit Haupt, heute besonders gut. Nach Tisch kaufte ich bei Giannini die Anderson'schen Photographien aus Santa Maria Novella, begleitete Haupt ins Geschäft und saß nachher noch eine Stunde in der Loggia dei Lanzi. Der Tag ist trübe; für mich aber ungewöhnlich reich genutzt. In der Loggia beschäftigt mich heute speziell der Sockel des Perseus mit den schönen Erzstatuetten: gegen die Loggia ein Merkur, nach vorn Jupiter, unter diesem das (nicht originale) Relief (Original im Bargello). Rechts und links Göttinnen, die linke mit Bambino. Dann nochmals Hof des Palazzo Vecchio nebst Anbau, dessen moderne Arkaden etwas verkorkst sind.

Abends Bummel am Lungarno, dessen Name mich mit Recht immer an Herumlungern erinnert. Am Ponte Vecchio begegnete mir eine von der Misericordia veranstaltete Armenleiche. Ich sitze lang bei der Trinita-Brücke unterm Volk an der Straße, das den Wagenkorso der fremden und vornehmen Welt betrachtet und ohne Scheu kritisiert. Eine Reihe schöner Gestalten und einige gute

Toiletten im Corso. Ein Fürst in italienischer Uniform wird von jedermann gegrüßt. Nun wieder jenes reizend geheimnisvolle Schlendern durch enge, dunkle, vielfach überbaute und überwölbte Gassen ohne Namen, wo kein Wagen fahren und kaum ein Mensch dem andern ausweichen kann, während sich doch ein reiches Kleinleben von Handel, Händeln, Familien und Tieren darin abspielt. Ich ging zum Abendbrot in die kleine Fiaschetteria, wo ich am Abend meiner Ankunft erstmals einkehrte. Dieses verwahrloste, fleißig-faule Schlenderleben, dieses Herumliegen auf Mauern und Sitzen in Loggien und auf Treppen hat einen besonderen Reiz, wenn man, wie ich tue, alle Rücksicht auf die Meinung der Mitwelt und alle Sorge um Kleider, reine Hände etc. beiseite läßt. Mein Abendbrot, wenn ich überhaupt eines nehme, ist ein Brot mit Käse oder Wurst und zwei Gläser Wein, der pro Glas 20 cts kostet, wobei man sich das Glas auch halb, ja nur viertels vollschenken lassen kann. Ganz famos ist das überall nützliche Wort basta, mit dem man alle Händler, Kellner, Bettler etc. abfahren läßt und das, wenn es wirken soll, mit kühl brutalem Ton gesagt werden muß. Gelegentlich half mir auch ein deutsches Kraftwort. Die Wirtsrechnung wird gewöhnlich mit Bleistift auf die marmone Tischplatte geschrieben und vom Gaste scharf kontrolliert; selten zahlt einer genau das, was verlangt wird, mindestens ein Soldo muß abgezogen werden. Da war das Weinglas nicht ganz vollgegossen, das Brot zu klein gewesen! Wirt und Gast erklären beide, eher sterben zu wollen, als von ihrer Rechnung abzuweichen, bis sie sich nach langem Kampf um 5 oder 10 cts, beide zufrieden, vergleichen und als Freunde scheiden. Abends saß ich noch ½ Stunde bei Frau Professor und ihrem netten klugen Schulmädchen und plauderte italienisch. Später brachte der Professor mir noch deutsche Journale.

Mittwoch (10. April 1901)

Es regnet. Doch gefällt mir das Wetter; es ist ein leiser, lauer Frühlingsregen und sieht nicht nach Dauer aus. Ich beginne mit dem Einkleben der Photographien und gehe um halb 11 Uhr in den [Palazzo] Pitti, wo ich zunächst wieder lange vor Tizians Katharina sitze. Das Bild hat gar nichts Besonderes als die den Toskanern meist fehlende völlige Einheit des Tones, in welcher Licht, Figuren, Landschaft etc. gleichberechtigte Akkorde sind. Durch einen Hirten mit Viehherde (bes. Schafe), der rechts den Mittelgrund einnimmt, und durch Dorf und Kirchlein im Hintergrunde gewinnt das

Perugino, »Maria Magdalena« (1495) im Palazzo Pitti, Florenz.

Bild neben der schönen räumlichen Tiefe einen überaus lieben Hauch von Stille und Idyll. Es wird eben von einer freundlichen alten Dame nicht übel kopiert. Neben Raffaels großem Porträt Leos X. hängt wenig besucht eine Magdalena von Perugino, einer seiner süßesten Frauenköpfe, dessen zarte und doch reife Schönheit von keinem hiesigen Raffael übertroffen wird. Leider ist es zur Zeit durch eine große Staffelei verdunkelt. Auf Filippinos großer runder Madonna wieder die typische tragende Dienerin. Daneben auf der ziemlich gleichzeitigen unbenannten Madonna wieder die oft vorkommende prächtig dekorative Gartenmauer mit gleichmäßig beschnittenen Zierbäumen (hier wohl Zypressen?), die auf Ghirlandajos und Masolinos Fresken mir schon auffiel. Im [Palazzo] Pitti findet es sich nur dies eine Mal. Was die großzügige Komposition betrifft, ist vor Andrea del Sarto Fra Bartolommeo der Größte, dafür entbehren seine Bilder des toskanischen Liebreizes. Vom [Palazzo] Pitti ging ich in die Uffizien. Der Verbindungsgang hat außer seiner Bequemlichkeit den großen Vorteil, daß man die Bilder der einen Galerie bis zur andern frisch im Blick behalten kann, was beim Gang durch die Straßen unmöglich ist. Auch bietet er einige aparte Arnoveduten. In den Uffizien findet sich jenes *Gartenmauermotiv* namentlich zweimal bei Baldovinetti (Verkündigung und Madonna, im I. Korridor), bei Botticelli (Madonna, ebenda), bei Ghirlandajo, im Saal des Monaco, wo ich heute endlich auch die Geburt der Venus von Botticelli fand. [Dann wieder bei Verrocchio (Schule): Madonna, Kind und Heilige und zweimal zierlich bescheiden bei Angelico Beato, Geburt Johannis und Sposalizien der Maria (Miniaturen). Dann zweimal in S. Spirito: bei Lorenzo di Credi u. Piero di Cosimo.] In den Toskanersälen traf ich Prof. Tafel, der mir recht lieb geworden ist. Er lud mich zu Mittag in sein Hotel. Bis dahin saß ich vor dem Van der Goes im ersten Saal, dessen Eindruck durch die vielen seither gesehenen Bilder nicht vermindert ist. Mittagessen als Tafels Gast, unterhaltend und angenehm. Dann zu Hause bis 4 Uhr. Ich reiße den Baedeker vollends auseinander. Bei Brogi, wo Haupt mir wieder beste Dienste tut, sehe ich das Werk der Dantezeichnungen von Botticelli an, treffe auch Tafel dort wieder. Dann Photographien einkleben. Abendessen mit Haupt. Mit ihm um 10 Uhr bis nach 12 Uhr Gang zum Piazzale Michelangelo und Höhe von San Miniato, durch den prachtvoll schwarzen Zypressengang hinauf, unten die nächtliche Stadt, der Campanile leise leuchtend. Es ging ein starker Wind, der Himmel war sternhell, wie

Ausschnitt aus dem Bild »Geburt der Venus« von Sandro Botticelli in den Uffizien von Florenz.

ich ihn selten gesehen, leuchtend schön, Zypressen ragten hinein, nur gegen Fiesole war der Himmel verwölkt und beglänzte zuweilen ein rötliches Wetterleuchten prachtvoll die Berge. Wir gingen den ganzen Viale dei Colli und durch die Anlagen über die Porta Romana zurück. Das helle junge zarte Laub war zwischen uns und den Sternen wie ein Schleier, eine schöne südliche Nacht voll Poesie. In der Stadt durch die dunklen engen Gäßchen an alten rauschenden Brunnen vorbei nach Hause. Jetzt 12½ Uhr todmüde zu Bett.

Donnerstag (11. April 1901)

Leuchtend schöner Morgen, trotz starken Windes schon in der Frühe warm. Früh Besuch der Badia (dem Bargello gegenüber), wo in einer Seitenkapelle Filippinos schönstes Werk: die Madonna erscheint dem hl. Bernhard. Das Bild ist vielleicht das poetischste des ganzen Quattrocento: Maria legt dem lesenden Heiligen leise die schlanke Hand aufs Buch, neben ihr und hinter ihr köstliche Engelknaben. Die Farben frisch und leuchtend, feine zarte Landschaft, Figur und Gesicht der schlanken hellblonden Madonna unbeschreiblich keusch, zart und lieblich. Nun der Bargello, mit Nationalmuseum! Michelangelos Madonnenrelief (Bild bei Wölfflin) ist das erste von Michelangelo, was mir gefällt. Wuchtig massiv. Schöne Reliefs von Benedetto da Rovezzano. Ganz herrlich ist der Hof des Bargello, mit flotter Treppe und Galerie, mit vielen Wappen geschmückt, alles bieder, knapp und bündig, festlich und trotzig zugleich. Der Saal des Donatello macht schon beim Eintritt einen kräftig-ernsten, würdigen Eindruck. Am schönsten der Bronzedavid und der hl. Georg. Verblüffend lebendig die Kinderköpfe und einige Porträtbüsten. Der stattliche, sehr hohe Saal mit wuchtigem Gewölbe wirkt kräftig mit. Die geniale Kunst Donatellos redet hier unendlich stark, streng und überzeugend. Alles atmet Echtheit und Wahrhaftigkeit. – Erst von einem Fenster des Bargello aus bemerkte ich die schöne Tür der Badia mit dem Tonrelief von B. Buglioni. Weiter im Bargello reiche Sammlung von Kleinkunst, namentlich Schmuck: z. B. ein venezianisches Bischofskreuz, Emailarbeit mit Amethysten. Bei den Elfenbeinsachen namentlich die französischen schön. Bei den Gemmen fiel mir eine in Kristall geschnittene, wundervoll schlanke Graziengruppe auf (Italien XVI sec.) Unter den kleinen Porträtmedaillen eine famose mit Büste des Lorenzo magnifico, kräftig schöne, derbe Arbeit in Bronze. Dann das Original des Cellini-Reliefs am Perseus: Befreiung der Andro-

Ausschnitt aus dem Bild »Maria erscheint dem Hl. Bernhard« (1480) von Filippino Lippi in der Badia-Kirche von Florenz.

Innenhof des Palazzo del Bargello (1255), dem ehem. Sitz des Bürgermeisters von Florenz.

meda. Sonst leuchtet mir von den Bronzen nur der David von Verrocchio stark ein. Unter den Tapeten fesselt mich eine aus Goldstoff mit Renaissancemuster in schmalen roten Linien, entzückend schön. Daneben ein Saal, früher Kapelle, mit Fresken aus Giottos Schule, auf einer derselben (Paradies, der Tür gegenüber) der berühmte Dantekopf, renoviert und enttäuschend. Nebenan unter den Gewändern einige glänzende Prachtstücke: auf einem samtenen Bischofskleid famos gewirkte Märtyrerlegenden (Rock grün, Bilder farbig auf weißem Grund, der als vertikales Band den Rock teilt). Weiteres einzelne: blaugoldener, emaillierter Kopf eines Krummstabs, mit eingesetzten Edelsteinen, in einen Tierkopf auslaufend, dessen Augen schwarze Steine (französisch oder spanisch). Ein goldener Fingerring mit zwei ungemein zart gearbeiteten ineinandergelegten Händen mit reizend schlanken Fingerchen (ital. XVI sec.). Edler goldener breiter Fingerring, mit steilen, stark erhabenen astrologischen Zeichen (ital. XIV sec.). Eine Haarnadel mit Goldgriff und Juwelen. Um 12 Uhr reiße ich mich ungern los, da heute der Giardino Boboli gratis offen ist. Der Garten ist schön wie

Brunnen im Giardino di Boboli, Florenz.

ein Wunder, mit meist immergrünen Anlagen, fürstlichen Wegen und Terrassen, Statuen, Brunnen, Treppen, Vasen. Herrliche Sonne. Die Luft ist heute so auffallend transparent, daß alle Farben doppelt glänzen und die Ferne herrlich klar leuchtet. Weite, dichte, hohe, dunkle Gänge aus Lorbeer. Wundervolle Aussicht über den [Palazzo] Pitti weg auf Florenz und weit in die Berge, deren höchste noch Schneegipfel haben. Große alte Zypressen, schöne Pinien. Glänzend hellgelbgrün das neue Laub der Kastanien. Auf den Wiesen Orchis, Anemonen und fremde Blumen. Köstlichstes Spiel der Wolkenschatten bei starkem Winde. Sich beugende Zypressenwipfel, wie schwanke schwarze Flammen. Man kann seine Phantasie nicht genußreicher und edler beschäftigen, als indem man diesen großartigen Garten mit vornehm kostümierten Gestalten des alten Florenz bevölkert. Hier mußten patrizische Jünglinge Ball spielen und schöne vornehme Frauen sich den Ariost vorlesen lassen. Im untersten Hof bei der Grotte eine steinerne Halbkreisbank, Sitz und Lehne hübsch Mosaik, die Galerie nebenan mit hübschen Renaissanceornamenten bemalt (weiß auf grün). Um 2 Uhr Essen mit Haupt. Nach Tisch fahre ich schnell nach Fiesole hinauf und liege hier für den Rest des Nachmittags unter den Zypressen des Klosters. Der Himmel leuchtend tiefblau. Besuch der Kathedrale. Hinter Fiesole dann herrlicher Blick in die Berge. In Fiesole auffallend viele hübsche, schönäugige Kinder. 6½ Uhr zurück. Abends zu Hause.

Freitag (12. April 1901)

Früh kurzer Aufenthalt in Orsanmichele; dort das prächtig reiche Tabernakel mit feiner Madonna auf Goldgrund, beides von Orcagna. Das Tabernakel, reich an Ornament und Reliefs, ist ein Prunkstück ersten Rangs, aus Marmor mit Gold und Edelsteinen. Nun nach San Lorenzo. Zuerst Eintritt hinten. Hier die von der großen Kuppel überwölbte Fürstenkapelle, von schönen Raumverhältnissen, namentlich schön die große Kuppel, die mit bunten, mittelmäßigen Fresken bemalt ist. Die Dekoration zu reich, bunt und unruhig. Enthält die Grabmäler der fürstlichen Medici, zum Teil mit schönen Wappen in wertvollem Mosaik. Die kleine Medicikapelle (sagrestia nuova), ebenfalls mit (kleinerer) Kuppel, hat wundervolle Verhältnisse; Kuppel weiß, einfachst kassettiert. Der Pensieroso ist schön; die andern weltberühmten Michelangeloskulpturen, namentlich die »Nacht«, sind technisch großartig und von genialer Kraft, aber mir unsymphatisch. – In der Kirche selbst ist vor den Chorstufen das Grab des großen Cosimo, einfachst, nur Inschrift. Kanzelreliefs aus Donatellos Schule. In einer Seitenkapelle lieblich schöne »Verkündigung« von Fra Filippo. In der alten Sakristei ein Perugino (?), edle Ornamente (Reliefmedaillen) von Donatello, schöne Erztüren. Neben der Kirche reizend heimeliger Kreuzgang mit verwildertem Grasgarten und unregelmäßigen Fensterchen. Hinterer dreiseitiger Kreuzgang (bescheidenst) umschließt ein unsichtbares Gärtchen, über dessen Mauern eine Fülle von Aprikosen- und Birnenblüten herausragt. Nahe in der Via Ginori mehrere schöne Palazzi. Um die Ecke der Palazzo Riccardi, einer der größten und schönsten, mit gutem Säulenhof. Famos die Blicke durch einzelne Türen und Palasthöfe in lorbeergrüne Gärten. Neben der Kirche San Marco Eintritt ins Kloster (Museo) di San Marco. Eintritt gleich in den vorderen Kreuzgang, dessen ganze Mitte eine große, breitästige, herrliche grüne Zeder ausfüllt. Hier eine Serie bunter Fresken, darunter der feine Christus als Pilger von Fra Angelico. Im Kapitelsaal dessen großes Fresko der Kreuzigung. Im Refektorium Soglinis zwei schöne Bilder. Im kleinen Refektorium abseits Ghirlandajos köstliches Abendmahl (Gartenmauer!),

Der »Tabernakel« von Andrea Orcagna in der Kirche von Orsanmichele in Florenz.

Fresko »Die Verkündigung« von Fra Angelico im ehem. Dominikanerkloster San Marco, Florenz.

der Abendmahlstisch voll Kirschen. Im obern Stock die Zellenreihe mit Bildchen von Fra Angelico. Die Zellen, geweißte Gewölbe mit winzigen Bogenfensterchen in Nischen, roter Steinboden, jede mit einem kleinen Fresko, haben eine ganz eigene Stimmung. Zelle des Savonarola mit Lesetisch und Bildnis. Daneben schöne Madonna von Fra Bartolommeo. Lithurgien etc. mit wertvollen Miniaturen, z. B. in einem Antifonarium im Buchstaben A die Stigmatisation des hl. Franz, blühend farbig: ein von der Glorie umgebener schwebender Kruzifixus teilt dem Heiligen die Male durch Strahlen mit, deren Gold frisch durch die satte bunte Farbe der Landschaft glänzt. Blauer Hintergrund, schöne Zypressen. Heimkehr 1 Uhr. 2 Uhr Essen mit Haupt. Den Nachmittag beschäftige ich mich, besonders da es regnet, mit Photographien. Zu Hause bis 8½ Uhr, dann Abendbrot und Weintrunk mit Haupt. Wir saßen den Abend in einer Pizzicheria, wo uns zwei Stunden lang zwei prachtvolle Katzen und ein sie neckender typischer Toskaner erfreuten.

Samstag (13. April 1901)

Es regnet noch, die Nacht war stürmisch. Erst bin ich bei Brogi mit Bildern beschäftigt, dann stand ich wieder ein wenig vor Ghirlandajos Fresken in S. Trinità. Darauf zu Hause Photographienarbeit. Es geht ein starker Wind. Gegen Mittag großartige Luftstimmung: schwarz drohender Himmel, dazwischen bleicher Sonnenstrahl, schwere stahlblaue Wolken prachtvoll hinter dem trotzigen Turm des Palazzo Vecchio aufgebaut. Essen und Kaffee mit Haupt. Wetter bleibt trübe. Ich beschäftige mich den ganzen Tag mit Photographien; es regnet wiederholt heftig, abends ein Gewitter. 8½ Uhr Abendessen mit Haupt in famoser Pizzicheria auf der linken Arnoseite. Dort erfreut uns eine famose, an die Wand gezeichnete Karikatur eines Gastes der Pizzicheria. Ich frage den Wirt, wer die brillante Zeichnung gemacht hätte. Es war der in Florenz bekannte Maler Costa. Im selben Augenblick tritt ein feister alter Knabe ein und wird uns vom Wirt als Original der Karikatur vorgestellt, ein äußerst lustiger Moment; der Mann selbst lachte mit und zeigte sich toskanisch liebenswürdig. Darauf gingen wir über den Ponte Vecchio zurück und bummelten nun, bei sternklarem Himmel, in der finstern kühlen Nacht noch eine Stunde in den engsten Gassen von Altflorenz umher. Die Gassen einen Schritt breit, häufig überbaut oder durch Stützpfeiler halbrund überwölbt, darin alte Brunnen und stimmungsvolle enge ernste Höfe, einzelne Fensterchen beleuchtet. Mitten darin ein Plätzchen mit dem uralten Kirchlein S. Stefano. Wir verabreden, uns morgen 1 Uhr in unsrer Trattoria zu treffen. Heimkehr nach 11 Uhr.

Sonntag (14. April 1901)

Dank dem famosen hiesigen Pflaster sind die Straßen schon wieder völlig trocken. Der Morgen ist frisch, sonnig und der Himmel ohne Wölkchen, alles verspricht einen ganz besonders schönen Tag. Früh Aufenthalt im Hof des Palazzo Vecchio, der mich immer wieder anzieht, mit dem köstlichen Fischbübchen von Verrocchio. [Auffallend ist, wie *Rubens* hier abfällt. Allerdings brachte ich ein starkes Vorurteil gegen ihn schon mit. Neben den alten Toskanern macht er einen geradezu gemeinen Eindruck.] Dann Uffizien. Dort sieht man heute auch Italiener, Arbeiter und Handwerker im Sonntagsrock, die sich durch ihr stilles Betragen und oft auch durch ihre Art, die Bilder zu betrachten, vorteilhaft vom englischen und deutschen Pöbel unterscheiden. Einige dunkle, ernst und tief blickende Por-

»Das Fischbübchen« von Andrea del Verrocchio im Hof des Palazzo Vecchio.

träts junger Männer, dem Parmigianino zugeschrieben. In einem der Niederländersäle, wo das herrliche Doppelporträt von Messys ist, findet sich eine thronende Madonna mit Kind und zwei Engeln von Hans Memling, merkwürdig frischfarben blühend, mit reichem Ornament und schöner Fruchtschnur, unter Glas, ein Kabinettstück. Daneben, in der Farbe nicht mehr so frisch, ein Van der Goes, thronende Maria, mit wunderbar exakt gemachtem Detail: Goldbrokat, Edelsteine, plattierte Schmuckarbeit, Stickerei, wie sie, nur etwas kühler, Crivelli manchmal hat. Auf dem Bildchen ist u. a. eine Pfauenfeder, ein reicher Schwertgriff, Goldquasten, ein offenes Buch und ein geschlossenes mit schönem Einband und goldgepreßtem Schnitt brillant gemacht; doch läßt sich das Material, namentlich die Stoffe der Kleider, kaum unterscheiden (selbst der Sammet), auch das Haar ist fleißig, doch ohne Gefühl für das Material. In den Korridoren ist alles Schönste vom Ignoto Toscano. Trotz starken Besuchs ist es stiller und behaglicher hier, als wenn das (besonders englische) vornehme Publikum da ist, das heute wegbleibt. Jetzt im Mittag stehen der Vecchio und die Loggia wieder wundervoll klar gegen den blauen Himmel. Nach Tisch mit Haupt zu Fuß nach Vincigliata (von einem Engländer im alten Stil neu erbautes Schloß mit einigen guten alten Möbeln, Leuchtern etc.). Oben Besichtigung des Schlosses, Rast und frohe Rückkehr, von Settignano an per Tram. Abendessen bei Andrea und schon um 8 nach Haus. Trotz der ziemlichen Fußwanderung ein guter Ruhetag.

Montag (15. April 1901)

[Heute, da ich eine halb gerauchte Zigarre im Mund hatte, bat mich ein Mann auf der Straße, sie ihm zu geben. Ich glaubte, er wolle seine daran anzünden, und gab sie ihm; er aber steckte meine Zigarre froh in den Mund und ging weiter.]

Es regnet. Nochmals Besuch der *Badia*, wo ich neben dem Filippino nun auch die zwei schönen Grabdenkmäler von Mino da Fiesole betrachte. Von da nach Santa *Croce*, wo mich zunächst die Kanzel von Benedetto da Majano eine Weile fesselt. In der Capella Castellani sind Agnolo Gaddis Fresken leider stark verwüstet. Daneben Taddeo Gaddi gut erhalten. In der Altarkapelle der Sakristei unter den alten Fresken des Giovanni da Milano sind besonders Mariä Geburt und Mariä Tempelgang reizend naiv und frisch. In den Schränken der Sakristei einige prunkvolle Meßgewänder und heilige Geräte, Bücher mit prächtigen Miniaturen, unter diesen ein A mit Auferstehung Jesu, mit bewegten Gesichtern der Frauen und schlafenden Wächtern. Dann ein P mit Ritter Georg und Jungfrau,

Postkarte Hesses an seine Eltern vom 14. 4. 1901.

Das Fresko »Mariae Geburt« von Giovanni da Milano in der Sakristei der Basilika von Santa Croce, Florenz.

Hintergrund alte Stadt, Georgs Pferd fahl rosa, sonst glänzend satte Farben. In der Sakristei sprach ich mit einem italienischen Priester vom Lande, der über so viel Glanz und Reichtum ganz entzückt und außer sich war. Im Gang vor der Sakristei Reste übertünchter Fresken, ganz unbeachtet, gut erhalten nur links der Tür ein schöner schreitender Engel, dessen Gesicht ausgesprochen Botticelli-Typus hat. Die Giottofresken in den Kapellen sind wundervoll reif und energisch, doch ganz restauriert. Im Chor schöne Fresken von Agnolo Gaddi. Ein Grabmal von Desiderio da Settignano herrlich. Dann Kreuzgang mit dem edlen Bau der Pazzikapelle. Vor der Kirche machten auf einer Steinbank der Piazza zwei Knaben ein hübsches Spiel: Jeder hatte an seinem Bankende neun Kiesel in drei Reihen gelegt, auf diese zielten sie abwechselnd mit einem glatten Stück Holz, das sie über die Steinfläche gleiten ließen. Wessen Steine zuerst weg sind, der hat verloren. Bummel durch alte Gassen und Blick in mehrere Palasthöfe. Dann Besuch der Kirche S. Maria Maddalena dei Pazzi, mit schönem Hof. Um die Ecke Peruginos Kreuzigung, Fresko, wo ich eine gute Weile allein sein durfte. Das

Einer der Bilderzyklen von Giotto (»Die Krönung der Mutter Gottes«) in der Basilika von Santa Croce, Florenz.

große, lichte, dreiteilige Bild ist unbeschreiblich schön, schlicht und edel, verbindet klassische Komposition und Selbstbeschränkung mit dem ganzen Zauber der quattrocentistischen Lieblichkeit und Naivität; die Landschaft ist von wunderbar zartem Reiz.

Nachts 1 Uhr:

Diesen Abend war ich (mit Haupt) im Theater Pergola, wo d'Annunzios »Città morta«[1] mit der Duse[2] gegeben wurde. Das Theater war zum Brechen voll, dennoch wurden immer noch Billette ausgegeben. Wir standen dichtgedrängt von 8½ bis 12½ Uhr. Obwohl ganz ausgezeichnet gespielt wurde, leuchteten Spiel und Stimme der Duse mächtig heraus. Ihr Spiel, und namentlich das ihrer Hände, ist fabelhaft fein, sensibel und hinreißend, ihre wunderbare Stimme ist zu jeder Nuance fähig und kann ebenso kindlich rührend sein wie durch Mark und Bein gehen. Ihre Erscheinung auf der Bühne ist schlank, biegsam und in jedem Augenblick von großer plastischer Wirkung. [Sie erschien auf der Bühne von griechischer,

[1] Gabriele d'Annunzio, »Die tote Stadt« (1898).
[2] Die italienische Schauspielerin Eleonora Duse (1858–1924).

sapphoartiger Schönheit. Die Stimme war einige Male von ganz feenhaft verträumter Zartheit.] Auch das Spiel der übrigen war glänzend. Das Stück selbst machte mir, obwohl unvollkommen verstanden, großen Eindruck. Der Dichter war anwesend und wurde nach jedem Akt wiederholt hervorgerufen – so sah ich ihn und die Duse an einem Abend. [Unvergeßlich der zweimalige jähe, durchdringende Aufschrei des Entsetzens, die dem letzten Worte der Duse: vedo! vedo! vorangehen.] Nie hat ein Theaterabend mir solche Eindrücke gegeben! – Die beiden vornehmen Logenreihen glänzten von Diamanten und Frauen. Der Dichter erntete auffallenderweise mehr Beifall als die große Tragödin. – Nach dem Theater trafen wir im Bierhaus mit einigen deutschen und Schweizer Malern zusammen, unter denen mein Bekannter von der Certosa.

Dienstag (16. April 1901)

Morgens Miniaturen in Croce (siehe Tagebuch). Tagsüber Lektüre und Notizenarbeit. Gegen Abend (7½ Uhr) merkwürdig schöne Arnostimmung: stromaufwärts dunkel, stromabwärts schwer mattsilbern, mit schwarzen, schwer überhängenden Brückenbogen und Widerschein der Laternenreihen am Ufer. Ich war den Abend übler Stimmung, traurig und leistete mir mit Haupt ein splendides Nachtessen mit altem Chianti und Pasteten etc.

Mittwoch (17. April 1901)

Früh Gang durch die Stadt und über den Arno. Wetter sonnig und warm, doch sehr unsicher. Besuch von San Spirito, wundervolle Kirche. Pieros Altarbild und das von Lorenzo di Credi (beides Madonnen mit Heiligen) von rührend schlichter Schönheit. Chor protzig barock. Filippinos Madonna dort ist ein reifes, schönes Werk, mit reizendem Bambino. Sakristei und Vorhalle wirken durch sehr reine Verhältnisse. An der kleinen, stillen Piazza, wo Palmen und Magnolien und auf den Steinbänken Kinder, steht der schöne Palazzo Guadagni, entzückender Frührenaissancebau, mit flotter Loggia unter dem Dach. Ich ging hinein, im schönen kleinen Hof rauschte ein Einhornbrunnen und sonnte sich ein alter Knecht, mit dem ich plauderte. Er erzählte mir Geschichten von seiner Herrschaftsfamilie und war der Ansicht, alles irgend Alte und Schöne in Florenz, auch sein Palast, sei von Michelangelo gemacht. Auf der Piazza Carmine lange lustige Unterhaltung mit einem

Küster, der mich gleich als Deutschen erkannte und mir das entstellte Italienisch der Engländer, Franzosen, Amerikaner etc. beschrieb und vormimte. Er lobte die Aussprache der Russen als vorzüglich. Nun Besuch in Carmina. Ich eilte gleich in die Freskenkapelle und fand gerade durch einen glücklichen Sonnenstrahl meinen Liebling, Filippinos schlafenden Wächter, allein glänzend beleuchtet. Die Kapelle war voll von Besuchern, die alle eifrig studierten; aber keiner beachtete die Figur. Sonderbar! Mir ist ein von Sonne beschienenes Freskodetail immer eine unschätzbare Glücksgabe und lieber als eine ganze dunkle Kirche voll. In der Sakristei werden eben die Fresken von Spinello Aretino gewaschen und restauriert, so bestieg ich das Gerüst und sah den ganzen Zyklus nah und deutlich (Leben der hl. Cäcilie, nicht eben genial, doch hübsch). Der Kreuzgang ist anmutend hübsch, heimeliger Raum mit frischem Grün. Masaccios Fresko ist übelst erhalten, dagegen das von Giovanni da Milano gut, es erfreut durch kräftige helle Farben. Nun über den Arno zurück. Besuch von Ognissanti, mit Botticellis Hieronymus und Ghirlandajos famosem Augustin (beide a fresco, einander gegenüber). Kreuzgang etwas öde. Es beginnt stark zu donnern. Nebenan im Refektorium Ghirlandajos Abendmahl, nach Burckhardt[1] das in San Marco übertreffend. Es ist jenem bis auf wenige Kleinigkeiten gleich, doch sah ich jenes bei unendlich besserem Lichte. Beim Verlassen der Kirche heftiger Gewitterregen, ich fahre im Omnibus nach Hause. Nach ½ Stunde wieder Sonne. Essen mit Haupt. Um 4 Uhr schöner warmer Gang durch Porta Romana und die Anlagen auf die Hügel. Alles grünt und duftet üppig. Oben beim Torre del Gallo trank ich ein Glas Wein. Ich ging dort auf die mir liebgewordene Blumenwiese und holte einen Strauß. Von da bergab geriet ich immer tiefer in Privatwege, Felder, Obstwiesen und herrliche Gärten, endlich kam ich weit hinter Miniato auf einen Bauernhof, wo ich mich anfreundete. Im letzten Augenblick, als ich schon den Weg gefunden glaubte, kam noch ein verschlossenes Gartentor, und ich mußte lange warten und schmeicheln, ehe es mir geöffnet ward. Vor 7 Uhr kam ich mit einem prächtigen Blumenstrauß zurück. Auf morgen abend halb 9 Uhr lädt mich Frau Professor ein.

Donnerstag (18. April 1901)

Ich trieb mich morgens lang bei den Goldläden des Ponte Vecchio

[1] Jacob Burckhardt, »Die Kultur der Renaissance in Italien«, 1860.

Ausschnitt aus dem Fresko »Die Befreiung des Petrus aus dem Gefängnis« von Filippino Lippi mit dem schlafenden Wächter in der Basilica di S. Maria del Carmine, Florenz.

Postkarte Hesses an seine Schwester Adele vom 17. 4. 1901.

herum [einzelne schöne Arbeiten, z. B. eine fingerdicke verschlungene Schlange aus Gold, über und über mit Edelsteinen zierlichst besetzt, das Hautmuster in Email] und ging dann in den [Palazzo] Pitti. Im dritten Saal: Ignoto, ritratto di una giovane, kleines Bildchen, schwer gerahmt. Ein junges blondes Mädchen in rotem Kleid und leichtem Spitzenkragen, goldene Kette um Hals und Brust, graubraune kluge Augen, auffallend blühendes Gesicht mit vollen Lippen auf sehr schlankem Halse, das Ganze hellfarbig auf schwarzem Grunde, ein anmutend stilles Bildchen. Ich blieb bis 12 Uhr im [Palazzo] Pitti; Veroneses beide weiße Kinderporträtchen, Tizians Aretino, Andrea del Sartos Verkündigung und Peruginos Magdalena fesselten mich diesmal speziell. Um 12 Uhr ging ich in den Giardino Boboli hinauf und freute mich des Grüns und der Sonne. Die Kastanien beginnen eben Blüte anzusetzen. Der Teich hat Scharen von Goldfischchen, deren Farbenspiel im grünen Wasser über weißen Spiegelwolken bei Sonnenglanz köstlich ist. Am schönsten sind die leuchtend zinnoberroten, die von der Rückenflosse bis zum Schwanz einen wirklichen flimmernden Goldstreif haben. Dazu die Menge dieser Fische und der Reichtum ihrer mühelos eleganten, flotten Bewegungen. Den Goldstreif sah ich am schönsten bei jungen Exemplaren. Famos ist es, wenn ein Fisch von andrer Farbe an dem roten vorbeischwimmt und mit rötlichen

Fischteich im Giardino di Boboli, Florenz.

Reflexen erglänzt. Fein auch die plötzlichen vielfachen Verkürzungen, wenn die Fische einer Brotkugel rasch in die Tiefe nachtauchen. Köstlich sind die plötzlichen Ausblicke durch dunkle dichte Laubengänge auf die fernen, besonnten Berge. An den warmen Mauern viele Eidechsen.

Essen mit Haupt. Gegen Abend (5 Uhr), da das Wetter immer schöner wurde, verließ ich eiligst die Bude und ging zu Fuß durch mauerumschlossene reiche Landgüter mit schönen Parks nach San Domenico und Fiesole hinauf. Einen solchen italienischen Abend hatte ich noch nie gesehen: die Luft voll Goldflimmer und doch so klar, daß man in den allerfernsten Gärten die Zypressen zählen kann. Ich bummelte im ganzen, recht großen Ort herum und hatte jenseits einige überraschend schöne Blicke ins Gebirge. Wahnsinnig steile, enge, warme Gassen zwischen hohen Gartenmauern, voll von fidelen schlampigen Kindern, alles in goldenem Abendlicht weich und von Glanz und Behagen übergossen. Wunderbar ist nun der Untergang der Sonne jenseits des Tals: das ganze Arnotal mit Florenz in rosa Duft, die Berge tief violett. Während ich dies schreibe, fällt der letzte rote warme Strahl mir aufs Papier; ich liege bei der Villa Medici auf der Mauer der steilen Via Vecchia. In San Domenico erreichte ich die Tram, und da ich etwas erschöpft war, wartete der Tramführer freundlichst, bis ich nebenan ein Glas Wein getrunken hatte. Dann fuhr ich zur Stadt und nahm Abendbrot bei Aglietti, wo die schöne kleine Mandolinenspielerin am Tisch neben mir saß. 9 Uhr zu Professors, wo netter Plauderabend. Der Musiker war wieder da, ich unterhielt mich mit Scherer und einem netten Dresdener Maler, und wir drei saßen nachher noch bis halb ein Uhr bei einem Fiasco di Chianti zusammen.

Freitag (19. April 1901)

Ich wachte um 7 Uhr auf, sah, daß das Wetter herrlich war, stand rasch auf und fuhr mit dem nächsten Zug nach Pisa. Schöne Fahrt am Gebirge hin, dessen hohe Berge ganz alpine Formen und noch viel Schnee haben. Halb 12 Uhr Ankunft in Pisa und Besteigung des famosen, leider schiefen Kampanile mit Blick auf Stadt, Berge und Meer. Ich aß ein paar Eier mit Wein, das Wetter blieb klar und warm, ein Prachtstag. Vom Zug aus sah ich Zypressen, deren Gipfel für die Perspektive die Höhe des fernen Gebirgs hatten und beim Fahren die Höhenlinie wie Finger abfühlen. Nach Tisch zum Dom. Das Ensemble von Dom, Kampanile, Baptisterium, Kamposanto

Hermann Hesse (links) mit Othmar Schoeck (1911) auf dem schiefen Turm von Pisa.

ist etwas ganz Einziges, abseits der Stadt eine kleine stille Welt edelster Kunst, die auch die Schiefe des Turms nur wenig stört. Die Domfassade ist imponierend edel. Die alte Erztüre ist ein strenges, solides Werk, neben dem die zwei späteren Türen miserabel aussehen. Das Innere des Doms ist ein Wunder in Konstruktion und Dekoration, alles von fast antiker Klarheit. Prächtiges Chorgestühl, geschnitzt und eingelegt. Mosaik von Cimabue, Bilder von Andrea del Sarto. Im Dom ersucht ein Plakat, man möge nicht auf den Boden spucken »aus Respekt vor dem Haus Gottes und wegen der Hygiene!« Vor dem Dom saß ein hübsches Mädchen und frisierte sich vor einem Scherben Spiegelglas. Der Campo Santo ist ein sehr ernster, würdiger Raum, mit dem Gozzolis lustig unterhaltende Fresken eigen kontrastieren. Der »Triumph des Todes« ist von größter Wirkung und übertraf meine Vorstellung weit. Besuch des Baptisteriums mit der schönen Kanzel des Pisano, deren drei säulentragende Löwen mir besonders imponieren. Schönes Echo. Am Arno das zierliche gotische Kirchlein S. Maria della Spina. Die Stadt scheint wohlhabend, ist recht sauber und auffallend still. Nur auf *einer* Straße fand ich Leben, wo einige Männer Schlagball

Die Kanzel des Giovanni Pisano im Dom von Pisa.

spielten und die ganze Gasse zusah. Um 2½ Uhr entschloß ich mich plötzlich, noch nach Livorno zu fahren und fand sogleich einen Zug. Die Gegend von Pisa bis dort war meist sumpfig, mit mehreren Kanälen und mit viel schönem, altem, verwildert aussehendem Wald. Kurze Fahrt (½ Stunde). In Livorno ging ich sofort zum Hafen, wo ich mich zwei Stunden Barke führen ließ. Die Fahrt auf dem abendklaren Meer war köstlich. Ich ging den molo nuovo zu Fuße ab: Das Meer mit vielen Segeln, die Küste und die Inseln (darunter Elba) waren herrlich schön. Ich schöpfte mit der Hand einen Schluck Salzwasser. Am Strande fand der Bootsmann eine Menge austernartige Muscheln, deren frischen Inhalt nebst Meerwasser ich mit Appetit verzehrte – frutta di mare. Dann bestieg ich den Leuchtturm. Von da sah ich nochmals Korsika, Elba etc., sowie durchs Fernrohr sehr schön den Dom von Pisa, ohne die Stadt, von Bäumen eingerahmt. Nun Bummel in der buntbelebten Hafenstadt. Glänzender Reflex eines frisch mit Zinnober gestrichenen Schiffes im Meer. Vesper in einer Trattoria nahe der Bahn. [In der Stadt hat ein Café den Namen »Amico Fritz«.] Auf der Rückfahrt erst wundervolles Abendglühen, namentlich in den Kanälen, dann schöner Sternhimmel. Ankunft in Florenz natürlich um eine Stunde verspätet.

Samstag (20. April 1901)

Der Tag ist glänzend schön – leider verschlief ich den Frühzug nach Pistoja. Halb elf Uhr ging ich in die Akademie. Erst diesmal fiel mir die Schönheit einer Botticelli-Madonna auf, die links von seiner großen, dem Tobias entsprechend, hängt. Auf diesem Bilde ist eine ganz besonders innige, vertiefte Andacht, namentlich der hl. Damian mit dem zur Seite nach der Madonna gewandten Kopf ist von ergreifendem Ausdruck. Der »Frühling« ist mir, seit ich an die blassen Farben gewöhnt bin, immer lieber geworden, auch der famose Hintergrund, der von stärkster dekorativer Wirkung ist und an Modernes erinnert. Um 12 Uhr ließ mir das herrliche Wetter keine Ruhe mehr, ich verließ die Galerie und fuhr nach Prato. Fahrt durch lauter Wiesen, Sonne und Frühling. Prato ist ein famoses Städtchen, alt, solid, eine echte toskanische Landstadt, mit viel alten, engen Gäßchen, wie sie in Altflorenz sind. Ich aß äußerst reichlich zu Mittag, mit Wein für 1 Lira. Der Wirt sprach viel mit mir über deutsche und hiesige Weine etc. und gab mir zum Schluß gratis ein Glas süßen Weißen (Aleatico) zu trinken, da ich an der

Güte der toskanischen Weißweine gezweifelt hatte. Kirche Santa Madonna delle Carceri interessant, doch nicht schön. Die Menschen hier sind behaglich, neugierig, unterhaltend und gutmütig. Ich trieb mich den ganzen Nachmittag auf den Straßen und Plätzen herum, plauderte mit Weibern und Kindern, guckte in reizende Gärten und alte Höfe hinein und fand das echteste italienische Leben, das ich bis jetzt sah. Der Gegensatz dieses zufrieden behaglichen Landstädtchens zum gestern gesehenen lärmigen Livorno ist enorm. Der schlichte kleine Dom ist hübsch; die prachtvolle Erkerkanzel macht einen ganz aparten Eindruck, zugleich großartig und heimelig. Im Chor des Domes Fresken von Fra Filippo, zum Teil leidlich erhalten und schön, besonders der Tanz der Herodias, sie selbst eine herrliche Figur. Das Dominnere ist von schlichter Schönheit, drei gewölbte Schiffe, schöne Kanzel. Bei San Niccolò plauderte ich am Fenster mit einer schönen schwarzen Frau und einigen Nachbarn. An Kirchen ist auch in Prato kein Mangel: ich sah, ohne zu suchen, sieben. Auf einer Piazza waren Ballspieler, davon einer ein wahrer Künstler; ich sah lange zu und nahm ein wenig teil. Von den Kirchen sind manche mit dem grünen Marmor von Prato hübsch bekleidet. San Francesco hat hübschen Kreuzgang mit einer bemalter Kapelle, aus der man durch die Sakristei wieder in die Kirche kommt. Ich trat noch in Carcere ein und trank auf der reizenden Piazza beim Palazzo Comunale (beim Brunnen) einen Kaffee. Der Palazzo verdankt sein apartes Aussehen besonders dem Umstand, daß seine Fenster fast alle ganz oder teilweise vermauert sind. Vor San Carcere erwartete ich den Zug und sah spielenden Kindern zu, worunter einige köstliche Figuren [namentlich ein hübsches acht- oder neunjähriges Mädel und ein kleiner dicker Knabe, der, die Hände im Hosensack, ganz die Allüren eines erwachsenen feisten Toskaners hatte.]

Die Rückfahrt auf der primitiven, holprigen Straßenbahn durch die engen, froh belebten Dörfer am Feierabend war ergötzlich. Abends saß ich mit Haupt bei Aglietti.

Sonntag (21. April 1901)

Wieder schönstes Sommerwetter. Gang zum Bargello. Auf der Straße ein Quacksalber, der an Hand eines anatomischen Modells (à la Ebenhöch) einen populär-medizinischen Vortrag hält und sich anpreist. Im Bargello: silberne französische und deutsche Kassettenbeschläge der Renaissance, mit edlen Ornamenten. Der Fuß

Ausschnitt aus dem Fresko »Tanz der Herodias« (=Salome) von Fra Filippo im Dom von Prato.

eines Reliquariums, emailliert, toskanisch, 14. Jahrhundert, der aus allen ähnlichen Stücken durch seine strenge, reine Struktur und Ornamentik hervorleuchtet, wie überhaupt die Ornamente der guten Florentiner Zeit von einem frappierend strengen, vornehmen Geschmack sind. Ich bewundere wieder das italienische Publikum, das mit erstaunlichem Eifer und Verständnis stundenlang Medaillen und Skulpturen ansieht und sich dabei ungemein still und artig benimmt. Drei verschiedene Medaillen mit dem Kopfe des Sigismondo Pandolfo Malatesta, der auf einer derselben überraschend schön, ernst und adlig aussieht. Ich aß früh zu Mittag und fuhr nach San Domenico hinaus. Besuch der Badia (Aufenthalt von Lorenzos Akademie, äußerst glückliche Lage) mit Kreuzgang und köstlicher Loggia, die Kirche von edelsten Verhältnissen. Im Kreuzgang spielten die Schüler, von denen zur Zeit 90 da sind. Nun stieg ich nach dem mir liebgewordenen Fiesole hinauf, diesmal die neue Straße. Die Mauer vom Weg zwischen Badia und San Domenico voll schöner Eidechsen. Hier sah ich die ersten wilden Rosen dieses Jahres. Lange lustige Jagd mit zwei Blumenmädchen, die die mir angesteckten Veilchen nicht wieder nehmen wollten. Während des Faulenzens in Fiesole schnitzte ich Buchstaben in den morgens gekauften Olivenstock. Oben lag ich den ganzen Nachmittag im warmen Gras und unterhielt mich mit Kindern und Bettlern. Es waren viel Fremde da, gaben aber wenig und wurden ausgiebig kritisiert. In Fiesole trank ich einen Becher Wein, in Domenico noch einen, außerdem aß ich heute 12 Orangen. Nach der Rückkehr fuhr ich vom Domplatz sogleich zum Piazzale Michelangelo, um von da die Sonne untergehen zu sehen. Ich kam noch rechtzeitig und sah nun das kaum verlassene Fiesole und die Berge gegenüber still, klar und golden liegen. Der Sonnenuntergang war prachtvoll, besonders nachher das Leuchten der Berglinie. Natürlich war eine deutsche Gesellschaft da, sehr »feine« Leute, die alle Kirchen von Florenz miteinander verwechselten (die Synagoge für San Lorenzo etc.!) und Witze über den Sonnenuntergang machten. Wozu kommen diese Schweine nach Florenz? Um 8 Uhr nach Hause. Später Abendessen bei Salistri, wo mich wieder die Prachtskatze unterhält. Zuletzt kam der fidele alte Knabe vom letzten Mal wieder und spielte ergötzlichst mit beiden Katzen, die ihn gut kennen und für die er immer ein Päckchen Eßbares mitbringt. Dann bis 11 Uhr Bummel. Am Lung'Arno traf ich einen Sänger und Gitarrespieler, der für Geld Ständchen bringt, und folgte ihm eine Weile. Sternhimmel und nächtlicher Arno heute besonders schön. Auf dem Heimweg fragte ein junges italienisches Pärchen mich nach der Post und andern Wegen, und ich war zum erstenmal in der Lage, für Italiener den Führer durch Florenz zu machen.

Montag (22. April 1901)

10 Uhr früh Abfahrt nach Pistoja. Dort zuerst Besuch von San Giovanni Fuoricivitas, alte, äußerst interessante Kirche. Dann zum Domplatz, wo mehrere wichtige alte Gebäude beisammenliegen. In einer Seitenkapelle des Domes Lorenzo di Credis wundervolle Madonna mit zwei Heiligen, ein Bild von höchster Anmut, in dem auch das schmückende Beiwerk (Loggia, Thron und Teppich) vollendet gemacht ist. Das bauliche Innere des hübschen Domes enttäuscht, da stark verunstaltet. In der ganzen Stadt spürt man durchgehend den beherrschenden Einfluß der Pisaner Kunst. In der Vorhalle des Domes einige gute della Robbia. Der Hof des Palazzo Pretorio ist famos, wuchtig und doch nicht plump, schwere, bunt mit Wappen bemalte Gewölbe. Ebenso Treppe und Hof des Palazzo del Comune, mit guten geschmiedeten Laternen und schönen gotischen Fenstern. Links neben der Treppe des II. Stocks ist ein Restchen Fresko erhalten, ein gut gemalter Engel. In dieser Weise findet sich verschollen und verkleistert hier vielerlei Hübsches. Von flotter farbiger Wirkung ist der große lebhafte Tonfries von Andrea della Robbia am Ospedale Del Ceppo. Ich besah die Menge alter Kirchen meist nur von außen, betrachtete aber doch das uralte San Andrea mit der prachtvollen Kanzel innen genauer – in dieser Kirche ergriff mich der Zauber der alten Kunst mehr als je sonst. Pistoja ist ein stilles Städtchen, scheint wohlhabend, in schöner, bergiger, fruchtbarer Gegend. Leider aß ich dort (zum erstenmal in der Toscana!) schlecht und teuer. Auf der Straße hatte ich ein Gespräch mit einem Scherenschleifer, wo ich meine technischen Kenntnisse[1] glänzen ließ. Wetter heiß und schwül. Dies und eine Ermüdung von den letzten Tagen her ließ mich leider das interessante Pistoja nur halb genießen. Doch nahm ich von San Andrea, von den Palästen und besonders vom Dom mit Lorenzos Madonna einen bleibenden Eindruck mit. Rückkehr 5½ Uhr. Abends Bummel, erst zu Salistri, um nach der Katze zu sehen. Das schwarz und grau gestreifte schöne Tier war wohlauf und von dem gewohnten vornehm wählerischen Betragen. Von Salistri aus schlenderte ich

[1] Aus seiner Lehrzeit in der Calwer Turmuhrenwerkstatt von Perrot.

Der Domplatz mit dem Baptisterium von Pistoia.

Die Kanzel von Giovanni Pisano in der Kirche San Andrea in Pistoia.

ans linke Ufer hinüber. Dieses abendliche Flanieren in den Gassen hat etwas Reizendes: man sieht und hört die Leute, tritt da und dort in einen Weinschank, trinkt ein halbes oder ganzes Glas und verweilt eine Viertelstunde. Am Ende traf ich bei Aglietti Mielke. Seine Frau, eine nette, muntere Tirolerin, war mit und ein Herr Herwig aus Stuttgart; wir tranken einen Fiasco zusammen und unterhielten uns gut bis 12½ Uhr. Zu Hause fand ich als Geschenk meiner liebenswürdigen Hauswirte ein halb Dutzend Kalabreser Orangen vor, Prachtstücke in Größe, Duft und Farbe.

Dienstag (23. April 1901)

Dunstig, schwül und warm. Ich treffe den Dresdener Maler und gehe mit ihm bis Gelsomino zu Fuß, von da fuhren wir zur Certosa. Trotz der Schwüle ein schöner, gelungener Ausflug. Uns beide mutete der kleine Vorhof mit dem Talblick freundlich an. Ich sah die ganze Certosa noch einmal, mit besonderer Liebe die Grabmäler von Orcagna und Donatello und den großen Kreuzgang. Jetzt, wo dort alle Blumen und Büsche blühen und die Wärme auf den Gängen flirrt, ist der Hauch von Frieden und Weltferne noch erhöht. Der Klostergarten war voll reifer Zitronen. Der Dresdener ist ein einfacher, netter Mensch, kaut schwer am Italienischlernen. Der führende Mönch war auch diesmal sehr freundlich. Im nahen Wirtshaus machte ich mir den Spaß, an der etwas hohen Weinrechnung 4 Soldi herunterzuhandeln. Wir kehrten um 3 Uhr zurück. Im Wirtshaus hatte ich meinen Stock vergessen und war begierig, ob der um die Besorgung gebetene Schaffner reagieren werde. Ich schlief eine Stunde, kaufte dann Brot und Butter und vesperte zu Hause. Auf den Abend klärte sich der Himmel wieder ganz und die Schwüle hörte auf. Ich ging um 6 Uhr zur Porta Romana, fand dort richtig den Stock besorgt, und machte einen Spaziergang durch Gärten und Villenstraßen, die jetzt voll Fliederduft sind. Ich kam zur Porta San Giorgio, die ein altes, sandsteinernes, gutes Hochrelief des hl. Georg ziert, und ging außerhalb weiter. Die Villen auf der Höhe glänzten im Abendrot – ich ging einen reizend stillen, friedlichen Mauerweg mit wenigen spielenden Kindern. Durch weiße Birnenblüte sieht San Miniato mit der lichten Fassade und den schönen Zypressen der Umgebung herüber. Durch Porta San Miniato kam ich zurück, die Straße beim Tor wimmelte von zigeunerhaft buntem Leben. Vom Ponte delle Grazie wunderbarer Anblick des Arno, der, oben klar dunkelgrün, durch die untern Brücken hindurch alle Farben des Abends spiegelte. Später nahm ich Wein und Sardinen in einer Pizzicheria, wo auch schöne Katze. Dann bei Aglietti Wein und zwei Eier. Dort sitzt Abend für Abend ein alter Knabe allein, Italiener, mit Pfeife, Schnurrbart und englischer Mütze, raucht und trinkt Wein. Auf dem Heimweg trat ich in ein italienisches Varieté, niederster Art, das ich schnell verließ.

Mittwoch (24. April 1901)

Früh kurzer Besuch von Orsanmichele, von deren Innerem ich jetzt zum erstenmal den malerischen Gesamteindruck bekomme. Wetter glänzend. Dann Santa Maria Novella, deren Chorfresken doch die flottesten von Florenz sind. Heute hatte auch die große Cimabue-Madonna Licht, die typische Figur mit je drei knienden Engeln rechts und links. Die Filippino-Fresken der Strozzi-Kapelle sind frisch und lebhaft, doch oberflächlich, und sehen neben Ghirlandajo konventionell und künstlich aus. Die Cappella degli Spagnuoli sah ich bei allerbestem Licht, so daß der Eindruck des völlig bemalten schönen Raumes sehr glücklich war. Die Fresken sind reich an interessanten Details, auch Inhalt und Auffassung ist bedeutend und interessant, künstlerisch bedeutend sind sie nicht. Schön sind die Kreuzgänge, deren größter leider unzugänglich. Um 12 Uhr fuhr ich nach Settignano. Dort aß ich zu Mittag: Maccaroni, Eier und Wein. Im Zimmer, wo ich aß, war ein schöner junger Hund eingesperrt. Nun ging ich zu Fuß bergan, meist durch Olivengärten, Obstgärten und Zypressenwald, bei großer Wärme und herrlichem Himmel. Ganz auf der Höhe über Settignano plauderte ich im Hof eines Bauernguts über Weg und Wetter; von dort aus hat man wundervolle Blicke in das Gebirge hinein. Dort ruhte ich unter Zypressen bei kühlem Winde im Grase aus. Bei der alten Burg oben traf ich Salomon Wackernagel. Kurz vor Fiesole ruhte ich in einem Zypressenhain – man liegt unter diesen Bäumen wie in einem Säulentempel. In Fiesole blieb ich zwei Stunden beim Kloster oben, bei den mir schon befreundeten Weibern, Bettlern und Kindern. Von Domenico an nahm ich Tram und fand dort eine der in Florenz wohnenden englischen Familien – die ersten Engländer, die ich perfekt italienisch und französisch sprechen hörte. Abends 8–10 Uhr war ich bei Professor Strombolé, dessen Gast S. Wackernagel ist, ein vornehm einfaches Haus in prächtigem Baumgarten.

Donnerstag (25. April 1901)

Wetter prächtig. Ich will diesen Vormittag dem Dom widmen, den ich täglich mehr bewundere. Nach einigem Aufenthalt im Schiff erstieg ich die innere Kuppelgalerie. Hier hat man ein ungeheures architektonisches Bild: die Kuppel durch Weite und Höhe gleich imponierend, tief unten Chor und Mittelschiff mit dem schönen Mosaikboden; die Menschen unten winzig aus der Vogelperspektive. Beim Austritt auf die äußere Galerie plötzlich weiter Blick über die sonnige Stadt mit Kirchen, Palästen und grüner Umgebung. Technisch interessant der weitere Aufstieg in der Riesenkuppel. Am Fuß der Laterne ist man schon höher als der Kampanile. Da heute die Luft sehr klar ist, ist der Aufenthalt hier oben herrlich. Das neue Grün und die Fliederblüte zwischen den immergrünen Zypressen, Pinien etc. ist reizend. Die Höhe der Kuppel imponiert am meisten, wenn man auf die schon gewaltig hohe innere Galerie von ganz oben (innen) nochmals hoch hinabsieht. Unten ist Meßdienst und singt eine Menge Priester. Die riesigen Fresken der Kuppel sind total wirkungslos. Ich aß schon vor 12 Uhr bei Andrea. 12½ Uhr fuhr ich nach Fiesole. Von da aus ging ich zunächst den gestrigen Weg, dann hinter dem Walde links via San Clemente, um auf den großen Berg hinten über Fiesole zu kommen. Unterwegs Trunk aus kleiner Quelle, dann an einem Kirchlein (Moscoli?) vorbei. Eine einsame, fruchtbare Gegend mit wenigen großen Gehöften, Blicke in stille grüne Täler, auf hohe kahle Berge, dazwischen Zypressenwald. Um 3 Uhr rastete ich auf hoher Berghalde und aß meine Orangen; über mir Zypressen und Himmel, unten Heide, Gärten und einzelne Tannen, völlig einsam. Ein naher Kuckuck rief, dann ein zweiter, sonst alles still. Nach 2½stündigem Umherstreifen kam ich auf den Weg nach Settignano zurück und stieg über Vincigliata herab. Bei Vincigliata wundervolle Kirschblüte. Abends, nachdem ich erst Haupt besucht, aß ich bei Salistri, wo an einem Tisch sechs junge Männer sich über die beim heutigen Pferderennen gemachten Wetten unterhielten. Sie waren alle gut Freund und alle zufrieden, nach dem Geschrei und den Gesten aber glaubte man, sie streiten um Leben und Tod. Zugleich waren sie gegen mich Nebensitzenden von äußerster Höflichkeit. Abends unter der Haustüre noch angenehme Unterhaltung mit Herrn Professor.

Freitag (26. April 1901)

Besuch der Annunziata mit Andrea del Sartos Fresken in Vorhalle

Das Fresko »Madonna del Sacco« von Andrea del Sarto im Klosterhof der Annunziata-Kirche von Florenz.

und Kreuzgang. Besonders schön die Madonna del Sacco. In der Halle vor der Kirche Krambuden mit Kerzen, Heiligenbildern, Rosenkränzen etc. Dann Findelhaus, in dessen Hof eine schöne »Verkündigung« in Ton von Andrea della Robbia. Ich saß dann eine Weile auf der Piazza San Marco in der Sonne. Dann in der Via Cavour zum Chiostro dello Scalzo, wo die braunen Johannesfresken von del Sarto und Franciabigio. Der »Chiostro« ist ein heller, zierlicher Säulenhof; die Fresken nebst den gemalten Renaissanceornamenten schmücken ihn gut. Sie sind bei meist edler Komposition zum Teil voll Leben, namentlich »Johannis Segnung und Abschied« von Franciabigio, welches Bild mit den famosen Knabengestalten und den schönen Zypressen rechts im Hintergrund mir besonders lieb wird (vide Photographie). Essen mit Haupt. Nachmittags Regen, ich mit Reiseplan beschäftigt. Ich beschließe, Montag früh abzureisen. Auf morgen abend lädt mich Herr Mielke noch ein. Abends hörte ich wieder Sänger und Gitarrespieler beim [Palazzo] Strozzi, diesmal auch zweistimmig. Dann Abendessen bei Aglietti, wo der alte Knabe mit Mütze und Pfeife nicht fehlt.

Samstag (27. April 1901)

Heute früh trieb ich mich nochmals eine Stunde in der Loggia dei Lanzi und im Hof des Palazzo Vecchio herum. Der Perseus entzückt mich immer wieder besonders. Um 10 Uhr in die Uffizien, wo ich meine Lieblinge kurz besuchte: erst die Stieglitzmadonna, dann den Botticellisaal, wo ich diesmal fast allein bin, die Antiken, den Saal des Lorenzo Monaco und die Zeichnungen. Dann durch den Gang zum [Palazzo] Pitti. Im Verbindungsgang, zwischen den Mengen alter, oft namenloser Porträts, über den Fluß, ist immer eine besondere, intime Stimmung. Vom Gang aus schöner Blick auf den Arno, wie eben die Sonne wieder herauskommt. Um 12 Uhr aß ich bei Andrea; nach Tisch packte ich den Koffer und expedierte ihn nach Venedig voraus. Gegen Abend fuhr ich nach San Domenico hinauf, ging noch einmal (teilweise bei Regen) die Via Vecchia nach Fiesole und blickte nach Florenz hinab. Oben trank ich einen Becher, aß zwei Eier und kehrte mit Tram zurück. Oben nahm ich am Kloster von allen Bettlern und Blumenmädchen Abschied und verteilte eine Anzahl Soldi unter sie. Schweren Herzens verließ ich den stillen Ort, der mir wie wenige in der Welt teuer geworden ist. Auf der Rückfahrt bei Regen im Tram traf ich einen launigen Münchener mit netter Frau, mit denen ich gute Unterhaltung hatte. Abends 8 bis 1 Uhr war ich mit Haupt bei Mielkes, wo er durch seine gewissenhaft gelehrte Art und sie durch ihr lustiges Wesen mir Freude machten.

Sonntag (28. April 1901)

Letzter Tag in Florenz! Ich besorgte morgens einige Einkäufe. Dann Uffizien. Dort ging ich durch die Säle der Selbstbildnisse, dann zu den Toskanern, besonders betrachte ich heute nochmals die ganz alten im I. Korridor, auch die Miniaturen, unter denen eine Verkündigung von Gherardo von Florenz besonders zierlich und treu gearbeitet ist. Dann ging ich zur Badia und nahm von dem unvergeßlich feinen Filippino Abschied. Dann zum Dom, in dessen Nähe ich mir für morgen ein Billett nach Bologna kaufe. Im Baptisterium, das ich auch schnell noch betrat, fand eben eine Taufe statt. Im Dom hörte ich einer Messe zu. Zu Tisch war ich bei Thurnheers, die wieder voll Höflichkeit waren. Ich spreche mit ihnen immer italienisch. Abends 4 Uhr ging ich nach San Miniato hinauf und sah noch einmal unter mir die Stadt und jenseits Fiesole liegen. Gegen Abend wird das Wetter klar und läßt mich einen

Blick auf Florenz.

schönen Reisetag hoffen. Haupt war den Abend rührend lieb und bewirtete mich mit einem flotten Souper mit Rheinwein und Champagner. Ich versprach ihm, ihm sogleich über seinen kranken Bruder in Venedig zu schreiben.

[Bologna] Montag (29. April 1901)

Ich stand um 5 Uhr auf. Der Professor ging mit mir ins Café und zur Bahn, wo er mich zum Abschied umarmte und zweimal küßte. Wetter gut. 6 bis 10 Uhr Fahrt nach Bologna, durch den malerisch schönen, wilden Apennin, in dem ich einmal ein paar Tage wandern möchte. Gute Fahrt, richtige Ankunft, helles Wetter – wenn ich nur keinen Schnupfen hätte! Im Zug eine Frau mit Perugino-Augen. Ich steige im Gasthaus Tre Zucchette ab, einfach, ganz italienisch. Die Stadt macht den Eindruck behaglichen Reichtums; alle Straßen haben Arkaden. Ich tat noch einen Gang über die zwei überaus schönen Plätze in die Riesenkirche San Petronio, die besterleuchtete so große Kirche, die ich je sah, durch große Dimensionen wirkend. Schön sind die Skulpturen des Haupttors, besonders die Pilasterreliefs. Dann betrat ich den bunten schönen Säulenhof des Museo

Civico, besuchte aber das Museum nicht. Der Dom ist nüchtern. Das Gehen auf den schönen, sehr belebten Straßen mit den Arkaden ist hübsch, die ganze Stadt anmutend und apart. Ich ging zu den zwei schiefen Türmen, die recht wahnsinnig aussehen; doch ist der höhere ganz malerisch. Nebenan barocke Kirche San Bartolomeo. Die berühmte gute Küche von Bologna bewährt sich. Nach Tisch Akademie: Raffaels Cäcilie macht mir den erwarteten ganz großen Eindruck nicht. Die guten Sachen der Sammlung sind im Korridor beiseite gesetzt. Der Wärter zeigt einem ganze Säle voll Guido Reni, Carracci etc. und sagt dann bei den wenigen guten alten Sachen (u. a. ein Giotto): questo non merita la pena[1]. Wundervoll ist die große Madonna von Perugino. Im Korridor eine kleine, schön alt gerahmte Madonna von Van der Goes. Dann Besuch in San Giacomo Maggiore mit Bentivoglio-Kapelle, alles Eindrücke zweiten Ranges. Dafür sind die heimelig hübschen, belebten Straßen von großem Reiz. Der künstlerische Eindruck der Stadt hat etwas protzig Unechtes, man sieht auch auffallend viel gemalte Architektur. Das Reizendste, Heimeligste und Sonderbarste von Kirche, was man sich denken kann, ist Santo Stefano, eine Gruppe von sieben ineinandergehenden Kirchlein, mit einem alten, engen, romantischen Kreuzgang und einer Menge famoser Gänge, Winkel etc. Sobald man sich den Florentiner Kunstmaßstab abgewöhnt, ist Bologna entzückend. Ich weiß keine andre so große Stadt, die (à la Bern) so viel Charakter hat. Nett ist besonders, daß die Arkaden auch in den ganz modernen Straßen und Häusern durchgeführt sind. Dann ist eine Menge malerischer Patrizierhäuser da, oft mit schönen Höfen und Gärtchen. Auch mein Gasthaus ist ein alter Bau mit wunderlichem Hof und fabelhaften Treppen ab und auf, alles eng, dunkel, apart und altmodisch behaglich. Die Straßen haben ziemlich großstädtisches Leben, große Lädenreihen etc. Die alte, aus so vielen romantischen Novellen lieb bekannte Universität ist still, ernst und abseits, macht einen anmutenden Eindruck. Da das Wetter leidlich scheint und ich mit meiner Erkältung leider heute abend doch nicht in Bologna gassaten gehen kann, beschloß ich, heute noch nach Ravenna zu fahren. Vor der Abfahrt bummelte ich in den schönen Anlagen mit prächtigen Platanen, wo auf allen Steinbänken Schachfelder aufgemalt sind und manche Damespielpartien gemacht werden, Spieler und Zuschauer voll italienischen Eifers. Von Bologna nach Ravenna fuhr ich 2. Klasse mit

[1] Es lohnt die Mühe nicht.

Die Basilika San Vitale in Ravenna.

einem Spanier (Kaufmann), mit dem ich mich italienisch nicht übel unterhielt und von Barcelona schwärmerisch erzählt bekam. Abends 9½ Uhr Ankunft in Ravenna. Hotel Spada d'oro. Nicht teuer, doch auch nicht gut.

[Ravenna/Padua] Dienstag (30. April 1901)

Regen. Mein erster Gang galt dem uralten Baptisterium, dessen Kuppelmosaiken das erste Wichtige von altchristlicher Kunst sind, was ich sehe. Der Eindruck des Baptisteriums mit diesen Mosaiken ist enorm und unvergeßlich. Der Dom ist neu, hell und nüchtern, der alte Kampanile gut. Im erzbischöflichen Palais besah ich die köstliche kleine Kapelle mit wunderbaren Mosaiken. Es regnet, die Stadt zeigt sich mir so unfreundlich als möglich, dazu bin ich erkältet mit elendem Schnupfen, dennoch gewähren mir diese Mosaiken eine unbeschreibliche Lust, und ich freue mich sehr, Ravenna besucht zu haben. Reizend ist der Gartenhof der Akademie, mit Lorbeer, Tannen und Rasen, auch sonst kleine Plätze mit alten grauen Häusern und romantischen Winkeln. In dem als Museum dienenden Kloster Classe viel interessante römische und etruskische Sa-

Das Mosaik-Deckengewölbe mit der Darstellung des »guten Hirten« (5. Jahrhundert) im Mausoleum der Galla Placidia in Ravenna.

chen, dann eine Reihe schöner Elfenbeinschnitzereien, einige schöne Siegel sowie die ornamental interessanten Panzerreste Theoderichs. Dann San Francesco mit Dantes Grab! Ich lief ziemlich in der ganzen Stadt herum. Prächtig ist San Vitale, mit reichen Mosaiken; der ganz mit Mosaik bedeckte Chor macht einen sehr reichen, blendenden und doch ernsten Eindruck. Die Kirche sieht ruinös aus, teilweise steht Wasser darin. Daneben die Kapelle der Galla Placidia, deren Mosaiken womöglich noch reicher, namentlich schönes Goldmosaik auf blauem Grund. Die ganz eigene Wirkung dieser Mosaiken beruht wohl zunächst auf dem Kontrast zwischen dem jahrtausendalten archaischen Stil und dem vollen, reichen, neuen Glanz der Farben, so daß sie einen Eindruck von Unzerstörbarkeit und Ewigkeit geben.

In einer höchst fragwürdigen italienischen Apotheke nahm ich Antipyrin ein, das gar nicht wie Antipyrin aussah und sehr schmutzig serviert wurde. Vor 12 Uhr besuchte ich noch Sant' Apollinare Nuovo, wo die zwei großen Wände des Hauptschiffs von Mosaiken auf Goldgrund bedeckt sind – ganz prachtvoll! [In Sant' Apollinare auch eine kleine Kapelle mit Mosaikbild Justinians und schönem, altem, marmornem Bischofsstuhl.] Nahe der Palast Theoderichs. Um 12 Uhr starkes Gewitter. Nach Tisch, da plötzlich die Sonne kam, ging ich spazieren, um meine nassen Kleider zu trocknen. Ich suchte nochmals San Vitale auf und ließ die Mosaiken auf mich wirken. – Die Hotelrechnung fiel wider Erwarten gnädig aus. Trotz alles Widerwärtigen in Wetter und Befinden nehme ich von Ravenna große und wichtige Eindrücke mit. Die Stadt selbst ist still, alt, vielfach interessant, doch ganz reduziert und verarmt. Da das Wetter sehr unsicher ist und ich Ferrara ohne Sonne lieber nicht sehen möchte, nahm ich das Billett gleich bis Padua. Unterwegs schreiendes Kind, das ich mit Schokolade füttere. Einer erzählt von einer Oper, die er gehört, und singt das halbe Stück dem Wagen pathetisch mit wilden Gebärden vor. In Ferrara Aufenthalt und gutes Abendbrot. Da der Paduaner Zug etwas Verspätung hatte, konnte ich noch eine Viertelstunde spazierengehen. Von der Stadt sah ich nichts, doch ist die Umgebung des Bahnhofs schön, Alleen und Anlagen, die jetzt in Grün und Blüte köstlich sind. [Ferrara – und Siena! – ist bis jetzt die einzige Stadt, die ich trotz meines Planes liegen ließ.] Von Ferrara an Fahrt bei Sonnenuntergang. Es fuhr ein famoser alter Knabe nebst Frau mit, der später schlief. Bald hinter Rovigo, als es schon ganz Nacht war, blies der Zugwind unser Licht aus und wir fuhren nun im stockdunklen Wagen durch die im Mondschein liegende stille schöne Landschaft – eine ganz eigene, poetische Stimmung. Leider ließ ein unzufriedener Passagier später wieder anzünden. Um 10 Uhr kam ich nach Padua. Die Fahrt zur Stadt im übervollen Omnibus sehr lustig. Ich nahm ein Zimmer im Aquila Nera, dann bummelte ich noch in bester Laune bei hellem Mondschein durch die Stadt. Daß der Reiz des italienischen Lebens selbst einen ganz infamen Katarrh besiegt, ist großartig. Ich bin trotz elenden Befindens in bester Stimmung. Schließlich verirrte ich mich kunstgerecht in einem Gewirre reizender Arkadensträßchen, kam über mondhelle schöne Plätze, an großen Kirchen vorbei und über Brücken, bis ich mein Hotel fand.

[Padua/Venedig] Mittwoch (1. Mai 1901)

Wetter unsicher. Um 9 Uhr ging ich aus. Padua ist reizend heimelig, noch viel mehr als Bologna, eine malerische Stadt mit vielen Arkadenstraßen etc. Famos die zwei Plätze Erbe und Frutti, durch den großen Salone getrennt, einen mit Ausnahme des Daches flotten Bau. Der Dom ist hell und ohne Reiz. Vom Dom ging ich durch entzückende Höfe und Hallen zur Piazza dell'Unità mit schöner Loggia, in der ein schauerlicher Vittorio Emanuele steht. Dort ist auch der Palazzo del Capitano nebst antiker Säule, alles malerisch voll Stimmung. Dann die Menge kleiner alter Brücken, der Sarkophag des Antenor etc. Ich betrat den Kreuzgang von San Francesco, einfach und hübsch. Dann, nachdem ich manche hübsche Häuser und Höfe besehen, zur Piazza del Santo, wo vor der großen protzigen Antoniuskirche der schlichte stolze Gattamelata[1] steht. Dort kaufte ich Amulette und einen Rosenkranz. Die Kirche ist ungeheuer reich. Die Cappella del Santo das erste schöne Stück Hochrenaissance, das ich sehe. Der Sarg des Antonius wird fortwährend unter Gebeten berührt und geküßt. Auch ich berührte ihn und legte ein Almosen in die Büchse. Nächst der Kapelle sind nebeneinander ein Grabmal im Barockstil und eines der Frührenaissance, wobei die schlichte Schönheit des letzteren neben dem theatralischen Pomp des Barock auffallend ins Auge sticht. Die Hochreliefs in der Antoniuskapelle sind zum Teil sehr gut, auch Altar und Schranken des Chors. Auch das Grabmal des Pietro Bembo interessiert mich. Die gotischen Kreuzgänge sind einfach und hübsch; ich besah sie und stieg auch zur Bibliothek hinauf. Dann spazierte ich ins Grüne hinaus, durch Wiesen und Gärten, und kehrte bei Santa Giustina in die Stadt zurück. Diese Kirche hat imponierende Verhältnisse, ist sehr licht. Sie liegt an der großen Piazza Vittorio Emanuele, die schöne alte Platanen hat. [Große Eindrücke von Kirchen-Interieurs fand ich eigentlich nur in der Certosa di Pavia, in Pisa und Pistoja, in Florenz vom Dom, doch wirkten auch diese auf mich selten so stark wie deutsche gotische Kirchen. Anders freilich die Paläste von Florenz und Venedig, denen ich nichts an die Seite zu setzen weiß.] Ich sah eine Menge schöner Palazzi, durch deren Tore man zuweilen in prächtige Gärten blickte, dann den flotten Hof der Universität. Um 1 Uhr aß ich kalt zu Mittag, vorzüglich, reichlich und billigst. Auch hier Katze. Nach Tisch besuchte ich S. Eremitani, mit der Kapelle der zum Teil glänzenden Mantegnafresken, für die ich gutes Licht hatte. Für Santa Maria all'Arena war ich nun zu müde und ließ es liegen. Um 3½ Uhr fuhr ich nach Venedig ab. Unterwegs trotz Regens schönes Panorama der Schneeberge, dann führt die Bahn auf einem Damm in die Lagune hinein. [Nichts ist so spannend als

[1] Reiterstatue von Donatello.

Blick auf Padua und die Basilika des Hl. Antonius.

die Bahnfahrt nach Venedig, wenn allmählich die Bahn in die Lagune kommt und dann die Stadt aus dem Wasser aufsteigt.] In Venedig kam ich nach 5 Uhr an, fuhr in der Gondel nach Hause, besorgte Aufträge an Scherer und Pfarrer Haupt. Die Umstände waren für Venedig so übel als möglich: ich kam frierend bei ganz trübem Wetter an: dennoch übt die Stadt einen unsäglichen Zauber. Das Allerfeinste war eine abendliche Gondelfahrt durch einen ganz toten, engen, dunklen Kanal mit hohen Häusern: alles totenstill, kein Schritt, kein Wind, kein Laut als das leise Plätschern der Gondel. Wege zu Fuß zu finden ist in Venedig im Anfang fast unmöglich. Ich schreibe dies in einem Wirtshaus und weiß noch nicht, wie ich an mein Haus kommen werde, in dem ich dann noch extra reichlich Gelegenheit habe, mich zu verirren. Die Frauen tragen hier malerische Schultertücher, die sie apart und oft etwas kokett umlegen; sie verhüllen Arme und Taille und fallen hinten mit langem Zipfel herab. Ich sah eine Menge hübscher Gesichter, alles derselbe sympathische, ruhige Typus, in denen nur die Augen Leben und Ausdruck haben und denen die schöne typische venezianische Frisur besondern Reiz verleiht. Rührend war ein Brief von Prof. Thurnheer, der heute aus Florenz kam. Ich hatte dort beim Gehen ein Geldgeschenk für die Magd auf den Tisch gelegt. Nun fragt er naivst, was er damit machen solle, ob ich noch Aufträge hätte etc. Meine hiesige Wirtin bekomme ich gar nie zu sehen, alles geht durch die Magd. Meine Bude liegt neben dem Theater Fenice über einem kleinen stillen Kanal.

[Venedig] Donnerstag (2. Mai 1901)

Ich schlief köstlich. In Florenz hatte ich die immer laute Piazza vor dem Fenster, hier den lautlosen Kanal. Das Wetter ist heute schön und sonnig. Ich ging zur Piazza San Marco, traf Scherer dort, bummelte mit ihm und beschloß, mit ihm nachmittags auszufliegen. Meer und Stadt glänzen in der Sonne. Ich beginne den Dogenpalast und San Marco zu verstehen, die mir bisher nach Bildern unbegreiflich waren, indem ich ihre komplette Stillosigkeit aus dem aparten Charakter der Stadt, aus orientalischen Einflüssen und aus dem etwas weichlichen, vorwiegend aufs Dekorative gerichteten Geschmack Venedigs erkläre. Der malerische Eindruck ist auch wirklich ganz einzig. Um 12 Uhr aßen wir und fuhren um 1 Uhr mit dem Lustschiff nach Burano und Torcello. Die Lagunenfahrt bei leuchtender Sonne ist wundervoll. Bei Burano schlug ein Junge am

Hesses Quartier gegenüber dem Theater Fenice in Venedig.

Ufer, mit dem Schiff Schritt haltend, fast eine halbe Stunde lang Rad, um Soldi bettelnd. [Nichts fiel mir, der ich von Toscana her sehr verwöhnt war, hier so unangenehm auf als der elende Dialekt. Ich verstehe hier die Leute nur mit Mühe.] In Burano besuchten wir die Spitzenschule, wo man das einzige Schauspiel von etwa 200 venezianischen Mädchen mit sauberen Händen hat, die alle Spitzen nähen. Einige sind hübsch. In Torcello besuchten wir die uralte Kirche mit Mosaiken. Der ganze Ausflug war so sonnig und fröhlich als möglich. Vor 7 Uhr bestieg ich in Venedig den Campanile, übersah Stadt und Lagune bei klarem Abendlicht, die Lagune wie Öl schillernd, gerade vor Sonnenuntergang. Dann saß ich mit Scherer bis 12 Uhr beim Wein. Er ist Thodeschüler[1], gab sich herzlich und nett, ein behaglicher und gescheiter, doch unoriginaler Mensch. Nachts träumt mir, Papa käme mit Wölfflin[2] an, nach mir zu sehen.

[Venedig] Freitag (3. Mai 1901)

Früh ging ich in die Markuskirche. Es war hohe Messe, und zwischen die Lithurgie des Priesters erklang zuweilen ein Chor und eine Orgelmusik so auserwählt, rein, ergreifend und vollkommen, wie ich noch nichts gehört. Dieser Gottesdienst in der dämmerigen, von Gold und Reichtum strotzenden Prachtkirche war von einem Pomp und einem Eindruck ohnegleichen. Eine Menge Prälaten, der Erzbischof und andre Priester in teilweise sehr reichen Meßgewändern, einige schöne greise Klerikerköpfe dabei. Die Kirche selbst ist mit fabelhaftem Luxus ausgestattet, die ganzen riesigen Wände von Pfeilerhöhe an, Decken und Kuppeln alles von Goldmosaik, Fußboden und alles reichste Arbeit und edles Material. Die Mosaiken sind alle nicht so edel wie die viel älteren in Ravenna, aber so prunkvoll und in so verblüffender Masse und Ausdehnung da, daß man beim ersten Anblick sprachlos ist. Die deutschen Bierbäuche freilich nicht – dieser Pöbel klatschte mitten in all der Pracht und trotz des Gottesdienstes weiter. Wie gemein so ein feister deutscher Kommerzienrat neben einem italienischen Bettelbuben aussehen kann! Ich bestieg die Galerie, die durchs Innere der ganzen Kirche geht und konnte nun bequem Mosaiken betrachten. Es sind einige alte, byzantinische da, namentlich einige Engel und eine hübsche Flucht nach Ägypten. Neben diesen kann man die Malerei nachahmenden, späteren raffinierten Mosaiken gar nimmer sehen. Sie sehen so unecht aus und sind ganz ungenießbar; doch beeinträchtigt es den dekorativen Gesamteindruck von unten kaum. Das riesige Goldfeld, das Wände, Bögen, Kuppeln total bedeckt, tut eine märchen-

[1] Henry Thode (1857–1920), Kunsthistoriker und Schriftsteller, war damals (von 1894–1911) Prof. für Kunstgeschichte in Heidelberg.

[2] Der Basler Kunsthistoriker Heinrich Wölfflin (1864–1945), Nachfolger seines Lehrers Jacob Burckhardt.

Blick in den Markusdom von Venedig.

hafte Wirkung. Dann war ich noch eine Weile auf der äußern Galerie, wo die vier herrlichen Pferde stehen und viele Tauben nisten. Links die Piazzetta mit Dogenpalast, Meer und Gondeln, rechts die von Taubenschwärmen überflogene Piazza. Davor der breite Kampanile. Ich saß hier allein in der warmen Sonne, still, nur vom Platz kam das Summen der Menge herauf und neben mir girrten die Tauben, von denen jeweils eine mir den schillernden Hals entgegenstreckt. Es war bald 11 Uhr, und ich wartete den Stundenschlag der Glockenmänner ab. Ziemlich die besten hiesigen Mosaiken sah ich dann in den Kuppeln der Vorhalle von San Marco.

Um 12 Uhr aß ich mit Scherer, nach Tisch ging ich mit ihm zur Marciana[1] und besah einige Inkunabeln, schöne altvenezianische Drucke. Um 2 Uhr fuhr ich zum Lido. Dort sah ich vom flachen Badestrand aus das offene Meer sonniger, stiller und farbiger als je. Ich ging eine Stunde lang barfuß bis ans Knie im Meer spazieren. Anfangs scheute ich die Krabben, die freilich vor mir noch mehr Angst hatten, dann gewöhnte ich mich daran und fing eine mit der Hand, nahm auch Muscheln mit. Ich sah nie etwas so Komisches wie die Krabben, die sich bei Gefahr in den Sand einwühlen und einen dabei mit stieren angstvollen Augen anglotzen. Zu Hause packte ich dann den Koffer aus und richtete meine kleine Bude ein. Abends, während ich in einem engen Kanal fuhr, brach plötzlich ein starkes Gewitter und ein solcher Sturm aus, daß meine Gondel nicht in den nächsten Kanal einbiegen konnte. Nun kam ein toller Regen, und wir mußten eine halbe Stunde unter einer kleinen Brücke warten. Allmählich kamen nacheinander noch drei andre Gondeln hergeflüchtet, bis der ganze kleine überdeckte Raum eng voll war – eine eigen poetische Stimmung! Die vier Gondeln schmiegten sich dicht in den stillen dunklen Winkel zusammen, auf beiden Seiten brauste der dicke Regen in den Kanal.

Abends aß ich mit Scherer und ging mit ihm zum Konzert auf der Piazza, wo großes Leben war. Dann ging ich um halb elf Uhr zur Piazzetta und hatte nun den zauberhaften Anblick einer venezianischen Mondnacht. Die Lagune flimmerte vom Mondschein. Die Silhouette von San Giorgio Maggiore lag tiefschwarz mit klarer Kontur jenseits wie ein Traum, die Seufzerbrücke war matt beleuchtet - alles ein vollkommenes Märchen. Dann an den Kanälen, in denen sich die Laternen spiegelten, vorbei nach Hause.

[1] Markusbibliothek

Die Glockenmänner auf dem Uhrturm am Markusplatz in Venedig.

Die Insel San Giorgio Maggiore vor der Bucht von San Marco in Venedig.

[Venedig] Samstag (4. Mai 1901)

Wetter sonnig schön, doch schwül. Früh verbummelte und vergondelte ich viel Zeit und Geld um einen Arzt (Hühnerauge). Es war keiner zu Haus. Dann halfen mir Pflaster aus der Apotheke. Später ließ ich mich nach San Giorgio Maggiore übersetzen. Die schöne Kirche dort hat außer dem Chorgestühl keine wichtigen Details, die Tintoretto verdienen Burckhardts hartes Urteil. Vom Campanile aus unvergleichliche Aussicht auf Venedig und die Lagune, die weit hinaus wie Öl schillert, von den tiefgrünen schiffbaren, durch Pfahlreihen bezeichneten Wasserstraßen durchschnitten. Man sieht von hier aus über den Lido weg auch das große Meer, mit Schiffen und Segeln am Horizont. Die vielfarbigen Lagunenfelder und dahinter der riesige Meergürtel, fern mit dem Himmel verschwimmend, sind einzig schön. Eigen wirken zwischen Stein und Wasser die drei einzigen größeren Gärten von Venedig. Die ganze langgestreckte Stadt gleicht von hier aus einer schlanken Riesengondel. Vor Tisch, nach der Rückkehr, fütterte ich die Tauben und wartete ab, bis meine Freunde auf dem Uhrturm 12 Uhr schlugen. Dann Essen mit Scherer. Mit ihm fuhr ich den Nachmittag nach Chioggia, eine fast zweistündige schöne Dampferfahrt durch die leuchtend farbigen Lagunen und das von vielen Segeln belebte Meer. In Chioggia gabelten wir einen achtjährigen halbnackten Buben auf, braunschwarzes schlaues Gesicht, ganz wild, vollendeter Schlingel, geht in keine Schule. Vor dem Ortspolizisten wich er in weitem Bogen aus. Wir ließen uns von ihm herumführen und wollten ihm, nachdem er einige Soldi erhalten, durch ein teures Glas Bier ein besonderes Bene tun. Er setzte es aber nach dem ersten Schluck schaudernd ab und entfloh. Die Rückkehr war herrlich, die untergehende Sonne, über fernen blauen Gebirgen, glänzte tiefrot im Wasser. Dann Abendessen und Piazzabummel.

Sonntag (5. Mai 1901)

Heute war ich zum erstenmal in der Akademie. Unbewußt habe ich die große Klugheit begangen, erst ein paar Tage venezianische Sonne zu sehen und hiesige Luft zu atmen, ehe ich die venezianische Malerei zu betrachten anfing. Nun verstehe ich Bellini, Giorgione, Palma, Tizian und Veronese, die mir sonst fremder geblieben wären und die ich in Florenz nicht zu schätzen wußte. Das süße, weiche Goldbraun, die satte tieftönige Luft, der ganze goldduftige Schmelz dieser Bilder ist mir nun verständlich und fesselt mich mit seiner üppig sinnlichen Schönheit. Tintoretto, den ich aus der Ferne hoch verehrte, hat hier einige gute Sachen, enttäuscht aber doch und fällt namentlich neben der naiven Sicherheit Tizians als gesucht und gekünstelt sehr ab. Nach Tisch nahmen wir eine Gondel nach dem Lido. Dort watete ich wieder im Meer, dann lagen und verfaulenzten wir den ganzen langen Nachmittag im Sand, Orangen essend und das Meer mit den Segeln betrachtend. Abends, nach dem Konzertbummel, fuhren wir von 10 bis 11 Uhr Gondel, erst den Canale Grande bis zum Rialto, dann durch die kleinen Kanäle unter der Seufzerbrücke durch zurück, bei hellem Mondschein. Wir kamen an zwei Musikgondeln vorbei, dann sang in einem Palazzo eine Sängerin, während wir leis und langsam vorbeifuhren. Jetzt ruht vor meinem Fenster der stille Kanal, nebenan vor dem Theater warten die Gondeln. Heute, wo ich sowohl von venezianischer Kunst wie von Natur und Leben so Reiches und Vieles sah, ist mir der Zauber dieser einzigartigen Stadt ganz aufgegangen.

Montag (6. Mai 1901)

Früh mit Scherer nach Santi Giovanni e Paolo. Ich verweilte

Blick von der Seufzerbrücke in den Rio della Canonica (auch Rio di Palazzo) in Venedig.

zunächst vor der Kirche beim Colleoni[1], mit dem mir Verrocchio mächtig imponiert, den ich in Florenz mehr nur zierlich gefunden hatte. In der Kirche überglänzt das Vendramin-Grabmal alles andere. Das ist ein wundervolles Renaissancestück von gewaltig edlem Ausdruck, eigentlich unvenezianisch schön. Neben der Kirche die ganz merkwürdige, schöne Fassade des Ospedale mit schönem Portal. Scuola di San Marco, mit den Reliefbändern! Die Hauptzier des ganzen Platzes ist aber der Colleoni. Dann nach Santa Maria Formosa, wo Palmas heilige Barbara ist. Das Bild hat einen wunderbaren Schmelz und ganz den venezianisch goldenen Ton, alles weich und reif, Gestalt und Gebärde vornehm, fesselt zu langem Betrachten. Neben der Kirche Santi Giovanni e Paolo ist eine der schönsten Brunnenöffnungen Venedigs, mit wundervollem Puttenkranz. Ich kaufte nun Veduten und dann etwas kalte Küche, da ich mit Scherer zu teuer esse. Ich bekam für 60 cts Schinken, Käse, Brot und Orangen und aß zu Hause so reichlich als im Cavaletto für 2½ Lire. Um halb zwei Uhr Besuch der Frari. In der Sakristei die Madonna mit Heiligen von Giovanni Bellini, edel und lieblich zugleich, mit den zwei entzückenden musizierenden Engelchen. Dann Tizians Madonna des Hauses Pesaro, eines der großartigsten Bilder überhaupt, leider stets mangelhaft beleuchtet. Ich fuhr nun mit dem Dampfer den Kanal durch bis ans Ende, an allen Palästen vorbei, von denen der Vendramino[2] und der reizende gotische Cà d'Oro[3] mich speziell fesseln. Auch die Rialtobrücke ist von apart malerischem Reiz. Den übrigen Tag und den ganzen Abend verbummelte ich in der Stadt zu Fuß, machte vielerlei Einkäufe, ging nachts über den Rialto und freute mich überall des enorm regen Treibens in den engen Gassen.

Dienstag (7. Mai 1901)

Regen. Ich ging erst um 11 Uhr aus. Den ganzen Tag war starker Wind, dann Sturm, so daß die Lagune heftig bewegt war. Ich war nachmittags mit Scherer in der Ausstellung in den Giardini Publici, wo neben einigen mir neuen Böcklin besonders die modernen Italiener mich fesselten, darunter »Il castigo« von B. Romolo, eines der raffiniertesten Bilder, die ich je sah (rotglühende Beleuchtung,

[1] Bronzenes Reiterstandbild des Bartolomeo Colleoni, von Verrocchio begonnen, von Leopardi vollendet, auf dem Vorplatz der Kirche.

[2] Der 1509 erbaute, schönste venezianische Renaissancepalast, in welchem Richard Wagner starb.

[3] Einer der am reichsten ausgestatteten gotischen Palazzi, von 1421 bis 1440 erbaut.

Büßerin mit Teufeln und Schlangen). Das Böcklinporträt von Carlo Boecklin ist krampfhaft steif. Im übrigen verbummelte ich den ganzen Tag in der Stadt und an der Lagune, das stark erregte Wasser betrachtend und von Regen und Sturm fast umgeblasen. Man lernt hier die Kunst des faulen Herumlungerns famos.

Mittwoch (8. Mai 1901)

Wieder Sonne. Eigentlich wollte ich nur acht Tage in Venedig sein, die heute um wären, nun aber denke ich noch gar nicht ans Reisen. Um 10 Uhr nahm ich den Dampfer nach der Giudecca. Dort vor San Redentore lag ein großes rot gestrichenes Segelschiff. Der Reflex des Zinnober in der mit Tang bedeckten Lagune ergab einen tief braunroten, mit grünen Wellengipfeln durchsetzten satt schönen Ton. Es gab ein famoses Farbenbild, als an diesem roten Schiff und Strand eine Fischersfrau in grünem Rock und grauem Schultertuch vorbeiging, die ein grellgelb gekleidetes Kind auf dem Arm hatte. Dahinter viele Segel und jenseits die edle Kuppel von San Salute. San Redentore hat eine auffallende, schöne antike Fassade mit Halbsäulenordnung und Pilastern, durch die Barockskulpturen entstellt. Das Giebelfeld ist zum Glück leer. Das einschiffige Innere mit Chor und Seitenkapellen ist licht und edel gedacht, doch bleibt die kahle, flach gewölbte Decke störend; die hübschen kleinen, je durch zwei mächtige Halbsäulen gefaßten Nischen sind durch entsetzliche fingierte Statuen verdorben. Auch hier zwei Bilder von Tintoretto, die stark enttäuschen. Außer den paar großen Akademiebildern und den Florentiner Porträts fand ich von Tintoretto fast nur Oberflächliches. Die Kreuzabnahme vom jüngern Palma ist mir von den Bildern in Redentore noch das liebste, obwohl die Magdalenenfigur die Komposition stark durchbricht. Als ich zurück wollte, war das Schiff schon fort und keine Gondeln da, und ich mußte mich in einer Kohlenbarke nach San Giorgio übersetzen lassen, woran drei Stuttgarter Damen teilnahmen, gebildete nette Landsleute. Von da nahm ich Gondel zur Piazzetta. Den Dogenpalast kann man nur hier, vom Meer aus, verstehen, indem man seine auf den Kopf gestellte Architektur als eine Art Pfahlbau nimmt. Im Hof des Dogenpalastes redete mich ein alter Herr aus Dresden sehr verzagt und ratbedürftig an. Er war blitzdumm, gutmütig, konnte kein Wort Italienisch und fand sich nicht zurecht. Vor den Erzbrunnen im Hof fragte er mich, ob das Marmor wäre. Dann, warum man die Seufzerbrücke so nenne, da sie doch ganz nett und freundlich

Der Markusplatz und der Palast der Dogen von Venedig von der Lagune aus gesehen.

aussehe. Heißt Richard Kunze. Nach Tisch fuhr ich mit Scherer nach Santa Maria dei Miracoli. Bei der Abfahrt am Molo gaben wir dem Rampin nichts, worauf dieser, als wir abgestoßen waren, den Hut abnahm und mit höhnischer Verbeugung für das reiche Trinkgeld dankte – unendlich komisch. Miracoli ist ein köstliches Kirchlein, die Wände schön marmorgetäfelt, die Decke braun, holzkassettiert mit Malerei. Die Böden, Wände, Pfeiler sind mit einer Ornamentik geziert, die ich so erlesen geschmackvoll nie sonst fand, Leisten und Füllungen, namentlich vertikale an Pfeilern, von ganz entzückender Schönheit. Keine Bilder, keine Skulpturen etc., der ganze Schmuck liegt im Material und im Ornament. Kleiner überkuppelter Chor. Altarschranke und Stufen ebenfalls im edelsten Stil verziert, einzelne Muster von klarster Schönheit. Ich trank noch mit Scherer Kaffee, dann fand ich zu Hause eine liebe Karte von Ugel[1]. Abends traf ich den guten Dresdener wieder und begleitete ihn zum Schiff nach Lido. Dann kaufte ich für 12 Soldi reichlich Brot, Käse, Schinken und Orangen und aß zu Hause. Um 10 Uhr ging ich noch eine Stunde spazieren. Auf der Piazza wurde ein Dieb erwischt und verhaftet, unter Bravorufen und lebhaftester Beteiligung von Hunderten. Es waren Sterne, doch kein Mond am Himmel, eine schöne dunkel-ernste Nacht. Als ich von der Piazzetta zurückkam, wurde die Meistersingerouvertüre gespielt. Die Ausführung war nicht brillant, auch die Instrumentierung stark vermodelt, dennoch machte mir diese Aufführung Wagnerscher Musik auf dem Markusplatz einen großen Eindruck, da man hier bei jeder Fahrt auf dem Canale Grande so stark an Wagner denken muß.

Donnerstag (9. Mai 1901)

Schon heute früh drohte Sturm. Jetzt elf Uhr, wo ich im Dogenpalast bin, tobt draußen Sturm und Regen entsetzlich. Die Prachtsäle machen einen herrlich festlichen Eindruck; Tintoretto und alle werden von Paolo Veronese weit überstrahlt, dessen üppige Vollkommenheit hier am rechten Platz ist. Der prachtvolle große Saal Del Consiglio, mit den zwei Globen, ist für mich mit der Erinnerung an d'Annunzio verknüpft. Als ich durch die Seufzerbrücke und die schauerlichen Gefängnisse den Palast verließ, war wieder wärmste Sonne. Schön ist es immer, wenn um 12 Uhr beim Kanonenschuß die großen Taubenschwärme aufschreckend über den Platz kreisen. Bei Tisch traf ich zwei deutsche Architekten, mit diesen und Scherer

[1] Hesses Jugendfreund, der Arzt und Schriftsteller Ludwig Finckh, (1876–1964).

will ich den Abend verkneipen. Ich beginne hier die schöne Kunst des vollendeten Müßiggangs gelehrig zu erfassen. Morgen geht Scherer fort, auch die Architekten, und ich werde dann allein hier sein, was mir lieb ist. Abends bis 12 Uhr kneipten wir Chianti und Asti, der mir trotz ziemlicher Menge wie immer sehr wohl bekommt, die Architekten aber ziemlich mitnimmt.

Freitag (10. Mai 1901)
Erst besorgte ich in Scherers Auftrag Photographien. Dann setzte ich mich in der Markuskirche in eine Bank und ließ das gesamte Bild auf mich wirken, ohne irgend einzelnes zu studieren. Ich war so faul, daß ich bis 12 Uhr dort sitzen blieb. Dann aß ich zu Hause, schlief und vergondelte den übrigen Tag. Beim Abendessen im Cavalletto war eine Italienerin, die ich schon gestern angestaunt hatte, eine biegsam schlanke, elegante Gestalt – die schönste Frau, die ich in Italien gesehen habe, an Divinationen des Giorgione erinnernd. In einzelnen Gesten ähnelte sie sehr der Duse.

Samstag (11. Mai 1901)
Früh ging ich durch hübsche Gassen und Brücken und über den Campo Maurizio nach dem Campo Francesco Morosoni, wo die Kirche Santo Stefano ist. Die gotische Fassade ist hübsch. Da meine Zigarre noch brannte, betrat ich zuerst den Kreuzgang. Hier an den Häuserwänden finden sich Reste von Pordenones Fresken, ganz zerstört, doch Schönes ahnen lassend. Darunter zwei ganz reizende Gruppen von je vier Putten, oben ein Ornamentfries und gemalte Nischen mit Tugenden. Der bemalte Hof muß prächtig gewesen sein. Im Gang zwei gute Grabmäler. Als meine Zigarre zu Ende war, trat ich in die Kirche selbst. Das Grabmal Contarini (Reiterstatue), obwohl 17. Jahrhundert, ist schlicht und schön. Das kleine, ganz einfache des Arztes Suriano beste Renaissance. Ich besah Chor und Sakristei. Die nahe Kirche San Vitale war geschlossen. Ich ging über die Kanalbrücke und an der Akademie vorbei. Dort freute mich der laubig grüne Hof der Casa Goldschmiedt durch den in Venedig so raren Reichtum an Blumen und grünen Ranken. Dort fand ich auch die engste Gasse Venedigs, wo nur einer auf einmal gehen kann. In einer der armen Gäßchen dort erregte das Erscheinen einer reichen Privatgondel großen Auflauf. Ich kam bald zur [Santa Maria della] Salute, die mit stolzer Treppe beherrschend am großen Kanal liegt. Das Innere ist von klassischen harmonischen Verhältnissen. An der

Tür eine malerisch scheußliche Bettlerin: uraltes Hexengesicht, blauer Rock, braunes Tuch, brandrotes Kopftuch. Schöner Fußboden, doch auch mit dem mir verhaßten Würfelmotiv, das auf Gehflächen irritierend wirkt, weil Plastik fingierend, wo Fläche schön und nötig ist. In der Sakristei Tizians Markus und drei Deckenbilder von ihm, sämtlich von echt Tizianschem Adel. Dort auch einige kleine alte Bildchen ohne Namen, u. a. eine kleine Madonna mit Kind und anbetenden Heiligen in reicher Landschaft, im venezianisch satten Ton. Tintorettos Hochzeit zu Kana durch Kolorit und Licht bedeutend. Ich bummelte noch an der Dogana und nahm dann mit zwei jungen Burschen gemeinsam Traghetto[1]. Essen im Cavalletto. Um meine heutige arbeitsame Stimmung zu benützen, fuhr ich nach Tisch zur Akademie[2]. In Florenz leistete ich ungefähr jeden Tag so viel, hier in Venedig ist das eine Ausnahme. In der Akademie saß ich zunächst ganz allein vor Tizians Tempelgang, einem meiner Lieblinge. Dann war ich bei der Assunta, dem Bild der Bilder. Ich ging Tizian weiter nach und verweilte lange bei der Deposizione, die wie eine stilvoll stetig gebaute Tragödie den großen Schmerz in anschwellendem Akkorde vorträgt: ein Bild voll schmerzlicher Schönheit, bis in die bräunliche Trübung der Farbe Trauer atmend. Ich blieb bis 3 Uhr, wo geschlossen wird. Dann war ich müde und blieb lesend zu Haus. Zuweilen fährt eine Gondel vorbei, zuweilen nur ein Gondelgespräch, ohne daß man das Ruder hört. Abendessen im Cavalletto. Später traf ich in einem Laden einen Schwaben mit Frau, mit denen ich eine Flasche Wein trank. Dann guter Schlaf.

Sonntag (12. Mai 1901)

Sonne. An der Lagune beim Ponte della Pietà gingen zwei hübsche Venezianerinnen, deren Röcke (rot und moosgrün) genau jenen entzückenden Farbenklang des Palma in der Akademie gaben. Darüber trugen sie ihre langen schwarzen Tücher umgeschlagen, die im starken Winde flogen. Ich besuchte die Kirche S. Pietà, wo ein großes Deckenbild von Tiepolo ist. Dann ging ich nach San Giovanni in Bràgora, die ganz voll war und wo ich eine feurige Predigt anhörte. Der reich gekleidete Priester sprach über das Gebet, mit bewegtem Vortrag. Erst über das persönliche, dann das Familien-, dann das öffentliche Gebet. Beim letzteren erzählte er mit einer

[1] Eine Fähre.

[2] Accademia delle Belle Arti am Canale Grande.

Die Kirche Santa Maria Zobenigo in Venedig.

gewissen Großartigkeit, wie bei wichtigen Anlässen im alten Venedig Senat und Volk gemeinsam beteten. In dem hübschen Kirchlein fielen mir mehrere anziehende Bilder auf, die zu betrachten aber heute nicht anging. Die vom Wind erregte Lagune ist heute prachtvoll tiefgrün, das Wetter sieht unbeständig aus. Nach Tisch fuhr ich in die Giardini und bummelte dort ein wenig. Es sind schöne alte Platanen dort, auch Blumen. Ich sah einem Fischerbuben zu, der vom Boot aus an einer Schnur Krabben fing und einen durchaus unbeschnitten elementaren Eindruck machte. Abends 6 Uhr fuhr ich noch schnell nach dem Lido hinaus; die Lagune hatte ganz hellgrüne Rheinfarbe, das Irisspiel darauf bei bleicher Sonne unsäglich fein, mit Opal- und Perlmutterglanz. Von eigentümlicher, unvergeßlicher Schönheit war der Anblick der Stadt: Hinter San Giorgio sah die Salute heraus, sich langsam nach links schiebend, und die ganze Stadt mit Kuppeln und Türmen lag in schwarzer Silhouette auf dem Wasser wie eine schöne, schattenhafte Dekoration. In Lido fand ich das Meer großartig, mit weißen Wellenkronen und Gebrause heranschäumend. Es ging ein heftiger Wind, fast Sturm, daß ich kaum gehen konnte. Um 8 Uhr war ich zurück – ein abendklarer, schöner Ausflug. Als ich, ganz nah meiner Bude, an Santa Maria Zobenigo vorbeikam, war innen Gesang. Ich trat ein und hörte eine Weile einem schönen Knabenchor zu. Mit dem heutigen Tag zufrieden und auch sonst guter Stimmung, nahm ich für meinen etwas verstauchten Magen statt Medizin 1½ Flaschen Asti ein, der famos schmeckte. Es saß ein alter Herr aus Chaux de Fonds da, mit dem ich etwas Französisch stotterte.

Montag (13. Mai 1901)

Ausnahmsweise stand ich heute schon um 6 Uhr auf, das Wetter war schön. Ich benützte die Stunde und ging nach San Giobbe, die nur bis 9 Uhr offen ist. Die morgenfrische Fahrt auf dem grünen Kanal war köstlich. In Giobbe war Messe, die Kirche voll armer Frauen. Da ich jetzt daran gewöhnt bin, kniete ich eine halbe Stunde mit. Bei den Responsorien sangen manche zweite Stimme. Dann besah ich die Kirche, deren Bestes die famosen Ornamente Lombardos sind. Savoldos Anbetung war sehr dunkel – ein kühlschönes Bild. Die Sakristei besah ich, während der Priester Toilette machte. Dann kam ich nach San Geremia, einer hohen, weiträumigen Kuppelkirche. Nebenan Platz mit Palazzo Labia. Von da nach den Scalzi, einem enorm protzigen Barockbau, mit flotter Deckenfreske von Tiepolo, durchaus pathetisch aufgedonnert und ohne allen zarteren Schmuck, doch durch Reichtum und Farbe wirkend. San Simeone Piccolo war geschlossen. Ich ging noch zur Kirche S. Tolentini hinüber, die eine merkwürdige antike Vorhalle an nackter Fassade hat. Gegenüber zwei hübsche Paläste. In der Kirche schöne, hell bemalte Kuppel mit heimeliger Galerie. Baedeker schweigt unverantwortlich über viele hiesige Kirchen. Ich kaufte mir zwei Eier, die ich auf der Rückfahrt aß. Die Sonne leuchtet, es ist heiß, seit einer Woche der erste so glänzende Tag. Vor Tisch ging ich auf den Platz, was ich ungern versäume, zu den Tauben. Sie haben mich gern, und ich habe immer Hände und Arme voll von den zahmen, schillernden Tierchen sitzen – ein naivstes, aber köstliches Vergnügen. Dann der famose Moment, wenn beim 12-Uhr-Schuß die Tausende von Tauben in dichten schönen Wolken schwärmen und die Glockenschläger lebendig werden. Ich wollte den Nachmittag vergondeln, doch ist heute der Wind so stark, daß man zwei Gondoliere braucht, was mir zu teuer ist. Nun ging ich nach San Zaccaria, deren Fassade in später Renaissance gute Verhältnisse, doch zu viel leere Nischen hat. Innen dunkel, kühl und still in dieser heißen Mittagsstunde. Das Priestergrab hinter dem Hochaltar hat eine sehr gute Ornamentleiste. Es sind viele Bilder da, manche interessant; das beste, von Giovanni Bellini, ist jetzt schlecht beleuchtet. Nun fuhr ich nach Lido und nahm ein Seebad. Es war Flut und schöne Wellen. Ich schwamm eine Viertelstunde, schluckte eine Menge Salzwasser und fühlte mich sehr wohl. Das Wasser hatte 18 Grad, schien aber, als ich einmal drin war, viel wärmer. Danach spazierte ich am Strand und hatte komische Unterredungen mit den Fischern, die mir Muscheln, Seesterne, ja für 50 cts »tutta la mare adreatica« anboten. Ein kleiner Junge bat ganz einfach um »einen soldino für das Meer«. Auf der Rückfahrt beobachtete ich ausschließlich das Wasser, das opalartig voll Farbenkombinationen steckt und einen jeden Augenblick überrascht. Nachher fütterte ich Tauben, die ich immer mehr liebe, ja, von denen ich zwei persönlich kenne. Der Glanz des Gefieders, die warme Berührung namentlich des weichen Halses, das leise Picken aus der Hand machen mir viel kindische Freude. Ich muß nächstens einen Fonds für sie aussetzen – heute gab ich über eine Lira für Mais aus. Allmählich beginne ich nun auch Venezianisch zu verstehen. Abends fütterte ich ein paar Kinder an den Flaggenständern, dann ging ich in die Stadt bummeln. Als Souper nahm ich in einem Laden zwei rohe Eier für 13 cts. Unterwegs fand ich bei einem Krämer ein altes italienisches Buch, das mich interessiert, und erhandelte es billig. Nun war ich müde. Ich ging zur Piazzetta, wo heute Konzert war, und setzte mich unter das Volk auf die Stufen der Bibliothek. Ich redete mit den Leuten über das Wetter, über ihre Kinder etc. Neben mir saß ein Schiffsknecht, dessen Schatten vor mir auf die Fliesen fiel. Ein fester Kopf, die kurze Pfeife im Mund, viertelstundenlang ohne jede Regung, es hätte der Schatten einer Skulptur sein können. Dann redete mich ein Berliner an, mit dem ich morgen abend im Cavalletto zusammenzukommen verabrede.

Dienstag (14. Mai 1901)

Wundervolles Wetter, klar und heiß. Ich fuhr zum Museo Civico. Dort im schönen Hof, wo ein kleiner Goldfischbrunnen rauscht, sind einige venezianische Brunnenmündungen aufgestellt, famose Stücke, darunter einige mit ganz orientalischem Ornament. Im ersten Stock ist zunächst eine schöne Waffensammlung, auch Fahnen. Bei den Gemälden die künstlerisch fast wertlosen, doch für Sitte und Kostüm enorm interessanten Bilder von Longhi: Toilette, Familie, Tanz, Masken etc. Dann Medaillen und Reliefs. Interessant war mir die Kostümsammlung. Dann Rokokomöbel, hübsche Ton- und Glassachen, gute Emailstücke. Viel putzig geschmackloses Gerät des 17. und 18. Jahrhunderts. Entzückend ist das Bücherzimmer, darin ein paar gute Miniaturen und bei den Einbänden einige höchst reiche, gute Goldpressungen. Die berühmte Büste des Andrea Loredan ist famos. Das winzige Bildnis des hl. Antonius von Vivarini hat einen köstlichen, fast zu schweren Renaissancerahmen. Carpaccios Bild mit den zwei Weibern prägt sich mit seiner verblüffenden Gegenständlichkeit sehr ein. Schön ist der Blick vom obersten Stock auf den Kanal hinab. Dort sind Handzeichnungen, besonders alte Veduten von Venedig, auch einige Inkunabeln. Dann zur alten Kirche San Giacomo dall'Orio, einem sehr alten Backsteinbau. Fra Bassanos »Predigt Johannis« ist ein tüchtiges Bild, doch ohne Größe, das Beste in der ganzen Kirche ist die vergoldete Holzwölbung über jenem Bild. Nach 12 Uhr aß ich rasch im Cavalletto. Das Wetter ist heute so glänzend wie ich es nur je in Italien gehabt. Nach Tisch balgte ich mich mit drei schlampigen, aber hübschen und klugen Kindern von 6–8 Jahren auf dem Markusplatz herum, sie mit Schokolade und die Tauben mit Mais fütternd. Ich kenne jetzt auch noch eine dritte Taube, die krank ist. Ich hatte viel Spaß mit den Kindern, über eine Stunde. Dann fuhr ich nach Lido hinaus; die Lagune war spiegelglatt, mit großen grasigen Sumpfflächen. Das Meer am Lido war heute schwer dunkelblau, wie ich es bisher nur auf Bildern gesehen. Ich nahm wieder in dem heute viel ruhigeren Meer ein Bad. Ich schwamm weit hinaus: es ist jedesmal köstlich, wenn nach dem Vorübergehen einer Welle wieder für Augenblicke der weite Meerhorizont sich auftut. Nach dem

Bade ruhte ich im warmen Sand und plauderte mit den Muschelmännern, die mich nun schon kennen. Etwas wunderbar Feines ist der Meersand, auf dem man so weich und reinlich liegt und der so zart und warm durch die Finger gleitet. Abends 7 Uhr traf ich meinen Berliner im Cavalletto, aß mit ihm zu Nacht und nahm mit ihm in den Prokurazien den Kaffee. Dann saß ich noch allein auf den Säulenstufen des hl. Theodor auf der Piazzetta und ging zeitig nach Haus. Nahe meiner Bude brachten drei junge Burschen mit Gitarre und Gesang ein Ständchen in der Gondel, in dem stillen schwarzen Kanal ein eigentümliches Stück Poesie.

Mittwoch (15. Mai 1901)

Sonne. Um 8 Uhr früh nahm ich Gondel und fuhr zuerst nach der Kirche Spirito Santo: eine einschiffige, freundliche kleine Kirche, flach gedeckt, mit Barockaltären. Schönes Bild: Buonconsiglio, Christus mit zwei Heiligen. Links an der Wand eine hübsche Himmelfahrt Christi, Autor unbekannt. Dann nach den Gesuati: Die Gondelfahrt am sonnigen Morgen ist ganz herrlich. Gesuati ist eine prächtige Kirche in spätem Barock, alles war für das morgige Fest[1] höchst farbig (blau, rot und gold) drapiert. Hier ist die schöne Madonna mit hl. Klara von Tiepolo, eins seiner süßesten Werke. Von ihm auch die Deckenfresken, wie immer brillant und wirkungsvoll. Dann ein Altarbild von Tintoretto, Kreuzigung, das ihn mir wieder lieber macht, im Kolorit sehr glücklich. Dann weiter nach San Sebastiano. Der Gondoliere ist zutraulich, unterrichtet und umgänglich. In San Sebastiano fällt sogleich die Bilderpracht auf. Die von P. Veronese gemalte, sehr reiche Decke ist wundervoll. Auch Orgelflügel, Chor, Sakristei und drei Altäre haben Bilder von P. Veronese, der hier begraben liegt, und an dessen Grabmal ich stand. Nächst dem Dogenpalast ist dies der beste Raum, seine üppig vollendete, reiche Kunst zu genießen. Die ganze Kirche hat eine einheitliche, gestättigte Stimmung (Goldton). Auch ein hl. Nicolaus von Tizian ist da, eins seiner späten Bilder, im Kolorit noch reich und schön. Von da fuhr ich nach Carmini. Dreischiffige, langgestreckte Kirche. Cimas »Anbetung« war schlecht beleuchtet, dennoch machte sie mir Eindruck, besonders die zarte schöne Landschaft des Hintergrundes. Tintorettos »Darstellung im Tempel« steht sichtlich unter Tizianschem Einfluß und ist noch frei von den spätern Experimenten des Malers. Der schöne Lorenzo Lotto

[1] Christi Himmelfahrt

fesselte mich sehr, er ist von weicher Schönheit und sehr fein gestimmtem Kolorit. Der Gesamteindruck auch dieser Kirche leidet unter der (kreuzgewölbten) sehr nüchternen Decke. Ich fuhr nach der Piazzetta und bestellte die Gondel auf 1½ Uhr wieder, um nach Murano zu fahren. Mein Gondoliere gefällt mir besonders, er ist viel in Italien herumgekommen und spricht sehr deutlich. In San Marco fand ich eine feierliche Kirchenprozession: Der Erzbischof inmitten der Prälaten, deren drei ihm Zipfel und Schleppe trugen. Es waren etwa zwanzig weiße Bischofsmützen, der Erzbischof trug eine gelbe. Vor dem Hochaltar nahmen alle die Mützen ab, nur der Erzbischof behielt ein rotes Käpplein auf. Ich saß bis 12 auf den Stufen und fütterte Tauben. Ein mir bekannter Gassenjunge unterhielt mich. Als ich ausrief: »Schon wieder 12 Uhr!«, sagte er ernsthaft den Spruch: »Die Stunden vergehen, und der Tod kommt näher.« (Le ore passano e la morte è vicina). Nach Tisch um halb zwei fand ich die Gondel warten und fuhr bei heißer glänzender Sonne durch die Stadt an Santi Giovanni e Paolo vorbei nach Murano hinüber. Ich kann über diese Fahrt nichts sagen, als daß es etwa das Schönste war, was ich in Italien hatte, eine heiße, sonnig flimmernde, halbverschlafene Träumerstunde auf dem Wasser. In Murano nahm ich einen Kaffee, besah nichts und fuhr bald wieder schön langsam zurück. Den Gondoliere beglückte ich durch ein reiches Trinkgeld und merkte mir seine Gondel. Es war so heiß und ich so faul, daß ich gleich Dampfer nach Lido nahm und dort badete. Das Meer war still und warm, das Bad vorzüglich. Ich redete eine halbe Stunde mit einem der Muschelmänner und ruhte im Sand. Nachher am Markusplatz hielt ich große Taubenfütterung bis sieben Uhr, dann Abendbrot im Cavalletto. Jetzt, um 9 Uhr, ist der Nachthimmel von einer tiefen, fabelhaften Bläue, die es bei uns so nicht gibt. Ich saß bis 10 Uhr mit einer Familie am Flaggenfuß: Mutter, zwei Töchter, wovon eine Witwe mit zwei Kindern, zwei Tanten, die ich alle mit Karamellen stopfte und die so zutraulich und heimelig als möglich waren. Die jüngere hübsche Tochter lehnte, tiefer sitzend, ihren Kopf mit dem venezianischen Haar an mein Knie; mich freute und rührte dieser Schluß eines reichen und schönen Tages, diese Rückkehr zu kindlich freier Natur und harmlosestem Plauderton. Wir aßen unsre Bonbons, sprachen wenig, hörten die Musik und schauten in den schönen Himmel, das Wetter erwägend. Ich fühle schon jetzt, wie ich nach diesen Stunden eines traumhaft wunschlosen Lebens später Heimweh haben werde.

Donnerstag (16. Mai 1901)

Um 9 Uhr fuhr ich zur Akademie. Erst ging ich nebenan ins Istituto delle Belle Arti, dessen zweiter Hof jene klare, schöne Palladiofassade hat (Backstein, anno 1561). Dann an die Akademie, die aber heute, weil Himmelfahrtsfest, geschlossen ist. Ich ging zurück und fand zu Hause militärische Nachrichten[1], die meine Abreise fordern. Sogleich packte ich meinen Koffer und schickte ihn nach Mailand. Ich beschloß, schon morgen zu reisen, um noch für Verona Zeit zu haben. Vor zwölf Uhr eilte ich zur Piazza, die heute voll festlichen Lebens war. Ich sah noch einmal beim Schuß den großen Taubenflug und die Glockenriesen. Dann Essen im Cavalletto. Nach Tisch begann es zu regnen, damit mir der Abschied leichter würde. Den Nachmittag verbummelte ich um San Marco herum. Von 5 Uhr an saß ich in der Halle des Dogenpalasts, San Giorgio gegenüber. Es brach ein Platzregen aus, alles flüchtete in die Halle, wo nun ein lustig buntes Leben lange andauerte. Die Lagune färbte sich ganz hellgrün, milchig durchsetzt, viele Gondeln flohen ans Land. Abends im Cavalletto reizende Familientafel von Engländern mit mehreren rotblonden Kindern. Dann Abschied. Ich ging zwei Stunden auf dem Platz und der Piazzetta hin und her, traf im Vorbeigehen meine Familie von gestern, der ich die Hand gab, und konnte mich fast nicht trennen. Ich empfand diesen Abend als meinen Abschied von Italien und nahm ihn nicht ohne Tränen. San Marco, der Dogenpalast, die Lagune, San Giorgio, alles glänzte mir noch einmal ins Auge wie ein schöner seltsamer Traum, dann ging ich bedrückt und still nach Hause.

[Mailand] Freitag (17. Mai 1901)

Morgens 8 ½ Uhr Abreise. Der Regen war so stark, daß ich gleich ein Billett bis Milano nahm. Es tat mir in der Seele weh, an Verona vorbeizufahren; dennoch entzückte mich die flotte Schnellfahrt quer durch Oberitalien, durch grüne, fruchtbare Landschaften, am Gebirge und Gardasee vorbei. Ich fuhr mit einem 51jährigen Engländer, der aus Neapel und Afrika kam und die halbe Welt kennt. Wir sprachen halb deutsch, halb italienisch. Dann kam eine Dame aus Venedig mit hübscher Tochter dazu, und wir schwatzten nun alle italienisch. Um halb drei Uhr Ankunft in Milano. Ich ging ins selbe Hotel wie der Engländer (Hôtel »Como«, nicht gut!) und brachte den Nachmittag und Abend mit ihm in der Stadt zu. Wieder

[1] Aufforderung zur Musterung.

Der »Marmorgarten« auf dem Mailänder Dom.

machte mir das kolossale Dominnere einen mächtigen Eindruck. Der Engländer ist einer jener Alpinisten und Weltbummler, die ich bisher nur aus Stratz'schen Romanen kannte[1], äußerlich unscheinbar, kennt aber West- und Südafrika, Indien, ganz Europa, und hat einige der schwierigsten Schweizer Hochtouren wiederholt gemacht. Wir saßen in den schönen Anlagen, tranken in der Galleria Vittorio Emanuele Kaffee etc. und kehrten abends 10 Uhr ins Hotel zurück. Auf Venedig hin ist mir der Straßenschmutz und der hiesige lebhafte und lärmende Tram- und Wagenverkehr unleidlich – es ist, wie wenn man aus einem Traum zu widriger Wirklichkeit erwacht.

[Mailand/Lugano] Samstag (18. Mai 1901)

Leidliches Wetter. Heute abend 11 Uhr will ich abreisen. Um 9 Uhr ging ich in die Brera. Mich entzückten besonders P. Bordones Liebesbild, das den ganzen weichen Zauber der venezianischen Kunst hat. Im Saal daneben ein schöner Cima da Conegliano, eine Giovanni-Bellini-Madonna etwas steif und leer und ebendesselben archaisch ernste Pietà. Im Sposaliziensaal war eine Schweizerin, die im körnigsten Urdialekt ihre drolligen Urteile abgab und mich höchlich ergötzte. Dort tauchte auch plötzlich die schöne Engländerin wieder auf, die mir zuerst in Burano, dann sehr oft in Venedig aufgefallen war. Ich hielt mich noch längere Zeit bei Crivelli auf, namentlich bei der wundervollen Madonna mit dem Früchtekranz und den Blumen. Nun in das eigenartig hübsche Museo Poldi-Pezzolo! Die geschmackvoll reichen Zimmer mit schönen Kaminen, Böden und Decken sind köstlich. Eine schöne hl. Katharina von Borgognone, mehrere hübsche Bernardino Luini. Dann eine ganz reizende Konversation von Lorenzo Lotto, das berühmte Frauenporträt, Botticellis feine, zarte Madonna mit Buch, für mich ein letzter lieber Florentiner Gruß. Im Treppenhaus ein laufender Muschelbrunnen, hinter dem Hause schöner Garten. Dann aß ich sehr gut und billig auf der Straße zu Füßen des Domes. Nach Tisch ging ich in den Dom, dessen Inneres mich immer wieder mit dem mir fast unsympathischen Mailand versöhnt. Ich bestieg das Dach und blickte abschiednehmend noch einmal auf dem großen Marmorgarten herab, blieb über eine Stunde oben. Dann besorgte ich Geld, Billett etc. Abends saß ich nochmals eine Stunde im Dom, auf einer

[1] Rudolf Stratz (1864–1936), Unterhaltungsschriftsteller, der in Romanen und Novellen (u. a. »Der weiße Tod«, 1897, und »Montblanc«, 1899) seine ausgedehnten Reisen und Bergbesteigungen verwertet hat.

Bank im Chor, und ließ in der andächtigen Stille die ganze Italiener Zeit an mir vorübergehen. Ein Priester, der mich so lange sitzen sah, fragte mich höflich, ob ich vielleicht beichten wolle; ich dankte ihm freundlich. Dann weiterer Bummel: Eintritt in die Rundkirche San Carlo, mit riesig breiter Kuppel, unschön. Dann saß ich in der Galerie, aß Eis und las Peter Altenberg. Abends halb elf Uhr setzte ich mich in den Gotthardzug. In Chiasso wieder höchst unangenehmes Zollpassieren. Bei Lugano schlief ich ein, und als es hell wurde, waren wir schon am Vierwaldstätter See. Ich sah Seelisberg und andere wohlbekannte Höhen winken.

Sonntag (19. Mai 1901)

Die Fahrt durch das fruchtbare freundliche Stück Schweiz an diesem frischen, hellsonnigen Frühlingsmorgen war prächtig, der Rheinfall, in der hellen Sonne schäumend, schöner, als ich ihn je gesehen.

Nachmittags zwei Uhr Ankunft in Calw.

Venezianisches Notizbüchlein*

Oft mußte ich mich besinnen, ob es wohl unter denen, die Venedig nie gesehen haben, ernsthafte Verehrer der venezianischen Kunst geben könnte. Ich selbst war, bei aller Hochachtung, immer nur ein kühler Bewunderer gewesen. Ich hatte in Mailand und Florenz die prachtvollen venezianischen Bilder, namentlich die Tiziane der Uffizien, fleißig und pflichtgetreu betrachtet und hatte, mit Ausnahme der Porträts, vor keinem einzigen jenes süße, tiefe Gefühl der vollkommenen Bewunderung, das nur aus einem völligen Verstandenhaben erwächst. So empfand ich den bräunlich leuchtenden Ton und das märchenhafte Tiefblau der Hintergründe z. B. als etwas fremdartig Poetisches, dessen Herkunft weniger in der Natur als in der Verzückung des farbenbegeisterten Malers zu suchen sei. Und die reife, satte Schönheit Tizians schien mir, namentlich bei den Bildern der »Tribuna«, seelenlos und fast gemein neben der zarten, durchgeistigten Kunst der Toskaner.

Der Zufall fügte es, daß ich nach meiner Ankunft in Venedig mehrere Tage lang keine einzige Bildersammlung besuchte. Ich wollte die Augen ruhen lassen und war auch von Bologna her der Sammlungen zweiten Ranges müde, denn auf Florenz hin wirkt die Bologneser Pinakothek wie eine verdorbene Speise. Jene Tage nun verbummelte ich in den Gassen von Venedig, in den Kanälen, auf den Plätzen, auf der Lagune und ihren Inseln. Ich suchte Burano, Torcello, Lido, Chioggia auf – und auf diesen sonnigen, heißen, müdemachenden Fahrten sog ich unbewußt die seltsame Schönheit der Lagune ein, den Duft des Wassers, den Reflex des Lichtes im Meer und die merkwürdig schillernde Farbigkeit des Lagunenspiegels. Und als ich nun endlich die Akademie und den Dogenpalast besuchte, war die venezianische Malerei mir plötzlich seltsam wohlbekannt und liebgeworden. Ich verstand plötzlich nicht nur das goldene Braun, die üppigen Lichtspiele und Farbenkombinationen, sondern auch die scheinbar seelenlose Gegenständlichkeit dieser schönen Menschen und Landschaften; – ich selbst hatte nun so zu sehen gelernt. Und nun erschloß sich mir von Tag zu Tag das

* *Von 1902 bis 1911 veröffentlichte Hesse in mehreren Tageszeitungen diese revidierten und (auch in den Datierungen) geringfügig stilisierten Passagen aus seinem Reisetagebuch von 1901. Der früheste bisher nachweisbare Abdruck erschien u. d. T. »Malerisches von den venetianischen Lagunen« in den »Münchner Neuesten Nachrichten« vom 20. 2. 1902. Diesem und dem letzten Zeitungsabdruck von 1911 stellte Hesse kurze Einführungstexte voran. Beide Einleitungen sollen nachfolgend gleichfalls überliefert werden.*

Geheimnis dieser fremden Schönheit tiefer und völliger, ich liebte nun Venedig und lernte es kennen von der phantastisch malerischen Architektur seiner Paläste bis zum Leben der Gondoliere und Fischer und dem weichen Dialekt der Inseln. Allerdings lebte ich nicht wie ein Fremder, sondern aß, trank und bewegte mich nach den Sitten des Ortes, saß des Nachts auf den Treppenstufen der Piazzetta und lag des Tags in den Barken der Austernfischer und lebte von Fischen und Früchten. Freilich, wie hätte ich sonst auch mit dem schmalen Restchen meines Reisegeldes wochenlang in dem teuren Venedig leben können?

Ach, ich besitze aus jener Zeit einen Schatz von tiefen, intimen Erinnerungen – an das langsame Eindringen in die seltsam prachtvolle, reiche Kultur Venedigs, an Kinderszenen aus den Inseldörfern, an Gespräche mit Menschen jeder Art, an die Mädchen der Riva und an Fahrten kreuz und quer durch Meer und Lagune, Fahrten am heißen Mittag und in der bläulich leuchtenden Nacht, unter verstürmten Wolken und unter klar gestirnten Himmeln! Doch von alledem ein andermal! Ich will heute nichts weitergeben als einen wörtlichen Auszug der Stellen meines Notizbuches, die sich auf die malerischen Qualitäten der Lagune beziehen. Diese Notizen haben nichts mit Geschmack und Ansichten zu tun, sondern sind lediglich eine Sammlung von schlichten Beobachtungen, die vielleicht einem Naturfreunde von Interesse sein werden.

Indem ich mein venezianisches Tagebuch den Lesern übergebe, möchte ich gerne einen Gruß und ein Wort der Verständigung mitgeben.

Mein Büchlein ist keine Reisebeschreibung, auch kein Gedicht. Es will nichts als die Stimmungen eines Wanderers und Einsamen in wahre Worte fassen, ein Stück Leben und Seele schenken und ein Gruß an meine unbekannten heimatlosen Brüder sein.

Dennoch glaube ich, daß die Freunde der schönen stillen Wasserstadt durch meine Worte oft den Laut der Gondelruderer und den leisen Rhythmus der Wellen hindurchhören werden, die an die Treppen der Piazzetta, an die Treppen von San Giorgio maggiore, der Salute und an die müden Gondelpfeiler der Paläste des großen Kanals schlagen. Und ich wünsche, es möchte in meinen Worten etwas von dem Hauch der wunderbaren Stadt und ihrer farbig reifen Kultur geblieben sein. Ich wünsche mir einen Leser, den mein Buch auf heißen nachmittägigen Lagunenfahrten und auf morgendlichen Strandgängen am Lido begleiten darf.

Lagunenstudien

Es sind jetzt zehn Jahre her, seit ich das erstemal in Venedig war. Es war meine erste italienische Reise, auf die ich mich lange gefreut und auf die ich lange gespart hatte. Zuerst war ich über Mailand nach Florenz gefahren, hatte ein paar Wochen in der Toskana zugebracht, Bologna und Ravenna besucht und war nun nach einem kurzen Aufenthalt in Padua nach Venedig gekommen.

Damals führte ich auf allen Reisen kleine Notizbücher bei mir, in die ich fast jeden Abend Einträge zu machen pflegte und in denen ich mir einen Nachglanz solcher Reisezeiten in die Heimat mitzunehmen hoffte. Die beiden kleinen wachstuchenen Notizbüchlein jener ersten Venedigreise halte ich nun in Händen, da ich eben wieder auf einer Italienfahrt begriffen bin, und erinnere mich mit wunderlichen Gefühlen jener Zeit und jener Reisen. Wie schmal ging es da zu, wie abhängig war ich vom Soldo, wie ängstlich rechnete ich den Rest meiner italienischen Tage mir oft am Rest meiner kleinen Barschaft vor! Aber es ging doch immer noch eine Woche, und je sparsamer ich lebte, desto vergnügter war ich eigentlich, da ich dabei Venedig weit besser kennenlernte als die wohlsituierten Gondelfahrer.

Beinahe noch mehr als die rätselhafte Stadt reizte und beschäftigte mich damals die Lagune, das geheimnisvolle, stille Wasser, auf dem die Stadt und die Inseln schwimmen, und in meinen Heften finde ich darüber ein paar Seiten mit Beobachtungen, die mich lebhaft an die Entdeckungslust jener Reise und an die täglich neue Erlebensgier und Empfänglichkeit jener Jugendjahre mahnen. *(1911)*

Venezianisches Notizbüchlein

17. April. [1901] – Seit einigen Wochen hatte das Heimweh nach Venedig mich geplagt. Sooft ich an Venedig dachte, war es wie ein mildes, warmes Lied, wie die Verheißung einer Liebesnacht, wie ein tiefer Klang voll schwelgerischer Schönheit und leiser, zart genossener Melancholie. Ich schloß dann die Augen und sah schwebend wie helle Schatten die Fassaden des großen Kanals, die stillen, schlanken Frauen mit schwarzen Schultertüchern und schwarzen Haarknoten, die nächtlichen Plätze und Promenaden und die mondversilberte Giebelkette von San Giorgio und der Giudecca.

Durch mein schmales Fenster dringt der Duft des Wassers und feuchter Steine. Ich kann von hier aus von der Stadt nichts sehen als ein Stück Kanal, zwanzig Fuß lang und sieben Fuß breit, hohe Häusermauern mit toten, unregelmäßig verteilten Fenstern, darüber zwei Schornsteine und einen schmalen, süßen Streifen Himmelsbläue.

Ich liege im Fenster und atme voll und tief, höre das leise Gleiten einer unsichtbaren Frachtbarke und das leise Plaudern von zwei unsichtbaren Ruderern, und sehe den schmalen, lichten Himmel über den harten Umrissen der flachen Dächer glänzen. Auf diese Stunde habe ich wochenlang gewartet, auf diese Stille zwischen Stein und Wasser, auf diese milde, satte Luft, auf dieses milde, schüchterne Heimatgefühl der Weltferne und des Ausruhens. Das ist Venedig!

Der schmale Kanal und diese schweigenden Häuser sind mir wohlbekannt; nicht weit von hier war das letztemal meine Wohnung. Mit 30 Schritten erreiche ich Santa Maria Zobenigo, und von dort ist alles nahe, was die Piazza und der große Kanal Ehrwürdiges und Schönes hat. Täglich viele Male werde ich nun über die kleine, weiße Brücke und durch die enge, dämmernde Winkelgasse schreiten und jedesmal an jener Ecke fröhlich zaudern, an der ein einziger Schritt mich noch vom großen Venedig trennt. Und ich werde immer wieder aus dem großen, glänzenden Venedig in diese dunkelnde Gasse und in die schweigenden Höfe und Hinterhäuser von Fenice zurückkehren, wohin das Geschrei der Märkte und das Rotwelsch der Fremden nicht mehr reicht.

20. April. – Nun bin ich hier wieder ganz zu Hause. Gestern besuchte ich Murano, Lido und die östlichen Stadtteile und heute bin ich zum erstenmal wieder ganz bei der Lagune zu Gast. Den Vormittag verbrachte ich mit Schiffsleuten in Malamocco, jetzt liege ich in der Nähe von Murano in der Barke eines Austernfischers.

Über die Blätter meines Notizbüchleins leuchtet die reine Sonne. Rechts von uns in geringer Entfernung steht die kahle Mauer der Gräberinsel aus dem blaßgrünen Wasser, links glüht eine schmale Schlammbank in rotbraunem Schimmer. Warm und köstlich liegt die Sonne des Nachmittags auf dem Wasser, auf meinen Händen und auf meinem nackten Rücken, der noch weiß und bleich vom deutschen Winter ist. Mein Freund aus Murano, der Fischer, steht

Venedigs Friedhofsinsel San Michele.

mitten in der Schlammbank, bis an die Knie eingesunken. Ein seltsamer und gespenstiger Anblick, ein Mann inmitten der weiten Lagunen watend, wenige Schritte von der Kurslinie der Dampfschiffe entfernt. Zuweilen kommt er herüber oder ruft mir zu, ihm nachzurudern, und wirft ein paar Hände voll kleiner Beute in die Barke, auf deren nassem Boden die fidelen Krabben und Taschenkrebse umherhasten.

Manchmal, wenn die Sonne mir so warm und mächtig über den trägen Rücken glüht, erfaßt mich plötzlich eine Lust, laut hinauszujubeln, zu lachen, zu singen. Gott sei Dank, endlich wieder Luft, Freiheit, Sonne und weiter Horizont! Ich fühle wieder mit allen Sinnen, daß ich noch jung bin und Kräfte habe, die schöne Welt zu genießen und liebzuhaben.

Langsam dreht sich meine Barke um die Ränder der Schlammbank, deren dichte, braune Wasserpflanzen sich wirr verästeln und verstricken und den Blick in die schwärzlich-dämmernde Tiefe ziehen. Meine Gedanken gehen, ohne daß ich es will, nach Deutschland zurück, sehen verlassene Städte und Menschen geisterhaft und blaß in weiter Ferne stehen und wundern sich, wie wenig Schmerz die schnelle Trennung weckte. Sie sehen auch die schöne, blonde

Frau, um die ich so lange litt, und die guten Freunde und den ganzen heimischen Kreis von Arbeit, Sehnsucht und Sorge. Und der Schattenkreis verwirrt sich mit den braunen Schlingpflanzen und strebt dunkel und lautlos in die schwärzlich dämmernde Tiefe.

»Links! Noch mehr links! Hierher!« ruft der Fischer herüber. Mit dem Geräusch des schweren Ruders und dem jähen Geleucht des aufgewühlten Wassers rinnen Schatten und Gedanken in die große Flut von Sonne, Seeduft, Gegenwart und Vergessenheit hinüber, auf der ich mit fröhlichem Erstaunen einem hellen Kranz von unbekannten, neuen, glänzenden Tagen entgegentreibe.

Und nun rudern wir nach Murano zurück, ich bewirte den Fischer mit Kaffee und begleite ihn zu seiner Wohnung. Sie liegt bei Sankt Peter, nahe dem ältesten Hause von Murano. Mein Freund machte mich darauf aufmerksam, daß es »sehr alt« sei und erstaunte ungläubig, als ich ihm sagte, es sei tausendjährig und älter als Paläste von Venedig. Zum Abschied versprach er mir, mich nächstens mit seinem Freunde Pietro bekannt zu machen, der als Glasbläser bei Testolini arbeitet und in seiner Jugend Wien und Dresden gesehen hat. Bei seiner Erzählung empfand ich eine Art von Ehrfurcht für diesen Pietro, welcher – vielleicht unbewußt – Erbe von uralten Traditionen ist und einer seit Jahrhunderten weltberühmten Zunft angehört.

Dann die Rückfahrt im Omnibusdampfer nach Venedig. Die Stadt lag blaß wie eine Silhouette aus transparentem Stoff gegen den gelbroten Abendhimmel. Murano verschwand leise in der kühlen Dämmerung, und der Anblick beschwor in mir das sehnliche Gedächtnis jener Glanzzeit, da die Rosengärten dieser Insel alle frohen Geister der üppigen Stadt beherbergten und da der geistreiche Bembo[1], der gütige Trifone Gabriele[2], der bissig-witzige Aretino[3] sich hier im Schatten von Zedern und Lorbeerbäumen unterhielten, von denen kein einziger übriggeblieben ist. Ich sah den Aretino vor mir, wie Tizian ihn gemalt hat, rüstig, bärtig, hochmütig und rätselhaft, und hinter ihm die blanke Seefläche und den unbegrenzten Horizont mit der golden dämmernden Lagunenluft. Es gibt über jene Gärten von Murano ein lateinisches Gedicht aus

[1] Pietro Bembo (1470–1547), in Venedig gebürtiger Dichter und Humanist

[2] Trifone Gabriele (1470–1549), venezianischer Schriftsteller und Gelehrter, bekannt durch seine Kommentare zu Petrarcas Schriften und zu Dantes »Göttlicher Komödie«.

[3] Pietro Aretino (1492–1556), satirischer Schriftsteller lebendiger Sittengemälde, der die letzten 30 Jahre seines Lebens in Venedig verbrachte.

damaliger Zeit, dessen Verfasser ich vergessen habe. Farbiger und schöner müßte das Gedicht eines Heutigen über diese Gärten sein, denn alles Gewesene, unwiederbringlich Untergegangene glänzt goldener in den Versen der Dichter als die herrlichste Gegenwart. Wieviel lateinische Hexameter und griechische Oden, wieviel flotte, galante Novellen in der Sprache des Boccaccio und kecke, glatte Fazetien im venezianischen Dialekt haben jene Zedern und Lorbeeren gehört! Und Edeldamen aus den gotischen Palästen des Canale grande haben jenen Unterhaltungen beigewohnt, oder schöne und begünstigte Buhlerinnen und Musikantinnen wie jene zarte, träumerische Blonde, die auf Bonifazios Bilde sich so duftig und kindlich über die elegant geformte Laute bückt. Ihre Kostüme glänzten von heimischer Seide, von Filigran und Brokatstoffen aus Byzanz, und auf den polierten Tischen schimmerte gelber griechischer Wein in schlanken, geschliffenen Karaffen.

22. April. – Ich hörte manchmal sagen, jene berühmten, schönen Damen der Renaissance hätten sich nur selten die Hände gewaschen. Zwar gibt es Nachrichten, die wenigstens für Venedig das Gegenteil zu beweisen scheinen; dennoch lasse ich die Historiker gern recht haben. Denn die schönen Frauen und Mädchen des heutigen Venedig haben ja auch niemals gewaschene Hände und sind doch hübsch genug. Ich betrachtete sie heute wieder, wie sie über die Riva promenierten mit ihrem weichen, lässig koketten Feierabendschritt, den man in keiner anderen Stadt so wieder sieht. Von den Ärmeren tragen manche grüne Röcke und rote Blusen, moosgrün und kirschrot, eine kräftig schöne Kombination, die schon Palma Vecchio[1] gern hatte.

Unterwegs kaufte ich mir für 10 Soldi Brot, Käse und Orangen, um zu Hause zu essen. Dort lag ich dann den ganzen Abend im Fenster, über dem schweigenden, schwarzen Wasser, bis vom schmalen, bläulich schwarzen Himmelsstreifen zwischen den hohen Dächern die lichten Sterne wie goldene Tropfen hervorquollen. Und sonderbar, beim Anblick dieser Sterne überkam mich das alte Leid, daß ich an den Blumengarten meines Vaters denken mußte, an Heimat und Kindheit und an meine Mutter. Ich träumte lange von ihr und vom Garten mit den sommerlichen, bunten Beeten und Rabatten und wurde erst vom Rufe eines späten Gondoliere erweckt, dessen

[1] Palma Vecchio (1480–1528), venezianischer Maler, Schüler von Giovanni Bellini.

Fahrzeug den stillen, nächtlichen Kanal mit müdem Plätschern durchschnitt.

24. April. – Gestern war ein scharfer Abend. Ich sitze gegen 6 Uhr auf den Treppenstufen der Loggetta, lockte eine vereinsamte Taube mit Brosamen und fühle mich merkwürdig lustig gestimmt. Kommt ein junger Herr im Touristenanzug, Operngucker am Riemen, Schirmstock unter dem Arm, Reisebuch in der Hand, und umkreist mich eine Weile mit verdächtigem Seitenblick. Ich hatte die Situation bald begriffen, darum stand ich auf und wollte fortgehen. Da trat er eilig heran und zog den Hut.

»Entschuldigen Sie gütigst.«

»Ja?«

»Also doch! Ich sah Sie gleich für einen Landsmann an.«

»So. Was wünschen Sie denn?«

Und nun die alte Leier! Er kann »nicht gut« Italienisch. Er fragt, ob die Kirche San Giorgio Maggiore noch offen sei. Er hat vom Gondoliere ein paar Francs falsches Geld erhalten. Übrigens heiße er Karl Schneider und wolle, wenn ich erlaube, noch seine Freunde herbeiholen, die drüben im Palasthof warten. Meinetwegen.

Nun kommen sie alle drei. Ich erkläre ihnen, es sei längst zu spät für San Giorgio, dagegen esse man nicht weit von hier im Cavaletto vorzüglich zu Abend und wir könnten ja ihre falschen Frankenstükke fröhlich miteinander vertun.

Also ins Cavaletto. Wir essen Bohnensuppe und gebratenen Thunfisch und trinken Chianti. Man vermutet, ich sei Kunsthistoriker. Oder Maler?

»Beides ein wenig.«

Um 10 Uhr wird das Wirtshaus geschlossen. Wir nehmen einen Korb voll Weinflaschen in der Gondel mit und zechen, teils im Freien, teils in meiner Bude, weiter. Gegen 11 Uhr wird das Gespräch tiefsinnig und pathetisch – venezianischer Madonnentypus, Kultur der Renaissance, Nietzsche, Jacob Burckhardt, Ruskin.

Die Kerle soffen den Asti wie Bier hinunter, und um Mitternacht mußte ich sie an die Luft setzen. Ich wäre ums Haar zum Schluß noch grob geworden, so schämte ich mich für die drei germanischen Jünglinge, die bezecht und lärmend durch die schönen nächtlichen Gassen Venedigs nach ihrem Hotel stolperten.

25. April. – Ich habe die schnöden Erinnerungen abgeschüttelt.

Heute liegt ein zart blaßblauer, streifig gewölkter Himmel von delikatester Stimmung über der Stadt. Da gegen Mittag der hohe Himmel dunstfrei und das Sonnenlicht von klarster Reinheit war, bestieg ich den Turm von San Giorgio Maggiore, um die Lagune zu sehen.

Ich fand heute die fernen Schlammbänke von einem sehr tiefen Rotbraun, die westlichen Wasser stahlblau mit rötlichem Anhauch, den Kanal gegen Fusina perlartig matt schillernd. Auf diesem wunderbaren Stück Wasser kann man fabelhaftere und reichere Tönungen, Übergänge und Auflösungen irisierender Farbenflächen studieren als in einer Glasbläserei. Einen Augenblick glaubte ich denn auch die Idee, die eigentümliche venezianische Glaskunst müsse sich teilweise aus dem Einfluß der Lagune herleiten lassen (wie die Malerei). Es war eine Täuschung, doch mag man immerhin auch hierin ein vornehmes Beispiel der Verklärung des Natürlichen ins Kulturschöne sehen und sich daran freuen, wie die plastisch und zeichnerisch so schwach veranlagten Venezianer sich dieser aparten Kunst bemächtigten und wie selten sie dabei das Material mißverstanden oder vergewaltigten.

Dabei fiel ich wieder in Gedanken über das merkwürdig schöne, wunderliche Wesen der Venezianer und ihrer Kultur. Ein starkes, rauhes, doch großenteils edelgeborenes Völkchen, durch dunkle Jahrhunderte wachsend und langsam siegend, bis im dreizehnten Jahrhundert die Dandolo, Viario, Sanuto, Ghisi, Giustiniani, wohlhabende Edle eines mäßigen Staates, zu Eroberern, Fürsten und Mächtigen werden. Dann das rasche Steigen zur Weltmacht und zur Heimat der klügsten und fruchtbarsten Politik Europas, zugleich die Entfaltung eines reichen, bedürfnisvollen, schließlich luxuriösen und raffinierten Privat- und öffentlichen Lebens. Und dann das langsame Sinken von Unglück zu Unglück bis zur wenig bedeutenden, mäßigen Hafenstadt. Als Resultat der Jahrhunderte nun das heutige Venedig und sein Volk, unbewußte, halbbewußte Träger maßloser Erinnerungen, dem Augenblick ergeben, liebenswürdig, oberflächlich musikalisch – und doch in diesem machtlosen und wenig stolzen Volk ein verborgener Blitz von Überlegenheit und Hoheit, der zuweilen heraufklingende Zauber einer unvergleichlichen lokalen Tradition.

Im Dialekt und Gebaren dieser Menschen im Vergleich mit denen des Festlandes empfindet man heute noch jenes Charakteristische, das schon die Kunst der Muranesen von der Kunst der Festländer unterschied. Man bewundert und bedauert diese in ewigem Untergang begriffene Eigenart doppelt, da man deutlich fühlt, wie in der Absonderung, in der eigenmächtigen Trennung vom Festland der Kern ihrer Macht und Schönheit lag und wie mit dem Untergang der Selbstherrschaft die Möglichkeit zu neuen Bildungen erstarb. Wie stark diese Möglichkeit noch war, wissen wir freilich nicht, und die Geschichte hat schließlich immer Recht. Und die Geschichte Venedigs speziell ist äußerst reich an wirklich typischen Kombinationen der privaten und politischen Schicksale, wie denn überhaupt in dem scharf begrenzten, kaum erweiterungsfähigen, verhältnismäßig engen Sitz dieser Weltmacht die drei wichtigsten Jahrhunderte fast wie eine Weltgeschichte im Extrakt erscheinen und voll von Beispielen des »Folgerichtigen im Wunderbaren« sind. Erst kürzlich plauderte ich mit einem deutschen Historiker über venezianische Familiengeschichte, wobei wir uns besonders jener Giustiniani erinnerten, deren ganzer Stamm vor Byzanz zugrunde gegangen schien, als man noch einen sechzehnjährigen Niccolò Giustiniani auffand. Er war in ein Kloster gesteckt worden, und mußte nun auf Befehl des Papstes, der Gelübde entbunden, die Tochter des damaligen Dogen heiraten. Zwei seiner Söhne vermählten sich, der eine mit einer della Scala, der andre mit einer Tochter des Hauses d'Este, und brachten das Geschlecht wieder zu Kraft und Zahl. Dabei war dieser dem Kloster entnommene Niccolò durchaus kein Held, sondern erlangte den Ruhm eines Heiligen, den er im Alter genoß, durch echt klösterliche Eigenschaften, und bereute den vom Papst befohlenen Bruch der Gelübde in Sack und Asche wie eine schwere Schuld. Und die milde, liebenswerte, aber schwächliche und unbedeutende Person dieses Niccolò war die einzige, zerbrechliche Brücke zwischen dem alten Geschlecht und den spätern Giustiniani, deren reiche Familie durch die Jahrhunderte herab bis in unsre Zeiten kam und die Stadt mit vier Palästen geschmückt hat!

26. April. – In einer Antiquarbude nah beim Rialto fand und kaufte ich einen Schmöker »Curieuse und vollständige Reisebeschreibung von gantz Italien, Freyburg 1701«. Der anonyme Verfasser schreibt mit aller Altklugheit und Impertinenz eines damaligen vornehmen Deutschen, dennoch gibt er zum Schluß einer Beschreibung der Piazza zu: »Wenn man dieses alles zusammen betrachtet, giebt es ein schönes Ansehen, und kann vor ein gar herrliches Werck angemerckt werden«. Übrigens unterlag auch er

Der Markusplatz in Venedig, Holzschnitt aus einer alten deutschen Reisebeschreibung.

dem verblüffenden, fast verletzenden ersten Eindruck des Campanile und nennt ihn häßlich.

Vor Mittag war ich noch eine Stunde in San Marco. Mit den Mosaiken bin ich nun nahezu versöhnt, da mir immer mehr einleuchtet, wie glücklich es für die Kunst Venedigs war, daß sie die Mosaiktechnik erst in später und korrumpierter Form überkam. Nun wurde zwar noch Kraft und Talent genug an die verlorene Sache vergeudet, aber die stärkeren Talente entzogen sich doch bald der undankbaren Arbeit und dem hemmenden Einfluß. Außer den beiden frühesten Zyklen in der Vorhalle und außer dem Dom von Torcello sind Venedigs Mosaiken minderwertig, ohne Seele und ohne Verständnis für den guten Mosaikstil gemacht, zum Teil auch leichtfertig gearbeitet. Wer in Ravenna den unbeschreiblichen Anblick der älteren Mosaiken genoß, deren großartig schlichte, herbe Sprache so deutlich und gewaltig zu Herzen geht, dem ist in San Marco nie recht heimisch zumute. Dagegen ist es anziehend zu verfolgen, wie rasch und folgerichtig der rein malerische venezianische Geist diese Technik vollends auflöste und die morsch gewordenen Schranken des sterbenden Spätstils dann endgültig durchbrach.

28. April. – Venedig ist nur halb italienisch. Man muß mit den Fischern der Inseln verkehren und die Mädchen vom Commaregio abends ihre Lieder im Dialekt singen hören, um unwiderruflich von der Eigenart dieses Wesens überzeugt zu werden. Dann empfindet man die Abgeschlossenheit der Inselstadt und fühlt, wie der Schwerpunkt ihrer Entwicklung gegen das Meer, gegen Osten neigte.

30. April. – Gestern ein Abend voll Eichendorff-Melodie. Eine Frühlingsmondnacht, warm und hell. Über der scharfen Silhouette der Giudecca hing still und rein der Mond. Unregelmäßige, mild leuchtende, silberne Lichter umglänzten jeden Ruderschlag. Weit hinten bei der Zattere fuhr ein Festschiff und ließ zuweilen Takte einer flott gestrichenen Geigenmusik herüberflattern. Ich fuhr allein in einer Gondel vom Rialto her, der Große Kanal war still und dunkel, darüber glänzte an der Kuppel der Salute das Mondlicht. Sogar der Gondoliere, der sonst weder sentimental noch gesprächig war, empfand die besondere Schönheit dieses Abends und winkte mir zu: »Che bella serata!« Auf der vom Mond beglänzten linken Kanalseite standen blaß und schweigend die Paläste, die gotischen Palazzi Bembo, Dandolo, Cavallini, Falier, Barbaro, Contarini-Fasan, dazwischen die massigen Renaissancebauten Cornier dell Cà Grande, Grimani und Manin. Langsam und still entzückt fuhr ich durch die »schönste Straße der Welt«. Namentlich bezauberte mich wieder der Anblick der zierlichen, elegant phantastischen gotischen Fassaden, die mit ihren duftigen, weißen Galerien schlank und blendend aus der dunklen Umgebung vorleuchten.

Plötzlich hörte mein Gondoliere ohne Befehl zu rudern auf und reckte seinen alten, klugen Kopf mit dem scharfen Habichtsprofil in die Luft. Eben wollte ich ihm zurufen und ihn weitertreiben, da hörte auch ich den Laut, der ihn angezogen hatte. Aus einem matt

Die Ca' d'Oro (15. Jahrh.) am Canale Grande, ehem. Theaterakademie Venedigs.

erleuchteten offenen Fenster des kleinen Palazzo, vor dem wir eben lagen, klang Gitarrespiel. Es klang probend, spielerisch, präludierend, und in dem Augenblick, da wir Halt machten, verstummte es und statt seiner drang ein Lied in die Nacht zu uns stillen Horchern heraus. Ein altes, schlichtes Lied, dessen Text ich nicht verstehen konnte, von einer tiefen, süßen Frauenstimme gesungen, flutete mit weichem Wohllaut durch die milde Luft und über den dunklen, toten Kanal. Wir hielten uns beide regungslos still und horchten beglückt und hingerissen auf den wundervollen Gesang. Eine fremde Gondel kam leise näher und dann noch eine und warteten lauschend das Ende des Liedes ab. Und während im Banne der schönen Frauenstimme die drei schlanken Gondeln auf dem beschatteten Wasser stillestanden, dachte ich an die Sage von dem griechischen Sänger, dessen Liedern die Menschen, Tiere und leblosen Dinge gehorchten und nachfolgten. Und ich freute mich, in diesem Lied, das vielleicht so alt oder älter als mancher von den Palästen war, die ewige Jugend der Kunst und den Sieg der Schönheit zu vernehmen und mitzufeiern . . .

Postkarte Hesses vom 2. 5. 1901: »Ich wohne bei Frl. Hüller, Venedig, Fondamenta Fenice 2551«.

3. Mai. – Mittags nach 12 Uhr; ich bin auf der Höhe des Turmes von San Giorgio Maggiore. Der Horizont des Meeres ist dunstig unklar, alle Nähen aber in Farbe und Umriß rein und scharf. Zum erstenmal fällt mir die schwache Spiegelung der Lagune auf, die ich vom niederen Ufer aus noch betrachten muß. Ganz nahe, bei San Redentore, liegt ein kleines Schiff, frisch mit Zinnober gestrichen und im lichtesten Sonnenlicht. Dennoch ist das Spiegelbild des Schiffes in der blanken, regungslosen Wasserfläche nur als unfester rötlicher Fleck zu erkennen. Die Farbe ist im Spiegel merkwürdig verblaßt und hat eine köstlich delikate Nuance angenommen. Ich habe den Eindruck, als widerstrebe das Wasser dem sich aufdrängenden farbigen Objekt und sei für sehr lichte Farben, namentlich weiß, relativ am empfänglichsten.

Seit vorgestern bade ich jeden Nachmittag am Lido. Ich gehe nicht abends, sondern in den heißesten Stunden, da ich mich nachgerade meiner weißen Haut schäme. Sie beginnt nun auch schon lichtbraun zu werden. Am Lido fesselt mich auch jedesmal das Adriatische Meer, der Seehorizont und das Wellenspiel. Es ist ein im ganzen unwirtliches Meer und seine nordwestliche Küste ist nicht von besonderer Schönheit. Aber jenseits liegen Griechenland und Byzanz, über diesem Wasser spielte die wichtigste Geschichte Venedigs, dessen Name »Herrscherin der Adria« keine Phrase ist, sondern die Schöpferin und Trägerin eines eigenartigen, westöstlichen Geistes gut bezeichnet. Das eigentliche Wunder dieser merkwürdigen kleinen Welt aber ist doch nicht das Meer, sondern die Lagune, diese stille, durch einen langgestreckten Inselkranz vom Meer getrennte See, mit welcher die Stadt Venedig allmählich zu einem organischen Zusammenhang verwuchs, wie ihn keine andere Stadt mit ihrer natürlichen Umgebung hat. Wie muß man das historische Florenz oder Rom sich aus dem modernen Stadtbild mühsam herausschälen! In Venedig waren keine Hügel, Fluren, Gärten zu überbauen, seine unüberwindliche Grenze und Mauer war das ewige Element. Darum gibt es eigentlich ein »modernes Venedig« nicht. Die Stadt, die hier im Wasser liegt, ist noch das alte Venedig, das nicht jünger, sondern älter geworden ist. Hier gibt es keine Straßen mit beleidigend geschmacklosen neuzeitlichen Fassadenreihen. Wo es an Raum fehlte, wurden Stockwerke aufgebaut, aber es fehlte, mit Ausnahme des Ghetto, selten an Raum, und heute weniger als je. So ist das heutige Leben gezwungen, sich in jahrhundertalten Gassen und Häusern, Plätzen, Kirchen, Märkten und

Kanälen zu bewegen, das Alte ragt sichtbar ins moderne tägliche Dasein herein und gewährt ihm den blassen, delikaten Schimmer der Tradition und der alten Erinnerungen. Selbst neue, durchaus moderne Hotels, Büros und Geschäftsräume nahmen in den Mauern von Palästen des fünfzehnten und sechzehnten Jahrhunderts Platz. Man ist hier nicht fürs Einreißen und Neubauen, sondern respektiert unbewußt das Alte, dessen Überlegenheit man fühlt.

4. Mai. – Es ist im Laufe der Zeiten viel Köstliches verlorengegangen, namentlich an Fresken; dafür nahmen die alten Fassaden, von der Sonne gebleicht und vom Wasserdunst angegriffen, allmählich hellbräunliche Wetterfarben an und scheinen, wo sie unberührt geblieben sind, fast aus dem Wasser gewachsen zu sein, so zart und innig sind ihre Farben zu Wasser und Himmel gestimmt. Dennoch empfindet man den Untergang vieles Schönen zuweilen schmerzlich, und nicht nur am Fondaca dei Tedeschi. Heute zum Beispiel stand ich am Kreuzgang von Santo Stefano und sah mit Trauer das kahle Wändeviereck an, das ehemals mit Fresken von Pordenone bedeckt war. Und so wunderlich ist der Mensch, daß er sich solche gänzlich untergegangenen Kunstwerke unwillkürlich ganz besonders schön und reich und farbig vorstellt.

Der Kreuzgang von Santo Stefano

Ein Wändeviereck blaß, vergilbt und alt,
Ehmals von Pordenones Hand bemalt.

Die Bilder fraß die Zeit. Du siehest nur
Mit schwachem Umriß hier und dort die Spur

Verwaschner Fresken noch: ein Arm, ein Fuß –
Vergangener Schönheit geisterhafter Gruß.

Ein Kind mit Augen auf, die lustig lachen
Und den Beschauer seltsam traurig machen.

6. Mai. – Heute ist mir das süßeste und lieblichste Wunder begegnet. Ich sah jene entzückende Blonde, die Bonifazio vor 400 Jahren als Lautenspielerin gemalt hat. Sie stand an einer Kanaltreppe nicht

Der Kreuzgang von Santo Stefano, Venedig (heute). Pordenones Fresken sind inzwischen verschwunden.

weit von Colleoni und schien ungeduldig zu warten. Ich konnte nicht widerstehen, ich mußte Halt machen und sie anreden. Es zeigte sich, daß sie auf einen Gondoliere wartete, der ihr versprochen hatte, sie bis zum Canneregio mitzunehmen, nun aber ausgeblieben war. Sie ging nach einigem Zögern darauf ein, meine Gondel zu benützen und fuhr nun mit mir fast eine halbe Stunde weit, denn sie ist bei San Giobbe zu Hause. So hatte ich am hellen Tage ein schönes Mädchen mir gegenüber sitzen und kam mir auf der warmen, allzu raschen Fahrt wie verzaubert vor.

Sie war es vollkommen: der zarte Hals, das kindliche und träumerische Gesicht, die feinen Schultern, das schwere hochgebundene Blondhaar. Sie heißt Gina Salistri, ist armer Leute Kind und wohnt bei San Giobbe. Mehr erfuhr ich nicht. Auch nicht die genauere Bezeichnung ihres Hauses. In Wirklichkeit aber ist sie eine Traumschöpfung des Malers Bonifazio, nach 400 Jahren zu Leben und körperlichem Dasein erwacht. Ob ich sie je wiedersehen werde?

Den Abend verbummelte ich auf der Piazzetta mit dem lustigen Sohn meines Hauswirts, hütete mich aber, ihm von meiner Vision zu erzählen.

7. Mai. - Tintoretto soll seine Kollegen oft dadurch geärgert haben, daß er billiger als sie, gelegentlich sogar ohne Honorar Aufträge auf Bilder annahm. Schon dieser kleine Zug hat etwas Zweideutiges, er kann ebensogut edel wie schuftig sein. Und so ist der ganze Mann. Ich sah heute wieder in San Giorgio Maggiore seine Bilder an und schämte mich für den großen Könner, der solche Fabrikware machen konnte. Er hat Ähnlichkeit mit den Talenten von heute, die teils aus Not, teils aus schlechtem Instinkt sich aufs Produzieren im Großen legen und als Illustratoren, Journalisten usw. ihre Gaben vertrödeln. Tintorettos schlechtere Bilder tragen durchweg die Merkzeichen des zum Virtuosen herabgekommenen Genies.

8. Mai. - Ich muß gestehen, daß ich es in den letzten Tagen nicht unterlassen konnte, den Spuren der Bonifazio'schen Lautenschlägerin nachzugehen. Da ich keinen Gondoliere zu Hilfe nehmen wollte, war das Unternehmen nicht leicht und sah ziemlich hoffnungslos aus. Zunächst fand ich denn auch gar nichts. Da geschah es nun heute, daß ich ausnahmsweise morgens schon um halb sieben Uhr erwachte (für Venedig eine sehr frühe Stunde). Und

während ich nachsann, wie ich die schöne Frühstunde wohl am besten anwende, erinnerte ich mich plötzlich, daß in San Giobbe um diese Zeit Messe gelesen wird, während die Kirche den ganzen übrigen Tag geschlossen bleibt. Rasch warf ich mich in die Kleider, benützte den nächsten Vaporetto[1] und kam bald an das schlichte alte Kirchlein. Die Messe war ausschließlich von Frauen besucht, armen Weibern und Töchtern aus dem Viertel der Gondoliere, Barkenführer, Lastträger, Austernfischer usw. Es war eine seltsam schöne Morgenstimmung in der Kirche, die weibliche Gemeinde sang das ora pro me jedesmal inbrünstig mit und unterbrach mit einer gewissen Leidenschaft den harten Priestergesang. Mehrere gute Altstimmen sangen eine Terz tiefer mit. Ich wollte den Gottesdienst nicht stören, auch als einziger Mann nicht die Aufmerksamkeit der Frauen erregen, deshalb kniete ich allein in der letzten Bank nieder und wohnte der ganzen Messe bei.

Als die Weiber am Weihwasserbecken vorbei aus der Kirche gingen, stellte ich mich im Halbdunkel nahe dabei auf und musterte den kleinen Zug von meist alten, verblühten Gesichtern, da sah ich sie plötzlich, die Blonde, vorübergehen und durch das Tor verschwinden. Ich eilte ihr nach und ging an der Gruppe, in der sie sich befand, so vorüber, daß sie mich sehen mußte. Ich grüßte nicht, aber ich blickte ihr einen kurzen Augenblick ins Gesicht und sah, daß sie mich erkannte. Dann folgte ich ihr von weitem und merkte mir das Haus, in das sie trat.

Nun kehrte ich nach San Giobbe zurück, wo eben der Küster das Tor abschließen wollte. Ich gab ihm zwei Soldi und bat ihn, ein paar Minuten zu warten. Die Kirche enthält nichts, was Fremde anzieht, und wird, da sie nur frühmorgens geöffnet ist, sehr selten besucht. Wer aber auch für kleine Dinge ein Auge hat, sollte doch hingehen. Die hübsche Frührenaissance-Fassade mit dem vortrefflichen Portal sieht man ja von außen, aber auch innen findet man genug Schönes. Die florentinischen Tonreliefs der hübschen Seitenkapelle sind zwar nicht ersten Ranges, auch die »Anbetung der Hirten« von Savoldo in der andern Kapelle ist nicht von großer Wirkung, sondern kühl und hart. Ganz köstlich aber sind die Ornamente des Pietro Lombardo, Meisterwerke der Kleinkunst, voll von Grazie und Adel. Nur in der vom selben Lombardo erbauten Maria dei Miracoli findet man ähnlich Schönes wieder.

Der Fund und das Zusammentreffen mit dem schönen Mädchen

[1] Dampffähre

hatten mich fröhlich gemacht. Nachdem ich einige Zeilen ins Notizbuch eingetragen und einen Blick in die schlecht beleuchtete Sakristei geworfen hatte, verließ ich die Kirche. Es war neun Uhr, ein glänzend heller Vormittag lag vor mir, und ich beschloß in dieser schönen Stunde, den großen Paolo Veronese zu besuchen, der trotz Tizian der eigentliche Maler Venedigs ist. Kurze Zeit war ich unschlüssig, ob ich den Dogenpalast oder San Sebastiano aufsuchen solle. Das letztere schien mir würdiger und schöner. Also nahm ich die nächste Gondel und fuhr durch die reine, morgendlich frische Lagunenluft dorthin. San Sebastiano, die Kirche des Paolo Veronese, liegt etwas abseits, unweit der Zattere, ein kleines prächtiges Kirchlein, das mehr als ein Dutzend Gemälde jenes fröhlichen Meisters besitzt, der bescheidene Raum glänzt von seinen reichen, festlichen Farben, und mitten zwischen seinen Bildern steht die Büste und die Grabtafel des Malers mit der berühmten Inschrift. Ich betrachtete die Bilder wieder lang und mit Genuß, besonders die Madonna mit den vier Heiligen. *(1902)*

Die venezianische Lagune wäre mir, trotz meiner eifrigen Liebe für Venedig, noch heute eine fremde, sonderbare, unbegriffene Kuriosität, wenn ich nicht einst, des blöden Hinstarrens müde, für acht Tage und Nächte das Boot und Brot und Bett eines Fischers von Torcello geteilt hätte. Ich ruderte an den Inseln entlang, watete mit dem Handnetz durch die braunen Schlammbänke, lernte Wasser, Gewächs und Getier der Lagune kennen, atmete und beobachtete ihre eigentümliche Luft, und seither ist sie mir vertraut und befreundet. Jene acht Tage hätte ich vielleicht für Tizian und Veronese verwenden können, aber ich habe in jenem Fischerboot mit dem goldbraunen Dreiecksegel Tizian und Veronese besser verstehen gelernt als in der Akademie und im Dogenpalast. Und nicht nur die paar Bilder, sondern das ganze Venedig ist mir nun kein schönes banges Rätsel mehr, sondern eine viel schönere, mir zugehörende Wirklichkeit, an die ich das Recht des Verstehenden habe.
(Aus »Über das Reisen«, in »Die Zeit«, Wien vom 30. 4. 1904)

Aus Venedig/Lyrisches Tagebuch

Welle

Von meiner Fackel rauhem Licht geweckt
Glänzt eine schmale Welle flüchtig her,
Schwillt purpurlodernd aus der Schwärze, leckt
Am Bug empor – erlischt – stirbt sanft im Meer.
Es war ein Augenblick. Mir aber drang
Ein Bilderschwall mit stürmisch jähem Glanz
Vors Auge: einer Siegesfeier Tanz,
Ein Seegefecht, ein Mord, ein blutig Haupt,
Ein trunkenes Volk in Glückesüberschwang,
Ein Königreich mit frechem Streich geraubt,
Ein kluger ränkevoller Rat, ein Meer
Von Blut, von Gold, von Freude, und ein Heer
Von ruhmbekränzten Seligen . . . Und nun?
Es war ein Augenblick. Die Toten ruhn.
Die Gassen liegen schlafend in der Nacht
Zu schattenhafter Ewigkeit verdammt,
Und lang ist Kriegsgeschrei und Ruhm und Pracht
Spurlos wie meiner Fackel Rot verflammt.
Mitleidig malt im Weitergehn die Zeit
Den alten Marmorhof mit goldenem Braun
Und legt mit spöttischem Ernst den blassen Frau'n
In altehrwürdigen Faltenwurf das Kleid,
Ahmt der Ca'd'oro goldgeschmücktes Dach
Mit falbem Mondeslicht ironisch nach
Und stößt in unvergessener Helden Grab
Gleichgültig auch die Heutigen hinab.

Aufschreckend werd' im Dunkel ich gewahr
Ein still vorübertreibend Nachenpaar,
Im einem Nachen Sie, im andern Er,
Und mit verlorenem Flüsterklange zieht
Ein uralt venezianisches Liebeslied
Leis, leis gesungen flatternd hinterher.
Seltsame Stadt! Ihr Leuchten ist verloht,
Ihr Ruhm dahin, und doch ist sie nicht tot.
Sie birgt in Fall und Trümmern ewig fort

Des seligen Giorgione Liebeshort,
Die weiche Kunst des Werbens, den Genuß
Des kurzen Heute, der enteilenden Frist,
Des Meisterin sie war und heut noch ist.
– Du Schmeichlerin, es sei! um einen Kuß,
Um einer Locke Weh'n, ein Wort der Gunst
Treib ich das rasche Ruder durch die Nacht;
Der schönen Stunden Kreis sei hingebracht
Im Dienst der holdesten, der Liebeskunst.
Schlank streift mein Nachen den Kanal entlang
Der Riva näher, wo Guitarrenklang
Herüberlockt – nun heißt es leis geschwommen.
Mein Boot knirscht an. Ihr Mädchen, seid willkommen!

Schönes Heute!

Morgen – was wird morgen sein?
Trauer, Sorge, wenig Freude,
Schweres Haupt, vergossener Wein –
Du sollst leben, schönes Heute!

Ob die Zeit im schnellen Flug
Wandelt ihren strengen Reigen,
Dieses Bechers voller Zug
Ist unwandelbar mein eigen.

Meiner losen Jugend Brand
Lodert hoch in diesen Tagen.
Tod, da hast du meine Hand,
Willst du mich zu zwingen wagen?

Regennacht

In mildem Takt ein leiser Tropfenfall,
Ein klirrend schwaches Tönen im Kanal,
Sonst nichts – sonst keiner Gondel rascher Kiel,
Kein Schritt, kein Wort, kein nächtlich Lautenspiel,
Kein Ruf, kein fernster Laut, kein Vogelschrei!

Hermann Hesse beim Chianti in Fiesole.

Mir ist in meinem kühlen Bett, ich sei
Fern, märchenfern an einer Insel Strand
Allein und abgetrennt von jedem Land,
Das Menschen trägt und Menschenlaute kennt.
Und Dunkelheit! Nicht Stern-, nicht Mondlicht trennt
Der Dächer Umriß in der schwarzen Welt,
Die vor den Fenstern stumme Wache hält.
Wo bin ich doch? Vielleicht in einem Wald,
Wo jedes Blattes Fall im Moos verhallt.
Vielleicht gebannt in einem Märchenschloß,
Wo ehmals Leben, Licht und Jugend sproß
Und nun um Schläfer ohne Lust noch Leid
Hinflutet Dunkel – Sage – Ewigkeit.
Vielleicht in eines Grabes engem Schacht,
Umhegt von Einsamkeit – Vergessen – Nacht.
Aus jener Welt, die ich vordem gekannt,
Wie kam ich doch in dieses stumme Land,
Das so geheimnisvoll und nachtbeschwert
Sich dehnt und jedes kleinsten Tons entbehrt?

Ich weiß nichts mehr davon. Allein ich weiß:
Nicht lang, so wird ein schmales Pförtlein gehn
Und eine schöne Frau verschämt und heiß
Im regenschweren Mantel bei mir stehn,
Und leise grüßen . . . Mit verschlafenem Ton
Knarrt eine Tür. Prinzessin, kommst du schon?

Sonntagabend

Verblutet ist der warme Tag,
Nun wacht Kanäle ab und auf
Guitarre, Lachen, Ruderschlag,
Gesang und Liebe auf.
Nun schrillt aus allen Booten
Der Flötenbläser Pfiff,
Vorüberfährt im roten
Laternenglanz das Sonntagsschiff.
Die Geigen werden schon gestimmt
Mit leisem Liebesstrich –
Nun komm, nun komm und küsse mich,
Eh' Fest und Lied ein Ende nimmt!
Die Stunden sind geschwinde
Und haben schnellen Schritt,
Sie flattern weg im Winde
Und nehmen Klang und Jugend mit;
Wir müssen frech sie fassen
Im Rausch der kurzen Nacht
Und nicht vom Herzen lassen,
Eh' sie uns beide müd gemacht.

Chioggia

Wetterbraune, dichtgedrängte Fassaden,
Marienbilder in verborgenen Nischen,
Wasserspiegel und rasche Gondeln dazwischen
Und breite Barken mit braunen Fischern beladen,
Überall aber, auf jeder bröckelnden Mauer,
In allen Gassen, auf Treppen und in Kanälen

Liegt eingeschlummert eine verzweifelte Trauer
Und will von vergangenen Jahren erzählen.
Leise geh ich und mit verborgenem Schrecken
Über die Fliesen – ängstlich, ich möchte sie wecken.
Wenn sie erwachte! Ich könnte nimmer entrinnen!
Eilend schreit ich vorbei und suche den Hafen,
Suche das Meer und ein nahes Schiff zu gewinnen.
Hinter mir zögern traurig die Gassen und schlafen.

Bonifazios Bild

Ich kenne eine, die dich wohl erreicht
An mildem Liebreiz, eine fremde Schöne,
Zart von Gestalt und Meisterin der Töne,
Die dir wie eine liebe Schwester gleicht.
Den Namen weiß ich leider nicht genau
Der schönen fremden dunkelblonden Frau ...
– Nun schmollst du schon! Doch diesmal ohne Grund.
Ich habe jener Dame schmalen Mund
Und weiße Hand im Leben nie berührt
Und nie ihr süßes Liebeslied gehört
Und niemals ihren sanften Blick gespürt,
Und dennoch hat ihr Zauber mich betört;
Ich liebte sie lang, eh ich dich gekannt
Und eh ich Rast in deiner Liebe fand.
Die schöne Frau ist manch Jahrhundert alt,
Ein Bonifazio hat sie einst gemalt;
Sie starb und ließ uns ihres Wesens Spur
In jenem schönen Meisterbilde nur.
Ihr Name ist verschollen. Nicht verscholl
Das Lied, das sie zur Liebeslaute sang
Und das betörend und geheimnisvoll
Seither unzählige Lauscher zart bezwang
Mit wunderlicher Jugendschwermut Reiz.
Es bebt darin die Ahnung voller Lust
Und Ahnung alles namenlosen Leids,
Es schlägt darin wie in belebter Brust
Ein wildes, dunkles, liebekrankes Herz
In unverstandener Fülle leisem Schmerz.

Nicht Wort noch Melodie des Liedes kennen
Wir heute mehr, das sie vor Zeiten sang,
Und dennoch lauschen wir und dennoch brennen
Die Herzen uns bei dem verlorenen Klang,
Den ungehört wir doch so wohl verstehen . . .
Ich zeige dir das Bild, komm, laß uns gehen!

Hier! Eines Reichen Garten, lustbelebt.
Ein Bettler, der die dürftige Hand erhebt,
Ein Falkner mit dem Vogel auf der Faust,
Ein Reiter, der auf wildem Rosse braust,
Ein blanker Hof, den manche Säule ziert,
Ein Durchblick auf entfernter Hügel Zug,
Ein Laubengang, der endlos sich verliert
In Grün und Duft und fernen Wolkenflug.
Und nun inmitten dieser frohen Welt
Auf niederm Schemel eine Wohlgestalt,
Die schmeichlerisch mit heimlicher Gewalt
Den Blick bezaubert und gefangen hält,
Die Lautenspielerin! Mit feiner Hand
Hält sie der Mandoline Hals umspannt,
Die Rechte ist im Spielen weich gebogen,
Der Blick ist ohne Ziel, traumüberflogen.
Die Zweite, Ältere, schaut zu und schweigt,
Das reife Haupt gedankenvoll geneigt.
Die Männer lauschen. Aus dem jungen Mund
Wird all den Schweigenden im stillen Rund
Das dunkelschöne Rätsel aller Lust
Und aller Sehnsucht ahnungsvoll bewußt,
Das alte wehe Lied vom Liebesglück,
Vom lieben Frühling, von der Jugendzeit –
Wie ist sie schön! und schließlich ist sie weit,
Vorbei, verblüht und kommt nicht mehr zurück.
Mir ist, ich seh' der Jugend schönen Geist,
Wie er mit trübem Lächeln sich entfernt,
Den welken Liebeskranz vom Scheitel reißt
Und vor sich her die weite Nacht entsternt . . .
Du kennst sie nun. Und wenn ich jemals wieder
Schweigsam des Abends bin und ohne Wort
Dem lauten Kreis der losen Rivalieder

Entrinne in die dunklern Gassen fort,
Dann weißt du, was mich in die Stille zieht,
Und schiltst nicht mehr. Es ist der Schwester Lied.

Bei Giacomuzzi

Zuweilen freut es mich, still und allein
In kühler Stube ruhevoll zu zechen,
Mit einem alten, liebgewordenen Wein
Ein gutes treues Freundeswort zu sprechen.

Dann wünsch' ich hoffend mir die Zeit herbei
Da mir und meiner Pilgerfahrt auf Erden
Doch noch einmal, ob's auch in Schmerzen sei,
Der reinen Reife Tage kommen werden.

Dann aber sei ein Freund mir auch beschert,
Der meines Lebens überfüllten Becher
Mit dankbar schonendem Genusse ehrt,
Dem reifen Wein ein ebenbürtiger Zecher.

Bummeltag

Paläste stehn wie Perlen aufgereiht
An einem gold und blauen Wasserband –
Ich seh' es nicht. Die Stirne in der Hand
Sitz' ich und träume von der Kinderzeit.
Da war ein Bilderbuch mein größter Schatz
Und in dem Buche war der Markusplatz,
Rialto und Ca'd'oro. Und beglückt
Saß ich so manchen Sonntag drauf gebückt,
Die Bilder mit dem Pinsel überfahrend
Und Blau und Gelb und Rot und Gold nicht sparend,
Oft ungewiß, was Land, was Wasser sei,
Doch immer stolz auf meine Malerei.

Nun schreck' ich lächelnd auf. Die Barke hält.
Noch halb im Traume geb' ich Schiffergeld,
Geh' über'n Steg und wandle durch die Stadt,
Die nimmer meine Kinderfarben hat.
Dort ein Gebäu, verwittert und verblichen,
Das hätt' ich froh mit Purpurrot gestrichen,
Hier eine Kirche kümmerlich und alt,
Ich hätte sie mit Blau und Gold bemalt.
Und doch steht alles schöner, größer da
Als jemals es mein Kinderauge sah.
Nachsinnend denk' ich mir mit halbem Schmerz:
Wieviel gemalt hab' ich auch anderwärts!
Wie bunt und prahlend hab' ich mir erschafft
Ein Dichterbildnis meiner Pilgerschaft,
Und sehe täglich nun mit stiller Scham,
Wie falsch es war, wie anders alles kam.
Anfangs war ich enttäuscht. Nun seh' ich ein,
Daß Leben besser ist als Dichtersein.
Wie anders gehen mir die Tage hin,
Seit ich in jedem seinen Wert und Sinn
Erfühlen will, statt ihn mit farbenreichen
Und knabenhaften Träumen zu vergleichen!
Nun mag es sein, daß mählich mit der Zeit
Doch noch ein Dichterwerk aus mir gedeiht,
In dem das Leben, hält er ihm nur still,
Sich spiegeln, formen, weitergeben will.

Reisetagebuch 1903

Mittwoch, 1. April 1903

Abends 6 Uhr Abreise von Basel mit Frl. Bernoulli[1]. »Sehr strapaziöse« Nachtfahrt 3. Klasse bis Mailand, wo wir früh 7 Uhr ankamen. Unterwegs ein angenehmer Reisekamerad, Hamburger, weit gereist, der von Japan, China etc. und namentlich von einer Eisenbahnfahrt durch die Mandschurei fidel erzählte. Von Schlaf keine Rede. Ziemlich gerädert kamen wir an. Galgenhumor.

[Mailand] Donnerstag, 2. April.

Gang ins Hotel »Gotthard«, wo leidlich zufrieden. Trotz der Zerschlagenheit und Nachtfahrt waren wir den ganzen Tag auf den Beinen. Erst Bad, das wir ewig lang suchen mußten, dann Kaffee in der Galleria, dann Dominneres. Frl. Bernoulli macht sich über den tollen Bau weidlich mit mir lustig. Auf mich wirkt das Innere nach wie vor würdig und schön. Alsdann langer Straßenbummel und Parkgang, eine Stunde Rast im Hotel und um 12 Uhr mittags Fahrt durch die grüne, endlose, mit geköpften Weiden bestandene Ebene nach der immer köstlichen Certosa di Pavia. Leider war die Fassade teilweise durch ein Baugerüst entstellt, tat aber doch auf uns beide ihre Wirkung. Unterwegs zum Kloster verfolgten uns der Bahnrestauranteur mit Lunch-Offerte und Kinder mit Bettelsingsang. Bewölkt, etwas kühl. Vegetation nicht besonders vorgeschritten. In der Certosa ärgerte, d. h. lächerte mich die Menge von Schundmalerei noch mehr als anno 1901. Das Plafond-Bildchen (Madonna mit Kind, fresco) von Borgognone fand ich mit großer Freude wieder, lieblich und heimelig. In dem köstlichen Gärtchen hinter der zur Schau geöffneten Zelle des großen Kreuzgangs (Primeln und Pyrrhus) trieben sich junge fidele Laubfrösche umher. An der Station, ehe wir wieder abfuhren, belustigte uns ein Orgeldreher mit Maultier und tanzenden Kindern. Auf der Rückfahrt machten vier äußerst fidele Männer naive, allzuleicht durchschauliche Versuche, uns mit einem naiven Spiel um Geld zu prellen (3 Hülsen, wovon eine ein Schrotkorn enthält, auf das man setzt).

In Mailand bestiegen wir nun trotz aller Ermüdung das Domdach und belustigten uns an dem tollen Figurenvolk des protzigen Marmorgartens. Fast eine Stunde lagen wir in der Abendsonne auf dem Dach und hatten im Plaudern manche skurrile Idee, z. B. die

[1] Maria Bernoulli, Photographin aus Basel, Hesses spätere Frau.

Madonnenfresko von A. Borgognone in der Certosa di Pavia.

Vorstellung: die zuoberst auf der Chorturmspitze stehende Figur wird je und je in den Himmel entrückt und sämtliche übrige Heilige rücken, je nach der Rangordnung, je um einen Platz vor, jeder mit einem weiten gierigen Satz die Fiale des Vorgängers erreichend und jeder jaloux auf alle vor ihm Kommenden usw.

Darauf langer Straßenbummel und Milchtrunk in winziger Bottega. An der Bahn fanden wir (½ 8 Uhr) die Gundrun[1] schon warten, aßen mit ihr im Hotel und gingen zeitig zu Bett.

Freitag, 3. April.

Früh 7 Uhr Abfahrt nach Florenz mit Frl. Bernoulli. Die Gundrun bleibt zurück, um noch die Brera[2] zu sehen. Von Milano bis Parma befreundete ich mich schwatzend mit einem Priester aus Parma, der italienische Poeten liest und liebt und mich sehr einlud, ihn einmal zu besuchen. Von Bologna an etwas Regen, sonst schöne Fahrt durch die Berge bis Pistoja. Im Gespräch ergötzte mich Frl. Bernoulli durch die Erzählung, sie habe sich als Kind die Kugelform der Erde

[1] Mit Maria Bernoulli befreundete Malerin.
[2] Gemäldegalerie in Mailand.

so gedacht, daß das Ganze hohl sei: wir laufen auf der oberen Kuppel herum, die Antipoden aber sind unten, *innerhalb* der Hohlkugel, brauchen also nicht ins Leere zu fallen.

Von Pistoja an und speziell in Prato wachte die Erinnerung übermächtig und freudig mir auf, und in Florenz war mir vom ersten Schritt an so heimisch, als wäre ich nur ein paar Wochen weggewesen und gehörte eigentlich ganz hierher. Ich fand Zimmer bei Thurnheer, ein Zimmer für die Damen fand sich nahe (Borgo Albizzi 27), alter guter Palazzo. Wir liefen etwas herum (Piazza, Lungarno, Ponte Vecchio, Strozzi) und aßen dann in meiner alten Trattoria in der Via del Sole sehr gut. Von da gingen wir müde auf meine Bude und saßen bei der Lampe einander gegenüber. Das tüchtige liebe Mädchen plauderte klug und heiter mit mir, wir erzählten unsre Liebeserlebnisse, knüpften Betrachtungen daran, sannen und lachten. Wir »können's miteinander«. Um elf Uhr holten wir Gundrun ab und ich brachte beide heim. Dann schlenderte ich allein noch durch die lieben alten Gassen, ehe ich spät heimging.

Bei Thurnheers ist alles wie einst; nur die Erminia ist ein nettes blondes Fräulein geworden, und die Magd Marietta ist nicht mehr da. (Ihr Schatz nahm eine andere, und sie wurde darüber so schlimm, daß sie nimmer zu haben war.) Nun gehe ich zu Bett, höre die Laute von Straße und Platz herauf und komme mir vor, als sei ich ein anderer gewesen. Die Erinnerung greift mir ans Herz und das alte Gefühl der Pilgrimschaft alles Menschenlebens. Mein liebes Florenz!

Samstag 4. April.

Halb 9 Uhr Kaffee mit den beiden. Darauf bummelten wir: Piazza Signoria – Ponte Vecchio – Santa Trinità – Dom – Via San Michele – Piazzale (wo wir vesperten) – Miniato – Torre del Gallo – Porta Romana – Carmine. In der Stadt freute mich vor allem der köstliche Bigallo und Or San Michele. Draußen war es sonnig und schön: bei Torre spielte ein Leierkastenmann, weiter unten ließ uns am Brunnen ein Mädel aus seiner Kupferkanne trinken. In der Via Serragli wundervolle Katze mit herrlichem Pelz, auf einem Tischchen in einer Möbelhandlung. Von da zogen wir uns müde auf meine Bude zurück, ruhten und schwatzten eine Stunde und gingen dann nach kurzem Bummel zu Tisch, aßen gut, wurden fidel etc. Ich hatte mich tagsüber des öftern geärgert, teils überhaupt, daß ich nicht allein schwelgen konnte, teils über die Kunsthistorie der Gundrun. Nun abends söhnten wir uns aus, waren froh und ernst in Geschwätz und tieferem Gespräch zusammen, und es ist nun meine Aufgabe, mich vollends mit den Mädchen gut zu verstehen, was mir freilich mit Frl. Bernoulli leichter fällt. Nach dem Abendessen spazierten wir am [Palazzo] Pitti vorüber etc., [In Carmine begrüßten wir die schönen Fresken und speziell meinen Liebling, den schlafenden Wächter wieder.] unterwegs wagten sich die Weibchen in eine Pizzicheria, kauften Eßwaren für morgen ein und ließen sich von mir zu Aglietti mitschleppen, wo wir zum Wein einen Teil der gekauften Wurst antizipierend aufzehrten und zum Schluß in ernste Gespräche kamen, wobei die Gundrun mir wieder durch ihr Wesen imponierte und mich milde stimmte. Im ganzen überwiegt nun bei mir, trotz kleiner Verdrüsse, die Freude am immer schönen, sonnigen und genießend verlebten Tag.

Sonntag, 5. April.

9 Uhr gemeinsam Kaffee. [Früh Einkauf von Borsäure für Frl. Bernoulli. Da ich nicht wußte, was gurgeln heißt, mußte ich es mimisch vormachen.] 10 Uhr Bargello, wo ich mit neuer Lust und Begeisterung Donatello besuchte, aber über Michelangelo mit der Gundrun in ein heftiges Streiten geriet, über dem wir uns fast entzweit hätten. Doch gab es sich wieder. Um 12 nahmen wir in der Loggia dei Lanzi die gestern gekauften Eier, Würste etc. ein, darauf Kaffee und Gang zum [Palazzo] Pitti. Hier begrüßte ich vor allem Tizians Sposalizina d. Katarina mit Freude wieder: der farbige Zusammenklang der 3 Kleider (goldgelb-tiefrot-grünlichblau) ist einzig, dazu der blasse, gold-ölige Himmel. Nach [Palazzo] Pitti in den Giardino Boboli, wo wir vesperten. Schönes Wetter. Wir spazierten durch die Stadt nach der Annunziata (im Boboli freuten mich die Goldfische, meine Lieblinge von damals), saßen eine Weile in der Kirche, sahen Andrea del Sartos Madonna del Sacco und hörten einer Chorprobe (alte schöne Kirchenmusik) vom Kreuzgang aus zu. Darauf einige Ermüdung, aber fröhliche und gesprächige Mahlzeit (Andrea). Ich erzählte zwei alte italienische Novellen etc., leider ist die Bernoulli erkältet, hat Ohrenweh etc.! Mit der Gundrun verstehe ich mich in den Hauptsachen, habe aber in einzelnen künstlerischen und Lebensfragen ewig mit ihr Streit. Ich trank zu viel Chianti und war zu Nacht fidel und ausgelassen.

Montag, 6. April.

Der Tag verspricht schön zu werden, es ist zwar noch windig, doch klar und sonnig. Tiefer, schöner Himmel. Ich habe Grund, mich wieder der Bekömmlichkeit des Chianti zu freuen, das gestrige Trinken hat mir weder den Schlaf noch das heutige Befinden irgend gestört. Leider ist Frl. Bernoulli unwohl und blieb heut früh zu Hause, doch hoffe ich, sie am Mittag mit nach Fiesole oder der Certosa zu nehmen. Abends will ich ein wenig bei Thurnheer sitzen. Nach 10 Uhr ging ich in die Casa Buonarotti (Handzeichnungen – Madonna an der Treppe). Von da nach der Croce, die ich aber nicht betrat. Ich saß vor der Kirche in der Sonne und hörte die Klagen eines Eckenstehers über die schlechten Zeiten an. Darauf kaufte ich für Mittag ein (Wurst, kaltes Fleisch, Käse, Eier, Brot, Feigen), holte die zwei ab und fuhr mit ihnen von Porta Romana aus nach der Certosa. Es war schön, klar und heiß. Wir sahen die fernen hohen Berge mit feiner Schneelinie prächtig. Vom Halteplatz bis zum Kloster lief ein Blumenstraußjunge rückwärts vor uns her bergan. (Eidechsen an heißer Mauer, Bettler ohne Nase. Tiefer sattblauer Himmel). Wir hielten im Höfchen (mit Talaussicht) üppige Mahlzeit, dann ließen wir uns im Kloster umherführen (Zitronengärtchen, Aussicht). Der führende Mönch (glattrasiert, Brille, feist) eine komische Figur. Schnapstrunk in der Farmacia. Bis Galuzzo zu Fuß, dann wieder Dampftram. In Florenz Kaffee und Rast auf meiner Bude, wo wir lachen, plaudern und schreiben. Dann Weg zum Abendessen, wo man nur schrittweise vorwärts kann, da infolge der Beerdigung eines hiesigen großen Chirurgen ganz Florenz auf den Beinen war. Beim [Palazzo] Strozzi stockte der Verkehr minutenweise völlig, der Lärm war unsäglich, und dennoch ging es gebührlich und freundlich zu. Wir nahmen eine extra üppige Mahlzeit, waren fidel und gingen noch ins Café Reininghaus bis 10 Uhr. Dann nach Hause. Nachts ungeheuer lärmiger Straßenverkehr.

Dienstag, 7. April.

Windig, dünne Sonne, kühl. Ich frühstücke Feigen. Dann war ich bis 12 Uhr in der Akademie (Primavera etc.). Dort traf ich die beiden Mädchen, ließ sie aber allein nach San Marco etc. weitergehen, da meine Augen müde waren. Auch paßte es mir, das Wiedersehen mit Fiesole ohne Gesellschaft zu feiern. Ich hatte Glück: die Mittagsstunde ward unerwartet strahlend heiß, und ich wandelte die lieben alten Wege schön und glücklich. Von Domenico zu Fuß die glühende Via Vecchia bis zur Piazza, dann durch Fiesole der Länge nach durch auf die nach Vincigliata führende Straße. In Domenico hatte ich Brot und Ziegenkäse gekauft und legte mich nun damit abseits von der Landstraße ins Gras. Der Himmel war heiß blau, rings große Stille, und die alte feierliche Schönheit und Weltferne bewegte mich wieder heiter-ernst. Nach einer Weile fanden sich fünf schöne langhaarige Schafe, ein Mädel von etwa zwölf und ein Bub von fünf Jahren ein. Erst erschraken sie vor mir und waren scheu, dann schlossen wir Freundschaft, teilten die Mahlzeit und fühlten uns gemeinsam wohl. Nach Fiesole zurückgekehrt, fand ich die Damen dort, nahm mit ihnen Kaffee, dann gingen wir zu Fuß nach Hause. Zum Essen gingen wir heut in die Fiaschetterìa Lepi (San Gaetano gegenüber), wo das Essen gut und der Chianti extra köstlich war und es sogar delikaten Kaffee gab. Zwischenein ging ich für eine Stunde zu Thurnheers, plauderte mit den freundlichen Leuten, bekam süßen Wein zu trinken und einen Krug blühenden Lorbeer geschenkt, und freute mich, daß mein eingerostetes Italienisch so ordentlich wieder in Fluß kam. Dann ging ich mit den Mädchen, welche abenteuerlustig waren, in ein Nachtcafé (della Rosa am Domplatz), wo sich aber nichts ereignen wollte. Auf dem Heimweg blieb ich noch lang bei Straßenmusikanten stehen und höre solche jetzt noch am Fenster von ferne singen und Mandoline spielen. Morgen will ich die Mädchen um 2 Uhr in der Loggia dei Lanzi erwarten.

Mittwoch, 8. April.

Trübes Wetter, früh einsamer Straßenbummel. Brief nach Calw. Um 12 Uhr ging ich in die Uffizien, wo nächst dem Magnificat und der schönen Madonna des Andrea del Sarto namentlich die Venezianer auf mich wirkten. Die »Heilige Familie« des Michelangelo in der Tribuna hat durch den wiedergefundenen alten Rahmen tatsächlich an Wärme viel gewonnen. Nach 2 Uhr führte ich die beiden nach San Lorenzo, wo ich sie die Medici-Gräber allein beschauen ließ. Um 4 Uhr gingen wir zusammen in die Annunziata, wo nach langem Warten und Vorbereiten ein schönes Kirchenkonzert begann und uns bis nach 6 Uhr festhielt. Die schöne Musik (gute Soli) im schönen Kuppelraum war herrlich. Beim Weggehen gerieten wir in einen kalten Sturzregen und Sturm, hatten Mühe, durchzukommen und flüchteten in die Kellertrattoria des Signor Lopi. Essen und Wein waren wieder köstlich, wir kamen in beste Laune und brachen

Ausschnitt aus dem »Magnificat« von Sandro Botticelli in den Uffizien von Florenz.

einen zweiten Fiasco an. Eine Musikantengruppe (ein Bub und zwei Mädchen, wovon eine mit Schnurrbart, die jüngere hübsch und ernst) spielte auf, und der behagliche Keller ward höchst fidel. Später spielte neben uns am deutschen Stammtisch ein Schweizer Gitarre, es ward gesungen und gelacht und der Abend endete fidel. Leider ist es nun sehr kühl geworden, und das Wetter sieht bedrohlich aus. Die Fiaschetteria Lopi liegt in schmalem Gäßchen am schönen Palazzo Antinori, ist ein breites festes Kellergewölbe, das Küche, Magazin und Gastraum zugleich enthält. Schöne Katze. Die Frau, eine vorzügliche Köchin, arbeitet am Herd, facht das Feuer mit dem Fächer an und besorgt alles gut, schnell und ruhig. Der Hausherr, toskanischer Typ, harmloser Renommist und Witzbold, tönt laut durchs Lokal und bewahrt eine schalkhafte Würde. Der flinke, gewandte Sohn bedient.

Donnerstag, 9. April.

Kühl, etwas Regen. Meine Augen sind müde. Ich nahm Kaffee, ging nach [Santa Maria] Novella und traf die Mädchen dort. Es war zum Freskensehen viel zu dunkel, doch entschädigte uns eine pompöse Messe mit Prozession und zahllosen Kerzen. Der köstliche kleinere Kreuzgang und die Kapelle Spagnuoli waren hell genug und schön. Wir nahmen eine Suppe bei Lopi, dann bummelten wir durch mehrere Kirchen (Dom, Maria Nuova, Annunziata etc., etc.), besuchten das Perugino-Fresko, das mit seiner klaren Anmut in dem hellen, heitern Raum mich wieder lange fesselte. Darauf besuchten wir den Palazzo Riccardi mit der Gozzoli-Kapelle, gingen in den überfüllten Dom und von da zur Annunziata, wo eine herrliche Palestrinamusik aufgeführt ward und eine riesige Menge wogte. Schließlich gingen wir zu Lopi, aßen gut, tranken extra eine Flasche Asti bei regem Gespräch. Da die Bernoulli wieder abenteuern wollte, gingen wir noch in ein Schaulokal und ein Café chantant (ohne Gundrun), wo aber nichts los war. Dann schweifte ich bei Mondschein noch bis 2 Uhr mit Frl. Bernoulli durch die alten Gassen, Lungarno und Ponte, die fantastische mondbeglänzte Giebel- und Gäßchenwirre betrachtend. Sie begriff nun meine Art, Florenz zu lieben, und mir war wohl dabei.

Karfreitag, 10. April.

Wetter noch immer trüb. Markt auf der Piazza. Augen schwach. Den Vormittag verbummelte ich in allerlei Gassen auf dem linken

Ufer. Von den Brücken, namentlich vom Ponte Trinità, Blick auf die merkwürdig beleuchteten, regenblauen Berge. Kurzen Besuch bei Frau Thurnheer. Um 12 Uhr ging ich zu Lopi, ließ mir Fische und Wein munden, bald kamen auch die Fräulein, und wir saßen, des Wetters wegen, mit einigem Galgenhumor beisammen. Nach Tisch setzte ich durch, daß wir auf Risiko nach Fiesole fuhren. Wir hatten Glück. Den unvergleichlich schönen Weg von Fiesole nach Settignano legten wir bei heller Sonne und einer fast unheimlich transparenten Luft zurück. Die Nähen waren klar, die ferneren Berge fabelhaft blau, die höchsten noch beschneiten Grate köstlich klar und leuchtend. Es war ein schöner Gang, auch das Gespräch ohne Reiberei, und wir kamen in bester Stimmung in das hübsche Settignano. Von der Talbrücke an fuhren wir im Tram zurück und kamen eben recht zum Abendessen zurück, das wir bei Lopi nahmen. Der Abend ward, nach einiger Zankerei, sehr heiter; kurze Zeit saß ein Schweizer Bildhauer Wyss bei uns. Papa Lopi war laut und fidel, wir auch. Auf dem Heimweg traf ich dieselben Sänger wie vorgestern an und hörte eine Weile zu. Sie üben ihre alte schlichte Kunst gar nicht schlecht, finden auch ihr Publikum mehr unter den Einheimischen, nur ausnahmsweise unter den Forestieri[1]. Zu Hause fand ich Ostergruß und Einladung auf morgen mittag von Thurnheers. Leider reisen wir schon übermorgen früh, doch war dies Wiedersehen von Florenz trotz aller Kürze wertvoll. Ich weiß nun, daß ich hier stets wiederkommen kann, ohne mich als Fremder zu fühlen und vorn anfangen zu müssen.

Samstag, 11. April.

Windig, trüb. Um 11 Uhr bestiegen wir den Campanile, genossen die köstliche Aussicht und besahen den Scoppio del Carro, der in gewohnter Weise mit viel Pomp und riesiger Volksmenge vor sich ging. Dann um 1 Uhr ging ich bei Thurnheers zu Tisch. Ein aus Sizilien kommender, vielgereister Professor Koller aus Stuttgart (Polytechniker) war da. Die Mahlzeit samt Wein, Schnaps und Kaffee war opulent und dauerte lang. Um 5 Uhr will ich die Mädchen in ihrer Wohnung wieder treffen. Wir tranken dort Certosa, aßen Biscotti und unterhielten uns gut, auch mit der hübschen Wirtstochter, die französisch spricht. Dann Abschied von Thurnheers und Abendessen bei Lopi (Sänger mit Guitarre). Dann ging die Gundrun heim, ich mit der Bernoulli ins Café

[1] Fremde

Eldorado, wo wir Grog und Marsala tranken und eine furiose Keilerei ansahen. Das Weggehen von Florenz fällt mir wieder schwer – der Turm des Palazzo Vecchio steht wieder glänzend im Mondlicht. Morgen früh reisen wir.

[Pisa/Genua] Ostersonntag, 12. April.

Früh 7.10 Uhr Abfahrt. In Empoli verließ uns die Gundrun, die Mühe haben wird, ohne Italienisch etc. sich durchzuschlagen. Das Wetter wurde glänzend: der schönste Tag dieser Reise. In Pisa hatten wir 3 Stunden, bestiegen den Turm (heiß, Aussicht), wo eben geläutet wurde, sahen die zwei Bauten und den Camposanto, wo ich nebst dem Trionfo della Morte diesmal auch den fidelen Gozzoli[1] genauer besah. Darauf bei heißem, herrlichem Wetter Fahrt nach Genua. Das schöne Gebirge, die mit gelbem Ginster durchblühten Pinienwälder, die Marmorberge etc. waren schön und fesselten uns. Dann kam das Meer – blau, schäumig, an gelben Felsen brandend, und zog mich mit allem alten Zauber an. Die Küstenfahrt an dem glänzend sonnigen Tag war wundervoll. In Monterosso nette Leute. Ein paar freundliche und heitere Matrosen fuhren mit. In Genua holte uns der kleine Rudi Bäschlin ab. Wir nahmen Zimmer im Aquila (Beutelschneider, elend teuer, trotz markten), wuschen uns und bummelten in die Stadt, deren Schönheiten im abendlichen Straßengetriebe verschwanden, während die geschmacklose Architektur etc. abstoßend wirkte. Nach dem leidlich guten, zu teuren Essen (Ristorante Gotthard) schlenderten wir zum Hafen, saßen lang bei Mondlicht still am ruhigen Wasser und blickten in das Gewirr der Masten. Das nächtliche Hafenbild mit Leuchttürmen, leisem Wellenschlag etc. sprach mich mächtig an. Zum Schluß betraten wir spaßeshalber eine kleine Hafenkneipe mit Musik (zankende alte Frau); tranken dort Kaffee, sahen uns den Betrieb an und gingen um 11½ Uhr zu Bett.

Montag, 13. April.

Vom widerlichen Eindruck des modernen Genua und vom teuren unbehaglichen Nachtlager waren wir beide ärgerlich und hatten einige Reiberei. Vor allem verließen wir unsern Gasthof, nahmen in der Nähe miserablen Kaffee und stritten uns, was heute zu tun sei. Schließlich gingen wir zum Hafen, fanden dort den nach Pegli führenden Tram. Einstündige Fahrt erst elektrisch, dann mit Pfer-

[1] Freskogemälde von Benozzo Gozzoli.

den, nur 30 cts!, an geschmacklosen und schmutzigen Vorstädten, hübschen Palmengärten und herrlichen Meerveduten vorbei. Der Tag war schön, leicht dunstig und sommerlich heiß. Bis Abend lagen wir zwischen Pegli und Prà am Meer, teils an einem heißen, mit Kaktus bestandenen Hügel, wimmelnd von Eidechsen, teils im Kies. Fußbad. Wir wurden sehr heiter und freuten uns wie Kinder, warfen einander mit Sand, aßen Mitgebrachtes, flickten meine Hosen, ulkten etc. Zweimal belustigten uns schöne, ausgelassene Kindergruppen, die wir mit Feigen fütterten. Das Meer war unsäglich schön, silbern, grün und blau mit fernen Schiffen. Küste steinig, zum Teil felsig. Von Prà aus fuhren wir abends nach Genua zurück. Dort Schererei, Gedräng und Verspätung am Zug und höchst strapaziöse Fahrt nach Mailand. Frl. Bernoulli fährt morgen nach Basel, ich nach Venedig, und ich sage ihr oben vor dem Bettgehen ungern adieu.

[Venedig] Dienstag, 14. April.

Früh 6½ Uhr Kaffee, wozu unerwartet Frl. Bernoulli nochmals erschien. Sie ging mit zur Bahn, wo ich 7½ Uhr abfuhr. Ich hatte einen bequemen neuen Wagen III. Kl., so daß trotz einiger Müdigkeit die Reise nach Venedig (7 Stunden, wir brauchten aber 8¼) genußreich war. Den Gardasee und Semione sah ich wundervoll schön und tieffarbig. Gegen vier Uhr (statt 2½) kam ich in Venedig an. Windig, kühl. Ich mietete ein Zimmer (groß, schlecht eingerichtet, billig) und ging dann voll Erwartung zur Piazza. Der Campanile fehlt schrecklich.[1] Mein Glaube, der Platz habe an stiller Eindringlichkeit vielleicht gewonnen, war falsch. Doppelt frisch und kostbar wirkt nun die flotte Piazzetta. Ein Gericht Frittara Mista im Cavaletto bekam mir übel, auch war dort ein impertinenter Kellner, so daß ich die mir von damals wohlvertraute Schenke nun meiden werde. Desto besser gefiel mir das kolossale, in lauter separate winzige Zellen geteilte Weinhaus von Giacomuzzi, wo ich einen Marsala trank und wohin ich öfters zurückkehren werde.

Mittwoch, 15. April.

Früh war es so kühl, daß ich, obwohl schon seit 6 Uhr wach, erst nach 9 Uhr aufstand. Dann kam die Sonne, der Himmel klärte sich völlig, und alles wurde plötzlich schön, lebendig und heiter. Ein

[1] Der alte Markusturm war 1902 eingestürzt. Der heutige 99 m hohe Glockenturm wurde erst 1905–1912 erbaut. Siehe hierzu S. 281.

stundenlanges Schlendern durch Gassen, Plätze und Winkel heimelte mich mächtig an und brachte mich in beste Stimmung. Unerwartet geriet ich u. a. auch in den Kreuzgang von St. Stefano. Das Innere der Kirche schien mir diesmal größer und schöner, wohl des bessern Lichtes wegen. Ich nahm unterwegs Kaffee, kaufte ein paar Feigen und bummelte bis gegen Mittag fort. (Dummes Abenteuer mit fetter Wienerin.) Das rege Gassenleben freute mich, auch kam ich durch einige mir noch unbekannte Winkel mit alten, teilweise stark ruinösen Palästen, meist in hiesiger Gotik. Famos war eine ganz enge, fast dunkle Gasse: darüber ein winzig schmales, durch Balkenvorsprünge unterbrochenes Bändchen Himmelsblau, am Ende der finstern Gasse zwei plaudernde Weiber in grellfarbigen Kleidern, Wasser tragend. Gegen zwölf nahm ich ein Glas Vermouth bei Giacomuzzi. Merkwürdig ist meine Wohnung: das ganze große Haus ruinös, Treppe schauderhaft, die Familie unsäglich schmutzig und naiv, die Zimmer riesig, doch nicht hoch. Hier wie in der ganzen Stadt ertönt fast fortwährend einschmeichelnd sentimentaler Mädchengesang. Um 12½ Uhr kaufte ich Brot und Eier und fuhr nach Lido. Fahrt windig, klar. Am Lido Gang den ganzen Strand entlang. Das Meer ist vorwiegend hellgrün, mäßig bewegt, herrliche Luft, warme Sonne. Im Sand liegend nahm ich mein Essen ein; ringsum exerzierten Soldaten, doch verjagten sie mich nicht. Dann lief ich barfuß umher. Das Meer ist noch kalt, zum Fußbaden eben recht. Ich lag lange im warmen Sand, an Wellenspiel und Gebrause verloren; ferne Schiffe schnitten den Horizont. Die graugrasige Düne voll von Eidechsen. Ich lief die ganze Insellänge zu Fuß ab: endlose Gemüsegärten, Spalierobst, etwas Wein. Es ward heiß, und ich kam sehr müde zum Vaporetto zurück. Schöne Heimfahrt, Abendsonne. Geldkarte an Drasdo. Merceria-Bummel. Zum Abendessen kaufte ich Brot, Schinken und Butter und ging damit in meine Zelle bei Giacomuzzi, wo ich nun am kolossalen quadratischen Eichentisch bei vorzüglichstem altem Chianti meine Brötchen esse und dies schreibe. Nebenan ein Matrose mit seinem Schatz. Auf dem Lido bettelte mich ein Junge an, ich gab ihm einen griechischen Soldo (non va), er reklamierte entrüstet, wollte ihn, da ich ihn zurücknahm, aber doch wiederhaben. Das Meer war von der hinteren höheren Düne aus grandios; der Anblick lohnte den ermüdenden Gang reichlich. Im frohen Vorbewußtsein der Katerlosigkeit betrank ich mich bei Giacomuzzi nur wenig und hatte Mühe heimzukommen.

Die Rialtobrücke über den Canale Grande in Venedig.

Donnerstag, 16. April.

Diese Nacht hatte ich einen Traum: Ich ging in einer stillen Gasse, da hängte sich, aus einer Seitengasse kommend, eine kleine sanfte Frau an mich und bat mich flehentlich, ihr zu sagen, ob man den im Examen fungierenden Pedellen Trinkgelder geben müsse (offenbar war ihr Sohn Student und saß im Examen). Die Frau glich an Gestalt, Gang, Stimme und Kleidung so sehr meiner Mutter, daß ich ihren Arm nahm und sie auskunftgebend freundlich durch die Straße führte. Dabei hatte ich das beglückende Gefühl, neben meiner Mutter selber zu gehen, und als die Frau schließlich danke sagte und weggehen wollte, war mir, als verlöre ich die Mutter zum zweitenmal[1], doch konnte ich ihr nichts sagen, sondern brach in Tränen aus. Dann erwachte ich. – Früh Bummel durch die Merceria, Kaffee, Gang über den Rialto und durch Transkanalien. Die Calle Madonnetta hat reizenden schlichten Torbogen mit Wappenschild. Das träge Gassenbummeln ohne Ziel ist wohl die beste

[1] Hesses Mutter war ein Jahr zuvor, am 26. 4. 1902, gestorben.

Methode für Venedig; man sieht dabei mehr als beim Gondeln. In der Nähe der [Santa Maria Gloriosa dei] Frari kaufte ich ein Paar Schuhe (6 Fr.) und ließ die alten zum Sohlen dort. Vor der Scuola di San Rocco belagerten mich drei Buben mit Anerbieten, Betteln und Radschlagen. Ich trat in die Frari und besah die Pesaro-Madonna, die leider schlechtes Licht hat und durch davorstehende hohe Kerzen entstellt wird. In und außer der Kirche Gerüste und Restaurationsbauten. Auch sonst ist wenig zu sehen, in der Sakristei sind die Bilder weggenommen, und überall wird geflickt und restauriert. Im Kirchlein San Simeon Profeta sah ich einem Leichengottesdienst zu (Menschenmenge, viel Kerzen, Knabengesang). Entzückend altes, baufälliges Kirchlein San Giovanni Decollato (venezianisch: Zan Decolà) mit Brunnenplatz davor. Um 12 Uhr Essen in der Città di Firenze (gut, doch nicht billig). Kurze Rast zu Hause, dann Fahrt nach Lido, wo ich barfuß lief und trotz rauhen Windes meinen Seehundsgelüsten frönte, d. h. verdauend, rauchend und gedankenlos im Sande lag. Später, als ich eben einen windstillen Grasplatz an der Düne gefunden und mich dort ausgestreckt hatte, begann es leise zu regnen. Ich mußte bald weichen und schlenderte den lächerlich harmlosen, idyllischen Grasweg innerhalb der Düne zurück. Wenn das Meeresbrausen nicht wäre, könnte man dort glauben, etwa bei Binningen[1] zu sein. Rückfahrt. Dann saß ich eine Stunde in San Marco, im dunkelgoldigen Schatten, ausruhend und dem malerischen Glanz der schönräumigen, warm farbigen Kirche hingegeben. Zu Hause wohnten meiner Lokussitzung beide Bambini der Hausfrau mit großem Interesse bei. Ausgehend fand ich nasse Straßen und Regen. Ich setzte mich in die Loggia des Dogenpalastes, die Lagune sah im Regen samt Himmel und Inseln delikat mattfarben aus, ein feiner, etwas trister, aber aparter Anblick. Um 7 Uhr ging ich zu Giacomuzzi, trank famosen süßen Cypernwein (fein und enorm billig) und bummelte dann eine Stunde in den Prokurazien. Platz und Piazzetta sahen in der Regennacht malerisch aus: schwarzer Himmel, stark vortretende Marmorfarbe, in reinem nassem Pflaster zahlreiche Laternenlichtspiegel. Der Hauptschmuck der Promenade sind die Frauen und Mädchen aus dem Volk; durch Frisur und Schultertuch geben auch die häßlichen von hinten oder ferne einen edelschönen Anblick. Ich sah ein paar große Schönheiten darunter. Zum Schluß Kaffee. Zu Nacht hörte ich vom Fenster aus nahe eine gute Truppe spielen und singen, mindere Musik, doch

[1] Im Birsigtal bei Basel.

temperamentvoller Vortrag. Namentlich feurige Geiger. Besonders heimelte mich ein flottes, fideles Stück an, das ich oft von der Italienertruppe am Luzerner See gehört hatte. Frauenstimmen virtuos, doch grell und kalt.

Freitag, 17. April.

Die Nacht war scheußlich und völlig schlaflos. Sturm und Regen tobten entsetzlich, nebenan war Musik, im Hause selbst Kindergeschrei, Streit und Lärm die ganze Nacht. Das Beste aber kam morgens. Gegen 9 Uhr, ich lag noch im Bett, polterten Männerfäuste an meine Tür und [es] wurde stürmisch Eintritt verlangt. Wütend stand ich auf und kam halbangekleidet auf den Korridor. Etwa zehn Männer waren da und erklärten mir, ich müsse sofort das Haus verlassen, es sei »in sfratto«[1]. Andere Mieter fluchten, lachten, heulten durcheinander, ein armes, um sein Mietgeld betrogenes Weib jammerte und weinte, die Wirtin war in Furie und führte Szene um Szene auf, ihre Kinder standen weinend mit Bündeln in der Hand da. Um jenes arme Weiblein nicht zu schädigen, verzichtete ich darauf, um mein vorausbezahltes Mietgeld zu klagen, fluchte aber auf deutsch und italienisch wacker mit. Das Haus war voll Getöse, Elend und Skandal. Schließlich wurden wir alle bei strömendem Regen und heftigem Sturm auf die Straße gesetzt. Ich flüchtete zu Giacomuzzi, bat ihn, mein Gepäck zu verwahren und ging nun im Kampf mit dem wütenden Wetter eine neue Wohnung suchen. Nach mehreren Fehlgängen wandte ich mich an das Haus, in dem ich vor zwei Jahren wohnte, und fand dort mein altes Zimmerchen wieder. Gang zur Post. Zu meinem Erstaunen kannte mich die alte Hauswirtin sogleich wieder und redete mich mit Namen an. Nach kurzer, durch Lärm gestörter Rast ging ich, um wenigstens irgendwo still und trocken zu sitzen, nach San Marco und saß dort in der Dämmerung bis 3 Uhr. Dann floh ich fröstelnd zu Giacomuzzi, trank Kaffee, Alkermes (sehr süßer Schnaps) und Cyprer, aß Biscotti, rauchte und verduselte die Zeit. Man sagte mir, das heutige Unwetter sei ein Sturm, der gewöhnlich drei Tage daure. Nachträglich erfuhr ich auch die Ursache des heutigen Skandals: Meine Wirtin wurde einfach samt ihren Aftermietern rausgeworfen, weil sie die Miete nicht zahlen konnte. Ich verlor etwa 15 Lire dabei. Vom Wein weg bummelte ich im Regen herum, die Riva lang, am Arsenal vorbei und durch das ganz arme Viertel, wo zwischen

[1] gekündigt.

elenden Spelunken noch ein paar gute Palästchen und Kirchlein stehen. Abendessen 6 Uhr in der Trattoria Orsetta am Frariplatz (köstliche Bohnensuppe, guter Wein von Verona). Behagliche Stammgäste, von deren Gespräch ich fast nichts verstand. Der weichliche Dialekt fiel mir hier besonders auf (statt formaggio – formaio, auch das R kaum gesprochen). Zu allen heutigen Abenteuern kommt eine zunehmende Erkältung (das linke Auge tränt ewig). Doch halte ich einen Rest von Galgenhumor aufrecht.

Samstag, 18. April.

Gute Nacht. Wetter noch schlecht, doch weniger dunkel und windig. Der Hof des Dogenpalastes machte mir diesmal einen geringen, zwiespältigen Eindruck. Auch dort wird restauriert. Ich schlenderte nach Santa Maria Formosa, wo die Barbara mit vollem altem Zauber wirkt. Die unsäglich weiche, milde Färbung des Hauptbildes (ganz mattrotes Kleid, blasser Himmel, goldene Fleischtöne) tut unendlich wohl. Weiter zum herrlichen Colleoni, wo etwas Sonne. In Santi Giovanni e Paolo zogen mich die Grabmäler Merenigo (links vom Portal) und Vendramin wieder am stärksten an, das erste schlicht, edel und mir besonders lieb. Beim Austritt auf die Fondamenta Nuova lag plötzlich die ganze Kette der Schneeberge klar und schön vor mir. Der Venezianer sagt Ghioia statt Chioggia. Ich fuhr nach Murano, traf unterwegs den jungen Apotheker, bei dem ich gestern Schlafpulver gekauft, und schloß Bekanntschaft mit ihm. Er ist Florentiner, wir sprachen von Florenz, und er schimpfte auf Venedig. Wir spazierten durch Murano, aßen kalt zu Mittag, dann kehrten wir zurück und trennten uns. Er lud mich morgen abend 10½ Uhr zu sich ein. Ich durchbummelte die Gassen von der Frari [Kirche] bis zur Station und kehrte im Vaporetto heim. Abends nach Lido: schöne Fahrt, gelbe Abendfarben, Lagunen silbern, die Berge klar und rein. Meer köstlich, herbkühle Luft, einige Schneegipfel noch rosa sonnig. Raffinierte Farbenkombination: silbriggelber Sand, graugrüne Düne, weißlichgrünes schaumiges Meer, mild graublauer, da und dort grünlicher Himmel, kupfern angehauchte blaue Wolkenbänke, einige ferne, noch besonnte Segel mächtig leuchtend. Himmelsspiegel im nassen Sand nach Ablauf jeder Woge. Zur Heimfahrt kam noch schwer gelb die Sonne heraus, die Fernen waren fast unnatürlich klar, die Lagune unruhig. Schöner Sonnenuntergang. Abends bei Giacomuzzi, wo ich viel Cyprer trank.

Sonntag, 19. April.

Klar, Sonne, doch viel Wind. Auf der Piazza sonntägliches Leben, Fahnen, Soldaten, Landvolk. Bummel. Eine Stunde im Dogenpalast, wo ich trotz müder Augen meine Freude am süßen Kolorit der Veronese-Bilder habe. Auch hier Änderungen, Gerüste etc. 12 Uhr Essen in feinem italienischem Restaurant, wo zwei hübsche Mädchen à la Veronese (Paduanerinnen) in Sonntagsstaat mit Goldschmuck. Stundenlange Postscherereien wegen des Geldes. Augen ganz schwach. Auf der Piazza Musik und große Volksmenge. Endlich, nach 5 Uhr, nach vier Fehlgängen, erhielt ich mein Geld (in lauter Gold), und meine Stimmung hob sich sofort um viele Grade. Auf der Post sah ich den blonden Bambino der Casa Fumagalli wieder, doch ohne Mutter. Sonnige Fahrt nach Lido. Köstlicher Abend: hell, kühl, die ganze Linie des Meerhorizontes dunstlos rein und hart, dunkelblau gegen den blassen Himmel stehend. Am Strand Soldaten, die mit einer Radlerin kokettieren: bei aller Freiheit formfein, dezent und poliert. Auf der Heimfahrt unsäglich schöne Abendfarben: Himmel rot und gelb, Berge blau, die Stadt in scharfer Silhouette, Lagune silbern. Mit eingekauftem Käse und Schinken ging ich zu Giacomuzzi, wo großes Leben war. Ich fand an einem Tisch voll junger Venezianer Platz und hatte die Genugtuung, für einen Florentiner gehalten zu werden. Wir kamen ins Geplauder, einer aus der Gesellschaft hatte historische Kenntnisse und verstand mich. Dann kam eine andere Gesellschaft, und ich kam auch mit dieser in freundliches Gespräch. Um halb elf Uhr, nachdem ich schon genug Piemonteser im Leib hatte, ging ich zu den Apothekern, spazierte mit dem einen bis 12 durch die Stadt und saß dann noch mit beiden auf ihrer Bude bei Chianti und schweren Apothekerweinen.

Montag, 20. April.

Der Abend bekam mir gut, nur die Augen sind müde. Früh Lidofahrt, Wind, doch prächtiges Wetter. Das Meer glänzend vielfarbig. Ein Fischer beschmutzte mir den Mantel mit Ölfarbe, Zank, Versöhnung etc. Ich promenierte barfuß, mußte zur Siesta aber hinter die Düne flüchten, des Sandwindes wegen. Dort weidete ein Rößlein und war friedliche Stille, ich rastete eine Weile und sah der fleißigen Arbeit eines großen schwarzen Käfers zu. Um 1 Uhr Rückfahrt nach Venedig. Es fällt mir auf, daß ich diesmal fast gar keine falschen Geldstücke erhalte. Schlechtes Essen in kleiner

Fischer im Hafen von Chioggia.

Matrosenkneipe, wo man mich für einen böhmischen Glasbläser hält. Um 2 Uhr Abfahrt nach Chioggia. Mächtiger Wind. Unterwegs ein Priester, der von Malamocco an von kleinen Mädchen belagert wurde. Von Chioggia sah ich diesmal mehr als damals mit Scherer. Ich strich durch manche Gassen und Kanäle (viele Arkaden, harmloses Fischervolk, Straßenleben, viel alte Kirchen und Häuser, malerische Torbogen). Fidel war ein schöner alter Torbogen, den ein Schlaumeier zur Hälfte zugemauert und zu einem schmalen Zimmerchen verwendet hat. Von 6 bis 8 Uhr wundervolle Rückfahrt. Bis nach Sonnenuntergang war ich auf Deck, dann trieb mich der kalte Wind ins Innere hinab, wo eine Menge Volk, Harmonikamusik, Rauch und Gelächter war. Ich legte mich auf die Wandbank, öffnete ein Fensterchen und sah nun durch die schmale kleine Luke das nahe Wasser, abendroten Himmel, Inselsilhouetten usw. Die Leute sind überall sehr freundlich, und ich beginne das Venezianische etwas besser zu verstehen. In Venedig kaufte ich Zunge und Butter und ging damit zu Giacomuzzi, wo ich denselben Piemonteser Weißwein wie gestern trank (fein, süffig, erinnert etwa an guten Elsässer).

Dienstag, 21. April.

Wetter trüb, Regen drohend. Den ganzen Vormittag bummelte ich an den Zattere[1] usw. herum, betrat die Gesuati [Kirche] (Nonnenbild des Tiepolo) und San Sebastiano (Paolo Veronese), sah eine Menge von Gäßchen und Sottoportici. Augen schwach. Gutes teures Essen im Cavalletto. Nach Tisch Lidofahrt. Es ist wenig Wind, schwüle Wärme etc., naßbleiche Sonne. Das Meer ist bei diesem wolkigen Wetter feinfarbig und hat Streifen von einem süßen, hinreißend schönen Lichtgrün. Östlich zwei ziegelrote Dreiecksegel am blassen Himmel. Barfußlaufen, Rast im Sand. Augen elend. Besuch des Lido-Aquariums (wenig reichhaltig). Rückfahrt. Von der Riva aus großer Bummel: Formosa, Giovanni e Paolo, Miracoli, Apostoli, Felice etc. bis San Geremia, von dort im Vaporetto heim. Die reizende kleine [Santa Maria dei] Miracoli entzückte mich besonders. Abend bei Giacomuzzi. Schließlich promenierte ich noch eine Stunde auf Platz und Piazzetta.

Mittwoch, 22. April.

Schlechte Nacht mit wenig Schlaf. Wetter wolkig, weich, dem Regen nah. Gang an die Zattere. Fahrt zur Giudecca, die ich ganz durchschlenderte: schmale Gäßchen, Fischerkanäle, ziemlich viel Gärten, Bäume. Gutes Essen bei Alberetti (Akademia), Fische teuer, sonst billig. Nach Tisch Lido. Starker Wind, Meer ist stürmisch schön, weit hinaus schaumweiß. Fußbad und kurze Siesta. Rückfahrt bis zum Rialto, von da zur Piazza, wo Konzert. Es beginnt leise zu regnen, ich versaß den Nachmittag meist in der Halle des Dogenpalasts, mich am Gedräng der nassen Passanten belustigend und die bei Regen stets köstlich zartgefärbte, grünsilberne Lagune betrachtend. Es war eine Reisegesellschaft da, die gleich einer Herde an den »Sehnswürdigkeiten« vorübergetrieben wurde. In den Prokurazien mächtiges Gedränge. Abends bei Giacomuzzi. Den ganzen Tag war ich in Gedanken mit dem Plan einer venezianischen Novelle beschäftigt: ein Zwerg (klug, verbittert, schwermütig) verliert durch die Grausamkeit seiner Herrschaft (Haus Loredan) sein Hündchen und vergiftet zur Rache Frau und Liebhaber, nachdem er sie auf einer Gondelfahrt nach einem angeblichen Liebestrank durch eine Erzählung lüstern gemacht. Er selbst aber muß, der Liebha-

[1] Ehemals Anlegeplätze der Floße. Heute Promenade am Canale della Giudecca.

Der Dogenpalast im Nebel.

ber will es, vorkosten und stirbt mit. Einkleidung grotesk und farbig[1].

Donnerstag, 23. April.

Schon die ganze Nacht war lauter Sturm, und der Tag begann so stürmisch mit Brausen und Regnen, daß ich fast bis 11 Uhr liegen blieb. Dann ging ich abschiednehmend über Platz und Piazzetta, wartete das Mittagschlagen der Glockenriesen ab, bummelte in den Prokurazien etc., ging auch noch auf ein Glas Vermouth zu Giacomuzzi. Dann nach Hause, wo ich packte, zahlte etc. Abfahrt 2 Uhr. Lagune düsterschön. Landeinwärts klärte sich der Himmel, die Fahrt an den schönen regenblauen Bergen hin war wundervoll. Phantastische Beleuchtungen und Wolkenformen, schwüle Sonne dazwischen. Nach Brescia stiegen zwei arme Teufel vom Lande mit großen Koffern ein, die über Genua nach Amerika wollten. In Mailand ward ich vom überfüllten »Gotthard« ins Hotel Savoie geschickt, das gut scheint (Schweizer). Dort aß und trank ich, hörte noch eine Musik an (Gitarre, Geige und Gesang). Ich trank einen Liter Barbera und saß mit einem Monteur aus Würzburg zusammen.

Freitag, 24. April.

Morgens 8 ½ Uhr Abfahrt nach Hause. Es begann bald zu regnen und regnete bis ins Tessin, dann wurde die Fahrt prächtig. Auf dem Gotthard, speziell in Göschenen, viel Schnee. Zwei aus Rom kommende Schwaben reisten mit. Ankunft in Basel abends 8 Uhr.

Diese zweite Italienfahrt hatte den Fehler, völlig improvisiert und ganz ohne Plan zu sein. Dafür war das Reisen und die Zeit in Florenz mit den zwei Mädchen sehr heiter und amüsant. Ich war erst am Vorabend (31. März) zum Mitreisen überredet worden.

[1] Vgl. S. 369 ff.

Reiselust

Es ist mitten im Winter, der Schnee wechselt mit Föhn und das Eis mit Schmutz, die Feldwege sind ungangbar, man ist von der nächsten Nachbarschaft abgeschnitten. Der See kocht an kalten Morgen weißen Dampf und setzt glasig brüchige Eisränder an, jedoch beim nächsten warmen Winde wogt er wieder schwarz und lebendig und verblaut gegen Osten wie an den schönsten Tagen im Frühjahr.

Und ich sitze in der wohlgeheizten Studierstube, lese unnötige Bücher, schreibe unnötige Artikel und habe unnötige Gedanken. Irgend jemand muß doch am Ende alle die Sachen lesen, die jahraus, jahrein geschrieben und verlegt werden, und da sonst es niemand tut, tue ich es eben, teils aus Interesse und Kollegialität, teils um mich dann als kritischen Schirm und Prellbock zwischen das Publikum und die Bücherlawinen zu stellen. Viele von den Büchern sind auch tatsächlich schön und klug und des Lesens wert. Dennoch scheint mir zuweilen mein Tun überaus überflüssig und mein Wollen auf ganz falsche Ziele gerichtet.

Ich trete häufig für einige Augenblicke ins Schlafzimmer, wo an der Wand die große Karte von Italien hängt, und streife mit begehrlichem Auge über den Po und Apennin hinweg, durch grüne toskanische Täler, an blau und gelben Strandbuchten der Riviera hin, schiele auch etwa nach Sizilien hinab und verirre mich dabei gegen Korfu und Griechenland hin. Lieber Gott, wie ist das alles nah beieinander! Und wie schnell kann man überall sein. Und pfeifend kehre ich in die Studierstube zurück, lese entbehrliche Bücher, schreibe entbehrliche Artikel und denke entbehrliche Gedanken.

Im vergangenen Jahre war ich sechs Monate auf Reisen, im vorhergehenden fünf Monate, und eigentlich ist das für einen Familienvater, Landmann und Gärtner ziemlich reichlich, und als ich neulich das letztemal heimkehrte, nachdem ich unterwegs in der Fremde krank geworden, operiert worden und eine gute Weile gelegen war[1], da schien es mir an der Zeit, nun für lange hinaus, wenn nicht für ewig, Frieden zu schließen und heimisch und häuslich zu werden. Allein, kaum war die ärgste Abmagerung und Müdigkeit überwunden und ersetzt, kaum hatte ich mich wieder ein paar Wochen mit Büchern befaßt und Schreibpapier verbraucht, da schien eines Tages die Sonne wieder so unheimlich gelb und jung auf

[1] Im November 1909 mußte sich Hesse in Frankfurt a. M. einer Blinddarmoperation unterziehen.

die alte Landstraße, und über den See lief ein schwarzer Nauen mit einem großen schneeweißen Segel, und ich bedachte die Kürze des Menschenlebens, und plötzlich war von allen Vorsätzen und Wünschen und Erkenntnissen nichts mehr da als eine unheilbare, tolle Reiselust.

Ach, die echte Reiselust ist nicht anders und nicht besser als jene gefährliche Lust, unerschrocken zu denken, sich die Welt auf den Kopf zu stellen und von allen Dingen, Menschen und Ereignissen Antworten haben zu wollen. Die wird nicht mit Plänen und nicht aus Büchern gestillt, die fordert mehr und kostet mehr, man muß schon Herz und Blut daran rücken.

Vor meinem Fenster wühlt der weiche, laue Westwind im schwarzen See, ohne Zweck, ohne Ziel, in seiner Leidenschaft rasend und sich verzehrend, wild und unersättlich. So wild und unersättlich ist die wahre Reiselust, der Erkenntnis- und Erlebensdrang, den kein Erkennen stillt und kein Erleben sättigt. Der ist stärker als wir und als alle Ketten, und über wen er herrscht, von dem will er immer wieder Opfer haben. Gibt es nicht Menschen, die toll und wild bis zum äußersten Wagnis und bis zum Untergang nach Geld jagen und nach Frauengunst und nach Fürstengunst? Nun, so jagen wir, wir Reiselustigen, nach einem Erfassen und Erleben der Mutter Erde, nach einem Einswerden mit ihr, nach einem so völligen Besitzen und Sichhingeben, wie es nicht zu haben und nicht zu erjagen, wie es nur zu träumen, zu begehren, zu ersehnen ist. Und vielleicht ist diese unsre Jagd und Leidenschaft nicht viel anders und um nichts besser als die des Spielers, des Spekulanten, des Don Juan, des Strebers. Im Hinblick auf die Abendstunde aber scheint mir unsre Leidenschaft doch besser und wertvoller zu sein als manche andre. Wenn uns die Erde ruft, wenn uns Wanderern die Heimkehr, uns Rastlosen die Ruhestatt winkt, so wird das Ende kein Abschiednehmen und zages Sichergeben sein, sondern ein dankbares und durstiges Schlürfen des tiefsten Erlebens. Wir sind neugierig auf Südamerika, auf unentdeckte Buchten der Südsee, auf die Pole der Erde, auf das Verstehen der Winde, Ströme, Blitze, Lawinen – aber wir sind noch unendlich viel neugieriger auf den Tod, auf das letzte und kühnste Erlebnis dieses Daseins. Denn wir glauben zu wissen, daß von allen Erkenntnissen und Erlebnissen nur die wohlverdient und befriedigend sein können, um die wir gern das Leben hingeben. *(1910)*

Blick auf Montefalco.

Umbrisches Städtchen

(Montefalco)

Der Vorfühling hatte mich wieder einmal über die Berge gelockt, in den Süden, und ich reiste mit kleinen Aufenthalten über Bologna, Florenz, Arezzo, auf altvertrauten Wegen, um einmal wieder ein Stück durch das grüne Umbrien zu wandern. Und eines Tages kam ich von Foligno her, wo ich an einem kleinstädtischen Maskenball zu Gast gewesen war, bei Regen und tiefem Schmutz in das Bergstädtchen Montefalco hinauf. Es liegt so kühn und sieht so fest und trotzig und kriegerisch aus, aber es ist heute einer der friedlichsten Orte der Welt, eine stille Sammelstätte der franziskanischen Kunst. Durch das alte Tor führt eine steile Gasse eng und finster bergauf, und was man sieht und woran man vorübergeht, alles ist alt, mittelalterlich, steinern, kühn und hart. Winzige Gäßchen zwischen hohen Steinhäusern ohne Bewurf, alte Türme, Tore, Kastelle, Kirchen und Stadtmauern.

Kalter scharfer Wind empfing mich auf der Höhe. Dicht in den Mantel gehüllt, sah ich ein schönes und eindringliches Bild: über altes Gemäuer hinweg ringsum die umbrische Landschaft, licht und grün, von einem gewaltigen Kreis hoher, noch mit Schnee bedeckter Berge eingeschlossen. Jeder Blick streift nah oder fern irgendeine alte berühmte heilige Stätte, da liegen Spoleto, Perugia, Assisi, Foligno, Spello, Terni, dazwischen hundert kleinere Orte, Dörfer, Kirchen, Höfe, Klöster, Burgen und Landhäuser, ein Land voll Geschichte, voll römischer und noch vorrömischer Denkmäler, durchflossen vom kleinen Fluß Clitumnus, von dem wir als Lateinschüler oft gelesen haben.

Die Luft war feucht, kühl und düster. Den weiten Himmel bedeckten dichte Züge schwerer, im Hinstürmen ineinandergepreßter Wolken, von Norden klang der Donner eines Frühlingsgewitters. Einzelne fahlgelbe, grelle kurze Sonnenblitze erschienen bald da, bald dort in der riesig hingebreiteten Landschaft, ließen eine ferne Stadt, ein fernes Kloster, einen Bergrücken oder die weit entfernte Krümmung eines Flußlaufs geisterhaft aufleuchten und verschwanden nach wenigen Augenblicken. Strichweise fiel Regen, und plötzlich sprang über das ganze Land und den halben Himmel weit und stolz ein Regenbogen.

Still und staunend ging ich über den Platz, ging durch ein Tor hinaus und durch ein nächstes wieder hinein, durch Winkel und steile Gäßchen. Vor der Stadt draußen fand ich einen prächtigen Garten und darin eine einsame, zur Zeit unbewohnte und etwas verwahrloste Villa, dort ruhte ich unter alten Zypressen aus und sah auf der grünen Ebene breite Schatten und schmale Sonnenbänder wechselnd spielen. Ich sah Assisi und sah in seiner Nähe die Portiuncula liegen, heilige Orte, und alle verklärt von dem Liebreiz und Zauber, den der heilige Franz und die alte umbrische Kunst in dies Land gebracht haben.

Und dann ging ich dieser franziskanischen Kunst ein wenig nach; außer in Assisi ist nirgends bessere Gelegenheit dazu als hier in Montefalco. Ich sah in Kirchen und in Kreuzgangkapellen, über Portalen und über Altären alte Fresken voll zarter, freundlich frommer Gestalten, schöne gütige Madonnen und jünglinghafte, anmutige Heilige. Fromme Bilder aus der biblischen Geschichte und aus dem Heiligenleben, manche schwermütig ernst und manche inbrünstig demütig, andre auch kinderfröhlich und lachend.

Ich sah auch ein andres, seltsames, seltenes Bild, das ich nicht

Der Sarkophag der S. Chiara im Altar des Monastero Agostiniano von Montefalco.

vergessen will. Ich sah in einer Kirche, die beim Spoletaner Tor liegt und deren Namen ich vergaß, eine junge Frau aus dem fünfzehnten Jahrhundert einbalsamiert und wohlerhalten in einem gläsernen Sarg liegen. Sie ist ganz in reiche Stoffe gekleidet, von ihr selbst sieht man nur das Gesicht, dessen Formen vollkommen erhalten sind. Die schöne Tote, eine Edeldame aus dem Quattrocento, gleicht sehr den Bildern aus jener Zeit, die wir kennen, den scharf umrissenen Florentiner Adelsgesichtern, wie sie Ghirlandajo und Botticelli und Filippo Lippi gemalt haben. Ein liebenswürdiger Priester, den ich unterwegs in der Stadt angetroffen und der mich geführt hatte, zeigte mir den Sarg. Er ist in einem Altar verborgen und mit vielen Laden und Schlössern verwahrt, die mein freundlicher Führer mir öffnete. Darin liegt still die schöne Tote und schläft, durch die Jahrhunderte, merkwürdig und ein wenig unheimlich und doch voll rührender Anmut. Nach ihrem Namen mochte ich nicht fragen, und ich weiß nicht, ob man ihn kennt.

Gegen Abend verdüsterte sich der Himmel von neuem, und schwere Regengüsse rauschten über die tote steinerne Stadt, in

Gasse in Montefalco, von Hesse photographiert.

deren Mauern ich keinen einzigen Baum gesehen zu haben mich erinnere. Das Wasser rann in kleinen raschen Bächen über die glatten Fliesen durch die Gassen bergab, kein Mensch noch Tier war draußen zu sehen.

Durchnäßt und frierend suchte ich nun das einzige kleine Gasthaus auf, wo ich ein Abendessen bestellte und als einziger Gast in einem sehr hohen, kalten, steinernen Saal saß, zu dessen hoch angebrachten zwei Fenstern kleine Steintreppen hinaufführten. Es wurde ein blechernes Becken mit glimmenden Holzkohlen gebracht und zu meinen Füßen auf den Ziegelboden gestellt. In den Mantel gewickelt, den Hut auf dem Kopf, die Füße über die kleine Kohlenglut gestreckt, saß ich da, betrachtete im unsichern Ampelschein die an den hohen Wänden aufgehängten Bildnisse der Königsfamilie und sang vor mich hin ein paar schwäbische Volkslieder in die Kälte und Dunkelheit hinein, bis der Wirt mit Wein und Essen kam.

Nach einer guten Mahlzeit mit Reis und etwas Hammel und frischem Ziegenkäse saß ich, noch immer etwas fröstelnd, am Tisch und rauchte schwarze italienische Zigarren. Doch hielt ich es nicht lange so aus. Nach einer Weile verließ ich den viel zu großen, finstern und unheimlich stillen Raum und strich, Wärme suchend, durch das Haus. Da fand ich hinten in der kleinen Küche den Wirt, die Wirtsfrau und deren uralten Vater behaglich am strahlenden offenen Reisigfeuer bei der Feuerstelle kauern. Auf den Backsteinen flackerte hell und brav das Feuerchen, und der zarte blaue Rauch verlor sich im ungeheuern schwarzen Schlund des offenen Rauchfangs. Ich setzte mich zu ihnen auf eins der ganz niedrigen Strohstühlchen und freute mich der schönen Wärme und des Flackerscheins, der an den Mauern hin spielte, überall Schattentheater wachrief und hier und dort in den Gefäßen aus Kupfer und Zinn blank aufstrahlte.

Sogleich wurde ich von den Leuten gefragt, was ich denn da vorher für Lieder gesungen habe. Sie hatten mich also gehört. Ich sang einige davon noch einmal und fragte, wie sie ihnen gefielen. Der Wirt lächelte und lobte die Lieder sehr, wollte mir aber durchaus nicht glauben, daß es keine Kirchenlieder seien. Ich hatte Lieder gesungen wie »Jetzt gang' i ans Brünnele« und andre, die bei uns für recht weltlich gelten und keineswegs zu den heiligen Hymnen gerechnet werden. Ich fühlte, daß weder die Lieder selbst noch mein Gesang hier so richtig geschätzt würden, aber artig sind die Italiener stets, und so wurden denn die Lieder gelobt, und die Wirtin ging und holte als Dank für meine Leistung eine Flasche alten Wein, die wir gemeinsam austranken.

Das Feuer loderte und knisterte und trieb zischende Gase aus den zum Teil noch grünen Prügeln aus Kastanienholz. Des Wirtes kluger, hübscher Hühnerhund mit Namen Graffe rieb seinen schönen Kopf an unsern Knien und dehnte seine Flanken genießerisch an der Herdwärme; wir sprachen von Florenz und von Rom, von der Schweiz und von Deutschland, und wie groß die Welt sei. Zuweilen warf der Alte eine Handvoll Olivenzweige ins Feuer oder ein Stück knorriges altes Rebenholz, das blaue und grüne Flämmchen gab, zuweilen gähnte die Wirtsfrau, und als sie es häufiger und tiefer tat, sagte ich gute Nacht, drückte allen die Hände und ging in meine Kammer, vor deren Fenster kühl und einschläfernd der Regen sang.

(1907)

Hesse mit dem Priester von Montefalco.

Gubbio

Mit der langsam fahrenden Lokalbahn, in Gesellschaft heimkehrender Marktbauern, war ich von Città di Castello hergefahren und gegen Abend in Gubbio angekommen. Ich legte den Rucksack in einem Gasthaus ab und schlenderte über einen großen, kahlen Platz und an einer Franziskanerkirche vorbei in die abendliche Stadt hinein.

Es war kühl und regnerisch, in den schmalen Gassen der wunderlichen Bergstadt fing es schon an zu nachten. Und wie man auf Reisen zuweilen plötzlich in sonderbare und unnötige Gedanken hineingerät, fiel es mir ein, darüber nachzudenken, warum ich denn eigentlich auf Reisen, warum ich in Italien und heute gerade in Gubbio sei. Ja, warum? Was suchte ich hier?

Obschon ich müde war, fügte ich mich ins Unentrinnbare und gab mir Mühe, eine Antwort zu finden. Ich war vor vierzehn Tagen von daheim fortgereist, um wieder einmal nach Italien zu kommen, um ein anderes Volk und eine andere Sprache um mich zu haben, fremde Städte, schöne Bauten und alte Kunstwerke zu sehen. Wozu

Hesse mit seinen Wirten in Montefalco und Hühnerhund Graffe.

das? Warum blieb ich nicht daheim bei Arbeit und Familie? Weil ich ausruhen wollte. Aber ruht man denn auf Reisen aus? Nein. Das hatte ich vorher gewußt, also war ich nicht des Ausruhens wegen gereist.

Aber vielleicht um der Kunst willen? Das kam wohl der Wahrheit näher. Ich hatte ein Verlangen gehabt, den Florentiner Dom, das schöne San Miniato, die Bilder des Fra Angelico und die Skulpturen von Donatello wiederzusehen. Und von Florenz war ich weitergefahren, um neue Werke zu sehen, um Städte mit prächtigen Plätzen und Gassen, Schlösser mit gewaltigen Türmen, Kirchen mit Wänden voll schöner Fresken zu finden. Von Gubbio hatte ich erzählen hören, es sei eine wunderbare Stadt, steil am Berg emporgebaut, mit fabelhaften Palästen und frechen Türmen, ein Wunder von kühner Architektur.

Warum nun war ich dem nachgereist? Aus Neugierde nicht, auch nicht um Studien zu machen, denn ich bin weder Historiker noch Künstler, und im Sammeln von »Kenntnissen« bin ich nie sehr ehrgeizig gewesen. Etwas in mir mußte also hungern und Begierde tragen, wie stände ich sonst hier, hundert Meilen von zu Hause entfernt, in einer alten umbrischen Kleinstadt? Welchem Bedürfnis, welcher Not war ich gefolgt?

Langsam versuchte ich, es mir zurechtzulegen. Ich dachte an San Miniato, an die Kuppel und den Turm des Florentiner Domes und an das, was mich zu jenen Werken zurückgezogen hatte. Warum hatten sie mich beglückt? – Weil ich bei ihrem Anblick gefühlt hatte, daß Arbeit und Hingabe eines Menschen nicht wertlos sind, daß über der bedrückenden Einsamkeit, in der jeder Mensch sein Leben hinlebt, etwas allen Gemeinsames, etwas Begehrenswertes und Köstliches vorhanden ist; daß zu allen Zeiten Hunderte einsam gelitten und gearbeitet haben, um das Sichtbarwerden dieses tröstlichen Gemeinsamen zu fördern. Wenn das, was die Künstler und ihre Gehilfen mit Hingabe und Ausdauer vor einigen hundert Jahren zustande gebracht haben, heute wie damals Tausenden gute Gedanken gibt, so ist es auch für uns alle nicht trostlos, in unserer Einsamkeit und Schwäche zu arbeiten und das Mögliche zu tun.

Diesen Trost hatte ich gesucht, nichts weiter. Das Wissen um jenes Gemeinsame hatte ich immer gehabt, aber je und je muß man es wieder erleben, muß man wieder mit eigenen Sinnen das Vergangene gegenwärtig, das Entlegene nahe, das Schöne ewig fühlen. Das ist immer wieder erstaunlich und beglückend. Denn Michelangelo und Fra Angelico haben weder an mich noch an irgend jemand gedacht, wenn sie arbeiteten. Sie haben für sich selber geschaffen, jeder für sich allein, jeder zum Teil für seine Not und in bitterem Kampf mit Unmut und Müdigkeit. Jeder von ihnen auch war tausendmal unbefriedigt von dem, was er machte; Ghirlandajo hat sich lachendere Bilder und Michelangelo viel mächtigere Bauten und Denkmäler geträumt. Wir haben nur, was übrigblieb; aber das scheint uns wert, daß jene sich mühten. Und damit gewinnen wir selber Mut, fortzufahren.

Daß nicht jeder von uns ein großer Auserwählter ist, hat damit nichts zu tun. Auch wir Kleinen, seien wir Künstler oder nicht, freuen uns an jedem Sieg des Ewigen über das Zufällige und bedürfen jenes Trostes, um den Kampf mit dem Mißtrauen gegen den Wert alles Menschlichen immer wieder aufzunehmen.

Ich stand also heute in Gubbio, um aus dem Anblick großer Menschenwerke Mut und Glauben zu schöpfen. So weit kam meine Betrachtung. Ich hatte mittlerweile eine immer steiler werdende Gasse erstiegen und eine fast ebene Seitenstraße eingeschlagen, da stand ich unvermutet vor dem größten Bau der Stadt, dem mittelal-

Motiv aus Gubbio.

terlichen Palast der Konsuln. Das schnitt alle Gedanken ab. Ich stieg auf die große Terrasse hinauf und wieder hinab, ich schaute und staunte, und für heute blieb es beim Staunen. Denn die grandiose, fast lästerliche Kühnheit dieser Architektur ist schlechthin verblüffend und hat etwas aufregend Unwahrscheinliches. Man meint zu träumen oder eine Dekoration zu sehen und muß sich immer wieder davon überzeugen, daß das alles fest und steinern dasteht.

Mit diesem Gefühl eines großen Erstaunens ging ich weg und lief weiter durch die Stadt, eine gute Stunde lang, ohne aus dem fast lähmenden Benommensein zu erwachen. Gasse um Gasse nahm mich auf, alle steil, still, trotzig, alle voll von hohen, nackten Steinhäusern mit widerhallendem Pflaster. Da und dort ein winziger Garten, ein Streifchen Erde künstlich und ängstlich auf hoher Mauer schwebend, dann ein Blick eine unendlich steile Straße bergaufwärts, und bergab schwindelnde Treppengassen. Meine genagelten Sohlen glitten auf dem glatten, regenfeuchten Pflaster unzählige Male aus. Dabei war es beinahe lächerlich, zu sehen, daß am Fuße dieser abschüssigen, unsäglich mühsam gebauten Stadt sich grün und bequem eine stundenweite, wohnliche Ebene erstreckte. Und die ganze Stadt, der ganze verhältnismäßig ungeheuerliche Aufwand von Bau- und Mauerwerk machte nicht etwa einen prahlerischen Eindruck, sondern erschien düster und wie aus begieriger Not entstanden.

Ermüdet und verwirrt suchte ich bei schon einbrechender Nacht mein Wirtshaus wieder, verlangte ein Abendessen und saß bis zum Schlafengehen nachdenklich beim roten Landwein. Meine Theorie schien mir nun doch nicht mehr ganz zu stimmen. Und da der verwirrende Eindruck dieser merkwürdigen Stadt sich einstweilen nicht klären wollte, stellte ich nun als Beweggrund meines Reisens das Bedürfnis auf, rechenschaftsloses Erstaunen zu fühlen und eine Weile frei von Verantwortung nur als Zuschauer zu leben. Doch begann das Zwecklose dieses Nachdenkens schon jetzt mich zu lächern.

Meine Schlafkammer war eiskalt und feucht, aber das Bett war vortrefflich, und ich schlief mich in neun Stunden wieder vollkommen gesund und frisch. Von der fruchtlosen Grübelei genesen, machte ich mich morgens auf die Beine und erlebte nun die wunderliche Stadt, wie man ein Abenteuer erlebt. Ich schritt in einer Luft voll pathetischer Leidenschaft und hatte den Eindruck, die alten phantastischen Bauten spielten mit vehementen Gebärden das heiße Leben weiter, das hier vor Zeiten gegärt haben muß und von dem man bei den heutigen Einwohnern keine Spur mehr findet. Der trotzige Ehrgeiz, der im Kampfe mit ungewöhnlichen Hindernissen diesen steilen Hang gebaut hat, der auf ein Nichts von Boden schwindelnd hohe Türme und kolossale Palastburgen gründete und noch hoch am abschüssigen Bergrand massige Klöster und Kastelle hinstellte, hat etwas Sagenhaftes, fast Vorweltliches.

Gubbio nimmt den Berghang, an dem es liegt, nur bis zu einem Drittel seiner Höhe ein. Über der obersten Mauer und hinter dem höchstgelegenen Tor steigt der Berg kahl und streng hinan, auf halber Höhe trägt er eine alte Kapelle aus leuchtend rotem Backstein und ganz oben ein großes, festungsartiges Klostergebäude. Der gegen tausend Meter hohe Berg lockte mich. Nach dem aufregenden Eindruck der mittelalterlichen Stadt gelüstete es mich, ins Freie zu kommen und einen Blick ins Gebirge zu tun. Auch dachte ich, da droben vielleicht aus den Formen der Gebirgslandschaft den trotzig kühnen Geist ihrer alten Baumeister einigermaßen begreifen zu lernen.

Vom letzten Stadttor aus stieg ich langsam hinauf und hatte bald den Überblick über die weite, grüne Talebene. Der in großen Windungen angelegte gute Fahrweg führt bis zum Kloster und ist eine Strecke weit einseitig mit Zypressen besetzt. Jene rote Kapelle fand ich stark ruiniert, fast dem Einsturz nahe.

Die mächtige, drohende Stadt unter mir wurde allmählich klein und merkwürdig friedlich, schließlich lag sie bescheiden tief am Fuße des Berges und sah beinahe eben aus. Die unheimlichen Burgen und Türme standen klein und schwächlich wie Spielzeug unten. Ein starker, kalter Schneewind ging auf der Höhe.

Der Weg hörte auf, und ich folgte einem undeutlichen Geißensteig, der über Heide, Geröll und Felsstufen gegen den Gipfel hinführte und schließlich verschwand. Es wurde kalt und einsam, etwas wie Alpenluft wehte da droben, die Stadt war nahezu unsichtbar geworden.

Endlich hatte ich die Höhe überschritten und blieb fast erschrokken stehen. Jenseits tat sich eine große, feierliche Gebirgswelt auf, und vor mir stürzte schwindeltief eine jähe, wilde Schlucht hinab, die war eng und unheimlich, und die ungeheuren Wände des Absturzes zu beiden Seiten waren vollständig kahl und von roter Farbe. Nur in der Mitte etwa wuchs ein wenig Gestrüpp und Gras, und dort hing eine kleine Ziegenherde mit einem Hüterbuben klein

Blick auf Gubbio.

und ängstlich zwischen Berg und Tal. Auf dem Gipfel, den ich nun bald erreichte, lag Schnee.

Die grüne Ebene, die Hügel mit Obstgärten, die Paläste und alten Städte und das ganze mir bekannte Italien war verschwunden, und ich stand in einer fremden, wilden, rauhen Gegend. Kein Haus oder Dorf weit und breit, und kein Mensch als der Hirtenjunge am Abhang, und unten in der roten Schlucht ein Reiter, der im Mantel und großen spitzen Hut, die Flinte überm Rücken, auf seinem Maultier talaufwärts gegen Scheggia unterwegs war. *(1907)*

Die Frau auf dem Balkon

Als ich neulich bei der großen Hitze in der Gegend von Mailand unterwegs war, fiel es mir wieder ein. Es ist nun schon manche Jahre her.

Es war im Spätsommer des Jahres 1911, ich war in der weiß lodernden Hitze jenes brennenden Sommers an vielen ausgetrockneten Flußbetten vorübergefahren, belästigt von der Hitze, aber unbelästigt vom Strom der Reisenden, der sonst diese Gegenden zu überschwemmen pflegt. Auf den Feldern war kein Mensch zu sehen, die Bahnhöfe waren wie ausgestorben. In meinem Zug aber saß ein älterer Herr aus Norddeutschland, mit dem traf ich seit zwei Tagen da und dort bei kleinen Anlässen immer wieder zusammen. Er reiste in der ersten Klasse, ich in der dritten, aber wir fanden uns im Speisewagen und an anderen Orten doch immer wieder zusammen, seine kühlkluge, etwas gallige Konversation gefiel mir. Er mochte etwa so alt sein, wie ich heute selber bin, und ich kam mir neben ihm wie ein Knabe vor.

Mailand lag verödet; kein Lärm am Bahnhof, niemand in den Straßen, kaum eine Droschke zu sehen. Hinter staubigen Jalousieläden sah man Menschen in Hemdsärmeln sich träg und schattenhaft bewegen.

Der alte Herr, den ich vor zwei Stunden im Speisewagen wieder getroffen hatte, stieg richtig auch aus; ein Hoteldiener nahm sein Gepäck in Empfang. Der Herr nickte mir flüchtig zu, rief »Auf Wiedersehen!« und verschwand in einem der eleganten Hotels an den Anlagen, während ich auf die Trambahn stieg und das alte Logierhaus aufsuchte, das ich seit meiner ersten Italienreise jedesmal zu besuchen pflegte.

Die Gasse war ausgestorben, und vor meinem verräucherten Gasthöfchen war kein Mensch zu sehen als ein alter verlumpter Miserabile, der mit einem Stäbchen gebückt und mißmutig im weißen dicken Straßenstaub nach Zigarrenresten angelte. Der Padrone meiner Herberge zeigte sich nicht, ein Hausknecht führte mich in mein Stübchen, wo ich mich entkleidete und wusch und den ganzen Nachmittag hinter geschlossenen Läden im Hemde mit Lektüre und einer Limonade zubrachte. Abends aber, obwohl es noch kaum kühler geworden war, strömte das Volk, und ich mit ihm, nach den Anlagen und Promenaden, Zeitungsverkäufer brüllten ihr Lied, Orangenhändler und Hausierer mit feuchten Melonenscheiben belebten die Straße. Herrschaftskutscher, deren Herren in der Sommerfrische waren, führten in schönen Equipagen ihre Freundinnen und Freunde spazieren. Automobile sah man damals noch wenige.

Von einer schlaflosen Nacht geschwächt und um nichts vergnügter geworden, fuhr ich am Nachmittag des nächsten Tages weiter. Hitze, Staub und Müdigkeit lagen schwer auf mir. Aber wenigstens wollte ich vor der Rückreise nach Deutschland noch einmal eine Nacht richtig schlafen und einen Abend lang italienische Luft atmen. So beschloß ich, in Como auszusteigen. Ich tat es, und als ich kaum den sonnigen Bahnhof verlassen hatte und mit meiner Reisetasche in der Hand in das Städtchen eingebogen war, nickte mir aus einem Zweispänner mein Bekannter von vorgestern zu.

»Er beginnt unvermeidlich zu werden«, dachte ich, aber im Grunde hatte ich nichts dagegen, meinen alten Herrn hier wieder anzutreffen. Einstweilen fuhr er in seinem weich federnden Wägelchen rasch um die Ecke, während ich gegen den Dom und dann gegen den hübschen kleinen Platz am See zusteuerte, um mir eine Schlafgelegenheit zu suchen. Das war bald getan, Como war leer und Platz genug in jedem Gasthause.

Wie nun die Sonne sich neigte und ein reicher, üppiger Abend aus dem See stieg und die fernen Ufer mit violettem Staub überflog, da wurde mir wohl, und ich freute mich, vor der Heimkehr noch einmal italienischen Sommer zu atmen. Dankbar wanderte ich durch das hübsche Städtchen, wo aus den abendlichen Häusern die verschlafene Menschheit hervorkroch. Frauen wandelten zum Dom und blinzelten gegen die Sonne, die wohlhabende Jugend fuhr mit Geräusch in Einspännern vor die Stadt hinaus oder bummelte in Strohhüten und weißen Beinkleidern, mit gelben Schuhen, eine Nelke im Knopfloch und eine Virginia im Mundwinkel, durch die erwachenden Gassen. Eine Mundharmonika klang auf, ein Stiefelputzer bezog seinen jetzt schattig gewordenen Stand und fand Zulauf, die kleinen Cafetiers zogen ihre Markisen hoch und wischten die Marmortischchen vor ihren Buden ab. In einer Viertelstunde war die ganze schläfrige Stadt verändert und zu Leben erwacht, Kellner balancierten Eisportionen und Wermutflaschen zwischen besetzten Tischen, Mädchen zogen in langen lachenden Reihen durch die Straßen, bald einmütig in herausforderndem Hochmut, bald verschämt und flüchtig vor der männlichen Jugend. Und plötzlich kam an einer Ecke der Piazza ein Drehklavier aufgefahren, und zu dem grellen Geklimper tanzten schöne junge Menschen schön und prahlend.

Dies alles war für mich eine Wiederkehr wohlbekannter Bilder und Gefühle, das einsame Schlendern auf der Schattenseite abendlich-froher Straßen, der Tanz an der Straßenecke, der Wermut am staubigen Marmortischchen, der Anblick schöner Mädchen und der Klang ihrer Stimmen, wenn sie den Vers eines Tanzliedchens kühn und erwartungsvoll in den Abend hineinsangen. Das sind die Stunden, wo der junge Reisende aus dem Norden verträumt und selig durch die Gassen bummelt, den Mädchen nachsieht und den Tänzen zuschaut, bis die Fülle und Verlockung bitter zu schmecken beginnt, bis der junge Mann sich einsam fühlt und viel dafür gäbe, für eine Stunde daheim und ein Mitberechtigter und Zugehöriger auf dem kleinen frohen Markt der Eitelkeit und der Liebe zu sein. Der junge Deutsche pflegt sich dann früh in eine stille Pinte zurückzuziehen, mit Wehmut ein Risotto zu essen und den Abend nachdenklich bei einer großen Flasche Landwein hinzubringen.

Ich kannte das alles, und ich wandelte durch das hübsche, erregende Getriebe mit lächelnder Überlegenheit, vieler ähnlicher Abende eingedenk. Und schließlich setzte ich mich in eine Osteria, aß ein Risotto und trank ein paar Gläser Landwein. Dann fühlte ich mich stark genug, dem Abendleben wieder als wunschloser Beobachter beizuwohnen, und setzte mich vor das Café an der Ecke des reizenden Platzes am See. Ich trank langsam ein Glas Eiswasser, sah den See in Dämmerung sinken und die Berge kühlblau werden, rauchte eine Brissago und wehrte mich gegen die süße Verlockung, die von der flanierenden Menge, den trällernden Mädchen, vom heißen Lachen der Tänzer ausging.

»Guten Abend«, sagte jemand neben mir, und der alte Herr stand da, dem ich nun schon so oft begegnet war. Er trug einen hellen Sommeranzug und rauchte eine schöne, solide, importierte Zigarre und sprach sein kühlklares, nördlich gefärbtes Deutsch, und ich freute mich wahrhaftig, ihn dazuhaben. Er setzte sich zu mir. Er bestellte eine Limonade, und ich ließ mir eine Flasche Nebbiolo geben. Bald waren wir im Gespräch. Dieser kluge alte Herr hatte alles, was ich erlebt und gedacht, längst auch erlebt und auch gedacht, nur klüger, kühler und bestimmter.

»Gewiß haben Sie in Italien auch schon Liebesabenteuer gehabt«, sagte er wohlwollend. »Das gehört ja dazu.«

Ich sagte langsam und träumerisch: »Nun ja ––.«

Und er lächelte wieder und sagte: »Nicht wahr? Es ist leider immer dasselbe. Da streicht man an diesen schönen Abenden so hinter den italienischen Mädeln her, und jede ist zum Verlieben, und wenn es je einmal glückt und man eine in den Arm bekommt, dann merkt man plötzlich, daß es eine ist, die Geld will. Ja, es ist schade.«

Ich schwieg bekümmert. Dieser Mann war kein Freund der Illusionen. Ich trank von dem guten Wein und blickte über den abendlichen Platz hinweg, und da sah ich mir gegenüber im oberen Stockwerk eines Hotels eine Frau auf den schmalen Balkon treten, eine weißgekleidete große Gestalt mit blassem Gesicht und dunklen Haaren, schon von der Dämmerung halb verwischt. Sie trat mit kleinem Schritt vor und legte beide Arme auf die eiserne Brüstung, und sie tat es mit einer großzügigen edlen Bewegung, die mich packte.

»Ist der Wein gut?« fragte der alte Herr freundlich. Ich empfahl ihn sehr und ließ ein Glas für ihn bringen. Er probierte einen Schluck und lobte das Getränk, ich füllte sein Glas, und eben während ich das tat, sah ich, daß auch er auf die Frau am Balkon blickte. Doch sagte er nichts, und nun taten wir eine Weile nichts als in den Stühlen lehnen und dort hinaufschauen, wo die einsame schlanke Gestalt weiß im zunehmenden Dunkel stand.

»Die ist auch ganz allein«, sagte der alte Herr. Ich gab keine Antwort. Wir blickten beide da hinauf und nahmen dazwischen hie und da einen Schluck von dem guten Wein.

»Ja«, fing er wieder an, »da sollte man nun hinaufgehen und sich ein bißchen um die Frau Mühe geben, nicht? Für einen hübschen jungen Kerl müßte es selbstverständlich sein, daß eine junge schöne Frau nicht des Willens ist, den ganzen Abend allein auf einem Balkon im dritten Stock zu stehen und zuzusehen, wie unten getanzt wird.«

Ich trank ein Glas Wein. Die Flasche war leer. Ich ließ eine neue kommen und füllte unsere Gläser. Es war Nacht geworden, und der Platz wurde stiller, die Tische vor den Cafés waren noch alle besetzt, aber es tanzten draußen nur noch wenige Paare. Oben auf dem Balkon stand immer noch weiß und allein die fremde Frau.

Bedächtig leerte der alte Herr sein Glas. »Der Wein ist wirklich gut«, sagte er mit seiner klaren Sprache, die jeder kleinsten Wahrheit erst die letzte Weihe und Bestätigung gab. Ich begann, ihn zu hassen, den alten Kibitz.

Da legte er mir plötzlich eine Hand auf die Schulter, in der unverschämt wohlwollenden Art, durch die sich alte Leute an jungen dafür rächen, daß sie selber nicht mehr jung sind.

»Ich will heimgehen«, sagte er. »Es wird nun wohl kühl genug zum Schlafen sein.«

»Ja«, sagte ich gedankenlos.

»Gewiß. Und Sie werden ja wohl noch eine Weile sitzen bleiben und Ihren Wein trinken und da hinaufstarren, nicht wahr? Viel Glück! Die Frau sieht gut aus, das muß wahr sein. – Aber wissen Sie, mein lieber Freund, ich bin alt genug, ich kann trotzdem vortrefflich schlafen. Es war nicht immer so. Als ich jünger war, war ich genau wie Sie. Sehen Sie, ich habe Sie diesen Abend beobachtet, und ich muß sagen, Sie haben mich fabelhaft an meine eigene Jugend erinnert. Wir beide gehören nicht zu den Männern, die auf Abenteuer ausgehen und Frauen erobern. Wir gehören zu denen, die an Balkonen hinaufschauen und unten traurig sind und Wein trinken. Sie wissen das vielleicht selbst noch nicht so recht. Aber glauben Sie mir, das wird nicht mehr anders, ich habe das oft beobachtet. In der allerfrühesten Jugend könnte man vielleicht noch etwas dagegen tun, durch Erziehung, wenn wir Erzieher hätten, die uns wirklich zum Glücklichsein erziehen wollten. Nachher bleibt man, wie man ist, und Sie werden morgen und später vor anderen Balkonen nicht anders sitzen als heute vor diesem. Es ist mir ebenso gegangen. Als ich noch jung war, glaubte ich, meine Schüchternheit komme davon, daß ich arm sei. Aber ich wurde reich, und nichts hat sich geändert. – Nun, ich gehe jetzt, gute Nacht!«

Da ging er hin, der verfluchte Kerl. Ich hatte ihn zehnmal unterbrechen und mir seine Weisheit verbitten wollen, aber ich war nicht dazu gekommen, ich war wie gelähmt und gebannt gewesen. Der Satan! Ich rief den Kellner her. Der alte Herr hatte seine paar Soldi für die Limonade pünktlich bezahlt; die zwei Flaschen Wein waren meine Sache.

Als ich aufstand, ging mein Blick wider meinen Willen nochmals zu dem Balkon hinauf. Er hing klein und wesenlos an der dunklen Fassade. Die Frau war hineingegangen. *(1913)*

Waschplatz in Arezzo (Hesse hinter den Wäscherinnen).

Spaziergang am Comer See

Der Spätnachmittag schwankte unentschlossen zwischen böiger Heiterkeit und stillem Regen, es war kühl, und von den Bergen blickte frischer bleicher Schnee herab. Ich war in Como ausgestiegen, weil mir das der schönste Eintritt ins italienische Land scheint, wenn man vom Gotthard kommt. Man ist den Bergen noch nahe und spürt doch schon mit ahnendem Verlangen Ebene und weite, stille Fruchtbarkeit, und das Städtchen Como ist vom guten oberitalienischen Typ, sauber und wohlhabend, freundlich und gastlich.

Im Gegensatz zu Lugano und allen den berühmten Seestädtchen wendet Como dem See den Rücken zu, und man hat selbst an dem hübschen kleinen Hafenplatz nicht das langweilend beängstigende Gefühl, auf dem Sperrsitz einer wohlarrangierten Landschaft gegenüber zu sitzen, mit dem Billett in der Tasche und mit der Verpflichtung, die Sache schön zu finden. Das einzig Mißglückte an Como ist der steile Berg mit Brunate[1] oben, mit den meist protzig öden Bauten und den haushohen Plakatbuchstaben für »Tor« und

[1] Villenvorort mit zahlreichen Sommerhäusern der Mailänder.

»Fernet-Branca«. Man wendet ihnen und dem See den Rücken und schlendert harmlos in einer hübschen lebendigen Stadt, die reich genug an alter Schönheit ist und doch nirgends den Eindruck eines Museums macht. Der Fremde ist hier freundlich geduldet, er wird weder als Wundertier bestaunt noch als Spekulationsobjekt mißbraucht. Und schon hier hat das Leben der Gasse italienischen Zauber, singende Handwerker arbeiten im Freien, und schöne, leichtfüßige Mädchen und Frauen bewegen sich in den hübschen Straßen wie wohlbeschaffene Vögel in ihrem Walde, ohne Schwere und ohne andere Gefallsucht als die des Vogels und Schmetterlings.

Als ich nach einem stillen Gang durch die Gassen auf den leeren Platz am Hafen kam, schien das Wetter eine gute Stunde zu versprechen, und da gerade ein kleines Dampfschifflein bereit lag und zur Abfahrt pfiff, lief ich rasch über den Steg und fuhr mit, noch ohne zu wissen, wohin es gehe. Wir fuhren aus dem bescheidenen Becken von Como, das eigentlich nur ein großer Hafen ist, an Villen und Frühlingsgärten vorüber in den größeren Seearm, der Wind fegte kalt über das kleine Deck, und die paar Reisenden drängten sich bei der Maschine zusammen. Ich habe diesen See niemals richtig lieben können, er ist gar zu schön und glänzend, er bietet seinen Reichtum allzu willig dar, und es fehlt ihm das Schönste, was ein See haben kann, ein ruhiges, schöngebreitetes Ufer. Die Berge sind drückend hoch und fallen erbarmungslos steil herab, oben wild und kahl, unten überreich mit Dörfern, Gärten, Sommersitzen und Gasthöfen bedeckt, alles ist herrliche, nahe, prangende Wirklichkeit, alles schmettert und glänzt von Pracht und Fülle, nirgends ist ein Ort für Traum und Ahnung geblieben, ein schilfiges Moor oder ein schlafender Weidenstand, eine nasse Uferwiese oder eine lokkende Buschwildnis.

Dennoch zog und bestrickte mich die satte Schönheit auch diesmal wieder stark, die Felsenromantik steilhängender Dörfer, der selbstbewußte Ernst aristokratischer Villen mit Garten, Park und Bootshafen, die gesellige Nachbarlichkeit der Landgüter und Bauten. Eines von den Dörfern, es hieß Torno, lag sogar so fein und apart auf seiner koketten Landzunge, daß ich beinahe ausgestiegen wäre. Das Schiff lief nahe beim Ufer einer launigen Bucht nach, hinter dem dünnen Grün junger Buchen floß zauberhaft weiß und schleierig ein langer, geräuschloser Wasserfall herab, so verborgen und still, wie ich es hier nirgends gesucht hätte. Das Dorf selber lag klein und leicht ansteigend am Hügel und bot dem See eine entzückend

Blick auf den Comer See und das Castello di Vezio.

reingestimmte Schauseite dar: ein Landungs- und Wäscheplatz mit breiten, flachen Steinstufen, angebundene Boote zu Füßen, ein grünbewachsenes Haus mit Torbogen und kleinen Balkonen, ein stiller heller Steinplatz und dahinter Fassade und Turm einer schönen Kirche, eine sanfte halbrunde Hafenmauer mit jungen Bäumen darauf. Es war ein vollkommenes, wohl abgewogenes Bild, und es war so lieblich, daß ich im letzten Augenblick mich nicht entschließen konnte, es mir vielleicht zu zerstören. Ich blieb auf meinem Platz und ließ das kleine Juwel vorüberziehen und sich verschieben und kleiner werden, nickte ihm dankbar zu und nahm leichten Abschied. Die »Liebe auf den ersten Blick« habe ich bei Gemälden und namentlich bei Architekturen häufiger bewährt gefunden als bei Landschaften.

In Moltrasio, überm Seearm drüben, hielt das Schiff, und ich erfuhr, daß es hier eine Stunde liegen bleibe, um dann nach Como zurückzufahren. So stieg ich denn aus und schlenderte ins Dorf, mit einem angenehmen Fremdlingsgefühl. Außer einer imponierend großen, stillen Villa mit geschlossenen Fensterläden in der glatten, ruhigen Fassade war nichts Verlockendes zu sehen. Ich stand am hohen Eisengitter des Portals und sah in den streng symmetrischen, ruhig ansteigenden Garten, wo über einem kleinen ovalen Teiche Kamelien blühten und blaue Sternblumen im Rasen und wo ein breiter fürstlicher Parkweg hinauf zum Hause führte.

Dann ging ich weiter und den ersten Pfad berganwärts. Er führte über ungezählte Steinstufen an einer hohen unendlichen Steinmauer hin, und über der Mauer stiegen streng und regelmäßig in kleinen Terrassen die hohen Zypressen mit. Häuser tauchten auf, ein fallendes Wasser wurde hörbar, verworren mit dunklen Menschenlauten aus nahen Gassen, der Pfad führte eng und unter dunkelnden Dächern hindurch auf den kleinen Vorplatz einer Kirche. Ich ging hinein, sie war leer, ich verweilte Augenblicke vor einem Chor mit hübschen, schönfarbigen Fresken, ging zurück und unter einer Bogenhalle weiter, und plötzlich stand ich auf einer kleinen, schwach gebogenen Brücke, über mir stürzte steil und schäumend ein wilder Bach herab, der unterhalb, wieder unter schwebenden Brücken hin, in drei, vier kühnen Fällen zwischen bemoosten Mauern und grünen Gartenhecken das Tal erreichte. Hübsche Mädchen trugen Wasser in Kupferkesseln auf dem Kopfe, schwebten balancierend über eine der Brücken und verschwanden im feuchten Dunkel der engen Gäßchen.

Ich ging in der Höhe weiter, an frisch bestellten Gemüsegärten hin, da und dort tat sich der Blick in die Tiefe und nach der Seeweite auf. Meine Stunde war bald abgelaufen, ich begann mich nach einem Wege zur Schifflände umzusehen.

Da geriet ich unversehens auf einen grasigen Weg zwischen hohen Zypressen, oben und unten die begrünten Mauern großer Gärten, daneben grau und verwittert ein baufälliger Glockenturm, alles schweigend und kühl und märchenhaft verschlafen. Suchend ging mein Blick über die lange Gartenmauer zur Linken, ich fand sie von einem fensterartigen, schwarzdrohenden Loche unterbrochen und trat näher. Da gähnte im alten Steinwerk eine tiefe finstere Nische, mit einem eisernen Gitter verschlossen, und hinter dem Gitter in kalter Dämmerung glomm und schien etwas seltsam Bleiches in unfroher Helle, und da ich näher zusah, war es eine große Pyramide von Totenschädeln, die hier, zu Gedächtnis und Mahnung aufgestellt, im Düstern den Zeiten standhielten. Der Anblick war mir nicht fremd, ich hatte in Österreich und im Elsaß mehrmals solche Schädelpyramiden gesehen und sie nie sonderlich geschätzt. Diese aber entzückte mich und bleibt mir unvergeßlich. Denn das finstere schwarze Gitter, hinter dem die Zeichen der Vergänglichkeit in ihrer steifen Ordnung grinsten, war von Kinderhänden über und über mit frischen, hellblutroten Kamelienblüten besteckt, und in meiner Erinnerung ist stärker als Seefahrt und Uferpracht, stärker als Wasserfall und friedlich bemalter Kirchenchor das lichte, kindliche Blumenspiel am Schädelgitter eingegraben geblieben. *(1913)*

Blick auf Bergamo.

Bergamo

Ein moderner Bahnhof und eine moderne Stadt empfingen mich, an der breiten stattlichen Straße standen erleuchtete Restaurants und Läden, trotz dem finsteren Regenabend machte die Menge ihren Abendgang, und die Trambahn war überfüllt. Sie wurde gegen die Altstadt und die Station der Drahtseilbahn hin leerer und leerer, und schließlich fuhr ich beinahe allein die steile Bahn hinauf. Unter mir verglühte die lebhafte abendliche Stadt, oben empfing mich der übliche zementierte Perron, neugierig trat ich aus dem Raum ins Freie und war mitten in einer dunklen alten Stadt, eine enge leere Gasse nahm mich auf, Läden wurden geschlossen, plötzlich erschreckte mich der Anblick eines unwahrscheinlich hohen Turmes, der aus der Häuserschlucht emporstieß und nach oben in die Nacht verschwand, es war, als sei ich plötzlich in der südlichen Toskana oder in einem umbrischen Bergstädtchen. Überraschend tat sich bald darauf die Gasse auseinander und ergoß sich in einen großen, wunderschönen Platz, rechts eine lange Bogenhalle, wo abendliche Bummler ihre Pfeife rauchten, links undeutlich ein großes Denkmal, modern, ein Garibaldi offenbar, und dahinter ein dunkler vornehmer Bau, schwere Pfeiler und schön gewölbte Bogen, auf dem ganzen Platze kein Leben mehr als die matt erhellten Scheiben eines kleinen Kaffeehauses und einer Drogerie, in deren Fenster grüne und orangenrote Flaschen juwelenhaft leuchteten. Ich atmete tief auf, seit langem war ich nicht mehr so bei Nacht in ein altes italienisches Nest eingezogen, von ahnungsvollen Dunkelheiten angelockt, von plötzlich vortretenden edlen Architekturen überrascht und vom feuchten Dunst enger Steingassen begrüßt.

Im Gasthaus bekam ich ein rotgepflastertes Zimmer, groß, wie in einem Palast, und einen zarten Geißbraten, der Wein war gut, und der Wirt hatte eine schöne Schwägerin. Dennoch ging ich bald wieder aus. Der Regen tropfte sanft auf die großen Steinplatten, auf denen man so herrlich geht, der Garibaldi stand ernsthaft und etwas bedrückt auf seinem hohen Sockel, von vier äußerst grimmigen Löwen bewacht. Dreien von ihnen steckte ich je ein Zweisoldistück in das brüllende Bronzemaul – am nächsten Morgen fand ich die Münzen alle an ihrem Orte wieder. Indessen war ich um das Denkmal herumgegangen und stand vor einem wundervollen Palast, dessen Erdgeschoß sich als eine mächtige gewölbte Halle darstellte, mit dicken kantigen Pfeilern außen und schönen leichteren Säulen innen. Ich ging hindurch, sah links eine gewaltige weiße Treppe zum Dome führen und vor mir eine zweite, große, phantastisch aussehende Kirche, undeutliche Kuppeln im Nachthimmel, ein uraltes, anscheinend gotisches Portal mit Figuren in kleinen Gewölben, eine Kapelle zur Seite mit reicher, üppiger Fassade, alles im trüben Dämmer schwimmend, alles voll Ahnung und Versprechung und Vorgefühl schönster Überraschungen. Ich ging vorbei, erregt und voll Erwartung für morgen, und trug kein Verlangen, mir durch die Lektüre des Baedeker oder Cicerone die Spannung und Reiseköstlichkeit zu verderben.

Am Morgen war mein erster Gang wieder zu dem Platze, der nun im Tageslicht alle Versprechungen der Nacht wahr machte. Nur der Garibaldi hatte verloren, er stand schäbig auf seinem zu großen Sockel, und die vier wilden Löwen waren, wie ich jetzt sah, nicht nur töricht, sondern glücklicherweise auch viel zu klein. Der Palast mit der gewölbten Halle enthielt die berühmte Bibliothek von Bergamo, die einige hundert Inkunabeln besitzen soll, und ich hätte sie ansehen können, wenn ich irgend Lust dazu gehabt hätte. Eine kühne Riesentreppe mit einem von Säulen getragenen Hohlziegel-

Nordeingang der Basilica di Santa Maria Maggiore von Bergamo und die Grabkapelle des General Colleoni.

dach führte zu ihr hinauf. Ich ließ sie liegen und ging erwartungsvoll unter der Halle durch, an einer schwungvollen barocken Statue vorbei, die den Dichter Tasso vorstellte, und jetzt sah ich die beiden Kirchenbauten, die mir in der Nacht so geisterhaft entgegengeblickt hatten, klar und kühn in der dünnen Morgensonne stehen.

Drüben stand der Dom, feierlich froh und hell mit breiten königlichen Stufen vor dem Eingang, daneben, vor mir, Santa Maria Maggiore und, daran angebaut und wunderlich wild verziert und ausstaffiert, die Kapelle des Colleoni. Vor dem Kirchenportal ein kleiner hoher Vorbau: sechs bescheidene Steinstufen, ein weiter romanischer Rundbogen auf zwei von Löwen getragenen Säulen, darüber hoch und kühn ein gotischer Aufbau, eine Art kleiner zierlicher Halle mit drei Nischen und in jeder eine alte naive Skulptur [etwa langobardischer Herkunft][1], die mittlere zu Pferde, und über dem allem nochmals ein schmales, spitzbedachtes Stockwerk, ein Stüblein mit zwei lichten, hübschen Säulen vorn und drei Heiligen darin, das Ganze von einer spröden Anmut und wildgewachsenen Unschuld und von jenem Zauber der Namenlosigkeit, da diese Art von Kunstgebilden gleich denen primitiver Völker weniger aus einem einzelnen Kopfe als aus dem Denken und Gefühl einer ganzen Generation und eines ganzen Stammes entsprungen scheint.

Ehe ich die Kirche betrat, blieb mein Blick an der überreichen Fassade der Colleoni-Kapelle hängen. Ihre Anlage muß schön und einfach gewesen sein, eine geschmackvolle Wiederholung der alten, bewährten Anordnung: Portal und zwei Seitenfenster, überm Portal eine große Rosette, oben als Abschluß eine lichte, leichte Galerie mit zierlich kleinen Säulchen. Irgend etwas stimmt aber nicht, das Ganze klingt nicht ganz rein und vollkommen zusammen, zwischen Wand und Kuppel bleibt etwas leer und ungelöst, und außerdem ist die ganze Fassade später aus dem Inneren der Kirche her mit hundert Stücken und Stückchen beklebt worden, die dort bei einer Neueinrichtung entbehrlich geworden waren. Da wimmelt es von Säulen und Säulchen, von Reliefs in allen möglichen Materialien, Porträts und Engelchen, und das zugrunde gelegte zweifarbige Marmormuster täuscht, manchen unseligen modernen Fußböden gleich, eine Anordnung von Würfeln vor, die einem wild und gegen alle Naturgesetze ins Auge springen. Ach, zuweilen tut es mir geradezu wohl, auch die Italiener einmal auf einer richtigen Ge-

1 In eckigen Klammern: Zusätze aus früheren Fassungen dieses Textes.

Galerie über dem Nordeingang der Basilica di Santa Maria Maggiore von Bergamo.

schmacklosigkeit und saftigen Entgleisung zu ertappen, sie, die gewiß oft genug äußerlich und frechvirtuos sind, denen aber solche ganz schlimme Mißgeschicke im Bauen und Dekorieren, wie sie bei uns beinahe die Regel sind, doch nur selten passieren.

Durch die Tätowierung nicht abgeschreckt, ging ich in die Kapelle hinein, wo der venezianische General Colleoni samt seiner Tochter begraben liegt und wo heute noch, aus einer Millionenstiftung des frommen Feldherrn her, täglich Messen für ihn gelesen werden. Über seinem Sarge in tiefer Wandnische reitet der General, vergoldet auf einem vergoldeten Rosse, schön in etwas steifer Würde und Größe, und an der nächsten Wand liegt fein und klein in schmächtiger Zierlichkeit seine junge Tochter, in Stein gehauen, auf ihrem steinernen Kissen und schläft, vom unbekannten Künstler verewigt, in rührender Schönheit ahnungslos derselben Dauer und Berühmtheit entgegen wie ihr großer Vater.

Nun lief ich neugierig, an den säulentragenden rötlichen Löwen des Portals vorbei, der großen Kirche zu, trat ein und ward alsbald von einem fromm-feierlichen Licht und Dufte umfangen, goldenes Zwielicht über dunklen Altarbildern und bleichen Fresken, in Nischen und an Wänden allerlei Gemeißeltes und Geschnitztes, viel Pracht und Reichtum überall verschwendet. Man geht [durch diese gehäufte Pracht], atmet Glut und Selbstbewußtsein einer stolzen Vergangenheit, begrüßt in flüchtigem Erkennen ein steinernes Gesicht, eine gemalte oder gewirkte Landschaft, ein goldenes Ornament, geht weiter und vergißt noch im Gehen das kaum Gesehene, es bleibt nur ein Klang von satter Pracht und würdigem Halbdunkel. Eines aber vergißt man nicht wieder, das sind die Chorstühle dieser merkwürdigen Kirche. Die sämtlichen Rückenfelder dieser Stühle, es sind mehrere Dutzend, sind von eingelegter Holzarbeit, Bild an Bild, nach Zeichnungen von Lorenzo Lotto und anderen von Bergamasker Künstlern geschnitten und zusammengefügt; es haben Großvater, Söhne, Enkel daran geschaffen, mehr als hundertfünfzig Jahre ist an diesen Feldern gearbeitet worden.

Es ist wahrlich nicht schade um diese Zeit und Mühe. Man kann nichts Beglückenderes sehen als diese treue, feine und aparte Kunst: die Hölzer braun, gelb, grün, weiß, honigfarben, alle vom selben Duft und Altersgold, in satten warmen Tönen leise leuchtend, den Augen ein laues wohliges Bad. Da verstößt Abraham die Hagar und spricht Salomo sein Urteil, David spielt vor Saul die Harfe und erschlägt den Riesen, Judith tritt aus des Holofernes Zelt, Könige

Das Grabmal des Generals Bartolomeo Colleoni in der Colleoni-Kapelle.

Das Chorgestühl im Dom von Bergamo.

und Patriarchen wandeln und handeln in Zelten und Tempeln oder in schönen Landschaften mit ausdrucksvollen sehnsüchtigen Bäumen und felsigen Gebirgszügen. Da und dort ist eine Tafel von besonderem Glanz, eine feine zeichnerische Idee leuchtet beglükkend auf, sonst aber sind diese vielen Bilder, an denen anderthalb Jahrhunderte gearbeitet worden ist, unentwegt vom selben Reiz der liebevollsten Arbeit, vom selben tiefsatten Ton, von derselben geduldigen Genauigkeit und klugen Anmut. Nur noch an mönchischen Miniaturen habe ich diese vornehme Einfalt wahrgenommen und diesen wohlig zum Ausmalen verlockenden Gedanken gehabt, es müssen stille, feine, geduldige Menschen gewesen sein, die da in unermüdlicher Kunst, vom Tage nichts wissend, sich in anmutigen Schilderungen sonnten und der eigenen Geschicklichkeit erfreuten. Man hat denselben Eindruck vor japanischen Holzarbeiten und chinesischen Stickereien.

Ich tat noch einen Blick in den Dom: Weiß und Gold und eine seltsam mit Nüchternheit vermählte Pracht. Dann folgte ich der Lockung eines Sonnenstrahls auf ein schräg ansteigendes Plätzchen, wo zwischen den Pflastersteinen dünnes, spitzes, lichtgrünes

Eine der zahlreichen Holzintarsien im Chorgestühl des Domes von Bergamo: »Judith verläßt das Zelt des Holofernes«.

Gras wuchs, ein Riesenpalast dahinter [, dessen Portal weit offen stand, so daß ich hineintrat. Doch wurde ich sogleich von einem uniformierten Diener höflich zurückgewiesen, es sei Schule da drinnen, und als ich stillstand und lauschte, hörte ich von oben, aus den schönen großen Sälen her, das armselige, unsäglich langweilige und herzlose Buchstabieren und Syllabieren, das Hersagen und zögernd scheue Deklamieren vieler Schulklassen durcheinander tönen, wie aus einer Gruft, und erlebte dann wieder einmal einen der Augenblicke, in welchen man dankbar ist, kein Kind mehr zu sein.] Ich kam weiter zu einem verschwiegenen Winkelchen, das großartig den Namen Piazza Terzi führte. Die eine Seite des Plätzchens war von einer hohen Terrassenmauer gebildet, und die rohe schwere Mauer war entzückend von einer großen Nische unterbrochen, darin stand überlebensgroß eine schöne weibliche Figur in weicher Anmut, etwa eine Ceres, und über dem Ganzen als Abschluß eine kleine Ziergalerie und zu beiden Seiten zwei Putten mit Füllhorn und Garben. Entzückt blieb ich stehen, das war ein Stück bestes Italien, eine von den vielen kleinen Überraschungen und

Reisefreuden, um derentwillen das Reisen sich lohnt. Und als ich mich umwandte, stand der Figur gegenüber ein Palastportal offen, unter einem hohen reinen Bogen sah man einen Hof mit Pflanzen und hängender Laterne, dahinter standen traumhaft eine elegante Balustrade und zwei große Statuen mit scharfem Umriß in der Luft und weckten mitten in dem engen Mauerwinkel die Ahnung der unendlichen Ferne und Weite des Luftraumes über der Poebene.

(1913)

San Vigilio

Ich hatte in Bergamo manches Schöne gesehen, Erwartetes und Unerwartetes, ich hatte auch den Kinematographen besucht und mit dem Padrone eines kleinen Kaffeehauses Freundschaft geschlossen, der früher Musiker gewesen war und aus seinen Jünglingszeiten her ein Diplom über erfolgreiche Studien im Kontrapunkt an der Wand hängen hatte. Daneben waren hübsche alte Kupferstiche zu sehen, und oben im großen Familienschlafzimmer hing unter anderen, zum Teil schönen Malereien eines der schönsten Bilder, die ich in Bergamo gesehen habe, eine Madonna im Stil des Giovanni Bellini, vermutlich von einem Schüler. Ich hatte auch das Wohnhaus des Colleoni aufgesucht und darin einen köstlichen kleinen Speisesaal gesehen, stilvoll und apart mit kleinen edlen Zieraten in gesättigter Stimmung, ganz wie aus einer Novelle von Conrad Ferdinand Meyer.

Ich war ferner in der Talstadt unten gewesen und in der Carrara-Akademie, wo ein kleines Männerporträt von Pisanello und eine Madonna von Boltraffio über hundert schon wieder verblaßte andere Bilder hinweg mir liebgeworden ist, die Madonna erstaunlich als Frauentypus, eine Vereinigung von reifer Majestät mit süßer Anmut, verwandt mit dem Mailänder Lionardo-Typ, aber selbständig und voll Zauber. Nachher hatte ich vergeblich nach einer Photographie dieser Madonna gesucht und mich in der neuen Stadt einigermaßen gelangweilt, ich hatte meinen schwarzen Kaffee in einem wunderlichen Gewölbe aus neuester Zeit eingenommen, das aus nachgemachtem Tropfstein bestand und eine schauerliche Höhle darstellte, in deren finsteren Vertiefungen und Stufen tröstlich die Flaschen mit Vermouth, mit Marsala und all den italienischen Dessertschnäpsen standen. Ich hatte mir die Herstellungsart dieser Grotte erklären lassen und zwei Tassen Kaffee getrunken, eine für fünfzehn und eine für zwanzig Centesimi, und mich wieder darüber gewundert, wie die Italiener bei ihren Riesenzöllen für wenige Pfennige einen Kaffee kochen können, den man bei uns in vornehmen Lokalen vergebens sucht. Ich war schließlich wieder nach der Bergstadt zurückgekehrt und trieb mich schlendernd durch die Gassen, froh über das Ausbleiben des Regens, der vor einer Stunde noch gedroht hatte.

Durch den weiten Hof eines vierflügeligen Gebäudes, das ein Kollegium oder auch eine alte Kaserne sein konnte, kam ich zum

Blick auf die Oberstadt von Bergamo.

oberen Stadttor, in dessen ehemaliger Wächterstube jetzt ein kleiner Gemüseladen Unterkunft gefunden hat. Durch den weiten Torgang blickten von der Höhe abendsonnige Häuser, rosig und grün angemalt, und kaum war ich jenseits ins Freie gekommen, so stand da schon wieder eine kleine Wartehalle, und eine zweite Drahtseilbahn führte nach San Vigilio hinauf, dem höchsten Villen- und Hügelvorort von Bergamo. Das war, was ich brauchte. Ich nahm den nächsten abgehenden Wagen, und schon nach Augenblicken eröffnete sich eine ganz neue, herrliche Aussicht: über der Stadt auf der Plattform des Wagens stehend, sah ich das steile alte Bergamo von oben, mit Türmen, Kuppeln, Festungsmauern und Dächern zwischen mir und der tief unten verschwimmenden, grünen Ebene in der Silhouette stehen, geschlossen und trotzig. Über die Kuppeln floß schwache Abendsonne, von den Türmen tröpfelte mit unsicheren, spannenden Pausen das wahnsinnige mechanische Radgeläute, dem man in keiner oberitalienischen Stadt entrinnt und an das man sich schließlich gewöhnt wie an ein groteskes Riesenspielzeug.

Oben erkundigte ich mich, ob etwa weiter bergeinwärts noch

weitere Seilbahnen bestünden, wurde aber beruhigt, hier sei es zu Ende und ich sei auf der obersten Höhe von Bergamo. Der Station gegenüber stand ein niederes Wirtshaus, ich blickte zur Glastüre hinein und quer durch das wenig tiefe Haus und ahnte drüben eine so herrliche Aussicht, daß ich einzukehren beschloß. Vorher aber ging ich ein wenig das Sträßlein den Hügelgrat entlang, blieb vor einer sauberen kleinen Villa stehen und hörte einem kindlich befangenen Klavierspiel zu, das aus dem Hause drang. Musik aus einem fremden Hause in einer fremden Stadt ist immer seltsam anziehend und weckt sehnsüchtige Vorstellungen von Glück und fremder Häuslichkeit. Ich blieb lange stehen und suchte mir vorzustellen, wer da drinnen spiele. Gewiß ein Mädchen, ich meinte es zu hören, vielleicht fünfzehn oder sechzehn Jahre alt, das drunten in der neuen Stadt zur Schule geht und seit kurzem bei Familienanlässen sich hören lassen darf.

Unvermutet tat sich das Haustor auf, ein freundlicher Herr kam heraus und fragte, was ich begehre. Ich sagte, ich hätte nur dem Klavierspiel zugehört, aber da er nun schon einmal geöffnet habe, wäre ich dankbar, wenn ich einen Blick in seinen Garten tun dürfe. Er lächelte und stellte sich vor, er war Professor und lehrte in einem technischen Institut, in demselben schönen Gebäude mit der langen, hohen Bogenhalle, das ich kürzlich bei meiner nächtlichen Ankunft als ersten wohlgefälligen Anblick beim Betreten der Piazza Garibaldi begrüßt hatte. Sogleich kam auch die Tochter, sie war erst zwölf Jahre alt und brachte zwei jüngere Geschwister mit, wir gingen in den Garten, der hoch und ohne jede Nachbarschaft stolz in seiner Höhe liegt und auf Bergamo hinuntersieht. Im Winter, erzählten sie, säßen sie hier oben oft in der Sonne, während weithin die ganze Ebene in einem Nebelmeer ertrunken sei. Auf der steinernen Gartenmauer standen zwei komische Steinfiguren aus dem siebzehnten Jahrhundert, zwei groteske zwerghafte Violinspieler, deren einer voll Empfindsamkeit und schmelzendem Gefühl, der andere voll munterer Laune musiziert. Ehe ich ging und dankend Abschied nahm, mußte das Mädchen noch ein Stück spielen, wir traten in die Stube und hörten den Tripolismarsch an.

Fröhlich kehrte ich zum Wirtshause zurück. Das Gefühl einsamen Herumstehens vor fremden Häusern war von mir genommen. Ich bestellte ein Getränk, sah mich nach einem schönen Sitzplatze um und entdeckte hinter dem Hause eine lange, schmale Veranda. Da setzte ich mich, vor mir blühten farbige Blumen in Blechdosen, ein kleines Zwischental mit smaragdgrün leuchtendem Grase schwang sich unter mir hinab und jenseits in zarter Welle wieder hügelan, dahinter standen die Berge bläulich dunkel, Kette um Kette bis zu hohen beschneiten Alpen, ein tiefes Gefühl von Raum und Ferne erweckend.

Über der nächsten, scharfgratigen Kette, neben einer riesigen düsteren Wolke von Drachengestalt, stand groß und milde im Duft die niedere Sonne, ihr Licht floß mit den parallelen Bergrücken abwärts in seinen Stufen und Sprüngen über Berge, terrassierte Hügel und Gartenhänge ins Land hinab, das ich nun erst in seiner Größe und mächtigen Würde liegen sah: die ungeheure Ebene Norditaliens, mächtig und ohne Ende wie ein Meer, die Nähen grün und leuchtend, die Ferne in hundert Tönen grau und bläulich und blau und blauer werdend, weiß getupft von tausend Städtchen, Dörfern, Klöstern, Weilern, Höfen, Türmen, Villen, in der Ferne tiefblau verschwimmend ohne Ende. Solche Sachen hat Turner gemalt, und so habe ich seit den Knabentagen mir Italien vorgestellt: Von Schneebergen und Felsstürzen abwärts in schönen Stufen mit Gärten und Landhäusern, reich und mannigfach und fruchtbar, und hinabwärts nach Süden die unendliche, grün und blaue, märchenhafte Ebene. Aber mit Augen gesehen hatte ich das niemals so schön und gewaltig wie hier. Auf diesen Hügeln sind deutsche Soldaten und Schweizer Landsknechte hundertmal gestanden und haben gierig und trunken hinuntergeblickt in die reiche, prangende Fruchtbarkeit und Größe des fremden Landes.

Ganz in der Ferne, schon vom blauen Luftmeer begrenzt, schien von einem Sonnenglanz gehoben ein kleines weißes Ding aus dem Dunst, unsäglich fern und wesenlos. Ungläubig schaute ich hin und strengte die Augen an; aber die Richtung stimmte, und es konnte dort kein anderer Bau von solcher Größe liegen; es war, ein lichter froher Punkt im Unendlichen, der weiße Dom von Mailand.

(1913)

Italienischer Reisetag

Wie leicht Bergamo erreichbar ist, hatte ich längst gewußt und war wieder einmal diesen schönen Weg vom Gotthard nach Italien gefahren. Wie schwer es aber werden kann, von Bergamo wieder wegzukommen, erfuhr ich erst dieses Mal. Zwischen meinem Entschluß zur Abreise und der Abfahrt selbst vergingen zweieinhalb Tage. Das eine Mal war nirgends in der Altstadt ein Fahrplan zu finden, das andere Mal war gerade nach starkem Regen das Wetter unversehens gut geworden, das dritte Mal wurde ich von einem alten Musiker zum Kaffee eingeladen, den seine schöne Tochter einschenkte, wieder einmal hielt mich mein Gastwirt mit der Ankündigung eines wunderbaren Geißbratens zurück. Auch hoffte ich immer, doch einmal in die berühmte Pinakothek zu kommen, was aber trotz tagelangen Aufenthaltes nicht glücken wollte. Kurz, es war in Bergamo sehr schön, vom Sarg des Colleoni bis zum Kinematographen, von den hübschen Cafés der Neustadt bis nach San Vigilio hinauf, und da das Reisen auch in Italien Enttäuschungen bringen kann, blieb ich gerne Tag um Tag und hieß alle die Schwierigkeiten, die sich meiner Weiterreise in den Weg stellten, heimlich willkommen.

Endlich aber, an einem laufeuchten Nachmittag, saß ich doch in der Eisenbahn. Mein Wirt hatte mir einen glänzenden Zug nach Cremona ausfindig gemacht, in weniger als zwei Stunden sollte ich schon dort sein. Der Zug fuhr ab, von den Hügeln weg in die mächtige, hellgrüne Ebene hinein, unter gewaltigen Gewitterwolken hin, und ich genoß wieder tief den Anblick dieses reichen, schweren Landes, wo alles in Fülle gedeiht, was frohe Menschen zum Leben und Fröhlichsein brauchen. Alles ließ sich gut an, wir waren pünktlich abgefahren und reisten in einem flotten Tempo. Nach einer guten halben Stunde waren wir schon in Treviglio, wo merkwürdig viele Leute ausstiegen. Ich blieb allein im Wagen und sah dem Getriebe mit Behagen zu, da rief mich ein Schaffner an, auch ich müsse aussteigen. Und ich erfuhr, daß dieser Zug nicht weitergehe, und wenn ich nach Cremona wolle, so habe ich in drei Stunden Anschluß.

So trug ich denn meinen Koffer hinaus und gab ihn am Bahnhof ab. Ich war mißtrauisch gegen diesen Knotenpunkt, da ich früher einmal mit einer ähnlichen Haltestelle schlimme Erfahrungen gemacht hatte. Damals war ich in Fossato Vico ausgestiegen, in der

Relief über dem Portal der St. Martinskirche von Treviglio.

Nähe von Foligno [im Norden Umbriens][1], und hatte mir gedacht, an einem so wichtigen Punkte, wo alle Züge halten und Aufenthalt machen, müsse wohl irgendeine gute, alte, wohlige Stadt liegen, die nicht im Baedeker steht, und vielleicht gebe es ein kleines Rathaus mit etruskischen Sachen anzusehen oder ähnliches. Es war aber kein Rathaus und überhaupt keine Stadt da, und ich mußte einen Nachmittag auf dem Bahnhof verbringen. Das fiel mir wieder ein, als ich nachdenklich von der Station weg gegen das Städtchen schlenderte, auf einer staubig, sonnigen Straße an kleinen, ärmlichen Neubauten hin, die wenig versprachen. Aber es gab wirklich ein Städtchen, und es war hübsch und still und verschlafen und hatte eine hübsche Martinskirche, in deren Vorhalle ein reizender heiliger Martin aus gotischen Zeiten an der Wand ritt, und im Ansichtskartenladen war eine alte Frau, die war in ihrer Jugend einmal einige Tage in Zürich gewesen, sie wußte noch ein paar schweizerdeutsche Worte und war närrisch vor Vergnügen, als ich sie verstand und beantwortete und über das seitherige Gedeihen von Zürich Auskunft gab.

[1] In eckigen Klammern: Zusätze aus früheren Fassungen dieses Textes.

Platz in Treviglio mit der Kirche »Madonna der Tränen«.

Die erste Stunde war hingebracht, ich begab mich auf die stille Piazza, ließ mir ein Tischchen an die Sonne hinausstellen und einen Kaffee geben und saß und rauchte und sah dem Leben einer winzigen Kleinstadt zu. Es wurde jemand beerdigt, und Kinder mit weißen Schärpen trugen die Kerzen, dazu sang vom hohen Turme ein leicht verstimmtes Glockenspiel. Dann wurde es wieder still, bis ein durchreisendes Automobil auf dem Platze hielt. Das gab wieder Leben. Kinder drängten sich her und ließen, während der Chauffeur Benzin einfüllte, die dumpfe Hupe spielen. Und als auch das vorüber war, weckte mich ein neuer Kinderschwarm aus dem Halbschlummer, die Schule war aus und die Jugend kam barfuß oder in Holzschuhen dahergestürmt, füllte den Platz mit heftigem Leben und turnte auf den weißen Prellsteinen vor der Kirche. Wieder war eine gute Stunde vergangen, ich verließ das Café und suchte einen Weg nach der Bahn zurück. Auf dem Sims eines Eckfensters standen vier vollblühende Hyazinthenstöcke in Topfscherben, ich sah hinauf und sah die Blumen an, die in der kellerig schattigen Gasse wächsern schimmerten, und hinter den Blumen saßen zwei junge Mädchen und nähten, und die eine war hübsch und tat, als sähe sie mich nicht. Als ich aber nach zwanzig Schritten wieder umkehrte und nochmals zu dem Fenster hinaufschaute, fing sie zu lachen an und begann ein drolliges Gespräch mit ihrer Schwester, mit kleinen Seitenblicken nach dem Fremdling und vielem Gelächter. Leider mußte ich gehen. Um ein Fenster voll Blumen und ein Mädchen dahinter, das eine Schwester bei sich hat, kann man nicht in Treviglio bleiben.

An der Station zeigte es sich, daß doch noch Zeit genug war, und unschlüssig blickte ich den grauen, öden Weg nach dem Städtchen zurück. Dann trank ich in einem nagelneuen, vorzüglichen Wirtschäftchen einen guten Wein und war mit Treviglio zufrieden, als der Zug kam und mit mir durch das von tiefhängenden Wolken verdüsterte Land gegen Süden fuhr. Durch den Räderlärm hindurch hörte man Donnerschläge und bald brach ein schräger, klatschender Regen herab, dahinter blieb inmitten von Regen und Gewölk eine schmale bleiche Himmelsinsel in schüchternem Blau verheißungsvoll stehen. Als der Regen sich erschöpft hatte und still und leiser floß, drangen aus jenem bleichen Himmelsfenster je und je abendliche Lichter herein und verliefen sich in der unendlichen Ebene, deren rotbraune Ackererde intensiv nach Fruchtbarkeit duftete. Es war beinahe Nacht, als ich in Cremona ankam, und es war ein weiter Weg unterm Regenschirm bis ans andere Ende der Stadt, wo mein Gasthof lag. Es war einer von denen, in welchem italienische Geschäftsreisende und Priester verkehren, und ich hatte ihn mir in Bergamo empfehlen lassen. Des weiten Weges überdrüssig, wäre ich ihm beinahe untreu geworden; ich bereue es aber nicht, daß ich aushielt, der Gasthof erwies sich als einer von jenen, die man nur alten und bewährten Freunden im Vertrauen nennt, und als ich dort eine Gemüsesuppe und eine Forelle aus dem Gardasee mit gutem Wein genossen hatte, war ich so voll guter Reisestimmung, daß ich noch in der Nacht und trotz des Regens ausging, um einen ersten neugierigen Blick in die Stadt zu tun.

Ich war nicht weit gegangen, da nahm mich ein stilles, im Regen plätscherndes Plätzchen mit schönen Arkaden auf, ich schloß den Schirm und ging zufrieden unter den Bögen weiter, übersprang rasch eine dunkle, schmale Quergasse, erreichte einige mächtige Steinstufen und kam erregt und voll Spannung in ein gewaltiges Gebäude, unter hohen Gewölben durch in einen Hof und jenseits in ein neues Gewölbe; mächtige Pfeiler spiegelten sich nach außen in einem neuen, regennassen Platz, ich trat ins Freie, blickte verwun-

Der Domplatz von Cremona.

dert auf und sah mit einem einzigen, überraschten Blick den Domplatz vor mir liegen [ein außerordentlich schönes und kühnes architektonisches Bild.] Übermächtig über der kleinen Piazza stieg die Fassade des Domes in bleicher Helligkeit empor, wunderbar abgewogen und in sich begnügt, über dem großen Portal undeutliches Skulpturenwerk und eine schöne, riesige Rosette, daneben leicht und elegant zwei Reihen kleiner Rundbogen, auf lieblich leichten, feinen Säulchen, und oben als Giebellinie zwei ungeheure, leere, kühne Voluten. Das alles trat gleichzeitig vors Auge, voll Musik und köstlicher Abgestimmtheit, und daneben sprang ein unsäglich hoher Turm stolz und beinahe fürchterlich in die Höhe, oben mit kleinen zarten Säulengalerien in die Nacht verlaufend.

Im [rinnenden] Regen blieb ich stehen und sog den wunderbaren Anblick in mich ein, beglückt und erschüttert von der Größe und frechen Kühnheit dieser Bauten. Kein Zweifel, diese Riesenvoluten waren später entstanden als der Unterbau, sie waren in der Zeit der [strotzendsten] Renaissance mit spielerischer Kühnheit da oben hingesetzt worden, und obwohl sie aus einer anderen Zeit und aus einer völlig anderen Welt stammten als der alte romanische Bau, saßen sie doch mit einer Sicherheit da, als müsse es so sein. Und so war alles auf diesem märchenhaften Platze, alles erschien kühn, riesig und abenteuerlich, und alles war voll Sinn und Maß, und der beinahe erschreckende erste Eindruck wurde sanfter und stiller und klang rein und froh in mir weiter, als alle Überrumpelung längst überwunden war. Wie schön würde es sein, morgen dies alles, und wer weiß wieviel ungesuchte andere Schönheiten dazu, in stiller Muße bei Tageslicht anzusehen!

Daheim im Gasthofzimmer saß ich lange auf dem Bette, die große, reine Musik des Domplatzes klang in mir nach, dazwischen zeigten aufsteigende Erinnerungsbilder mir Bauten, Gärten, Menschen aus Bergamo, die weite ebene Landschaft der Bahnfahrt, den stillen sonnigen Steinplatz in Treviglio, was alles, vor Stunden erst gesehen, schon seltsam weit zurückzuliegen schien.

Und ich besann mich wieder einmal: was ist das nun eigentlich, was unsereinen auf Reisen treibt [und gar auf Kunstreisen?] Warum fahren wir Jahr um Jahr so viele hundert Meilen, da und dorthin, stehen dankbar und froh vor den Bauwerken und Bildern reicherer Zeiten, sehen neugierig und zufrieden dem Leben fremder Völker zu, die uns nichts angehen, plaudern in Eisenbahnzügen [und auf

Schiffen] mit fremden Menschen und belauschen einsam das Straßengetriebe fremder Großstädte? Einst war mir das als eine Art von Lernbegier und Bildungsdrang erschienen, damals hatte ich mir Notizhefte voll über Freskenwände altitalienischer Kirchen geschrieben und mein am Essen abgespartes Geld für Photographien alter Skulpturen ausgegeben. Dann wieder war ich dessen müde geworden und hatte das Reisen in ärmeren Ländern vorgezogen, wo Landschaft und fremdes Volkstum allein mich interessierten, und da war mir dieser rätselhafte Reisetrieb als eine Art Abenteuerlust erschienen. Es sind jedoch, genau genommen, keine Abenteuer, die man auf Reisen erlebt, es sei denn, daß man fehlgefahrene Koffer, gestohlene Mäntel, Zimmer mit Schlangen und Betten mit Moskitos als Abenteuer ansähe. Nein, das war auch nicht das richtige. Heute, wo von Bildungsdurst kaum ein verblaßter Rest in mir verblieben ist, wo ich mir nichts daraus mache, ohne Baedeker und ohne Notizbuch durch italienische Städte zu bummeln und ganze Kirchen und Sammlungen voll der schönsten Bilder zu versäumen, während ich doch, was ich von dergleichen Dingen finde und sehe, intensiver und zarter als ehemals genieße, – heute, wo auch der Glaube an die Abenteuerlichkeit des Reisens mir verlorengegangen ist, gehe ich nicht seltener und mit nicht kleinerem Drang und Bedürfnis auf Reisen als vor fünfzehn oder zehn oder fünf Jahren.

Mir scheint, das Unterwegssein auf Reisen ersetzt unsereinem [nicht nur im allgemeinen ein Stück Leben, das wir, intellektueller geworden, blasser erleben, es ersetzt uns speziell] jene Betätigung des rein ästhetischen Triebes, der unseren Völkern beinahe völlig abhandengekommen ist, den die Griechen und die Römer und die Italiener der großen Zeiten hatten und den man noch etwa in Japan findet, wo kluge und keineswegs kindische Menschen es verstehen, am Betrachten eines Holzschnitts, eines Baumes oder Felsens, eines Gartens, einer einzelnen Blume die Übung, Reife und Kennerschaft eines Sinnes zu genießen, der bei uns selten und schwach ausgebildet erscheint. Das reine Schauen, das von keinem Zwecksuchen und Wollen getrübte Beobachten, die in sich selbst begnügte Übung von Auge, Ohr, Nase, Tastsinn, das ist ein Paradies, nach dem die Feineren unter uns tiefes Heimweh haben, und beim Reisen ist es, wo wir dem am besten und reinsten nachzugehen vermögen. Die Konzentration, die der ästhetisch Geübte jederzeit sollte hervorrufen können, glückt uns Ärmeren wenigstens in diesen Tagen und

Stunden der Losgebundenheit, wo keine Sorge, keine Post, kein Geschäft aus der Heimat und dem Alltag uns nachlaufen kann. In dieser Reisestimmung vermögen wir, was wir daheim selten vermögen, stille, zwecklose, dankbare Stunden vor ein paar herrlichen Bildern hinzubringen, hingerissen und offen den Wohlklang edler Bauwerke zu vernehmen, innig und genießerisch den Linien einer Landschaft nachzugehen. Da wird uns zum Bilde, was uns sonst nur im trüben Netz unseres Wollens, unserer Beziehungen, unserer Sorgen erscheint: das Leben der Gasse und des Marktes, das Spiel der Sonne und Schatten auf Wasser und Erde, die Form eines Baumes, Schrei und Bewegung eines Tieres, Gang und Betragen der Menschen. Und wer auf Reisen geht, ohne im Innern das zu suchen, [diese Befreiung vom Zweckleben,] der kommt leer zurück und hat höchstens seinen Bildungssack etwas belastet.

Allein, hat dieser ästhetische Trieb vom reinen Sehen, zum selbstlosen Aufnehmen nicht doch eine höhere Beziehung? Ist er nur Sehnsucht nach dunklem Lustgefühl? Ist er nur rächende und mahnende Pein [vernachlässigter Kräfte und Bedürfnisse, versteckter Hunger, versteckte Erotik, versteckter Ärger, versteckte Schwäche]? Warum gibt mir [trotz allem, dennoch] der Anblick eines Mantegna mehr als der einer schönen Eidechse, warum ist mir eine Stunde in einer von Giotto [oder Signorelli] ausgemalten Kapelle letzten Grundes doch mehr als eine, die ich am Meeresstrand verliege?

Nein, im Grunde ist es doch überall das Menschliche, was wir suchen und wonach uns dürstet. Ich genieße an einem schönen Berge nicht die zufällige Wirklichkeit, ich bestätige mich selbst, ich genieße die Fähigkeit des Sehens, des Linienfühlens, ich laufe in einer schönen, fremden Landschaft keineswegs der Kultur davon, sondern übe und liebe und genieße lauter Kultur, indem ich meine Sinne und Gedanken an der Landschaft erprobe. Darum kehre ich auch immer wieder dankbar und willig zu den Künsten zurück, darum gewährt mir ein kühner Bau, eine schön bemalte Wand, eine gute Musik, eine wertvolle Zeichnung schließlich doch mehr Genuß, mehr Befriedigung dunklen Suchens, als das Beobachten der ungemeisterten Natur. Ich glaube, das, worauf jener ästhetische Trieb hinausgeht, ist keineswegs ein Loskommen von uns selbst, sondern nur ein Loskommen von unseren schlechteren Instinkten und Gewohnheiten, und eine Bestätigung des Besten in uns, eine Bestätigung unsres heimlichen Glaubens an den Menschengeist.

Denn wie ein wohliges Bad im Meere, ein frohes Ballspiel, eine tapfere Schneewanderung mein leibliches Ich bestätigt, ihm in seinen besten Gelüsten und Ahnungen recht gibt und durch Wohlbefinden auf sein Verlangen antwortet, so antwortet beim reinen Schauen der große Schatz menschlicher Kultur, geistiger Leistung auf unseren fordernden Glauben an die Menschheit überhaupt. Was soll mir die Freude an Tizian, wenn seine Bilder mir nicht Ahnungen wahr machen, Triebe bestätigen, Ideale erfüllen [Träume rechtfertigen]?

So, scheint mir, reisen wir und schauen und erleben die Fremde im tiefsten Grunde als Sucher nach dem Ideal des Menschentums. Darin bestätigt uns und bestärkt uns eine Figur von Michelangelo, eine Musik von Mozart, ein toskanischer Dom oder griechischer Tempel, und diese Bestärkung und Rechtfertigung unsres Verlangens nach einem Sinn, einer tiefen Einheit, einer Unsterblichkeit der menschlichen Kultur ist es, was wir auf Reisen besonders innig genießen, auch wenn wir nicht klar daran denken.

Lange saß ich noch und dachte nach, und die Gedanken flossen mit den Erinnerungen an hundert Reisen, seit der frühesten Jugend, zusammen, und es wurde mir klar: Wieviel auch die Zeit wegnimmt, wie sehr man altern, ermüden, schwächer werden mag, jedes Erlebnis, das der Sinn unseres Reisedrangs ist, wird nie seinen Glanz verlieren, und wenn ich in zehn und zwanzig Jahren mit anderen Ansichten, anderen Erfahrungen, anderem Lebensgefühl als heute durch die Welt reisen werde, so wird es schließlich doch im selben Sinne geschehen wie heute, und es wird mir, über alle Verschiedenheit und reizvolle Gegensätzlichkeit der Länder und Völker hinweg, immer mehr und immer klarer der einheitliche Sinn alles Menschentums entgegentreten. *(1913)*

Gedichte

Jenseits des Sankt Gotthard

Hallo, nun brennt mir wieder
Die Sonne auf den Hut,
Und jüngt mir alle Glieder
Und heizt mein träges Blut.

Ihr Burschen und ihr Frauen
Im Land Italia,
Ich werde euch wiederschauen,
Ich bin euch selig nah.

Ihr Burschen, nun will ich zechen
Mit euch den schwarzen Wein,
Und wieder bei Singen und Stechen
Euch Kamerade sein.

Ihr Frauen von Rom und Venedig,
Nun fallet mir um den Hals,
Ich bin noch so jung und ledig
Und lustig wie ehemals!

Über die Alpen

Das ist ein Wandern, wenn der Schnee
Der Alpenberge kühl erglänzt,
Indes der erste blaue See
Italiens schon die Sicht begrenzt!

Durch Höhenwind und herbe Luft
Weht eine süße Ahnung her
Von violettem Ferneduft
Und südlich übersonntem Meer.

Und weiter sehnt das Auge sich
Zum hellen Florentiner Dom

Und träumt nach jedem Hügelstrich
Aufsteigend das beglänzte Rom.

Schon formt die Lippe unbewußt
Der fremden schönen Sprache Laut,
Indes ein Meer verklärter Lust
Dir schauernd warm entgegenblaut.

Bei Spezia

In großen Takten singt das Meer,
Der schwüle Westwind heult und lacht,
Sturmwolken jagen schwarz und schwer;
Man sieht sie nicht, es ist zu nacht.

Mir aber scheint: so tot und bang,
So ohne Trost und Sternegold
Durch schwüle Nacht und Sturmgesang
Sei auch mein Leben hingerollt.

Und doch ist keine Nacht so schwer
Und so voll Dunkels keine Fahrt,
Der nicht vom nahen Morgen her
Des Lichtes süße Ahnung ward.

Hafen von Livorno

Nach einem Bild, das ich vor Jahren sah,
Verläßt mich eine milde Sehnsucht nie.
Es ist mir oft in Träumen fern und nah
Wie eines Jugendwanderliedes
Vergeßne traumbekannte Melodie.

Die Sonne sank und war voll müder Glut,
Der fernen Inselberge Linie schwand
In Duft und Himmel. Und die schwere Flut
Des Meeres schlug in wunderlichen Takten
An meines dunklen Fischerbootes Rand.

Ein gelbes Dreiecksegel flammte schwer
Am Molo auf. Ein sattes Leuchten glitt
Mit jäher Schönheit übers goldne Meer
Und nahm die letzten roten Strahlen
Ins violette Reich des Abends mit.

Odysseus
(Bei Livorno)

Das fernste Schiff, das abendlich besonnt
Mit schwarzen Masten fährt am Horizont,
Das meinen Blick mit starkem Zauber hält
Am Rande einer unsichtbaren Welt.

– Mir träumt, sein Steuer läge in der Hand
Des göttlichen Odysseus, der sein Land
Durch aller Meere schreckenvolle Flucht
Mit namenlosem Heimweh liebt und sucht,
Der nächtelang, unbeugsam dem Geschick,
Des Himmels Sterne mißt mit scharfem Blick,
Der hundertmal verschlagen und bedroht
Sich sehnt und weiterkämpft durch Angst und Tod
In sturmverfolgter hoffnungsloser Fahrt
Ziel und Vollendung ungebeugt erharrt.

Das ferne Schiff entgleitet meinem Blick
In dunkelblaue Meere; sein Geschick
Füllt meinen Traum und läßt ins Blaue ziehen
Mit leiser Frage seine Phantasien.
Ist dort, wohin das Schiff des Dulders fährt,
Ist dort das Glück, nach dem mein Wunsch begehrt?
– Vielleicht! – Und welches Schiff führt mich ihm zu?
– Einstweilen irre, Herz, und dulde du!

Toskanischer Frühling

Nun kommt die Zeit der großen Anemonen,
Mit denen alle Haine sich bekränzen;

In warmen Gärten reifen die Limonen,
Die Mauern dampfen und die Hügel glänzen.

Schon such' ich wieder die Zypressenschatten
Und dehne träg im Grase meine Glieder
Und labe mich im lauen Duft der Matten
Und summe meine deutschen Frühlingslieder.

Ermüdet streift mein Blick die weißen Villen,
Die heißen Straßen und die gelben Felder;
Mein Herz ist nicht dabei – es denkt im Stillen
An Lindenduft und deutsche Buchenwälder.

Auskunft

In Welschland, wo die braunen
Buben vom Straßenrand
In die heiße Bläue staunen,
Da bin ich wohl bekannt.

Dort wachsen schwarze Bäume
Wie Fackeln steil und schlank,
Die machen dir alle Träume
Von welscher Liebe krank.

Dort schlagen blaue Wellen
An goldig braunen Stein,
Dir fallen dabei viel Stellen
Aus den schönsten Liedern ein.

Und wo drei Bäume stehen,
Das nennen sie einen Wald,
Darunter siehst du gehen
Manch' schöne Frauengestalt.

Und wenn dir eine gegeben
Einen Kuß auf deinen Mund,
So bist du krank fürs Leben
Und wirst nicht mehr gesund.

»Ars Florentiae Docet«

Die Stunde kam. Ich nahte mich Florenz.
Der schönen fremden Sprache Laut erklang,
Die Sonne streute Gold den Strom entlang,
Rings auf den Hügeln duftete der Lenz!

Ich weiß nicht, ob die Erde Schöneres hat –
Paläste streift bei jedem Schritt mein Blick,
Aus jedem Steine spricht ein groß Geschick,
Buntheit und Duft erfüllt die Blumenstadt.

Die Stunde kam. Es glänzt in warmem Licht
Tal, Strom und Stadt. Allein des Glückes Schimmer,
Der tröstet, heiligt und beglückt für immer,
Und den ich lange suchte, fand ich nicht.

Der Aretiner

Hast du vom Aretiner nie gelesen?
So will ich dir erzählen! Jener war
Ein Mächtiger, von Ruhm umbrandet und Gefahr,
Aus Gut und Schlecht gemengt ein dunkles Wesen.
Ich sah sein Bild im Pitti zu Florenz:
Breitbrüstig, braunen Barts, mit Stiergenick,
Des reichen Schmuckes prahlerisch Geglänz
Besiegt mit dunkelm Blitz sein Rätselblick.
Kein Venezianer, nein! Doch lebenslang ein Gast
Der schönen Stadt. Kein Garten, kein Palast,
Wo er nicht heimisch war bei Schmaus und Spiel,
Der Fremde, der den Weibern wohlgefiel
Und den die Männer haßten wie die Pest.
Er lebte fröhlich, schmückte jedes Fest
Mit schmeichlerischem Reim und trunkner Lust,
Drauf schrieb er nächtens bei der Kerze Schimmer
Geheime Briefe im verschlossenen Zimmer
Voll Lug und Gift und bösen Zauberein,
Der Satan stand dabei und blies ihm ein.
Das war ein Mensch! In seiner breiten Brust

Blick durch einen Fensterbogen des Giotto-Campanile auf den Palazzo Vecchio in Florenz.

Portrait des Pietro Aretino von Tizian im Palazzo Pitti von Florenz.

Klang einer Liebesleier süß Getön
Weich und berückend wie der laue Föhn,
Und klang gemeiner Bosheit feiles Wort
Bereit zu Lüge, Treuebruch und Mord.
So war der Aretiner, sagt man. Doch mir deucht,
Er hat ein anderes Gesicht vielleicht.
Ich seh' ihn, wie er in Muranos Gärten
Den Liedern nachsinnt, die ihn schmücken werden
Mit ewigem Ruhm – und die er niemals schrieb!
Ich seh' ihn nächtelang, bleich wie ein Dieb,
Die Stirn in eine heiße Hand gestützt,
Wie er bei offnen Fenstern einsam sitzt
Und schweren Herzens in das Dunkel schaut,
Das rätselvoll auf der Lagune blaut.
In tiefem Leiden glüht sein trüber Blick,
Er schaut sein Leben – ein verirrt Geschick,
Verstümmelt und im Innersten entweiht.
Und um sich fühlt er der Verbannung Leid,
Und fühlt, wie er, ein heimatloser Geist,
Um fremder Herde Licht vergebens kreist
Mit hoffnungslos verirrten Flügelschlägen.
Er lächelt dunkel: »Dem Geschick entgegen
Kämpft nur ein Narr!« Nimmt Mantel und Barett
Und läuft zu einem üppigen Bankett.
In hohen Gläsern lacht mit klarem Glanz
Goldgelber Griechenwein; verschüttet rinnt
Er auf brokatene Decken aus Byzanz,
Die breit gesäumt mit roten Spitzen sind.
Man achtet's kaum – der Aretiner spricht!
Mit breiter Fratze grinst sein heiß Gesicht
Im Ampelglanz; man lacht, man ist berauscht
Von seiner Rede, deren Wirbelwind
Frech über Heiliges und Böses rinnt
Und jedes ernste Wort mit Zoten tauscht.
Er ist im Zug – nun leert er rasch sein Glas,
Spricht hastig weiter, lästert ohne Maß,
Krönt jede giftige Rede Blitz auf Blitz
Mit einem schamlos frechen Gassenwitz,
Steht auf – lacht zügellos – schwankt zitternd – fällt
Vornüber auf sein Glas, das schrill zerschellt –

Und ist verendet, eh' der Zecherkreis
Sein roh Gelächter zu bemeistern weiß.
– Was mehr? Nichts. Er war tot. Sein Glanz
War schneller welk als einer Dirne Kranz.
Von seinem Leben, das so fieberwild
Und seltsam war, blieb uns sein Name nur
Und in Florenz sein sonderbares Bild,
Darin des Geistes tiefgefurchte Spur
Auf eines Wüstlings Stirne den Beschauer
Mit Scham erfüllt und rätselhafter Trauer.

Die Zypressen von San Clemente

Wir biegen flammend schlanke Wipfel im Wind,
Wir schauen Gärten, welche voll Frauen sind
Und voll Spiel und Gelächter. Wir schauen Gärten,
Wo Menschen geboren und wieder begraben werden.

Wir sehen Tempel, welche vor vielen Jahren
Voll von Göttern und voll von Betenden waren.
Aber die Götter sind tot und die Tempel sind leer
Und im Grase liegen gebrochene Säulen umher.

Wir sehen Täler und sehen silberne Weiten,
Wo Menschen sich freuen, müde werden und leiden,
Wo Reiter reiten und Priester Gebete sagen,
Wo Geschlechter und Brüder einander zu Grabe tragen.

Aber des Nachts, wenn die großen Stürme kommen,
Werden wir traurig und bücken uns todbeklommen,
Stemmen die Wurzeln angstvoll und warten leise,
Ob der Tod uns erreiche, oder vorüberreise.

Fiesole

Über mir im Blauen reisen
Wolken, die mich heimwärts weisen.

Heimwärts in die namenlose Ferne,
In das Land des Friedens und der Sterne.

Heimat! Soll ich deine blauen
Schönen Ufer niemals schauen?

Dennoch ist mir, hier im Süden müßten
Nah sein und erreichbar deine Küsten.

Certosa di Val d'Ema

Der Mönch an seiner Pforte tut mir leid:
Er sah mir nach, wie ich am hohen Stab
Mich schwang den abendlichen Berg hinab,
Und seine Blicke redeten von Neid.

Und ich betrachtete sein keusches Kleid
Und lauschte seiner Glocke sanftem Lied.
– Er weiß nicht, daß von seiner Pforte schied
Der fremde Wanderer mit stillem Neid.

Ravenna

I

Ich bin auch in Ravenna gewesen.
Ist eine kleine tote Stadt,
Die Kirchen und viel Ruinen hat,
Man kann davon in den Büchern lesen.

Du gehst hindurch und schaust dich um,
Die Straßen sind so trüb und naß
Und sind so tausendjährig stumm
Und überall wächst Moos und Gras.

Das ist wie alte Lieder sind –
Man hört sie an und keiner lacht

Und jeder lauscht und jeder sinnt
Hernach daran bis in die Nacht.

II

Die Frauen von Ravenna tragen
Mit tiefem Blick und zarter Geste
In sich ein Wissen von den Tagen
Der alten Stadt und ihrer Feste.

Die Frauen von Ravenna weinen
Wie stille Kinder: tief und leise.
Und wenn sie lachen, will es scheinen
Zu trübem Text die helle Weise.

Die Frauen von Ravenna beten
Wie Kinder: sanft und voll Genügen.
Sie können Liebesworte reden
Und selbst nicht wissen, daß sie lügen.

Die Frauen von Ravenna küssen
Seltsam und tief und hingegeben.
Und ihnen allen ist vom Leben
Nichts kund, als daß wir sterben müssen.

Padua

Fast eine deutsche Stadt, so eng gebaut,
Gassen und Giebel dämmerig vertraut.

Hier möcht ich Stunden, Tage, Wochen viel
Verträumen und verschlendern ohne Ziel.

Hier möcht ich sorgenlos an schöner Brust
Vertändeln einer leichten Liebe Lust.

Hier möcht ich bleiben – wäre drüben nicht
Ostwärts die freie Luft so seltsam licht.

Dort weiß ich warten zauberhaft und hell
Mein Ziel – Venedig! Und ich reise schnell.

Ankunft in Venedig

Du lautlos dunkler Kanal,
Verlassene Bucht,
Uralter Häuser graue Flucht,
Gotische Fenster und maurisch verziertes Portal!

Von tiefem Traum besiegt,
Vom Tode eingewiegt
Schläft hier die Zeit
Und alles Leben scheint so weit, so weit!
Hier will ich ganz allein
Durch alte Gassen gehn,
Bei Fackelschein
An Gondeltreppen stehn,
In blinde Fenster sehn,
Bang-glücklich wie ein Kind im Dunkeln sein.

Venedig

Ein Frühlingsabend. Meine Gondel sucht
Mit halbem Rauschen ihre leisen Wege
Durch der Kanäle dämmernd enge Flucht.
Ich wiege mich im weichen Sitz und lege
Den Arm ausruhend auf den schmalen Bord,
Indessen meine Seele süß verwirrt
Nach einem neu geahnten Zauberwort
Sich müde sucht und ganz in Traum verirrt.

Dennoch nicht rasten will ich und nicht weitergehen,
Eh' ich auch dieses Zaubers Kern erkannt,
Dem schönen Wunder auf den Grund gesehen
Und seines Rätsels Ziel und Lösung fand.
Dann aber wird von unsagbaren Dingen
Mein Mund zu sagen wissen und zu singen.

Venedig, Rio di Santa Maria Formosa.

Lagune

Von keiner starken Welle je erreicht
Mein Leben seltsam der Lagune gleicht,
Der farbig hellen Flut, die fern dem Meer
Verhaltnen Taktes schaukelt hin und her.

Die Schätze gold'ner Zeiten spiegeln sich
In ihr, und Lieder, deren Text verblich,
Bewahrt und singt nach alter Melodie
Zu Niemands Lust in warmen Nächten sie.

Paläste liegen welk und sonnverbrannt
Mit gotischen Galerien an ihrem Rand,
Und Kirchen glänzen festlich, reich und alt
Von großer toter Meister Hand bemalt.

Seit langem sind die Prachtpaläste leer,
Dort singt kein Sänger, malt kein Maler mehr.
So bin auch ich ein Sohn vergangener Zeit,
Das Heute ist mir fremd, nicht lieb noch leid.

Es leben leis die schönern meiner Tage
Sich hin in Poesie, in Traum, in Sage
Und wiegen schaukelnd meine scheue Seele
In schwarzer Gondel über die Kanäle.

Piazzetta

Wie wenn auf grünem Teppich leise rollt
Ein blanker Münzenschatz von altem Gold,
So glänzt der grünen Wellen sanfter Lauf
In tausend kleinen goldnen Feuern auf;
Dazwischen spielend, von der Flut gescheucht,
Des späten Abends violett Geleucht
Und mitten inne wie ein fürstlich Siegel
Des goldnen Riesenglobus scharfer Spiegel.
Der nahen Inseln Kirchengiebelkette
Starrt blauschwarz auf in strenger Silhouette,

Dahinter schon – man ahnt, doch sieht es nicht –
Des jungen Mondes scheues Silberlicht.
Vom Markusplatz kommt irrend und gedämpft
Musik herüber, die im Winde kämpft,
Bald taktelang mit klarem Ton erklungen,
Bald ganz vom Laut des Wellenschlags bezwungen,
Der wechselnd an die Gondeltreppe tönt
Und oft mit raschem Schaum die höchste krönt.
Was Herbes meine Seele je bedrückt,
Ist hin, ist fern, in Traum und Lied entrückt,
Und was von Not und Qual ich mitgebracht,
Verklingt großtönig in die schöne Nacht.
Ein heimlich weiches Wohlsein überschleicht
Mich schmeichlerisch; der Seele Sehnsucht weicht
Und löst sich zart wie eine Wolke zieht
Zu reinem Wohlklang auf, zu Traum und Lied.
Der schönen Stunde leicht besiegte Beute,
Nimmt mich in seinen Schoß ein reines Heute.

Giorgione

So müssen Künstler von der Erde scheiden!
Kein Todestag, kein Grab und kein Bericht
Von Alter, Welke, Niedergang und Leiden!
Wie eine Fabel klingt, wie ein Gedicht
Dein Dasein uns herüber: lustverklärt,
Von keines Jammers herbem Duft beschwert.
Vielleicht aus Jugendlust und Leidenschaft
Hat dich die schwarze Pest hinweggerafft,
Vielleicht bei Nacht aus festbekränztem Boot
Hat dich hinabgeholt der kühle Tod!

Wir wissen's nicht. Es blieb uns nichts von dir
Als wenig Bilder, deren süße Macht
Uns ungebrochen in der alten Zier
Zeitlos und unverstaubt entgegenlacht,
Und eine Sage, die mit allem Glanz
Siegender Jugend dein Gedächtnis schmückt
Und auf die schönen Locken dir den Kranz

Geheimnisvoller Liebesabenteuer drückt.
Du hast kein Grab. Dein Dasein war unbändig.
Es welkte nicht. Wir wissen dich lebendig.

Barcarole

Spiegellichter flackern hin und wieder,
Meine Barke wiegt sich breit und schwer
Über der Lagune auf und nieder,
Laut am Lido singt und schreit das Meer.
Meine Segel sind entschlafen
In der warmen Mittagsglut,
Meine Wünsche sind im Hafen
Und mein Ruder ruht.

Starkes, wunderliches Leben!
Meine Stirn hast du versengt,
Stürme hast du mir gegeben
Und mich aus der Bahn gedrängt.
Trotzig hast du mich im Sturm gefunden,
Spottend sah ich dir ins Angesicht;
Doch dem Zauber deiner Feierstunden,
Deiner Koselieder widersteh ich nicht.

Träumend hängt mein Blick am Himmelsbogen,
Wo ein Wolkenflug sich seewärts schwingt,
Träumend lausch ich auf den Chor der Wogen,
Der mir Frieden in die Seele singt.
Meine Segel sind entschlafen
In der warmen Mittagsglut,
Meine Wünsche sind im Hafen
Und mein Ruder ruht.

Leise wie die Gondeln . . .

Leise wie die Gondeln auf den klaren
Morgenleuchtenden Kanälen fahren,
Also wiegt im blauen Meer der Tage

Unsrer Liebe ungestörte Waage,
Also gleiten leicht und ohne Ende
Uns die Stunden durch die lassen Hände:
Eine, die von Lustgelächter funkelt,
Eine, die in Liebesdämmer dunkelt,
Eine, die von Liedern überflutet,
Eine, die sich lautlos süß verblutet.
Schweigend ruhen wir und staunend sehen
Wir die Schönen auf- und untergehen,
Rudertropfen von den Händen wischend,
Unsre Finger schwesterlich vermischend,
Selten nur nach einem Kuß verlangend,
Diesen schweigsam gebend und empfangend . . .
Also gleiten leicht und ohne Ende
Stunden uns und Tage durch die Hände.

Venezianische Gondelgespräche

I

Komm, wir wollen einen Schmuck erdenken,
Den wir eins dem andern wollen schenken,
Wenn einmal wir beide arme Kinder
Fürsten werden sein und Schätzefinder.
Eine Kette hab ich dir ersonnen:
Perlen, fern im Orient gewonnen,
Perlen, die perlmuttern und opalen
Mit versteckten jähen Lichtern prahlen;
Dieser Perlen reiche Reihen sollen
Endigen in einen wundervollen
Busenstern von lachenden Rubinen,
Die begierig deiner Schönheit dienen
Und inmitten eine Platte tragen,
Drauf in altem Golde aller Sagen
Lieblichste in zarter Arbeit leuchtet:
Aphrodite, welche schaumbefeuchtet
Aus der Welle schwebt. Die Göttin trüge
Deiner eigenen Schönheit schöne Züge.

Ich hinwieder wünsche mir aus Glase
Eine schlankgeformte, hohe Vase.
Ihre Wände müßten meergrün schimmern
Und wie Sonnenschein am Lido flimmern.
Hundertfarbig mit dem Licht im Bunde,
Irisspielend jegliche Sekunde.
In Murano soll der beste Bläser
Schaffen uns dies Wunder aller Gläser,
Tag und Nächte soll er wund sich mühen,
Bis ihm Farbenwunder traumhaft blühen
Und aus seiner reichsten Träume Gluten
Uns der fabelhafte Kelch wird fluten.
Dann an warmen Abenden wie heute
Tönt der Kelch ein wundersam Geläute
Und wir beide hören zu und schweigen,
Bis aus dem Geläute Lieder steigen,
Lieder, die wie Fabeln fremder Zeiten
Fremd und schön in langen Takten gleiten,
Tief in Zauberglück die Seele hüllen,
Aller scheuesten Sehnsucht Wunsch erfüllen.
Hörst du, Gina? Hörst du nicht? – Es ziehen
Schon vom Ufer her die Melodien,
Es erglänzen schon in jähen Garben
Unsres Kelches tausendfache Farben!

Über Redentore hängt verblühend
Reif und schwer die Sonne, blutrot glühend,
Die Lagune leuchtet auf in großen
Feuerfeldern, blüht in roten Rosen,
Feiert aller Farben reichste Feste,
Überströmt mit Prunk uns stille Gäste.
Nein, der Bläser soll sich nicht bemühen,
Schau, hier siehst du meine Vase glühen!
Irgendwo im blauen Meere hinten
Werden wir auch deine Kette finden.

II

Was ich träume, fragst du? Daß wir beide
Gestern starben und im weißen Kleide,

Weiße Blumen in den losen Haaren,
In der schwarzen Gondel meerwärts fahren.
Glocken läuten fern vom Kampanile,
Werden leiser, werden bald vom Kiele
Übergurgelt, den die Wellen schlagen.
Weiter meerwärts werden wir getragen,
Dorthin, wo mit himmelhohen Masten
Schiffe schwarz am Horizonte rasten,
Wo die Fischerbarken mit den feuchten
Rot und gelben Segeln tiefer leuchten,
Wo die blauen großen Wogen brausen,
Wo die wilden Schiffermöwen hausen.
Dort, durch eines Wassertores blauen Rachen
Segelt abwärts unser leichter Nachen
In die Tiefen, deren weite Räume
Fremd erfüllen die Korallenbäume,
Wo in Muscheln, die verborgen glimmern,
Bleiche Riesenperlen köstlich schimmern.
Scheue Silberfische glänzen leise
Flink vorbei und lassen Farbengleise,
Deren Furchen andre überglänzen
Mit den goldenroten, schlanken Schwänzen.
Träumend dort in meilentiefer Tiefe
Wird uns sein, als ob zuweilen riefe
Einer Glocke Ton, ein Windeswehen,
Deren fernes Lied wir nicht verstehen,
Deren fernes Lied von engen Gassen
Redet, die wir langeher verlassen,
Und von Dingen, die wir ehmals kannten,
Und von Wegen, die wir ehmals fanden.
Einer Straße, eines Kircheninnern
Werden wir verwundert uns erinnern,
Eines Gondelrufs und mancher Namen,
Die wir manchesmal vorzeit vernahmen.
Lächelnd, wie im Schlaf die Kinder pflegen,
Werden wir die stummen Lippen regen,
Und das Wort wird, eh wir's können lallen,
In Vergessenheit und Traumtod fallen.
Über uns die großen Schiffe gleiten,
Dunkle Barken bunte Segel breiten,

Große Vögel in der Sonne fliegen,
Blanke Netze auf dem Wasser liegen,
Und darüber hoch und rein gezogen
Eines Sonnenhimmels blauer Bogen.

III

In Burano, wo an ihren Spitzen
Hundert schöne Mädchen fleißig sitzen,
Mit den weißen, allzu spitzen, raschen
Fingern eilig fügen feine Maschen,
Wo an wundervoll geschaffnen Stücken
Fremde schöne Damen sich entzücken,
In Burano bin ich heut gewesen,
Ein Geschenk dir, Gina, zu erlesen.
Ah, wie glänzten die brillanten, frischen
Zartgeblümten Zeuge auf den Tischen!
Ah, wie zart in tastend leisen Händen
Fühlte ich der feinen Nähte Enden!
Einen Spitzensaum und sieben Krägen
Ließ ich sorgsam mir beiseite legen;
Daß ein feiner Schmuck dich würdig ziere,
Gab ich gerne sechzehnhundert Lire.
Dann erblickte ich und ließ mir reichen
Weiße Seidenkissen, die mit weichen
Breiten Säumen edler Arbeit prangten,
Säume, deren Fries von reichgerankten
Spitzenkränzen und erhabnen Rosen
Mir verlockend schien, darauf zu kosen
Holde Liebesstunden. Zwölf Zechinen
Zahlte ich für jedes Stück von ihnen.
Eine Gondel ließ ich damit füllen
Und mit starkem Segeltuch verhüllen.
Diese Gondel, leider muß ich's sagen,
Ward hinaus ins offene Meer verschlagen,
Und ich fürchte, unsre schönen Sachen
Werden nun den Fischen Freude machen.
In den weißen Spitzenrankenkränzen
Werden schlanke Silberfische schwänzen,
Durch die Maschen, die so köstlich waren,

Wird der Thunfisch und der Hering fahren,
Und die seideweichen Liebeskissen
Werden von der Störe Brut zerschlissen.
Einzig eine kleine, arme Haube
Blieb mir über und entging dem Raube.
Nimm sie, Schönste, an der Schätze Stelle,
Die mir tückisch stahl der Gott der Welle.

IV

Meiner Heimat Namen soll ich sagen?
Irgendeinen andern mußt du fragen,
Dem des Sternenhimmels weite Räume
Wohlbekannt sind und das Land der Träume.
Meine Heimat liegt in goldnem Kreise,
Keines Wanderers noch Schiffers Reise
Mag die schönen, silberhellen, weichen
Küsten und Gestade je erreichen.
Keines Weisen Mund nennt ihren Namen;
Dennoch viele sind, die dorther kamen,
Viele, die in Heimwehnächten ferne
Sie erträumen im Bezirk der Sterne,
Die in Angst und Sehnen nach ihr rufen,
Die ihr Bild in dunkler Seele schufen
Und die Ahnung alles Besten, Großen
In dies Bild und alle Liebe schlossen.

Dieser Einer bin ich, und ich reise
Ohne Rast nach jenem goldenen Kreise.
Deiner Stimme Klang und deines Haares
Koseduft weckt mir ein wunderbares,
Liebes Angedenken jenes Landes,
Dessen namenloses, unbekanntes
Heimatglück ich Ahnender empfunden
Jenes Tages, da ich dich gefunden.
Und ich ahne: unsre regen Seelen,
Während auf den ruhigen Kanälen
Uns die Gondel führt auf Dämmerwegen,
Reisen meinem Vaterland entgegen,
Reden heimatlich vertraute Worte,

Pochen an des fernen Landes Pforte,
Sagen seinen fremden, selig süßen
Namen, während unsre Lippen küssen.

V

Dort am Horizonte kannst du sehen
Eines Schiffes stille Masten stehen
An des Meeres allerfernstem Rande,
Ostwärts steuernd nach dem fremden Lande.
Seine schwarzen, scharfgezognen Masten
Wie verzaubert in der Bläue rasten.
Ist es nicht, als ob's ein Heimweh trüge,
Einen Schiffer, dessen Segelflüge
Irgendeine Insel, eine Küste
Suchen, die er unerreichbar wüßte?
Dieser Schiffer ist, der heimwehsieche,
Fern von hier zu Hause, ist ein Grieche.
Seine Heimatinsel aufzufinden
Kämpft er ohne Rast mit Flut und Winden,
Jahrelang durch aller Zonen Kreise
Kreuzt die Meere seine Heimwehreise.
Siehst du ferne seine Masten treten
Aus der Bläue, dann vergiß zu beten
Niemals zu der Mutter aller Gnaden,
Daß sie ihm und uns auf allen Pfaden
Licht und Ausgang weise und am Ende
Unser Steuer zu den Sternen wende.

VI

Sieh, die Glockenmänner sind am Schlagen!
Zitternd von der warmen Luft getragen
Folgen unentrinnbar allerwege
Uns die schonungslosen Stundenschläge.
Stille Liebe, gib mir deine Hände
Noch einmal! Der Zauber ist zu Ende,
Dem wir folgten so viel süße Gänge
Durch der Gassen und Kanäle Enge.
Morgen muß ich diese schmalen Gassen

Und die Stadt und dich und alles lassen,
Muß zurück in meinen wolkendunkeln
Norden, wo die bleichen Gletscher funkeln,
Wo man deiner Sprache reiches Tönen
Nicht versteht und nichts versteht vom Schönen,
Noch von Klang noch Freude. Dunkle Lose
Warten meiner in der Heimat Schoße.
Bei des Herdes Licht in wachen Nächten
Werd ich Kränze weher Lieder flechten
Um dein Bildnis, werde traurig träumen
Von den leuchtenden Lagunensäumen,
Von den Tagen, deren weiches Gleiten
Niemals störte unsre Seligkeiten,
Die so still und lachend uns beglückten,
Die mit Küssen wir und Liedern schmückten.
Tief im Traume wird mich dann zuweilen
Deiner schönen Stimme Klang ereilen
Venezianische Koseworte sagend,
Allen Duft des schönen Damals tragend.
Und ich werde mit verborgenen Tränen
Mich nach dir und nach Venedig sehnen ...
– Gondoliere, nach San Vio! – Müde
Schweigt die Glocke. Gib mir die verblühte
Gelbe Rose noch aus deinen Haaren!
Und nun wollen wir nach Hause fahren.

Im Norden

Soll ich sagen, was ich träume?
An beglänzten, sonnenstillen
Hügeln: Haine dunkler Bäume,
Gelbe Felsen, weiße Villen.

Eine Stadt im Tal gelegen,
Eine Stadt mit marmorweißen
Kirchen leuchtet mir entgegen,
Und sie ist Florenz geheißen.

Und in einem alten Garten,
Eingehegt von schmalen Gassen,
Muß das Glück noch auf mich warten,
Das ich dort zurückgelassen.

Der Abenteurer

Mein Herz ist müd, mein Herz ist schwer;
Ich habe Sehnsucht nach dem Meer.
Ich habe Sehnsucht nach der Glut
Der violetten Abendstunde,
Die lodernd auf den Wellen ruht
In einem süditalischen Sunde.
Ich habe Sehnsucht nach den blauen
Sternhimmeln der Lagunennacht,
Nach der Kanäle welker Pracht
Und nach Venedigs schönen Frauen,
Nach welscher Schifferlieder Sang,
Nach frechen, dunklen, sturmbedrohten
Fahrten in schwanken Schifferbooten
Und nach der gellen Brandung Klang.

Deutsch und beklommen schwelt die Luft
Der Stadt um mich – o wieviel Tage
Und Jahre, die ich ohne Duft
Und Klang und Farbe hier verklage!

Indessen rollt und rollt die Zeit –
Wie einer fernen Warte Feuer
Glänzt mir herüber jahreweit
Die bunte Welt der Abenteuer.
Versunken ohne Wiederkehr
In Trauer, Traum und Dunkelheit . . .

Mein Herz ist müd, mein Herz ist schwer;
Ich habe Heimweh nach dem Meer.

Einem Kameraden

Weißt du die Nächte noch, da wir vom Lido her
Im letzten Schiffe den Kanal erreichten
Und schweigsam vollends in der schwanken, leichten
Gondel nach Hause glitten übers Meer?
Und jene, die wir unsern klugen, braunen
Zechkameraden oftmals zum Erstaunen
Beim kühlen Asti singend durchgemacht?
Und denkst du noch an jene warme Nacht,
Da wir beim Colleoni uns getroffen
Und schlendernd durch die stille Gassenwelt
Uns unser ganzes Seligsein und Hoffen
Und unser ganzes Leben vorerzählt?
Und jener Abende, da wir im losen Kreise
Der Rivamädchen irgendeine Weise
Aus Deutschland sangen oder auf den Stufen
Der Markusflaggen in den schweren Rufen
Der Gondelruderer uns übten, oder lange
Mit Muscheln zielten nach der Flaggenstange?
Du weißt, damals war mir ein Mädchen gut,
Klein, schön und schweigsam, echtes Fischerblut,
Ein Kind des Meeres und des Müßiggangs.
Wie müht ich mich um sie! Und dann gelang's,
Im Kirchtor von San Giobbe gab sie mir
Den ersten Gruß und Wink – – ich sage dir,
Seitdem hat keine Frauenschönheit mehr
Mich so erfüllt! Du weißt ja noch, wie schwer
Ich Abschied nahm und wie ich wochenlang
Schweigsam und bitter mit der Sehnsucht rang.

Und neulich, so viel Jahre später, trieb
Das Heimweh mich, daß ich ihr alles schrieb,
Wie ich seither zu Meere und zu Land
Nicht Rast vor ihr und meiner Liebe fand.
Mit vielen Stempeln kam der Brief zurück –
Da! – Unbestellbar! – – – Komm zur Kneipe mit,
Ich muß von jenem welschen Liebesglück
Dir noch erzählen und von allem Leid,
Das ich seither um jene Kleine litt.

Wir wollen noch einmal die alte Zeit
Heraufbeschwören und den falben Glanz
Verblichener Sommer und den hellen Kranz
Von Abenteuern, Freuden und Gefährden,
Die wir nicht noch einmal erleben werden.

Lorenzos Lied

Erzählen soll ich dir? Von Welschland?
– Heute nicht!
Heut bin ich müd. Und wie ein stürmischer Reihn
Von lieben, lang beklagten Schatten bricht
Erinnerung und Sehnsucht auf mich ein.

Florenz steigt wohlbekannt vor mir herauf:
Der kühne Turm, der helle hohe Dom,
Der Hügel Flucht und mit gewundenem Lauf
Durch Tal und Gärten der geliebte Strom.
Dort hört ich einen Vers zum erstenmal,
Den ich nicht mehr vergaß. Die laue Nacht
Lag feucht und träumerisch im breiten Tal,
Der halbe Mond hielt hinter Wolken Wacht.
An mich gelehnt mit schmaler Schulter saß
Ein schönes blondes Mädchen, seine Hand
Hielt der Gitarre schlanken Hals umspannt,
Sein breiter Hut lag neben uns im Gras.

»Das ist ein Lied«, sprach sie, »aus alter Zeit,
Der Jugend und dem Liebesgott geweiht,
Der flüchtigen Lust, dem wandelbaren Lenz,
Von Haus zu Haus sang man es in Florenz.
Du kennst Lorenzo Medici? Er schrieb
Die süßen Zeilen irgendeinem Lieb;
Hier sind sie, horch!«
– Ein Wolkenschatten lief
Eilig talabwärts, eine Drossel rief,
Der feuchte Nachtwind strich den Strom entlang,
Turm, Stadt und Garten schlief. Sie aber sang:

Quant' è bella giovinezza,
Ma si fugge tuttavia;
Chi vuol' esser lieto, sia!
Di doman non c'è certezza.

Der Campanile von San Marco in Venedig

Bartolomeos Turm wird heut gekrönt,
Die Menge füllt den Platz, ihr Jubel tönt
Mit geller Lust in immer neuem Chor
Zur hohen, lichten Galerie empor.
Und brausend wird der Glocken Stimme laut.
Bartolomeo, der den Turm erbaut,
Genießt der Höhe wundervolle Schau;
Den Platz, den Dom, die Stadt und weithin
Der Berge und des Meeres tiefes Blau
Und fernster Horizonte Silberschein.
Ihm füllt der Menge lautgewordne Lust
Mit hellem Siegerblick die starke Brust:
»Mein Turm ist fest, ist hoch, ist stark gebaut,
In fernsten Tagen noch den Stürmen anvertraut,
Und gleicht die Nacht Venedigs seinen Mauern,
So muß die Ewigkeit sie überdauern.«

Ein Schwanken – Stöhnen – dann ein jäher Krach –
Und donnernd stürzt dem Kranz der Galerien
Der schwere Riesenhelm zermalmend nach.
Von Staub umwölbt, von scheuem Volk umschrien,
Umflirrt von wirrer Taubenfüße Sturm,
Neigt sich und geht zur Rast der alte Turm.
Die Tauben schwirren eine Weile fort
Und suchen anderwärts sich Sitz und Hort;
Das Volk beschaut, bestaunt, beklagt den Bau,
Und schweift beklommen in der Trümmerschau.
Ein tiefes Grauen greift an jedes Herz;
Wie eines lieben Toten klagt der Schmerz
Der Menge dem gestürzten Riesen nach.
Er, der so stark von großen Tagen sprach,
Liegt nun im Staub. Und jene goldene Zeit,

Der Einsturz des Campanile von San Marco 1902 (Photomontage).

An die er mahnte, jene Zeit voll Glück
Und Ruhm und Glanz sank tiefer noch zurück
Ins Dämmerdunkel der Vergangenheit.

So fühlt das Volk. Wie eine Vogelschar
Die sturmzerstörten Horste scheu umkreist,
Irrt es erschrocken, klaffend und verwaist
Um die Loffetta, die sein Liebling war.
Wie war sie zierlich, reich, von Kunst geschmückt
Mit ihres Gitters anmutsvoller Schranke,
Der eines Meisters leuchtender Gedanke
Das Siegel zarter Schönheit aufgedrückt!
Nun liegt sie öd' in Trümmer hingestreckt,
Ein quälend Bild, gebrochen und geschändet,
Von Schutt und Staub mitleidig zugedeckt.
Die Menge schaut und schweigt voll Schmerz und wendet
Sich zögernd weg zum nächsten Gotteshaus –
Dort bricht ihr Leid in laute Tränen aus.

»Ich habe den Fuß gesetzt . . .«

> Ich habe den Fuß an jene Stelle des
> Lebens gesetzt, über welche keiner
> hinausgehen kann, der die Absicht
> hat, wiederzukehren.
>
> Dante

Wendet die Blicke, Fragende, wendet
Von mir das Haupt!
Wo das Leben in lichte Geheimnisse endet,
Dahin zu treten,
Dort anzubeten
Ward mir vom Liebesgotte erlaubt.

Wendet den Blick!
Suchend tastet mein Herz
Den verlorenen Pfaden nach.
Wem aller Sinne Brücke zerbrach,
Dem führet ins Leben niederwärts
Kein Weg zurück.

Der Tod des Leonardo da Vinci

Ein schlichtes Haus. Am Fenster zerrt der Föhn,
Klagt im Kamin und rüttelt im Gebälk.
Der Alte liegt ermüdet, bleich und welk
Und lauscht gedankenvoll dem Nachtgestöhn.
Er, dessen Blick durch Meer und Himmel drang,
Den niemals Furcht noch Zorn noch Zeit bezwang,
Der seine kühnen Wege einsam schritt
Und einsam an verschwiegenen Schmerzen litt,
Denkt nun vielleicht der lieben Kinderzeit,
An einer Jugendleidenschaft verjährtes Leid,
Vielleicht der Heimat, die ihn darben ließ,
Der Freunde, die er ungewollt verstieß.
Ein herbes Zucken irrt um seinen Mund,
Das Lächeln eines, der, zu Tode wund,

Ein langes Leben ohne Klagelaut,
Doch voll geheimer Qualen überschaut . . .

Was sinnt er nun? Mit halbgeschloss'nem Lid
Senkt er das Auge. Ob er Geister sieht?
Mit welken Fingern greift die schmale Hand
Unruhig tastend an des Bettes Rand,
Die Stirn bewölkt mit krausem Faltenspiel
Ein drängender Gedanke. Nach dem Kiel,
Nach Stift und Blatt begehrt der Kranke hart,
Dem eine letzte Offenbarung ward.
Ein letztes Bild vielleicht? Vielleicht ein Wort
Der Weisheit aus der reichen Seele Hort?
Vielleicht ein Gruß an seinen einzigen Feind,
Der endlich beide Meister spät vereint?
Laut braust der Föhn. Mit träumerischem Zug
Lauscht er des Windes ruhelosem Flug;
Sein Geist vergißt des Elends, das ihn brach,
Begeistert sinnt er jenem Traume nach,
Der ihn sein Leben lang gelockt, genarrt,
Dem heute Lösung und Erfüllung ward.
»Der Mensch wird fliegen«, ruft er klar und laut,
»Heut fand ich das Geheimnis; aufgebaut
Mit schönen Schwingen, morgenrotgeküßt,
Steht vor der Seele mir das Fluggerüst.
Morgen beginnen wir.« Sein Auge lacht.
Nun hat er nicht umsonst gesucht, gedacht,
Gedarbt, gelitten – einem neuen Tag
Entgegen strebt mit breitem Flügelschlag
Die Menschheit nun – der Zweifel ist besiegt.
Er hatte recht, er weiß nun, wie man fliegt!
Und seiner großen Schöpfung froh, erhebt
Er stolz das Haupt, die Hand, den Arm – er schwebt!
Er sieht der Wolken Züge nah und groß,
Berührt sie, grüßt sie, ist ihr Weggenoß,
Steigt auf, taucht nieder, rastet, mißt genau
Mit scharfem Blick den Flug durchs weite Blau . . .

Indessen in der schlichten Kammer steht
Sein Lieblingsschüler, flüstert ein Gebet

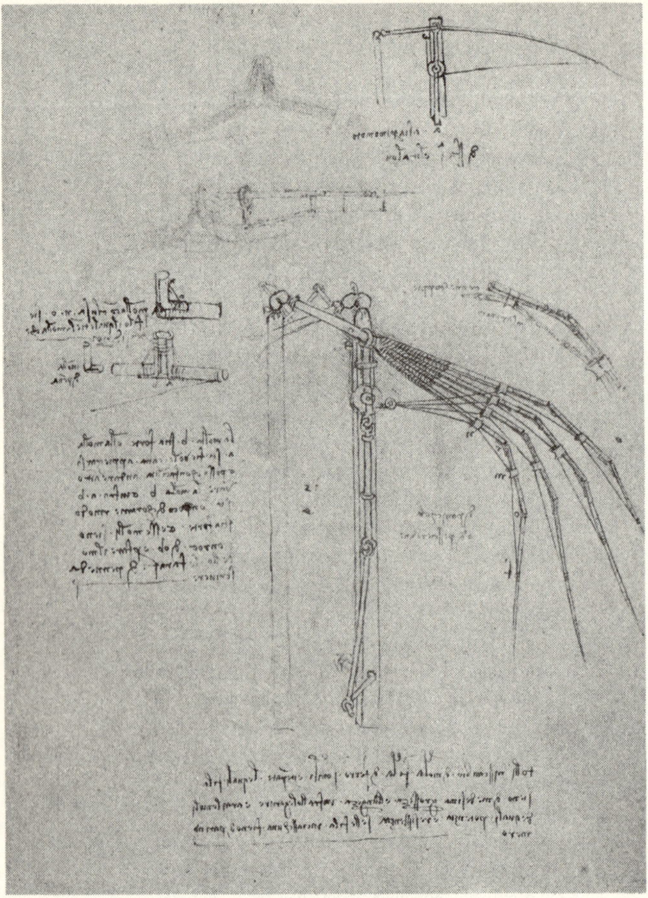

Leonardo da Vinci, Skizzen zu einem Flugapparat.

Und drückt dem Sterbenden zur letzten Ruh
Die müden großen Kinderaugen zu.
Er schluchzt. Der greise Meister aber ruht
Tief wie ein heimgekehrter Pilger tut,
Der oft auf langer Reise irrte, fiel –
Vergessen ist's. Er ruht. Er ist am Ziel.

Reine Lust

Ich weiß auf Erden keine reinere Lust
Als still zu ruhen an der Erde Brust,
Auf heißer Mauer an bestaubten Wegen,
Wenn über mir das tiefe Blau sich dehnt
Und einem ungekannten Glück entgegen
Mein Wunsch sich leise und mit Lächeln sehnt.

Ich weiß nur eine, die mich gleich erfaßt:
Auf einem schmalen Ruderbrett mich wiegen,
Wenn ringsum leuchtend in der Mittagsglast
Die Weiten eines blauen Meeres liegen
Und fern ein Schiff das weiße Segel regt,
Das meine müde Sehnsucht heimwärts trägt.

Meermittag

Das ist so süß wie Traum und Tod:
Von Glut und Stille müd und schwer
Zu ruhn in einem Fischerboot
Im herben Duft von Salz und Teer.
Der kurzen Pfeife Wolkenspiel
Folgt lang das Auge ohne Ziel,
Bis es gebannt und müde ruht
In blauer Mittagssonnenglut.
Da segeln hoch in stetem Ziehn
Die weißen, losen Wolken hin,
Fernher mit kaum gehörtem Pfiff
Gibt Kunde seiner Fahrt ein Schiff.

Die Flut in träumerischem Spiel
Verlecht mit dumpfem Laut am Kiel;
Das schlaffe Segel feiert leer,
Die Netzeschnur schleift hinterher.
Und alles, was dich sonst bewegt,
Und alles, was in Glück und Weh
Dir irgendwann das Herz erregt,
Ruht tief und schlummert in der See.

Dein Herz, so wild es sonst gebrannt,
Wird wieder still, wird wieder Kind
Und ruht wie Sonne, Meer und Wind
In Gottes Hand.

Auf der Gräberinsel bei Venedig

Wie rinnt die schöne Zeit mir aus der Hand!
Einsamer Schiffer fahr' ich durch die Tage,
Durchmesse mit verschwiegner Sehnsucht Frage
Die ewige Flut und finde nirgends Land!
Heut zog mich eines dunklen Wunsches Zwang
Zur Gräberinsel. – Schauerliche Welt,
Wo Flut um Flut mit ungehörtem Klang
Am Ufer der Vergessenheit zerschellt!
Die ihr hier ruht, vergessen, unbeklagt,
Fernab der Stadt, in deren Lebensgier
Nach euch und eurer Stätte niemand fragt,
Ihr seid verwandt und liebe Brüder mir.
So wie ihr ruht, vom Leben abgetrennt,
Weitab gebettet im Bezirk der Wogen,
So bin ich namenlos umhergezogen:
Ein fremder Wanderer, den keiner kennt,
Der zu dem Leben, das so nah und heiß
Vorüberflutet, keine Brücke weiß
Und über dessen ungehörter Klage
Sich wiegt der Reigen ungenossener Tage.
Wie ihr werd' einmal ich verschollen rasten
Von meiner Pilgerschaft unnützen Lasten,
Und meiner Wanderschaft und meiner Pein
Wird nach mir nirgend ein Gedächtnis sein.

Verschäumend leckt am Strand herauf die Flut.
Du mahnst mich recht! Ja, dir, dir war ich gut,
Du liebes Meer, und jedem Winde auch,
Der dich bewegt mit seinem warmen Hauch –,
Dir, Sonne, die auf stille Inseln glüht –
Euch lieben Wolken, die ihr farbig blüht
Von Bergen her und über Meere hin!

Motiv auf der Friedhofsinsel San Michele bei Venedig.

Euch liebt' ich und verstand ich, euer Ziehn
Und großes Segeln war mir wohl vertraut,
Und auch des Sturmes regelloser Laut;

Mit euch im Zwiegespräch, mit euch verwandt
Und fahrtverbündet zog ich über Land.
Ihr liebt mich noch, ihr habt mich nicht vergessen,
Den Freund, der eurem ewigen Zuge nach
So vieler Straßen lange Flucht durchmessen,
Der euch geliebt, der eure Sprache sprach,
Dem selten nur und zwischen Fahrt und Fahrt
Für Augenblicke wohl bei Menschen ward!
– Wenn mich die Erde gehn läßt, nehmt ihr dann
Zu neuem Fluge mich als Bruder an?
Darf ich mit euch durch Luft und Wogen reisen
Und Pilgern dann die Heimwehwege weisen,
Die ich allein so lang und rastlos schritt?
Sagt ja, Geschwister, Freunde! Nehmt mich mit!

Gondel

Schwarz und ernst sind deine leichten Wände
Süß, solang das frohe Heute loht,
Süß und seltsam ist der Traum vom Tod,
Von der Jugend und der Liebe Ende!

Bläue über dir und Sonnenglut,
Unter dir die ewig stille Flut.
Auf dem schmalen, leichtbewegten Kiel
Trägst du Saitenklang und Liebesspiel.

Meine jungen Jahre gleiten
Unbekannten Zielen zu
Durch beglänzte schöne Weiten,
Schlanke Gondel, rasch und leicht wie du.

Im Süden

Neugierig fragt mich meine Kleine oft
Nach meiner Heimat. Deutschland ist so fern
Und fremd und fabelhaft und lächerlich!
»Wie lebt ihr dort?« Nicht halb so schön als ihr.

»Wie liebt ihr?« Ach, nicht halb so heiß als ihr.
»Wie tanzt und singt ihr?« Rede nicht davon!
»Und euer Land?« Ist schön, doch friert man dort.

»Und das ist alles?« – Alles, liebes Kind.
Nur eines haben wir, das habt ihr nicht.
Es zittert durch die Seele uns beim Tanz,
Macht süß und selig unsre rauhen Lieder,
Es führt uns Pilger eurem Süden zu,
Den wir verstehn, wie ihr ihn nie versteht,
Und der uns dennoch niemals glücklich macht.

»Doch warum hast du selber oft gescholten
Auf deine Heimat, und das fremde Land
So laut gepriesen?« – Weil ich Deutscher bin.

Die venezianische Gondel

Wie ein Lied, zur Dämmerung gesungen,
Treibst du still, vom Tage müd gemacht,
Wiegst dich leicht und gleitest schöngeschwungen
Milden Taktes in die warme Nacht.

Deiner schlanken Form Geheimnis liegt
Weit zurück, von Sagenduft umfangen,
Spielerisch ins Heute hergewiegt
Aus den schönern Zeiten, die vergangen.

Aus dem namenlosen, schweren Sterben
Der versunkenen Vergangenheit
Wird sich deine Bildung stets vererben,
Rätselhaft und schön und unentweiht.

Späte Gäste wirst du noch entzücken,
Wenn nicht Kirche noch Palast mehr steht,
Und die trauernde Lagune schmücken,
Bis die Stadt Venedig untergeht.

Reiselied

Sonne, leuchte mir ins Herz hinein,
Wind, verweh mir Sorgen und Beschwerden!
Tiefere Wonne weiß ich nicht auf Erden,
Als im Weiten unterwegs zu sein.

Nach der Ebne nehm ich meinen Lauf,
Sonne soll mich sengen, Meer mich kühlen;
Unsrer Erde Leben mitzufühlen
Tu ich alle Sinne festlich auf.

Und so soll mir jeder neue Tag
Neue Freunde, neue Brüder weisen,
Bis ich leidlos alle Kräfte preisen,
Aller Sterne Gast und Freund sein mag.

Wieder im Süden

Kühler Gassen enge Schattenkluft,
Meerkristall und heiter-helle Luft,
Silberbäume wehn in strengen Gärten.
Kindermenschen treiben Markt und Kram,
Armut sonnt sich frei und ohne Scham
An den Mauern bei den Goldlazerten.

Alles, wie ich's graue Monde lang
Mir gemalt in Sehnsucht, Traum, Gesang,
Alles heiter und dem Glück erschlossen;
Gastlich wölben Bogen sich in Reihn,
Südfrucht duftet herb und roter Wein,
Prahlerisch im Überfluß vergossen.

Drüben überm weißen Bergesrand
Sucht mein Herz das ferne Vaterland,
Kühles Reich der Wolken und der Winde.
Nimmer wird der süße Süden mein,
Nimmer läßt das Paradies mich ein,
Nimmer wird der Mann zum Kinde.

Ankunft in Cremona

Der Regen singt, die Ebene liegt voll Nacht,
In hohen Bäumen rauscht es naß und kühl,
Zart tropfen Glockentöne vom Gestühl
Und schlafen ein, vom Regen leis verlacht.

Durch frohe Gassen bei Laternenschein
Zieh ich gelassen in die fremde Stadt,
Gewölbe dunkeln, Fenster schimmern matt,
Friedvolle Bürger sitzen still beim Wein.

Ein Bogengang hallt auf von meinem Tritt,
Und eine Treppe leitet mich gemach
In ein Gewölb', an Säulen hin, und schwach
Läuft überm feuchten Stein mein Schatten mit.

Weit öffnet nun die Halle ihren Schacht,
Erschrocken halt ich: riesig Bau an Bau
Ragt Dom, Turm und Palast, darüber blau
Und schweigsam brütet ungeheure Nacht.

Und kaum erschaut, ist alles wie bekannt
Und klingt beseligt dem erstaunten Blick
Wohllaut und rein entgegen wie Musik,
Hell wie ein Lied aus Paradiesesland.

Erträumt von Menschen einer andern Zeit
Steht Dom, Turm und Palast voll Majestät
Und spricht zu mir, und aus den Säulen weht
Und aus den Bogen lächelt Ewigkeit.

Blick nach Italien

Über dem See und hinter den rosigen Bergen
Liegt Italien, meiner Jugend gelobtes Land,
Meiner Träume vertraute Heimat.
Rote Bäume sprechen vom Herbst.
Und im beginnenden Herbst

Meines Lebens sitz ich allein,
Schaue der Welt ins schöne grausame Auge,
Wähle Farben der Liebe und male sie,
Die so oft mich betrog,
Die ich immer und immer noch liebe.
Liebe und Einsamkeit,
Liebe und unerfüllbare Sehnsucht
Sind die Mütter der Kunst;
Noch im Herbst meines Lebens
Führen sie mich an der Hand,
Und ihr sehnliches Lied
Zaubert Glanz über See und Gebirg
Und die abschiednehmende, schöne Welt.

Hermann Hesses Italienbild

Ein Mosaik aus Briefen, Rezensionen und Dokumenten

Cari miei genitori!

Eccolo la mia prima lettera italiana. Arriverò il primo o due Marzo da voi. Se nelle prossime giorni arriveranno dei bauli o delle casse, favoricite le ricevere per me. Io leggo e scrivo ogni giorno una lezione italiana e spero che parlerò presto questa bella lingua un poco.[1] Nicht wahr, noch ein recht schwacher Anfang?

(Aus einem Brief vom Februar 1901 an seine Eltern)

Heute abend, vor 2 Stunden, bin ich in Florenz angekommen. Adresse: Piazza Signoria 5, bei Prof. Thurnheer. Mein Zimmer ist groß, hoch und schön und geht auf die Piazza, eine fürstliche Lage, dem Palazzo Vecchio und den Uffizien gegenüber. Auf diesem Platz wurde 1498 Savonarola[2] verbrannt und er hat noch im ganzen das Gepräge von damals. Für das Zimmer zahle ich täglich 2 Lire, die es wert ist; im übrigen lebt man in Italien wahnsinnig billig, wenn man, wie ich tue, in die kleinen Trattorien geht.

Ich kam Dienstag nacht in Mailand an und fuhr auf dem Weg ins Hotel bei Mondschein am Dom vorbei. In Mailand blieb ich bis Freitag früh. Der Dom ist ein verrückter Bau, aber voll von dekorativen Schönheiten, und das Innere durch die Riesenmaße imponierend. In das Mittelschiff könnte man die ganze Calwer Kirche zweimal hineinsetzen. Das Schönste, was ich bis jetzt sah, war die Certosa von Pavia, die ich Donnerstag besuchte. Ein ganz wunderbarer Bau, der herrliche Dekorationen, Bilder und Schnitzereien enthält.

Von Mailand fuhr ich nach Genua, wo ich bei Frau Baeschlins Eltern Aufnahme fand. Die Stadt ist interessant, Welthafen, dazu

[1] Liebe Eltern! Hier ist mein erster italienischer Brief. Ich werde am 1. oder 2. März bei Euch ankommen. Wenn inzwischen mein Koffer nebst Kiste ankommt, bitte ich sie für mich in Empfang zu nehmen, nötigenfalls auch zu bezahlen. Ich lese und schreibe täglich eine italienische Lektion und hoffe bald, diese schöne Sprache ein wenig zu sprechen.

[2] Girolamo Savonarola (1452–1498), Prior des Dominikanerklosters San Marco in Florenz, der wegen seines Kampfes gegen den Sittenverfall am päpstlichen Hofe als Häretiker und Schismatiker gehängt und danach öffentlich verbrannt wurde.

voll von Renaissancepalästen, von denen ich drei mit herrlichen Bildersammlungen besuchte, sowie einige Kirchen. Im Hafen ließ ich mich 1 Stunde in der Barke rudern. Dann sah ich den Genueser Camposanto. Heute nun fuhr ich den ganzen Tag Eisenbahn. Zunächst bis Pisa, wo ich eigentlich 2 Tage bleiben wollte, doch fuhr ich des Regens wegen nach Florenz weiter. Ich fuhr 5 Stunden das Meer entlang, mit vielen Tunnels, bei gewaltiger Brandung, der Frühling ist noch sehr zurück, da blühen die Aprikosen, grünen die Wiesen und Bäume, und die Luft ist sehr milde. Ich schreibe jetzt nachts im ungeheizten Zimmer, angesichts der herrlichen Piazza. Das ganze italienische Leben zieht mich an, dazu kommt der Eindruck des Meeres, die Fülle von Geschichte und Kunst. Ich fühle deutlich, daß ich nicht zum letztenmal hier bin, sondern baldmöglichst wiederkommen werde. Mit den Italienern verkehre ich mit Erfolg, lasse mich auch gern der Sprache wegen auslachen – angesichts dieser Kultur und dieses Lebens sinkt mein Nationalgefühl auf Null herab.

Nun gute Nacht! Ich bin heute 9½ Stunden Eisenbahn gereist und müde.

(Aus einem Brief vom 31. 3. 1901 an seine Eltern)

Die Certosa hat eine schöne Fassade,
Wenn's aber schneit,
Wie leider heut,
Ist's dafür jammerschade.

Ein Glück, daß Sie strenge Tugendseele mich hier nicht sehen, ich lebe im sträflichsten Verkehr mit vielen schauderhaften Winkelkundigen, wo man für eine halbe Lira mehr Wein bekommt, als man ertragen kann.

(Postkarte von der Certosa di Pavia vom 25. 3. 1901 an Mathilde Wackernagel)

Sie sind, denke ich mir, ziemlich das Gegenteil von mir, ich stelle Sie mir als sicheren Beamten vor: stolz, eingebildet, scheußlich elegant, nie ohne Handschuhe, viel in Salons. Ich dagegen, anch' io poèta, bin Zigeuner, trage die Hände im Hosensack und schreibe meine Verse an den seltenen Tagen, an denen ich weder für Geld arbeite noch betrunken bin. Nächst Büchern, Wein und Weibern weiß ich

Die Fassade der Certosa di Pavia aus weißem Marmor, die Jacob Burckhardt neben der Domfassade von Orvieto als »das erste dekorative Prachtstück Italiens und der Welt« bezeichnet hat.

nur ein Vergnügen: Wandern. Bald zu Fuß an Bächen entlang in der Schweiz, im Jura, im Schwarzwald, bald dritter Klasse und Orangen in der Tasche durch Italien. Ich liebe das Aufdämmern des Morgens, mit vom Wein getrübtem Auge auf den laternenfahlen Straßen der Großstädte gesehen – und ich liebe den Untergang der Sonne, gesehen vom Grat hoher Alpenberge oder vom Rudersitz in einem Fischerboot auf der Lagune oder im Hafen von Livorno. Ich hasse wenige Menschen, aber ich finde die meisten fad oder lächerlich, vor allem Euch Beamte und ferne Modeherren, die Ihr im Grunde doch selten wißt, was Kultur ist. Man findet mehr davon, wenn man mancherlei Völker in Kneipen, im Walde, auf dem Meere aufsucht, mit ihnen ißt, kneipt und schläft und ihre alten Lieder hört. O Venedig! O Ravenna! Dort, wo ich nur als Fremdling gewesen bin, könnte ich vielleicht leben – hier vegetiere ich eben so hin.
(Aus einem Brief vom 20. 11. 1901 an Richard von Schaukal aus Basel)

Endlich finde ich eine ruhige Stunde, um Euch ein wenig zu erzählen. Daß ich in Florenz bin, kam so:

Eine mir befreundete Malerin, Frl. Gundrun, verließ neulich Basel, um für immer nach Italien zu gehen, und lud allerlei Bekannte und Freunde ein, sie für die Ostertage nach Florenz zu begleiten. Ich dachte nicht daran mitzugehen, bis am letzten Tag Frl. Bernoulli, eine andere Künstlerin, sich dafür begeisterte und mich zum Mitgehen überredete. Ich hatte eben noch Zeit, die Kleider zu wechseln, etwas Wäsche einzupacken und mitzufahren. Das war heute vor acht Tagen, Mittwoch abend 6 Uhr. Wir fuhren die Nacht durch nach Mailand. Da wir alle drei kein Geld haben und alles dritter Klasse fahren, kamen wir ziemlich gerädert an, liefen aber doch den ganzen Donnerstag in Mailand herum und besuchten namentlich die Certosa di Pavia, die ich schon vor 2 Jahren sah. Freitag früh 7 bis abends 6 Uhr Bahnfahrt nach Florenz (via Bologna) ohne Aufenthalt. Hier sitzen wir nun, d. h. wir sitzen wenig, laufen vielmehr eifrig herum, auch in der schönen Umgegend. Es war mir ganz merkwürdig, wie heimatlich ich mich hier von der ersten Stunde an wieder fühlte. Ich kenne hier Weg und Steg und hatte das Gefühl, nur von einer kurzen Abwesenheit hierher zurückzukommen. Für die zwei Mädchen fand sich ein altes schönes Prunkzimmer in einem großen Palast des 16. Jahrhunderts, lächerlich billig. Da ich meine Augen nicht angreifen mag, gehe ich fast gar nicht in die Galerien, sondern treibe mich in Gassen, Plätzen, Hallen, Wirtshäusern und Garküchen herum und lasse mir das Volksleben und namentlich die billige und delikate Küche gut bekommen. Leider muß Frl. Bernoulli am Sonntag früh schon wieder reisen [...]

Soviel für heute, meine Zeit ist um. Wir wollen nach San Lorenzo und später zu einem musikalischen Gottesdienst in der Annunziata gehen.

(Aus einem Brief vom 8. 4. 1903 an die Familie in Calw)

Wie liegt so schön und intressant
die Stadt an der Lagune Rand!
Doch erst wenn sie im Mondlicht prunkt,
erreicht sie ihren Höhepunkt.

(Scherzgedicht auf einer Postkarte aus Venedig vom 21. 4. 1903 an Karl Lichtenhahn)

Ein Leonardo-Buch

In der mit Leon Battista Alberti beginnenden Reihe universaler Künstler und Geistmenschen der Renaissance hat von jeher Leonardo da Vinci die oberste Stelle innegehabt, obwohl oder vielleicht auch weil man ihn weder als Künstler noch als Denker genügend kennenlernen konnte. Seine Werke gingen bis auf wenige unter, von intimen Schülern hat er nur einen hinterlassen, seine zahlreichen Manuskripte trieben sich da und dort in Bibliotheken und bei Privaten umher, zerstreut und ungeschätzt. Statt dessen wirkte Leonardos mächtige Persönlichkeit wie ein Zauber fort, in Anekdoten, Liedern, Mythen, Lügen, von einem fabelhaften, vagen Nimbus umflossen. Er galt hier als Erfinder und genialer Ingenieur, dort als Philosoph, Musiker, Dichter, da als Zauberer, Astronom, Chemiker, und sogar die wenigen Werke seiner Hand, die ihn überdauerten, umgab bald ein ganzer Kranz von Mythen.

Für unsere Zeit, namentlich nachdem zum Burckhardtschen Renaissancekultus noch die seltsam internationale neueste Beschäftigung mit okkulten Dingen gekommen war, wurde Leonardo von neuem ein Ziel der Sehnsucht und Wißbegier, ein magischer Name, dessen Klang tiefe Schauer beschwor. Tatsächlich aber blieb er uns, wenn wir die engsten Forscherkreise ausnehmen, so unbekannt und unverstanden wie den früheren Jahrhunderten. Er blieb der große Rätselhafte, der von Wolken und Sage Umschleierte, der magische Verführer und Zauberer, und es wird nachgerade Zeit, dieser im Grunde echten, neuestens aber ungesund übertriebenen Verehrung andere Wege zu weisen, sonst wird Leonardo uns am Ende noch zu einem Zauberer Virgil.

Und dazu ist er zu gut. Er ist viel zu edel und groß, um dieser Rätsel und Schleier und Legenden zu bedürfen; das wenige Wahre und Sichere, das wir von ihm wissen, wiegt den ganzen Fabelwust reichlich auf. Zur Förderung dieser Erkenntnis gibt Marie Herzfeld in ihrem Leonardo-Buch[1] einen wertvollen Beitrag. Das schöne Buch enthält, nebst einer im guten Sinne populären Einleitung, eine Auswahl von Aufsätzen, Notizen, Sprüchen aus Leonardos Manuskripten in wörtlicher Übersetzung. Es fehlte bis jetzt an einer solchen Publikation in Deutschland vollständig, wie es denn der Fluch unserer modernen Wissenschaft ist, daß sie nur pro domo arbeitet, Bausteine sammelt, und das Volk hungern läßt. Die mei-

[1] »Leonardo da Vinci, der Denker, Forscher und Poet«, Diederichs Verlag, Jena 1904.

Selbstbildnis des Leonardo da Vinci (Rötelzeichnung).

sten unserer jungen Romanisten z. B. schreiben viel lieber zwei Bände über eine antiquierte Genitivform, als daß sie uns etwa eine schöne alte Novelle oder Sage gut übersetzen würden, wie es seinerzeit die Bülow, A. v. Keller und andere getan haben. So war auch Leonardos reicher literarischer Nachlaß bis jetzt fast unverwertet, nur sein Traktat über die Malerei (nach dem Codex Vaticanus 1270) ist in den Wiener »Quellenschriften« nicht nur wiedergedruckt, sondern auch in guter Übersetzung von Heinrich Ludwig herausgegeben worden.

Das vorliegende Herzfeld'sche Buch ist eine Blütenlese aus den bis jetzt durch Faksimileausgaben zugänglich gewordenen Manuskriptbänden des Meisters, ganz persönlich ausgewählt, sehr wörtlich übersetzt und unter wohlgewählten Kapitelüberschriften geordnet. Wie man weiß, enthalten mehrere dieser (vielfach verstümmelten) Nachlaßbände in buntestem Wechsel Tagebuchnotizen, Briefentwürfe, Aphorismen, Schwänke, Zeichnungen, persönlichste Vermerke und Mahnungen, dann wieder Kalkulationen, Rechnungen, Voranschläge, flüchtig notierte, malerische Motive, Naturbeobachtungen, moralische Sentenzen, Devisen, Vorentwürfe zu Zeichnungen und dekorativen Arbeiten usw. Gerade aus diesem Vielerlei, nicht aus den einheitlicher ausgeführten Traktaten, hat die Übersetzerin mit Vorliebe geschöpft, und so blieb ihrem Buche etwas vom fragmentarischen Zauber eines Notizbuches, den wir durchaus nicht vermissen möchten. Ein fast phantastisch buntes, wechselreiches Stück Leben, Kampf, Nachdenken und heißes Ringen, Alltägliches und Entlegenstes vereinigend, steigt in schöner Frische und Fülle fast verwirrend vor uns auf. Und je bunter und heterogener das Nebeneinander der Stoffe, desto mächtiger und adliger wirkt die geheime seelische Einheit. Über dem Wust von tausend Einfällen, Gedanken, Träumen, Sorgen, Scherzen steht ruhig und klar die überlegene, in eminentem Sinne geistige Persönlichkeit Leonardos. Wenn man sich ein wenig eingelesen hat, könnte man dazu kommen, sich zu verwundern, daß Leonardo überhaupt noch gemalt und modelliert hat, daß er noch so viel mit Stift und Lineal und Pinsel arbeitete; denn sein ganzes Wesen strebt mit wundervoller Klarheit nach dem rein geistigen Erkennen und Beherrschen der Dinge. Die kleinste malerische, anatomische, physiognomische Beobachtung verlockt ihn zum Systematisieren, zum Ausbauen einer Theorie, und er sagt selber: »Immer muß die Praxis auf gute Theorie gebaut sein«, und: »Die Wissenschaft ist der Hauptmann; die Praxis, das sind die Soldaten.« Dabei fühlt man, wie das Bewußtsein seiner Fähigkeit zum »Hauptmann« ihm zur ewigen Sehnsucht wird, denn im Leben mußte er eben »Soldat« sein.

Noch viel zwingender und herrlicher aber wächst aus dem Betrachten dieses ungeheuer tätigen, tausendfach arbeitenden und Tausenderlei umspannenden Lebens die Erkenntnis jenes obersten Prinzips aller schöpferischen Begabung, des tiefsten Gesetzes aller Fähigkeit und Fruchtbarkeit: der Liebe. Was wäre diese zerstreute Masse von Beobachtungen, Gedanken, Studien und Plänen, wenn nicht ein mächtiger Herzschlag durch alle ginge, das rastlos heiße Pulsen einer unzerstörbaren Liebe zum Leben, zum Ganzen, zum Universum. Sie ist das fundamentale Geheimnis der Universalität, bei Leonardo so gut wie bei Goethe. Eine glühende Sehnsucht, das Ganze der Welt in verstehender Liebe zu umfassen und an sich zu ziehen, steht hinter jedem Gedanken und blüht noch im kleinsten Satz und Wort als nuancierende, belebende, elektrische Kraft.

Also ein »Lebensbuch« höchster Art. Nur muß man es zu lesen verstehen, muß nicht hindurch eilen und stolpern, nicht überschlagen, nicht bohren und suchen, sondern warten und aufmerken. Erst dann wächst aus den vielen winzigen Teilen das große Organische, und plötzlich werden die Zeilen lebendig und vor dem Lesenden rauscht nahe und ergreifend der geheimnisvolle, dennoch klare Strom eines ungeheuren Lebens vorüber. Dann verstehen und erleben wir Leonardos Worte: »Die große Liebe wird aus der großen Erkenntnis des Gegenstands geboren, den du liebst.«

Das Herzfeld'sche Buch will und soll nicht eine Vollendung, sondern ein Anfang sein. So oder so ist es eine dankenswerte Gabe, zu gut für die Menge, aber den Feineren und Ernsteren desto teurer. Meiner herzlichen Empfehlung füge ich mit besonderer Freude ein rühmendes Wort über die äußere Gestalt des Buches bei. Sorgfältig gedruckte Bücher sind ja seit kurzem nicht mehr so ganz selten, hier aber erfreut vor allem die noble Schlichtheit, welche auf Experimente verzichtet und dem Druckbild jeder Seite seine kräftig schöne Wirkung gönnt. Format, Druckordnung und Titelblatt schließen sich überaus glücklich den Prinzipien des XV. Jahrhunderts, der besten Zeit des Buchdruckes, an.

(Aus »Die Zeit«, Wien vom 16. 7. 1904)

Verse von Gabriele d'Annunzio ins Deutsche zu übertragen, ist eine außerordentlich schwere und vielleicht auch undankbare Aufgabe.

Denn d'Annunzio schöpft seine lyrische Begeisterung zumeist nicht aus seinen Stoffen, auch nicht aus neuen, tiefen oder überraschenden Gedanken oder Einfällen, sondern vorwiegend aus der Sprache selbst, aus seiner lingua toscana, die er liebt und an der er sich berauscht, um sie dann mit aller raffinierten Sorgfalt eines sensiblen Genießers zu handhaben. Das Wesentliche an ihnen sind fast immer die formalen Werte – also gerade das, was beim Übertragen am schwersten und stets nur sehr teilweise zu retten ist. Den Wohllaut einer fein überlegten italienischen Strophe, deren Maße und Klangwerte aufs sorgfältigste abgewogen sind, in einer fremden Sprache wiederzugeben, ist schlechterdings unmöglich, obwohl ein feinfühliges Nachdichten, wie die vorliegende Leistung zeigt, Wunder zu tun vermag.

Die Auswahl[1] umfaßt des Italieners lyrisches Schaffen bis zum Poema paradisiaco (1893), also nicht mehr die neueren laudi, und enthält wirklich eine Anzahl seiner allerbesten Gedichte. Daß manches sehr Schöne fehlt, ist bei einer so beschränkten Auswahl kein Tadel. Die Gesänge sind nach Jahren geordnet, und wer sich darum bemüht, mag wohl eine Entwicklung darin finden, aber doch eigentlich nur eine formale ... Tatsächlich hat d'Annunzio immer nur stilistische Wandlungen durchgemacht, sein Interesse und Stoffgebiet bleibt im Grunde stets dasselbe, und die psychologischen Finessen seiner Romane sucht man in seiner Lyrik vergeblich. Statt dessen sind sie reich, überreich an wundervollen, rein malerisch erfaßten Naturbildern, von delikaten Farbenstimmungen, und gelegentlich erreichen sie eine erstaunliche Anschaulichkeit und Suggestionskraft. Man muß sie lesen, wie man das Album eines Malers durchblättert. Daß es an direkten wie verschleierten Hinweisen auf Namen und Werte der älteren Kunst und Kultur nicht fehlt und daß diese Hinweise nicht Schadereden, sondern sehr fein und ernst sind, versteht sich bei d'Annunzio von selbst. Für ihn, den durchgebildeten connaisseur, sind diese Dinge so unentbehrlich wie Luft und Sonne.

Daß seine Lyrik in Deutschland jemals Boden finde, ist ausgeschlossen. Die paar Kenner lesen diese Verse italienisch und genießen sie mit Organen, die an den Neulateinern und toskanischen Dichtern des 15. und 16. Jahrhunderts erzogen sind. Für solche aber wird es ein eigenartiger, nicht geringer Genuß sein, diese Verse in

[1] »Gesänge von Gabriele d'Annunzio«. In Nachdichtung von Else Schenkl, Berlin 1904.

Else Schenkls Nachdichtung wiederzulesen, die eine hervorragend schöne Leistung genannt werden muß. Einem so feinen Sprach- und Formgefühl möchte man gerne einmal in eigenen Dichtungen der Herausgeberin begegnen.

Die von E. M. Lilien besorgte Ausstattung des sorgfältig gedruckten Buches ist etwas steif und seelenlos, gut aber ist das vom selben Künstler gezeichnete Porträt des Italieners, das den seltsam aus Geist und Gigerltum[1] gemischten Ausdruck seines Gesichts und den ganzen Charakter des ebenso hochbegabten wie eitlen Dichters frappant wiedergibt.

(Aus »Das literarische Echo«, Leipzig vom 15.9.1904)

Wenn Sie Lust haben, einmal das obere Schaftstück des welschen Stiefels anzusehen, so würden Sie (etwa statt eines Sommerausflugs) im Frühjahr mit mir hinunter fahren. Ich schlage Verona, Venedig, Padua u. Florenz, zum Rückweg etwa noch Pisa, Genua u. Mailand vor. Hauptstation Florenz! Dauer der Reise etwa zwischen 4 und 6 Wochen (Rundreisebillet)...

Überlegen Sie sich die Sache! Mit Bädeker, Kenntnis der Gasthöfe u.s.w. bin ich ausgerüstet. Für den Verkehr genügt mein bißchen Italienisch, die nötigsten zehn Worte bringe ich Ihnen unterwegs bei. Daß ich kein Modereisender bin, wissen Sie, ebenso, daß Ihnen in Allem volle Bewegungsfreiheit bleiben würde.

Wenn Sie vor u. nachher einigermaßen fleißig sind, würde Ihre Arbeit unter dem Zeitverlust gewiß nicht zu sehr leiden. Daß man aber von jedem Besuch in Italien ein unschätzbares inneres Kapital mitbringt, das sich auch äußerlich später gut verzinst, dafür garantiere ich Ihnen völlig. Man holt sich da eine Frische und Freiheit und zugleich einen inneren Besitz von Freude und Schönheit, der alles aufwiegt. Denken Sie darüber nach!... Das Leben ist kurz, speziell die sogenannte Jugend, da muß man nach Möglichkeit zugreifen!

(Aus einem Brief vom 26. 2. 1904 an Hermann Haas)

[1] österreichisch für: Geckenhaftigkeit.

Giovanni Boccaccio als Dichter des »Decamerone«

Jener einseitigen Auffassung der italienischen Renaissance als einer »Wiedererweckung des klassischen Altertums« verdankt neben Petrarca auch Boccaccio den etwas zweifelhaften historisch-gelehrten Ruhm eines Vorbereiters dieser Wiedererweckung, da er die römischen Autoren mit großem Eifer las und sammelte und sich auch einige, übrigens meist überschätzte Verdienste um die Wiederaufnahme und Pflege der Lektüre griechischer Philosophen erwarb. Boccaccio selbst tat sich, während er sein »Dekameron« selbst nicht sonderlich hoch zu schätzen schien und es in späteren Jahren sogar am liebsten verleugnet hätte, auf seine philologisch-historischen Arbeiten nicht wenig zugute. Und die Wissenschaft hat sich bis in neuere Zeiten viel um seine meist lateinisch abgefaßten, gelehrten Werke bemüht, sein »Dekameron« aber gerne scheu umgangen.

So könnte man meinen, der Florentiner habe am Ende recht gehabt, seine zahlreichen lateinischen Schriften jenem Buche vorzuziehen, das doch in Wirklichkeit seine herrlichste Leistung und überhaupt eines der wichtigsten und wertvollsten Werke des 14. Jahrhunderts ist. Nun, glücklicherweise war das Fortbestehen und der Ruhm hervorragender Dichtungen niemals von gelehrten Urteilen abhängig und Gott sei Dank hat das Gute und Lebensfähige sich stets von selbst erhalten, während auch das eifrigste Galvanisieren toter Größen selten oder nie von Erfolg gewesen ist. Es sind denn auch die sämtlichen gelehrten Schriften sowie die Jugenddichtungen des Boccaccio seit langer Zeit fast völlig vom Plan verschwunden und gehören für uns heute zum Trödel oder bestenfalls zu den Kuriositäten, während sein köstliches Novellenbuch noch immer von Tausenden gelesen wird und noch mit aller alten Fülle, Kraft und Frische wirkt. Und wem der Name der Renaissance nicht ein gelehrtes Abstraktum ist, sondern das lebendige Bild der städtischen Kultur Italiens im 14. bis 16. Jahrhundert vor Augen stellt, der könnte in diesem Bilde wohl zur Not die genealogia Deorum und die claræ mulieres entbehren, unmöglich aber das unsterbliche Dekameron.

Über Art und Wesen des berühmten Buches viel zu sagen, scheint unnötig. Jedermann kennt es wenigstens dem Namen nach und jedermann weiß, daß es innerhalb einer schlichten, aber künstlerisch wie kultur-historisch ungemein wertvollen Rahmenerzählung eine Sammlung von hundert Novellen enthält, deren Stoffe damals (um 1350) bei der Gesellschaft und im Volke in Italien besonders beliebt waren. Bekannt ist auch, daß das Buch schon seit Jahrhunderten seines freien und gelegentlich derben Tones wegen einen schlimmen Ruf genießt. Diesen üblen Leumund verdankt es jedenfalls vor allem seinen großen Erfolgen, seiner enormen Verbreitung über ganz Europa; ohne diese Neid erregende Popularität hätte es gewiß niemals jemand einfallen können, ein Werk so gründlich zu verleumden, dessen allerderbste Unanständigkeiten von zahlreichen Erzeugnissen der gleichzeitigen Literatur aller Länder (speziell Deutschlands und Frankreichs, aber auch Englands) weit überboten werden. Die vorwiegend von der Geistlichkeit ausgehende Unterdrückung und Verfolgung des »Dekameron« galt übrigens seinerzeit in erster Linie nicht der sinnlichen Derbheit und Anschaulichkeit seiner Novellen, sondern der kecken Freimütigkeit, mit welcher Boccaccio vom Leben und Charakter der Priester und Mönche seiner Zeit zu sprechen liebte. So ist es zum Beispiel amüsant, zu sehen, in welchem Sinne die zahlreichen, von geistlichen Zensoren verschlimmbesserten Ausgaben des »Dekameron« im 15. und 16. Jahrhundert redigiert wurden. Eine Novelle etwa, worin erzählt wird, wie ein Bürger oder Edelmann ein Weib verführt oder von der eigenen Frau betrogen wird, bleibt unverändert stehen; wo aber Geistliche, Fratres oder Nonnen ähnliche unfeine Streiche verüben, wird in majorem ecclesiæ gloriam – nicht etwa die Novelle unterdrückt oder der Ausdruck gemildert, sondern einfach der Priester in einen Ritter, der Frater in einen Grafen, die Nonne in ein Bürgermädchen verwandelt, und alles ist nun gut und einwandfrei.

Doch davon soll hier nicht die Rede sein. Von den unzähligen Fragen, die jedem aufmerksamen Leser des Dekameron aufsteigen müssen, sei diesmal nur die eine herausgegriffen: Inwiefern ist der Verfasser dieser berühmtesten aller Novellensammlungen selbsttätiger Dichter und Erfinder, und wie viel hat er aus seinem Leben und persönlichen Wesen in das Buch mitgegeben?

Die hundert Novellen des Dekameron dürften, rein stofflich betrachtet, wenig oder beinahe gar nichts von Giovanni Boccaccio frei Erfundenes enthalten. Sie bestehen aus Anekdoten, Fabeln, Possen, Bonmots, merkwürdigen Lebensläufen und anderen kleinen Erzählungen, die aus allen Ländern und Jahrhunderten stammend zum Besitz des Volkes, der Gesellschaft und der Höfe gehörten und vom Sammler teils nach mündlicher Tradition, teils nach älteren handschriftlichen Quellen wiedererzählt wurden. Viele von ihnen findet man in orientalischen Geschichtenbüchern, in den französischen Fabliaux und anderwärts wieder. Sobald wir jedoch nicht die Stoffe, sondern die Form ihrer Darstellung betrachten, erweist sich das Buch als eine durchaus selbständige, im höchsten Sinn persönliche Dichtung, indem der Sammler und Verfasser die buntfarbige Menge der Stoffe zu einem neuen, in Geist und Vortrag einheitlichen Werke vereinte.

Das mächtige Werkzeug, das vor allem die Verschmelzung und Neugestaltung alter Schätze möglich machte, war Boccaccios Sprache. Sein umfangreiches Werk redet von der Vorrede bis zum letzten Satz der hundertsten Novelle dieselbe lebendige, elegante, biegsame, frische Sprache, deren Zauber jeden Leser entzückt und festhält. Ob sie in großen, volltönenden Reden schwelgt, ob sie schlicht und scheinbar nachlässig erzählt, oder ob sie in schalkhaft graziösen Wendungen mit sich selber spielt und Mutwillen treibt, sie ist immer von derselben sprudelnden Frische, Reinheit und Beweglichkeit, niemals lahm, niemals welk, sondern in jedem Augenblick elastisch, jugendlich und bei aller Zierlichkeit körnig und ursprünglich. An vielen Stellen läßt sich nicht verkennen, daß der Dichter ganz bewußt ein Schüler der lateinischen Klassiker, namentlich des Cicero, ist; so liebt er zum Beispiel schöngebaute, lange, wohlgegliederte und oft fast prahlerisch und kokett verschlungene Perioden. Ist aber für die Tektonik der Sätze Cicero sein Vorbild gewesen, so schöpfte er die Sprache selbst, die Worte und Bilder, unmittelbar aus der lebendigen lingua parlata der Gesellschaft, der Gassen und der Märkte. Und als Bestes kam sein eingeborenes, geniales Feingefühl dazu, das was erst einen Autor zum Dichter macht: der geheime Rhythmus, die souverän persönliche Freiheit von Konvenienz und Zopf, die Beseelung und Nuancierung der Worte, die prägnanten Neubildungen, der bei aller Mannigfaltigkeit schön und sicher in sich ruhende Stil.

Nächst der Sprache ist es die Einkleidung, welche hier einer Sammlerarbeit das Unorganische und Zufällige nahm und eine neue, einheitliche Dichtung daraus gemacht hat. Die hundert Novellen erzählt uns Boccaccio bekanntlich nicht selbst. Er läßt sie von zehn jungen Leuten aus Florenz – sieben Mädchen und drei Jünglingen – vortragen, die während der großen Pest des Jahres 1348 der aussterbenen Stadt entrannen, einige Zeit in ländlicher Geselligkeit verbringen und als liebsten Zeitvertreib das Erzählen schöner, rührender aber witziger Geschichten pflegen. Jeden Tag wird einer aus der Gesellschaft zum König erwählt, sorgt für die Unterhaltung der andern und schreibt meistens auch das allgemeine Thema für die an diesem Tage zu erzählenden Novellen vor. Schon diese Einrahmung und Gliederung des vielfältigen Stoffes ist so meisterhaft erfunden wie durchgeführt und hat sowohl als ein in Sprache und Stimmung überaus delikates und stilreines Idyll, wie auch als authentische Schilderung des Florentiner Land- und Gesellschaftslebens im Trecento ihre selbständige und hervorragende Bedeutung. Weiterhin aber gewinnt jede einzelne Novelle dadurch sehr an Farbe und Reiz, daß sie von einer bestimmten Person und in einem bestimmten Zusammenhang vorgetragen wird. Zwischenreden, in denen die Gesellschaft sich etwa über die zuletzt erzählte Geschichte unterhält, Neckereien, Witzworte und Lieder unterbrechen den Reigen der Erzählungen belebend und anmutig, ohne doch je zu überwuchern und zu stören.

So erweist sich im Detail der Rahmenerzählung sowohl wie in der Gesamtkomposition das Dekameron als das Meisterwerk eines genialen Dichters, mag auch die Menge seiner Stoffe aus allen Winden zusammengeweht sein. Nun liegt es nahe, sich dafür zu interessieren, ob der Dichter – nächst Auffassung, Einteilung und Sprache – auch im einzelnen Spuren seiner Persönlichkeit, seines Lebens und seiner Stimmungen im Dekameron hinterlassen habe.

Ob die ganze Erzählung von dem heiteren Landaufenthalt der zehn jungen Leute reine Erfindung, ob ihre Figuren nicht etwa wirkliche Porträts seien, darüber wurde früher viel gestritten. Zwischen Florenz und San Domenico wird ja auch die am Fiesolaner Hügelfluß über dem Mugnonetal liegende Villa Palmieri den Fremden gern als mutmaßlicher Schauplatz jenes Idylls gezeigt. Allein, so verlockend es wäre, diesen Schauplatz wirklich zu kennen, und so ernsthaft und glaubhaft Boccaccio den Ausflug der Pestflüchtigen als eine Tatsache darstellt, so wenig läßt sich etwas Gewisses darüber feststellen. Denn vorsichtig vermeidet es der Dichter, einen wirklich erkennbaren Ort bei Florenz zu zeichnen. Was er über Lage und Landschaft jener Villa sagt, paßt so ziemlich auf jeden beliebigen Florentiner Landsitz und gestattet schlechterdings keine bestimmten Schlüsse.

Sodann ist es gewiß, daß Boccaccio während der Pestzeit nicht zu Hause in Florenz war. Seine berühmte, eingehende und eindrucksvolle Schilderung der pestilenza mortifera verliert dadurch freilich nicht den Wert eines authentischen Zeugnisses, denn in Neapel, wo der Dichter im Jahre 1348 wahrscheinlich lebte, wütete die vom Orient herübergekommene Seuche nicht weniger grauenvoll. Wenn wir nun in einem jener drei Florentiner Jünglinge, welche die sieben Mädchen aufs Land begleiteten, Boccaccio selbst zu erkennen glauben, so verliert die früher beliebte Annahme, es handle sich um ein wirkliches Begebnis, stark an Wahrscheinlichkeit. Und es liegt nahe, in dem Jüngling Dioneo, der am siebenten Tage König ist, Züge des Dichters selbst erblicken zu wollen.

Nicht nur ist dieser Dioneo mit viel mehr Liebe und Sorgfalt gezeichnet und mit viel mehr individuellen Zügen ausgestattet als alle andern Personen der Gesellschaft, sondern er spielt auch die Rolle des Erheiteres, Weiberfreundes, Lustigmachers und unterhaltenden Schwerenöters, welche Boccaccio selbst als Schreiber des Dekameron übernommen hat und zu der er sich im Vorwort ausdrücklichst bekennt. Ferner aber scheint, so vage hier auch die Andeutungen sind, Dioneo als Liebhaber der Fiammetta, der Königin des fünften Tages, gedacht zu sein und damit wären viele Zweifel behoben. Denn wen wir uns unter dieser Fiammetta zu denken haben, wissen wir ziemlich gewiß.

Daß eine der anmutigen Erzählerinnen des »Dekameron« jenen Namen trägt, geht auf eines der tiefsten Jugenderlebnisse des Dichters zurück. Boccaccio hat den größeren und jedenfalls wichtigsten Teil seiner Jugendjahre in Neapel verlebt. Wider seine Neigung und Anlage war er vom Vater zum Kaufmann bestimmt, und als Kaufmann kam er, nach längeren Florentiner Lehrjahren, schließlich nach Neapel, wo er bald umsattelte und das Studium des kanonischen Rechts ergriff, worin er es freilich nie sonderlich weit gebracht hat. Durch seinen einflußreichen Landsmann Niccolo Acciajuoli am üppigen Neapolitaner Hofe eingeführt, verliebte er sich in Maria, eine natürliche Tochter des Königs Robert, die er zuerst bei einem Ostergottesdienst in San Lorenzo zu sehen bekam (1334?). Sie galt offiziell für eine Gräfin Aquino und war an einen vornehmen Höfling verheiratet. Des jungen Dichters nicht unerwidert gebliebene Liebe füllte seine ganze erste Neapolitaner Zeit aus und ist der Hauptgegenstand fast aller seiner Jugenddichtungen. Er feierte seine vornehme Geliebte, deren wirklichen Namen er begreiflicherweise nicht öffentlich nennen durfte, stets unter dem Namen Fiammetta, und »Fiammetta« ist auch der Titel eines seiner noch vor dem Novellino verfaßten Romane. Dieser an frohen und bitteren Erfahrungen reichen Liebe hat Boccaccio ein letztes Denkmal gesetzt, indem er den Namen der Geliebten einer der jungen Damen des »Dekameron« beilegte, deren Schönheit und liebenswertes Wesen er (am Ende des vierten Tages) mit schönen Worten rühmt. War auch, als er das schrieb, sein Verhältnis zu Maria gelöst und die einstige Leidenschaft erloschen, so blieb die Erinnerung daran doch die stärkste seines Lebens. Auch mochte diese späte Huldigung einen letzten, wehmütigen und versöhnlichen Nachruf bedeuten, denn allem Vermuten nach ist jene Maria-Fiammetta während des Pestjahres in Neapel gestorben.

Wer diesen Faden weiterverfolgen will, findet in kleinen Zügen und Andeutungen noch manche Spuren jenes Erlebnisses in dem scheinbar so unpersönlich gehaltenen Werke. Wesentliche Aufschlüsse über den Charakter, die Neigungen und Anschauungen des Dichters geben auch seine Vorreden, deren galanten und zierlich scherzenden Ton öfters ein unverkennbarer Ernst durchbricht. Für seine Art zu leben und die Natur zu sehen und zu genießen, sind die Schilderungen jenes Landaufenthaltes bei Florenz ein guter Spiegel. Sosehr sie gelegentlich an die Art der römischen Idylliker und an manche Briefe des Plinius erinnern, ist doch ein feiner persönlicher Duft über diesen reizenden Naturbildern und zuweilen ein fast modernes Naturempfinden unverkennbar. Der dritte Tag des »Dekameron« beginnt mit einer Beschreibung des schönen Lustortes, den der Volksglauben heute in der Villa Palmieri und ihrer Umgebung wiedererkennen will. Namentlich der an den Palast stoßende Garten ist mit Liebe und Begeisterung bis ins einzelne ausgemalt: die von Rosen und Jasmin eingefaßten Wege, die von Zitronen- und Pomeranzenbäumen umschlossene Wiese, deren Gras tief dunkelgrün (quasi nera parea) und von farbigen Blumen durchwirkt ist, der Springbrunnen, die Kanäle, die Vögel im Gezweig und in den Lüften. Das alles ist mit einem enthusiastischen Gefühl für Naturschönheit dargestellt, für welches die Malerei jener Zeit noch keine hinreichenden Ausdrucksmittel besaß. Und nicht vergessen ist der Duft der Zitronenbäume und der feine, süßwürzige Duft der Weinblüte, der den ganzen Garten köstlich erfüllt. Wer je an einem schönen Frühsommertag im Tal des Mugnone, des Greve oder der Elsa Rast gehalten hat, kann sich keine reizendere und duftigere Beschreibung dieser fruchtbaren, reichen Gartenlandschaft denken, und es gibt nichts Köstlicheres, als sie dort zu lesen, im Schatten der Zitronen oder Zypressen, zwischen den Obstgärten und den mit großen bunten Anemonen übersäten toskanischen Hügelwiesen.

So stellt sich die einleitende und einrahmende Geschichte von den zehn Erzählerinnen und Erzählern ganz als eine freie schöne Dichtung Boccaccios dar, in der er keine Scheu trug, Stimmungen und Erinnerungen aus seinem eigenen Leben leise andeutend einzuflechten. Anders ist es mit den hundert Novellen selbst, wenigstens betont der Autor in der merkwürdigen Vorrede zum vierten Tage, er sei bestrebt gewesen, sich aller Änderungen zu enthalten und alle Historien genau so zu berichten, »wie sie sich zugetragen haben«, das heißt, wie er sie von glaubwürdigen Erzählern vernommen habe. Und doch hat er ohne Zweifel auch hier viel Eigenes gegeben. Am nackten Sachverhalt der Geschichten mag er nichts oder fast nichts geändert haben, aber er umkleidet sie mit schmückenden Schilderungen, fügt lange Reden ein, beginnt oder schließt sie mit allgemeinen Betrachtungen, die er der eigenen Erfahrung und Lebenskenntnis entnimmt. Beim mündlichen Erzählen nimmt jede Geschichte etwas Anekdotenhaftes an, verweilt nicht bei Schilderungen, zitiert keine größeren Reden, eilt der Pointe oder Lösung zu. So hatte Boccaccio seine Novellen erzählen hören. Wie er sie aber in Muße niederschrieb, ausrundete, in schöne Verhältnisse brachte und sorgsam stilisierte, floß ihm im behaglichen Ausmalen notwendig viel Eigenes mit ein; keineswegs zum Nachteil der Novellen.

Wo in den Erzählungen von den Geschäften, Reisen und Abenteuern der Florentiner Kaufleute die Rede ist, da verdankt der Dichter gewiß die Genauigkeit und Anschaulichkeit seiner Darstellung zum großen Teil seinen eigenen Erfahrungen. So findet sich in der zehnten Novelle des achten Tages eine eingehende Darlegung der Gebräuche und Verpflichtungen beim Hafenverkehr. Wir erfahren, wie und wo der fremde Kaufmann seine Waren unterbringt und versichert, wie aus den Packhofbüchern die Makler sich über Art und Preise der eingetroffenen Handelsgüter unterrichten, wie sie kaufen und tauschen usw. Ähnliche Aufschlüsse kann man an vielen andern Stellen des Buches finden.

Weniger häufig und deutlich tritt Boccaccios politische Anschauung und Erfahrung hervor. In den zahlreichen bei Hofe spielenden Novellen hätte auch seine fanatisch republikanische Gesinnung nur stören können. Dagegen ist seine Begeisterung für die Zeiten und die Charaktere des antiken Roms mehrmals deutlich zu spüren.

Und am allerwenigsten hält er mit seiner Geringschätzung des Klerus hinterm Berge. Auffallend ist es schon, daß er mit solcher Vorliebe Geschichten erzählt, in denen Pfarrer, Äbte, Mönche und Nonnen eine häßliche oder lächerliche Rolle spielen. Doch mögen freilich bei dem Niedergang des Mönchwesens und des Klerus (es war die Zeit des Papstexils von Avignon) und bei der zunehmenden freien Denk- und Lebensart der Städte derartige Anekdoten allerwärts besonders viel und gerne kolportiert worden sein. Indes begnügt Boccaccio sich damit nicht. Mit sichtlicher Genugtuung flicht er den Novellen sowie seinen Vorreden nochmals ausführliche entrüstete Anklagereden namentlich wider die Mönche ein (die bezeichnendste in der 7. Novelle des 3. Tages).

Und doch ist es gerade eine der Mönchsnovellen (Tag 6, Novelle 10), in welcher wir den Dichter von seiner liebenswürdigsten Seite kennenlernen. Es ist die ergötzliche Geschichte vom Bruder Zippolla und seiner Reliquienpredigt, eine Perle des »Dekameron«. An feurigem Witz, scharfsinnigen, geistreichen oder burlesken Einfällen fehlt es dem Boccaccio ja nie, aber in dieser meisterhaften Erzählung erreicht er die Höhe eines wirklichen, profunden, reinen Humors, wie wir ihn bei den zahllosen spätern italienischen Novellendichtern vergebens suchen. Die Art, wie der mit schwindelhaften Reliquien umherreisende schlaue Bettelmönch seine Überlister wieder überlistet, wie er sich aus einer höchst peinlichen Verlegenheit zu retten weiß, wie er sichtlich seiner eigenen Schlauheit noch mehr als des erschwindelten Geldes sich freut und schließlich zwar als durchschauter Übeltäter, aber doch ungestraft und fast mit einer kleinen diabolischen Glorie aus der heiklen Sache hervorgeht, das alles hat Boccaccio weder aus seinen Quellen noch bei Cicero holen können, das hat er aus seinem Eigensten geschöpft. Ihrer echt toskanischen, witzigen Grazie wegen ist gerade diese Novelle stets der Liebling der Florentiner gewesen und ist es heute noch. Und als um 1570 einst wieder einmal unter geistlicher Aufsicht eine »gereinigte«, d. h. bis zur Unkenntlichkeit verstümmelte »Dekameron«-Ausgabe veranstaltet wurde, baten die Florentiner es sich eigens aus, es müsse wenigstens diese Historie vom Bruder Zippolla unverändert beim alten Wortlaut bleiben.

Eine einzige Novelle, obwohl auch ihr vielleicht ein älteres Vorbild zugrunde lag, soll nach mehreren Zeugnissen ein eigenes Erlebnis des Dichters darstellen. Es ist die siebente Novelle des achten Tages: Ein Student wird von einer Witwe, in die er verliebt ist, getäuscht und schmählich verhöhnt, wofür er grausame Rache an ihr nimmt.

Nun wissen wir aus Boccaccios eigenem Munde, daß er im Alter von etwas über vierzig Jahren sich einst in eine schöne Witwe verliebte. Diese stellte sich eine Zeitlang entgegenkommend, obwohl sie längst einen anderen, jüngeren Liebhaber hatte. Sie spornte den Verliebten zu einem feurigen Briefwechsel an und machte sich hinterrücks über ihn und seine Briefe mit ihrem jungen Freunde nicht wenig lustig. Das war das letzte, bittere Liebesabenteuer des Dichters.

In der erwähnten Novelle nun erzählt er von jenem Studenten, die Dame habe ihn im Winter eine ganze Nacht lang in einem windigen Hofraum im Schnee auf sich warten lassen, während sie die Türen abgeschlossen hatte und im Hause mit ihrem Liebhaber über den frierenden Anbeter nach Herzenslust lachte und ihn höhnte. Der Student aber beschloß, sich gründlich zu rächen. Er wartete den Sommer ab und fand eine Gelegenheit, die Witwe allein auf einen Turm weit vor der Stadt zu locken, angeblich um gewisse Zauberbeschwörungen mit ihr zu vollbringen. Ohne Kleider oder Lagerstatt, ohne Speise und Trank und ohne irgendeinen Schutz vor der Sonne läßt er sie alsdann eingeschlossen auf der Plattform des Turmes einen ganzen glühend heißen Tag hindurch schmachten und rösten, wobei sie nahezu der Hitze und den Mückenstichen erliegt.

Es könnte scheinen, als spreche gerade die grausame Roheit dieser unedlen Rache dafür, daß die Geschichte alt und keine Erfindung des Boccaccio sei. Und wenn dieser nach dem »Dekameron« nichts mehr geschrieben hätte, müßte man entschieden dieser Auffassung beitreten. Aber leider haben wir allen Grund anzunehmen, daß er dennoch diese widerwärtige Szene auf dem Gewissen hat und durch sie seinem ohnmächtigen Rachedurst gegen die schöne und leichtfertige Witwe Ausdruck verleihen wollte.

Denn es war Boccaccios tragikomisches Schicksal, daß er, der seine Jugend an eine leidenschaftliche Liebe verschwendet hat, der sich im »Dekameron« ausdrücklich einen glühenden Verehrer, Freund und Diener der Frauen nennt und dessen frühere Dichtungen kaum einen anderen Gegenstand als den der Frauenliebe kennen – daß dieser selbe Dichter auf seine älteren Tage noch ein schonungslos gehässiger Frauenverächter werden mußte. Eine vereinzelte, frühe Äußerung dieser Verachtung finden wir in jener Novelle.

Jenes ernüchternde Erlebnis mit der Witwe scheint ihm den

entscheidenden Stoß versetzt zu haben. Und bald darauf schrieb er, der Verfasser so vieler Liebesgedichte und Liebesnovellen, seinen schrecklichen »Corbaccio«, eines der bösesten und niederträchtigsten Bücher, die jemals über und gegen die Weiber geschrieben wurden. Es wimmelt von den maßlosesten und unflätigsten Beschimpfungen. Es gibt uns mit seinem niedrigen und widerwärtig keifenden Ton aber auch das Recht, des Autors spätere Mißbilligung seines Meisterwerkes zu verlachen und den jüngeren Boccaccio gegen den alten in Schutz zu nehmen.

Was nach dieser schlimmen Wandlung etwa noch fehlte, um den Dichter sein »Dekameron« verleugnen und bereuen zu lassen, das vollbrachte im Jahre 1361, etwa fünf Jahre nach der Vollendung des »Corbaccio«, der Kartäusermönch Ciani. Hatte Boccaccio seine frühere Frauenverehrung bereut und seine Hymnen auf die Frauen widerrufen, so war er doch immer noch der böse Spötter über Priester und Mönche. Aber da erschien anno 1361 in seinem Haus jener Mönch Giovachino Ciani und es gelang ihm – vermutlich wider eigenes Erwarten –, den schlauen, findigen, durchtriebenen Schalk und Mönchsfeind mit einem recht groben, auf einer durchsichtigen Bauernfängerei beruhenden, gewaltsamen Bekehrungsversuch übers Ohr zu hauen. Boccaccio erschrak und glaubte sein Ende nahe, er kroch zu Kreuz und legte damit sein letztes und schwerstes Laster endgültig ab.

Das alles ist zum Glück nun schon über fünfhundert Jahre her. Der »Corbaccio« ist verschollen, der Mönch Ciani ist vergessen, das Bild des alternden Boccaccio ist verblaßt und ferngerückt. Das »Dekameron« aber und sein Verfasser, Vir Juvenis Boccatius Certaldensis, sind heute noch so jung und blühend und lebendig wie dazumal, und das köstliche Buch macht heute noch unzähligen Jungen und Alten nicht weniger Vergnügen wie einst den Florentinern des Trecento.

(Erstfassung in »Frankfurter Zeitung« vom 28. 5. 1904)

Mit der Verrücktheit Savonarola's war mir's historisch ganz Ernst. Ich kann mir den Mann nur so erklären, daß er zu klein an Geist und Kraft war, um seine große Rolle auszuspielen und mit ihr zu wachsen, er wurde darüber toll und brach wie billig den Hals. –«

(Aus einem Brief vom 2. 6. 1904 an Karl Lichtenhahn)

Bis heute sind die Gedichte Michelangelos, auch in Italien, eigentlich nur Historikern und Philologen bekannt. Es ist ja noch nicht lange her, seit sie durch treue Forscher nach Möglichkeit gesammelt und in der originalen Form wiederhergestellt worden sind. Vielleicht beginnt jetzt erst ihre Wirkung in die Weite, und vielleicht nimmt die jetzige Modeneigung der Kulturschreiber zur italienischen Renaissance neben vielem leichten auch dies schwere Gepäck mit auf den Hausierhandel.

Jedenfalls scheint es, als breche diesem verborgenen Schatz ein Tag an. Eine deutsche Übersetzung erschien kürzlich bei Eugen Diederichs in Jena. Der Übersetzer Heinrich Nelson gibt dem Buch eine hübsche Vorrede mit, das ganze Buch ist schön und gediegen anzusehen.

Ich kann die Übersetzung nicht mit andern vergleichen und philologisch beurteilen; ich kann nur sagen, sie ist lesbar, zum Teil sogar schön, und sie gibt vielleicht alles, was eine deutsche Übertragung dieser Werke überhaupt geben kann. Mir war es unmöglich, ernstlich auf die Form zu achten, so heftig ergriff mich der Inhalt dieser ungewöhnlichen Gedichte, von denen ich vorher nur ganz wenige gekannt hatte.

Wer irgend ein Verhältnis zu Michelangelo hat, dem müssen seine Gedichte ein Erlebnis werden. Mag ihr Eindruck auf uns nicht so stark sein wie der seiner anderen Werke, da diese Gedichte immerhin unendlich viel mehr zeitlich Beschränktes haben – im Grunde ist es doch, aufgelöster und nuancenreicher, derselbe bestürzende Eindruck, den man vor Michelangelos großen Werken hat. Ein glühender Mensch stürmt einsam durch ein dunkles Leben, in ewiger Flucht und Ungenüge, allen Täuschungen des Denkens und der Liebe brennend hingegeben, und über all dem Sturme schwebt heilig ein gottnaher Geist, der die Leidenschaft zur Größe und die Trauer zur Andacht erhebt.

(Aus »Württemberger Zeitung«, Stuttgart vom 18. 5. 1909)

Der Blütenkranz des heiligen Franziskus von Assisi

Soeben ist eine sehr beachtenswerte deutsche Ausgabe der »Fioretti di San Francesco« erschienen. Bei dem auffallenden Interesse, das im vergangenen Jahrzehnt sich der Person und Bedeutung des Heiligen zuwandte und das sichtlich noch im Wachsen begriffen ist, mag es nicht unangebracht sein, die Besprechung des Buches durch einige orientierende Notizen über Franziskus einzuleiten.

Franz von Assisi, eigentlich Giovanni Bernardone, ist im Jahre 1182 als Sohn des wohlhabenden Kaufmanns Pietro Bernardone in Assisi geboren. Gelehrte Bildung genoß er nicht, dafür die weltliche Erziehung durch den freundschaftlichen Verkehr mit den Söhnen des Adels und der vornehmeren Bürgerkreise. Vermutlich berührten auch religiöse Fragen seinen Kreis; der Vater unternahm mehrmals größere Handelsreisen, namentlich zu den Märkten Südfrankreichs, und mußte so notwendig über die großen Bewegungen seiner Zeit unterrichtet sein. Mit dem Aufblühen des freien Städtewesens und der städtisch-bürgerlichen Kultur regten sich starke neue Bedürfnisse, denen die Kirche nicht gerecht zu werden verstand, schon weil ihr erbitterter Kampf mit dem Kaisertum sie ständig in Atem hielt. Ein heißes Verlangen nach Lehre und Tröstung, nach Mitteilung und Auslegung des Evangeliums erfüllte alle Seelen, und gerade die Predigt lag im argen und bot Steine statt Brot. Und nun erhoben sich da und dort Männer der Tat und des Wortes, Laienprediger und Volksapostel; es gab Propheten und Wundertäter, Irrlehrer und echte, große Volksredner. Einige von ihnen verloren sich ins Phantastische und erloschen spurlos, andere rieben sich in unfruchtbaren Kämpfen auf, die meisten und besten aber wurden von der eifersüchtigen Kirche gewaltsam unterdrückt. Es gab plötzlich allerorten Ketzer und Märtyrer und leidenschaftliche Bewegungen trieben durchs erregte Volk.

Indessen ist uns über den Einfluß dieser Zeitstimmung auf Franzens erste Jugend nichts Sicheres bekannt. Andere Strömungen ergriffen ihn desto mächtiger. Es war die Zeit, da die ersten Troubadourlieder erklangen, und einen Hauch davon hat Franz fürs Leben behalten; das Bedürfnis nach einer gewissen künstlerisch poetischen Erhöhung des Lebens und seines Wertes hat ihn nie mehr ganz verlassen. Einstweilen äußerte sich dieser Drang in echt jugendli-

Blick auf Assisi.

cher Weise: Franz warf sich mit Leidenschaft auf ein prächtig festliches Leben, suchte es seinen meist adeligen Kameraden überall zuvor zu tun und schonte seines Vaters Geldsack nicht. Er gab Feste und nahm an solchen teil, hatte seine Lust an Waffen, Gewändern, Pferden; sein Ideal war, ein vollkommener Ritter zu sein, und es ist bemerkenswert, mit welcher Inbrunst und Begierde er diesem Streben huldigt. Schon in diesem spielerischen, noch halb knabenhaften Treiben zeigt er die Gebärden eines Menschen, der nichts halb tun kann, der für sein Leben ein tiefes Begehren, ein Ideal braucht, und diesem mit völliger Hingabe folgen muß. Er will das Tiefste und Edelste des Lebens kosten, und wo er den Weg dazu ahnt, kennt er kein Zögern. Aber er hat das unschätzbare Erbteil einer unzerstörbaren inneren Heiterkeit, etwas von der Natur eines Singvogels; ein Lächeln, ein Lied, ein herzliches Wort fehlt ihm nie. Diese beiden Grundzüge – das leidenschaftliche Streben zur Höhe und dabei die fröhliche Harmlosigkeit und Herzlichkeit des Kindes – erklären sein ganzes Wesen und Leben.

Noch nicht zwanzigjährig, nahm Franz am Verteidigungskampfe gegen Perugia teil. Nach dem Sturze des Herzogs von Spoleto, des kaiserlichen Vogts über Assisi, kam es in der Stadt zu immer drohenderen Auflehnungen des niederen Volkes gegen den Adel, und in der Not hatten einige der Barone den Verrat begangen, das mächtige Perugia um Hilfe zu bitten. Perugia leistete Folge und schlug die Truppen der schwächeren Nachbarstadt in einer raschen Schlacht vollkommen. Franz, der begeistert mitgekämpft hatte, wurde samt vielen anderen gefangen und nach Perugia mitgeschleppt. Dort saß er – übrigens seines vornehm gesitteten Wesens halber den Nobili zugeteilt – ein volles Jahr im Gefängnis. Doch beugte ihn die lange Haft keineswegs, er war vielmehr der Munterste und Fröhlichste, suchte seine Leidensgenossen nach Kräften zu erheitern und sprach beständig von seiner Hoffnung, in Bälde erst recht ein Kriegsmann und Ritter ohne Tadel zu werden.

Ende 1203 aus der Gefangenschaft entlassen und nach Assisi heimgekehrt, begann er sofort das alte, flotte Leben wieder, war bei Spielen und Schmäusen obenan und vertat sein Geld auf edelmännische Weise; einer der ältesten Biographen nennt ihn princeps juventutis. Eine schwere Krankheit, der er zu erliegen glaubte, nötigte ihn zu vorwurfsvoller Einkehr und zum Versuch einer Änderung. Doch hielt das nicht lange vor. Schon kurze Zeit darauf loderte seine Leidenschaft für ein ruhmvolles und glänzendes Weltleben noch einmal gewaltig auf. Der ersehnte Weg zu Abenteuern und Großtaten, zu Glanz und Ehre schien sich nun öffnen zu wollen.

Im Süden Italiens rüstete nämlich Walter von Brienne, der berühmte Feldherr und Ritter, im Solde des Papstes ein Heer, und von allen Seiten strömten ihm Freiwillige aus den besten Ständen zu. Auch in Assisi beschlossen mehrere vornehme Jünglinge und Männer, dahin zu ziehen, und kaum hatte Franz davon gehört, so schloß er sich begeistert an. Eine fieberhafte, ungestüme Erregung kam über ihn, er kleidete und bewaffnete sich reicher und üppiger als alle anderen, und wen er traf, dem redete er von seinen Plänen und Hoffnungen. Trunken vor brennender Erwartung und Tatenlust sah er sich schon auf dem Wege zur Erfüllung seiner ausschweifend ehrgeizigen Jugendträume und redete prahlend davon, wie er als ein Fürst und bekränzter Sieger heimkehren werde. Auf einem kostbaren Pferde schloß er sich am Tage des Auszugs seinen Genossen an und erregte durch seine prachtvolle Ausrüstung den Neid der Kameraden und das Erstaunen der Zurückbleibenden.

Zwei Tage später kehrte Franz allein nach Assisi zurück, verwandelt, gebrochen, bescheiden. Seine Rüstung hatte er einem armen

Edelmann geschenkt. Was ihn zur Umkehr trieb, ist ungewiß; vielleicht hatten die Gefährten ihn für sein prahlerisches Auftreten bestraft, vielleicht hatte ihn eine plötzliche Krankheit geschwächt. Jedenfalls erlebte er damals eine Stunde, in der seine Seele in Todeskämpfen rang, in der Gott sein Herz berührte, und in dieser geheimnisvollen Stunde fiel sein Ehrgeiz und Abenteuerdurst von ihm ab wie eine leere Hülle. So kam er nach Hause zurück und wurde mit Hohn und Kopfschütteln empfangen. Es kümmerte ihn wenig; Tieferes quälte ihn. Sein Ideal, seine Hoffnungen und Lebenspläne waren ihm wertlos geworden und zertrümmert. Was nun? Er brauchte ein neues Ideal, eine neue Form, um sein glühendes Lebensgefühl darein zu gießen, einen neuen Gott und Glauben, und im sehnlichen Begehren und Suchen verzehrte er sich lange Zeit. Den bald wieder erfolgenden Einladungen seiner früheren Freunde schenkte er kein Gehör, eines Tages aber lud er sie unerwartet zu einem Gelage ein. Man schmauste und zechte bis zur Nacht, darauf erhob sich die Gesellschaft übermütig, um noch singend und lärmend durch die Gassen zu schwärmen. Da ging Franz allein abseits, in tiefe Gedanken verloren, denn an diesem Abend war ihm eine erste Ahnung seines neuen Ideals geworden. Die Kameraden fanden ihn, umringten ihn lachend und fragten, was er denn sinne, ob er vielleicht daran denke, ein Weib zu nehmen? Da gab er zur Antwort, ja, er habe eine Braut gefunden, die sei aber edler und schöner, als sie sich vorzustellen vermöchten. Lachend gingen sie weg und ließen ihn, den sie trunken wähnten, allein. Es war sein letztes Gelage und der letzte Tag seines alten Lebens gewesen.

Das ist die Jugendgeschichte des Heiligen; sie hat einen farbig novellenhaften, fast koketten Reiz. Aber alle jene liebenswerten Züge des Jünglings, die stets zu Gesang und Scherz bereite Heiterkeit, die Freude am Schönen, die bald begeisterte, bald fast schalkhaft zierliche Ritterlichkeit gingen ihm nicht verloren. Auf dem Grund eines großzügig schlichten, gewaltigen Lebensernstes gewannen sie eine neue, höhere, geistigere Schönheit und umgaben die Gestalt des Dulders und Heiligen mit einem Hauch von Kindlichkeit und ewig junger Anmut, der ihm Tausende von Herzen gewann.

In Einsamkeit und Gebet, im Verkehr mit Bedürftigen und Armen begann nun Franz sein neues Leben. Das ungestillte, dürstende religiöse Streben und Verlangen jener ganzen Zeit durchlebte er in

Franz von Assisi, Ölbild von Rembrandt (1660).

qualvoller Unruhe, die ihn bald sogar zu einer Pilgerfahrt nach Rom trieb. Er fand dort nicht, was er suchte. Aber bald nach seiner Rückkehr begann es in ihm zu tagen und er fand den schlichten Weg zu Gott zurück, den überall ringende Seelen vergebens suchten und der ihm und unzähligen Nachfolgern Erlösung bot. Seine Tat bestand einfach darin, daß er – auf den Wortlaut des lateinischen Evangeliums zurückgehend – beschloß, die Worte Jesu, mit denen dieser seine Jünger in die Welt gesandt, schlicht wörtlich zu befolgen. Gewiß hatten das vor ihm viele versucht, aber sie waren zu Asketen, zu Einsiedlern oder zu Narren geworden. Franz erfaßte mit seiner harmlosen, stets aufs gegenwärtige und tätige Leben gerichteten Art Jesu Worte ohne jeden Versuch einer dogmatisierenden Exegese vor allem in ihrer Bedeutung für das tägliche, praktische Leben. Und so griff er mit instinktiver Erkenntnis des Wesentlichen auf die Vorschrift der apostolischen Armut zurück. Völlige Besitzlosigkeit erkannte er als die einzige Möglichkeit zur inneren Freiheit, und kurz entschlossen entledigte er sich jeder Habe. Ebenso instinktiv, auf dem Weg des Straßengesprächs und der freundschaftlichen Unterredung, wurde er in der Folge zum

Volksprediger. Entscheidend war, daß er nicht nur keine Mahnung und Vorschrift predigte, die er nicht selbst täglich erfüllt hätte, so daß sein Beispiel die Lehre trug und unterstützte. Noch wichtiger aber war es, daß er nicht im düsteren Kleid des verdammenden Bußpredigers und mit der Märtyrerpose des Asketen auftrat, sondern fröhlich und demütig; daß er nicht drohte und donnerte, sondern seine Hörer mit der ganzen liebenswerten Heiterkeit seines Wesens zu sich lockte. Joculatores Domini, Spielleute Gottes nannte er sich und seine ersten Jünger; er suchte nicht seinen Hörern die Hölle heiß zu machen, sondern machte ihnen Erde und Himmel lieb, als ein Sänger und schmeichelnder Werber in Gottes Dienst.

Die Schwierigkeiten und Mühsale waren groß. Mancher heutige Leser einer Franzbiographie wird bei aller Bewunderung doch denken: Wenn das einer heute tun wollte, wäre er verrückt. Aber es war damals kaum leichter. In einer Zeit, da mit dem Erstarken des Städtewesens und dem Aufblühen des Handels dem Geld schon eine bedeutende Macht innewohnte, klang das Evangelium der Armut gewiß nicht selbstverständlich und lockend. Und Franz war ja nicht etwa ein Bauernsohn oder Habenichts, sondern ein Städter, Sohn eines wohlhabenden Handelsherrn und Gespiele der vornehmen Jugend. Als er sein Pferd verkaufte und das Geld dem Priester von St. Damian gab, als er sich mit Bettlern und Elenden einließ und alle Gewohnheiten des jungen Patriziers ablegte, fielen nicht nur sämtliche Freunde von ihm ab. Sein Vater mißhandelte ihn öffentlich und sperrte ihn ein, dann zog er ihn vor Gericht, verstieß und enterbte ihn schmählich. Sein Bruder höhnte ihn und schämte sich seiner und die ganze Bevölkerung fiel mit Spott und Verachtung über ihn her. Er war zum Narren der Stadt geworden. Aber er gab nicht nach. Ohne Zorn ertrug er die Schmähungen und ging in einen Rock gekleidet, den ihm ein Diener des Bischofs aus Mitleid geschenkt hatte. Der Gedanke an die Gründung einer Gemeinschaft lag ihm fern, und da er nicht müßiggehen, sondern irgend etwas zu Gottes Ehren arbeiten wollte, begab er sich allein an die Ausbesserung einer vernachlässigten Kapelle. Sooft es not tat, ging er in die Stadt und bat jeden Begegnenden um einen Beitrag, um Steine zum Bau oder um Öl für die heilige Ampel. Und allmählich gewann seine furchtlose Beharrlichkeit und sein bescheiden herzliches Auftreten ihm eine langsam zunehmende Achtung. Und auf diesen Bittgängen, zwischen hundert Demütigungen, im Gespräch mit einzelnen, entwickelte er sich unbewußt zum großen Prediger. Bald kam ein erster Jünger zu ihm, ein reicher junger Mann, der ihn um Rat in geistlichen Dingen bat. »Gib dein Vermögen den Armen, behalte nichts und lebe als mein Bruder mit mir«, riet ihm Franz, und jener ging hin, gab alles weg und blieb sein Leben lang einer der treuesten Anhänger des Poverello – das war der Kosename, den bald darauf das Volk dem Heiligen beilegte.

Im Jahr 1210, als Franz schon eine kleine Zahl von Jüngern hatte, ging er nach Rom und bat den Papst um Bestätigung seiner jungen Gemeinschaft. Nach längerem Hinhalten wird diese Bestätigung zögernd erteilt und damit war der größte Laienprediger des Jahrhunderts der Kirche gewonnen. Sein Orden wurde für Jahrhunderte die Quelle und Heimstätte der echten Volkspredigt und eine der zuverlässigsten und mächtigsten Stützen der römischen Kirche.

Mit dem raschen Anwachsen des neuen Ordens, dessen Jüngerzahl in die Hunderte und bald in die Tausende stieg, tritt das persönliche Leben des Stifters in den Hintergrund. Die Leitung eines so großen Kreises, die Aufsicht und Verantwortlichkeit, die Abfassung einer Ordensregel – das alles brachte ihm mehr und mehr Sorge und Last und auch manche Enttäuschung. Mit doppelter Zärtlichkeit hing er nun an den wenigen Gefährten der ersten Jahre, und mit der Last und Sorge wuchs in ihm das Bedürfnis, in Stille und ländlicher Umgebung Ruhe zu suchen und an jener tiefsten Quelle seines Wesens zu rasten, die ihm nie versiegte und der wir seinen wunderbaren »Sonnengesang«, die laudes creaturarum, verdanken. In diesem tiefen Naturgefühl ruht auch der geheimnisvolle Zauber, den Franz noch heute und auch auf religiös Indifferente übt. Das dankbar freudige Lebensgefühl, mit dem er alle Kräfte und Geschöpfe der sichtbaren Welt als verbrüdert und ihm verwandte Wesen begrüßt und liebt, ist frei von jeder kirchlich gefärbten Symbolik und gehört in seiner zeitlosen Menschlichkeit und Schönheit zu den merkwürdigsten und edelsten Erscheinungen jener ganzen spätmittelalterlichen Welt.

Über das Leben der Brüder, über den entstehenden Schwesterorden, über Franzens späteres Leben, seine Stigmatisation und seinen Tod gibt der »Blütenkranz« vielfache Auskunft; hier seien nur noch die Daten mitgeteilt. 1224 unternahm er die berühmte Reise auf den Alverno, schon krank und im Vorgefühl des Todes, und ebendort erlebte er das Mysterium der Stigmatisation. Am 3. Oktober 1226 starb er nach schweren Leiden, und in sämtlichen vitae sanctorum gibt es keinen ergreifenderen und schöneren Todesbericht als die Geschichte seines Sterbens. Auch hierüber findet man im »Blütenkranz« berichtet. Nicht ganz zwei Jahre nach seinem Tode, im Juli 1228, erfolgte die Heiligsprechung durch Gregor IX., und gleichzeitig die Grundsteinlegung der Franzkirche in Assisi, die in gewissem Sinn als Geburtsstätte der großen italienischen Kunstentwicklung gelten kann. Über das Verhältnis der bildenden Kunst zu Franz und über seine enorme kulturelle Bedeutung für die folgenden Jahrhunderte hat Henry Thode[1] in seinem berühmten Franziskuswerk eine der eindringlichsten und wichtigsten modernen Kunstmonographien geschrieben.

Schon zu Lebzeiten des Heiligen waren im Volke manche Anekdoten und legendenhafte Erzählungen aus seinem Leben verbreitet. Nach seinem Tode, da die Kunde von seinem Leben und seiner Persönlichkeit in mündlicher Tradition weitergegeben wurde, wuchs die Zahl dieser Legenden, die zu Unterhaltung und Erbauung in Klöstern und Häusern, bei Hofe und auf den Gassen von Mund zu Mund gingen. Diese fast ausnahmslos volkstümlich naiven, lebendig frischen Geschichten wurden in Umbrien im vierzehnten Jahrhundert zum erstenmal gesammelt und »Fioretti di San Francesco« genannt. Die Sammlung ward allmählich noch durch eine Anzahl von biographischen und anekdotischen Berichten aus der Zeit der ersten Franziskanerbrüder vermehrt und war schon vor den Zeiten des Buchdrucks das, was sie noch heute ist – das beliebteste Volksbuch Italiens. Die Fioretti, trotz ihres frommen Inhalts ein Vorläufer der italienischen Novellenliteratur, sind das schönste und unvergänglichste Denkmal, das je ein großer Mensch in der Literatur seines Volkes gefunden hat. Sie sind nicht historische Zeugnisse für das Leben und die Taten und Worte des Franziskus, aber sie sind bis in kleinste Züge voll vom Liebreiz und Ernst seiner Persönlichkeit und sie stellen den Heiligen so dar, wie er im pietätvollen Andenken des Volkes jahrhundertelang lebte und noch immer lebt.

Seither ist Franz von Assisi längst auch außerhalb der katholischen Kirche zum Gegenstand der Liebe und Verehrung für viele geworden. Desto bedauerlicher war es, daß in Deutschland seit längerer Zeit keine genießbaren Übersetzungen der Fioretti existierten. Die letzte mir bekannte Übersetzung ins Deutsche, eine gewissenhafte,

[1] Henry Thode, »Franz von Assisi und die Anfänge der Kunst der Renaissance in Italien«, 1885.

aber einseitige und ziemlich trockene Arbeit des Priesters Pius Heinrizi, erschien 1870 und fand wenig Verbreitung.

Nun liegt endlich eine schöne, befriedigende deutsche Ausgabe vor: »Blütenkranz des heiligen Franziskus von Assisi«, übersetzt von Otto von Taube (Verlag Eugen Diederichs, Jena). Die Übersetzung ist, wie man sofort spürt, weder von einem Philologen noch von einem Theologen, sondern von einem feingebildeten, begeisterten Kenner und Liebhaber, mit delikatem Sprachgefühl gearbeitet. Sie ist, bei großer Treue und Vollständigkeit, leicht und schön zu lesen und verdient dankbare Anerkennung. Henry Thode, der oben erwähnte Franziskuskenner, hat eine kurze, wertvolle Einführung dazu geschrieben, die in gedrängter Fassung alles Wesentliche sagt und auch Laien durchaus verständlich ist. Schließlich verdient noch die Ausstattung volles Lob. Der Verleger, bekanntlich ein erfolgreicher Bahnbrecher auf dem Gebiet der heutigen Buchkunst in Deutschland, hat wieder ein Werk von ernster, kräftiger Schönheit zustande gebracht. Type und Anordnung des Drucks ist schlicht und würdig, die Initialen von Ehmke sind klar, ruhig und wuchtig, und der Pergament-Einband ist, wenn auch hier das Idealporträt des Heiligen vielleicht hätte wegbleiben mögen, eine solide und schöne Leistung. Das famose Vorsatzpapier, das schon mehrfach in den letzten Jahren verwendet wurde, ist nach einem älteren Venezianer Muster hergestellt.

Und nun genug. Das Werk wird für sich selber reden. Ich zweifle nicht, daß es viele Leser finden wird. Möchte allen diesen etwas von dem zarten und mächtigen Geist, aus dem es geboren ist, nahe kommen und zu eigen werden!

(Aus »Münchner Zeitung« vom 2. 6. 1905)

Ausnahmsweise sei hier wieder einmal ein kunstgeschichtliches Werk angezeigt: »Leonardo da Vinci« von Woldemar von Seidlitz (zwei Bände, reich illustriert, bei Julius Bard in Berlin). Nicht als ob das schöne Buch eine jener ganz großen Leistungen von der genialen Art wäre, es ist nicht die endgültige, klassische Darstellung einer Persönlichkeit, es ist mehr gelehrt als genial, mehr fein als großzügig, es hat nicht das Temperament und die Weite Jakob Burckhardts und nicht die einseitige Unerbittlichkeit Wölfflins[1]. Aber es ist das

[1] Heinrich Wölfflin (1864–1945), Schweizer Kunsthistoriker, als Nachfolger seines Lehrers Jacob Burckhardt, Professor in Basel.

erste und bis heut einzige Werk, das die uns Heutigen so wichtige und anziehende Person Leonardos mit Verwertung des ganzen ungeheuren Materials darzustellen unternimmt, so daß es wohl seit Wölfflins Dürer für uns Nichtgelehrte die wichtigste Erscheinung auf dem Gebiet der kunsthistorischen Literatur ist. Seidlitz bemüht sich, mit der kunstgeschichtlichen Fixierung des großen Malers einen Umriß seines vielseitigen geistigen Wesens und ein Bild seines Werdens und seiner Bedeutung im Rahmen der Kultur seiner Zeit zu geben. Das ist viel gewollt, und da trotz der populären Schreibart eine Auseinandersetzung mit rein gelehrten Fragen nicht zu vermeiden war, ist es ohne fachmännische Bilderbeschreibungen und dergleichen nicht abgegangen. Aber was diesem Riesenstoff gegenüber einem klugen und literarisch begabten Gelehrten möglich war, das hat Seidlitz wirklich gegeben: sein schönes Werk faßt die Resultate langer und weit zerstreuter Forschungen klar und gut zusammen und gibt ein Gesamtbild, das wohl nur einer der ganz seltenen genialen Historiker besser hätte geben können. Wir wollen dankbar sein, um so mehr, als der Autor auf jene kühnen Flüge ins rein Subjektive, die nur dem Genie erlaubt sind, verzichtet hat. Wir haben nun ein Leonardobuch, und danach haben wir lange verlangt. – Unschätzbar werden die zwei Bände vollends durch die Abbildungen, weit über zweihundert vorzügliche Reproduktionen, die namentlich aus dem reichen Material der Handzeichnungen viel Herrliches geben. Manche von den Bewegungs- und Gewandstudien namentlich bieten jenen unbeschreiblichen Genuß, den alle fertigen Bilder der Welt nicht geben: das Teilhaben am reinen Schauen eines großen Künstlers, in dessen Auge die Natur sich zu bespiegeln und auf sich zu besinnen scheint.

(»Ein Leben Leonardos« aus »März«, München vom 3. 6. 1910)

Der Pfarrer Arlotto, der vor bald fünfhundert Jahren in der Toskana als lustiger Bruder und witziger Unterhalter bekannt war, soll in Florenz heute noch recht wohlbekannt sein und genoß einst in seiner Heimat die Beliebtheit eines von jedem Kinde gekannten Mannes. Bücher, in denen seine Schwänke und Witze mehr oder weniger fein aufgezeichnet waren, sind in Italien seit etwa 1520 in Umlauf gewesen und immer wieder gedruckt worden. Diese Schwänke gehören zu dem großen Schatz italienischer Fazetien der Frührenaissance und weichen im ganzen Ton wenig von ihren

Vorbildern ab, zeigen aber eine angenehme Beimischung von Gutmütigkeit und mildem Humor, die sie vorteilhaft auszeichnet.

Den Freunden kurioser Bücher sei erzählt, daß von diesen Arlotto-Schwänken eine von Wesselski besorgte, sehr sorgfältige und schöne deutsche Ausgabe im Verlage von Alexander Duncker in Berlin herausgekommen ist.[1] Die zwei schönen Pergamentbände in kleiner Auflage stellen eine tüchtige Editorenarbeit dar, für die mancher Forscher dankbar sein wird. Aber auch ungelehrte Liebhaber der burlesken Literatur werden Freude daran haben. Der Anblick dieser lebenslustigen Naivität und kindlichen Grobheit hat für uns Moderne etwas Wunderliches und Nachdenkliches und könnte wohl zu Evolutionstheorien verführen, wenn nicht die Zeit dieser etwas rohen Belustigungen auch die Entstehungszeit der florentinischen Frührenaissance gewesen wäre.

(Aus »Münchner Zeitung« vom 1. 3. 1911)

Lieber Brun, was woll'n wir tun?
Sollen wir Dir schreiben,
oder lassen wir es bleiben?
Wir woll'n es tun, mein lieber Brun!
(Adagio con Sentimento)
Nach Italien laß uns wallen
Wo Zypressen prächtig blüh'n
Wo in den geweihten Hallen
Mandolinenlieder sprüh'n
Wo der Wein im Purpurstrome
Wallt zu dem geweihten Dome,
Wo der Väter kühne Taten
Prangen in den Prachtfassaden;
Wo an aller Bäume Branchen
Glüh'n die klassischen Orangen
Wo die herrlichen Zitronen
In den edlen Bäumen thronen,
Wo, der Vorzeit traur'ge Reste,
Ragen marmorne Paläste,
Dahin nun, mein lieber Brun
Laß uns eine Reise tun!

(Briefgedicht vom 21. 3. 1911 an Fritz Brun)

[1] »Die Schwänke und Schnurren des Pfarrers Arlotto«, herausgegeben von Albert Wesselski.

Fritz Brun

Eine Umbrienreise mit Hermann Hesse und Othmar Schoeck

Es war im Jahre 1911, als der Gemischte Chor Zürich nach Mailand reiste, um dort im Auftrag der Società del Quartetto in einem ziemlich profanen Saal des Konservatoriums Bachs Matthäus-Passion aufzuführen. Damals gab es in Italien noch kaum Chorvereinigungen, die solche Aufgaben übernehmen konnten.

Der junge Andreä[1] *war damals schon Dirigent des Zürcherchors, und ich*[2] *war als »Reserve« aufgeboten, um einzuspringen, falls Andreä etwas Ungutes passieren sollte. Auch Hesse und Schoeck*[3] *reisten mit durch den Gotthard und wohnten der Aufführung bei. Doch die öffentliche Hauptprobe versäumten wir. Wir kniffen aus, um uns im Kino eine Filmaufnahme des Boxkampfes zwischen Johnson und Sheffried anzusehen. Doch am andern Abend wohnten wir brav und gewissenhaft der Hauptaufführung der Passionsmusik bei. Sie war ein mächtiger Erfolg, und die Svizzeri wurden stürmisch applaudiert.*

Am nächsten Morgen fuhr ich mit Hesse und Schoeck über Bologna südwärts, ohne bestimmten Plan; denn es war uns einfach darum zu tun, bei dem lieblichen Frühlingswetter die italienische Landschaft zu genießen. Florenz lag hinter uns, und wir kamen an den Trasimenischen See. Da stiegen wir aus und gingen zu Fuß um den See herum nach Castiglione, wo es uns so wohl gefiel, daß wir gleich drei Tage blieben.

Doch Umbrien lockte, es war uns allen noch neu. Wir fuhren nach Assisi, stiegen dort unglücklicherweise in einem Engländerhotel ab, das ziemlich teuer war und wo uns, besonders Hesse, zwei alte Ladies auf die Nerven gingen, die zum Essen Brunnenwasser tranken, wo doch so guter umbrischer Wein zu haben war, und die, wie wir vermuteten, als angestammtem Getränk sich wohl sicher im Schlafzimmer einer Whiskyflasche widmeten. Doch was ging uns das an! Assisi war herrlich. Wir wohnten hoch über der umbrischen Ebene; wir sahen Wolkenzüge, die das schöne, frischergrünte Land verdunkelten, bis die Sonne es wieder erhellte. Wir sahen die

[1] Volkmar Andreä (1879–1962), Komponist und Dirigent, Leiter des Konservatoriums Zürich.

[2] Fritz Brun (1878–1959), Komponist, Dirigent und Leiter des Symphonieorchesters Bern.

[3] Othmar Schoeck (1886–1957), Komponist.

Hesse (rechts) mit Othmar Schoeck (1911) in Assisi.

Fresken Giottos in der Kirche, wir wanderten die steilen Gassen auf und ab . . .

In Spoleto, der finstern mittelalterlichen Stadt, erkältete ich mich, mußte hustend zusehen, wie meine Freunde im kleinen Billardzimmer mit überlangen Queues hantierten, die häufig durchs Fenster fuhren, ließ mich überreden, über eine himmelhohe römische Brücke gehend, einen Ausflug auf den Apennin zu machen. Wolkenzüge, blauer Himmel, dunkle Steineichenwälder; immer windiger, kälter wurde es; auf der Höhe behauptete Schoeck, er sähe das Adriatische Meer, was ich aber bestritt. Wie gerne hätte ich mir irgendwo Ruhe gegönnt! Doch lag weiter südlich noch Orvieto, das ich von früher her kannte; ich brannte darauf, es den Freunden zu zeigen.

In einer Kneipe dieser Stadt entdeckten wir einen Spielapparat, der verschiedene Fächer enthielt, die mit Zwanzig–Centesimi–Münzen in kleinen bis großen Beträgen gefüllt waren. Man konnte ein Geldstück in den Schlitz stecken, am Griff ziehen, es gab ein katarrhalisches Gerassel, und, wenn man Glück hatte, flogen unten ein oder zwei Münzen heraus. Die meisten Stücke aber

Die Römerbrücke in Spoleto.

blieben wie gefangene Fliegen stecken. Ebenso bei Hesse. Schoeck musterte die Teufelsmaschine, schob behutsam einen Zwanziger in den Schlitz, zog ebenso behutsam am Griff, und sofort stürzte eine Lawine von etwa 80 Münzen in den Auffangteller. Es gab unter den einheimischen Zuschauern beträchtliche Aufregung, die sich zur unmißverständlichen Drohung steigerte, als Schoeck das Experiment wiederholte und nochmals einen etwas kleineren Betrag erbeutete. Es war hohe Zeit, daß wir uns verflüchtigten, denn die Impiegati von Orvieto hielten uns Forestieri offenbar für Zauberer oder Betrüger. Wir verzogen uns in ein anderes, ruhiges Lokal, und Schoeck, großzügig wie immer, bestellte, dank seiner Beute, für alle drei ein opulentes Nachtessen und natürlich auch einen Liter des goldgelben Orvieterweins. Wenn ich mich nicht irre, hat Hesse kürzlich diese Affäre mit der Geldmaschine am Radio erzählt.[1] Ich habe sie nicht gehört und beeile mich als gewissenhafter Reporter, sie hier nachzutragen.

Orvieto war die südlichste Ortschaft dieser Reise. Rom lag so nahe, aber wir beherrschten uns – zudem sagten uns die kleinen Städtchen mehr zu. Über Siena fuhren wir noch nach Montepulciano, wo wir den besten Chianti tranken, der weit und breit zu finden war. Bald waren wir wieder am Meer, in Chiavari, und bummelten auf der herrlichen Höhenstraße nach Rapallo. Dort sahen wir am Ufer Gerhart Hauptmann spazieren. Wir machten einen Bogen um den Dichter und gingen zum Bahnhof. Hesse fuhr an den Bodensee, Schoeck nach Brunnen und ich nach Bern.

(Aus »Der Bund«, Bern vom 30. 6. 1957)

In der schönen Sammlung »Das Zeitalter der Renaissance« (bei E. Diederichs in Jena) kam als dritter Band eine Auswahl von Briefen des Papstes Enea Silvio Piccolomini heraus. Der Übersetzer, Max Mell, hat sich früher schon auf dem Titel einer seiner Dichtungen als Humanisten und Lateiner bekannt[2]; nun ist er diesem Enea, dem vorbildlichen Humanisten der italienischen Frührenaissance, mit Vergnügen und zartem Spürsinn nachgegangen, hat seine Briefe klug ausgewählt und glänzend übersetzt, und gibt in diesem schönen Buch ein gutes Bild jenes interessanten Menschen, der gern ein

[1] Rundfunklesung (nicht von H. H. selbst gesprochen) seiner »Erinnerungen an Othmar Schoeck«, 1936. Vgl. H. Hesse, »Gedenkblätter«.

[2] Max Mell, »Lateinische Erzählungen«, Wiener Verlag 1904.

Held gewesen wäre und doch nur ein Literat und kultivierter Genießer war, der im päpstlichen Ornat sich seiner blühenden Menschlichkeit schämte und doch in all diesen Menschlichkeiten nicht so auszugeben und auszuleben verstand, wie im Aufbauen und Feilen und Schmücken eines lateinischen Briefes oder Aufsatzes. Daß die Briefe über Eneas Person hinaus für Geschichte, Kultur und Kirchenpolitik des 15. Jahrhunderts Wichtiges enthalten, versteht sich von selbst, namentlich haben die Reiseschilderungen mit den Beschreibungen von Genua, Wien, Basel, Passau und so weiter eine schöne Frische.

Literaturfreunde, die etwa beim Lesen dieser Briefe Lust bekommen, den eleganten Stilisten und schilderungsfrohen Kleinmaler noch weiter kennenzulernen, seien noch auf Eneas Dichtung »Euryalus und Lukrezia« hingewiesen, die vor einigen Jahren der Inselverlag in einer munteren und geschmackvollen Verdeutschung von Konrad Falke brachte. Wenn doch der Papst von heute[1] so viel Humanismus, harmlose Eitelkeit und schöne Genügsamkeit besäße, sein Temperament in lateinischen Dichtungen ausströmen zu lassen! Wir würden ihn loben und lesen und es ihm gönnen, wenn er gleich Silvio Piccolomini vom deutschen Kaiser zum Dichter gekrönt werden sollte, was er für seine Enzykliken nicht beanspruchen kann.

(Aus »März«, München vom 25. 4. 1911)

Spoleto, 28. 4. 1911

Liebste, Spoleto ist die schönste Entdeckung, die ich in Italien gemacht habe, und ich habe mir ausgedacht: wenn wir beide, eventuell sogar mit Kindern, einmal hier in der schönen Stadt und fabelhaften Landschaft ein bis zwei Monate leben würden, so könnten wir es uns mit einer Reihe schöner Aufnahmen und einigen Feuilletons vermutlich gut verdienen. Überleg Dir's! Es ist ein Reichtum von kaum bekannten Schönheiten, Berge, Täler, Brükken, Eichenwälder, Klöster, Wasserfälle usw.! Dir und den Kindern Küsse von Deinem

(Postkarte an seine Frau Mia)

Bei dem Münchener Verleger Georg Müller begann ein deutscher Casanova zu erscheinen.

[1] Papst Pius X., von 1903–1914 Oberhaupt der katholischen Kirche.

Blick auf Spoleto.

Natürlich hat sich auch die Staatsanwaltschaft dafür interessiert. Casanova gilt für einen schlimmen Erotiker, und da rechnen leichter ist als denken, haben die Staatserhalter sich nicht etwa die mehreren längst existierenden Auswahlen und Bearbeitungen ausgesucht, von denen einige am Ende als unzüchtig gelten könnten, sondern sie wenden sich gegen diese beste, verdienstvolle Ausgabe, für die wir andern alle dankbar sind und die hiermit empfohlen sei. Da nun seit hundert Jahren tausend Autoritäten sich über Casanova begeistert ausgesprochen haben, wagte man nicht, das Werk völlig zu verbieten, sondern man legte Beschlag auf den Vorrat des Verlegers unter dem Vorwand, es müsse verhindert werden, daß das Buch in die Hände Minderjähriger komme. Da das Werk gleichzeitig unbeanstandet in allen Schaufenstern liegen darf, da ferner die Minderjährigen, selbst wenn sie wirklich so starkes Interesse für ein historisches Werk von mehreren tausend Seiten haben sollten, vermutlich selten in der Lage sein werden, sechsunddreißig Mark dafür auszugeben, so stellt sich die Maßnahme der Staatsanwaltschaft lediglich als eine Schikane dar, als ein unzulänglicher Versuch, ein wertvolles Werk zu mißkreditieren, und fällt damit verdientem Gelächter anheim.

Wir benützen den Anlaß, nicht die Minderjährigen, sondern reife und gebildete Leser auf die schöne Ausgabe hinzuweisen, die das merkwürdige, kühne und bunte Buch in schöner Vollständigkeit bringt.

(Aus »März«, München vom 30. 5. 1911)

In den »Klassikern der Kunst« hat die Deutsche Verlagsanstalt in Stuttgart einen Band »Fra Angelico da Fiesole« ediert, dessen Text und Anordnung Frida Schottmüller besorgte. Das stattliche Buch enthält dreihundertsiebenundzwanzig Abbildungen und ist also die reichste und schönste Monographie über diesen liebenswertesten Florentiner Primitiven. Die Engländerinnen, die in Florenz um die Frühlingszeit das Kloster San Marco ungenießbar zu machen pflegen, schätzen an Fra Angelico vor allem das Primitive, die kindlich schuldlose Welt seiner seligen Engelchöre, den Verzicht auf die Raffinements der Perspektive und Modellierung, vermutlich weil dadurch scheinbar der ehrwürdige Meister in die Nähe der englischen Präraphaeliten gerückt wird, welche fünfhundert Jahre später auch noch nicht besser malen konnten. Nun ist ja wirklich die innige Gläubigkeit und Kindlichkeit ein Teil von dem, was wir an dem mönchischen Maler Fra Angelico lieben, ebenso wie wir an Giotto die Glut und das drängende Ausdrucksbedürfnis des innerlichst Ergriffenen verehren. Daneben aber ist der konservativere Angelico mit seinen stereotypen Engelgruppen nicht nur ein liebes Kind und ein naiver farbenfroher Erzähler, sondern auch ein gewaltiger Meister der Komposition und Raumdekoration, ein überlegener und in aller Mönchsunschuld fast raffinierter Könner. In Orvieto in jener wundervollen Kapelle im Dom, wo Signorelli seine riesige Kraft von allen Wänden leuchten läßt (nur die köstliche Pietà in der Nische haben die vergnügten Orvietaner mit einem glatten süßen Marmorspielzeug elend verbaut), in jener Kapelle hat Fra Angelico drei Felder der Decke ausgemalt, fünfzig Jahre vor Signorelli, und seine Engel und Propheten ertragen nicht nur die Nachbarschaft Signorellis, sie füllen die spitz auslaufenden Felder dekorativ so vollkommen und glänzend aus, wie es kaum irgendein Meister der späteren Renaissance fertiggebracht hätte. Wer ein Organ für die geistvoll tiefe Sprache der Gotik hat, sieht mit Bewunderung, wie der Florentiner Mönch ihre herben Formen

Einer der musizierenden Engel des Fra Angelico aus dem Kloster San Marco in Florenz.

übernommen und mit dem beginnenden Glanz der Renaissance umgeben hat. Das Buch der Frau Doktor Schottmüller sei uns willkommen; es gibt einem großen Künstler, der den größern Teil seines Ruhmes der einseitigen Ruskinschen Auffassung verdankte, sein Recht.

(Aus »März«, München vom 18. 7. 1911)

Giovanni Battista Piranesi. Wir kennen Piranesi wenig mehr, zuweilen begegnen uns seine architektonischen Stiche in Kupfersammlungen und alten Büchern und erinnern uns mit magischer Suggestion an den Campidoglio, ans Kolosseum, an den Ponte Salario. Alte Herren, die Jahrzehnte in Rom wohnten und auf Reisen Wappen mit Gravurensammlungen mit sich führen, die wissen etwa von ihm und verfallen in ihren römischen Ton, wenn sie ihn nennen. Wir jungen Leute haben weder in der Schule noch in unserer Lektüre, weder in Italien noch daheim von Piranesi mehr als den Namen gehört, und wenn nun eine Monographie über ihn kommt, sind wir nicht wenig erstaunt zu sehen, daß wir ja diese Sachen alle kannten, daß Piranesi nichts anderes ist als ein Stück vom Rom des achtzehnten Jahrhunderts, vom Rom Winckelmanns[1], vom vorromantischen Rom. Der feine, fruchtbare Architekt und Graveur hat in seinen schönsten Arbeiten, den herrlichen Stichen aus Rom, ganz den halb gelehrten, halb enthusiastischen, halb akademischen, halb freudigen Schwung und Ton, den wir gar nimmer kennen und der uns, genau wie Winkelmann, das Studium der römischen Antiquitäten in einer Zeit der Jugend und Begeisterung zeigt, wo das alles noch frisch und lustig und noch gar nicht langweilig und schulmäßig war.

Dem Leben und den Arbeiten dieses Piranesi ist Albert Giesecke mit Fleiß und Erfolg nachgegangen, erschienen ist das schöne Buch mit 63 Bildertafeln bei Klinkhardt und Biermann in Leipzig als neuer Band der »Meister der Graphik«.

(Aus »Der Bücherwurm«, Dachau vom Juli/August 1912)

Es gibt in der Hauptsache drei Typen von Italienwanderern. Die einen sausen von Lugano oder Bozen bis Neapel durch und werden

[1] Johann Joachim Winckelmann (1717–1768), Archäologe, Bibliothekar und Präservator der Altertümer im Vatikan. Begründer der vergleichenden Kunstgeschichte.

rasch fertig. Die andern saugen sich an einer der größeren Städte, meistens an Rom, für immer fest, kehren immer wieder dahin zurück und nehmen sich zwar immer wieder vor, nun bald auch diese oder jene andere Stadt und Provinz zu besuchen, kommen aber nie dazu. Wieder andere, und zu diesen gehöre ich selbst, haben zwar wohl das Ideal, Italien ganz kennenzulernen, fressen sich aber aus Trägheit und Behagen im einzelnen so langsam durch den Kuchen durch, daß sie niemals fertig werden. So ist es mir gegangen, der ich bald zehnmal in Italien war und Rom noch nicht gesehen habe, obwohl ich schon zweimal ein Billett nach Rom in der Tasche hatte. Das eine Mal stieg ich in Orte, das andere Mal in Orvieto aus, und so kenne ich denn bis vor die Tore Roms hin Dutzende und Dutzende von italienischen Städten, Städtchen und Dörfern und habe allmählich jene Art von Liebe für Italien gewonnen, die nicht mehr sucht und rennt, sondern je und je mit einem stillen Wiedersehen zufrieden ist.

Gerade für diese Art von Italienfreunden scheint mir das Buch »Pilgerfahrten in Italien« bestimmt, eine Reihe von vorzüglichen Aufsätzen von Olga von Gerstfeldt und Ernst Steinmann (Verlag Klinkhardt & Biermann, Leipzig). Viele schöne Bilder schmücken das Buch. Olga von Gerstfeldt ist früh gestorben und kann nicht schöner und würdiger fortdauern als in dieser posthumen Publikation. Von ihren Aufsätzen sind die über Mailand, den Karneval von Venedig, über Francesco Landini und über zwei umbrische Städte wohl die schönsten, die paar Gedichte sind hübsch, ohne doch echte Lyrik zu sein. Von den Arbeiten Steinmanns sind die römischen und speziell die über Michelangelo besonders wertvoll.

Nachdenkliche Reisende finden hier eine schöne, hundertfach anregende Lektüre. Und jene Schnellreisenden, die mit dem ganzen Baedeker schon fertig sind, können hier erfahren, wieviel in Italien zu holen ist, wovon kein Handbuch weiß. Denn all das ist ja nur ein Strauß aus der Wiese, und wer eine Weile in dem Buch gelesen hat, der holt sich bald den Fahrplan her und beginnt für eine nächste Reise zu studieren.

(»Für Italienfreunde« aus »März«, München vom 7. 9. 1912)

Wenn man von Florenz südlich fährt und sich jener eigentümlichen Grenzgegend nähert, wo die Zypressen und Böcklinvillen aufhören und dafür die roten Erdhügel und wilden Weidelandschaften beginnen, jener schönste, charaktervollste Strich von Mittelitalien, sieht man jede halbe Stunde irgendeine kleine alte Stadt auf ihrem Berge schlummern, mit Türmen und festen Mauern, nackt und steinern. Zu jenen schönen, zum Glück gar nicht viel besuchten Städten zwischen Florenz und Rom, von denen die Reisenden meist nur Siena, Perugia und Orvieto kennen, gehört auch das hübsche, steil auf dem Hügel trotzende Certaldo. Das ist die Heimat Boccaccios, der wahrscheinlich von der Mutter her französisches Blut in sich hatte, der sich in Neapel schulte und schließlich zum Florentiner wurde, und seit dessen Geburt sechshundert Jahre vergangen sind. Zu diesem Gedenktag hat der Inselverlag eine Prachtausgabe seines deutschen Dekameron veranstaltet, die man im wesentlichen als eine Faksimileausgabe der köstlichen Venezianer von 1492 bezeichnen kann. Die in kleiner Auflage überaus schön gedruckte zweispaltige Ausgabe enthält die 104 famosen Holzschnitte jenes berühmten Venediger Drucks, und damit allein ist sie nicht nur gerechtfertigt, sondern muß zu den Büchern gezählt werden, die dem Bücherfreund obenan stehen. Wenn irgendwo, so ist bei diesen großen Dokumenten literarischer Kultur das Veranstalten solcher kostbarer Luxusausgaben erlaubt und erwünscht, und dieser Dekamerone schließt sich dem Grimmelshausen desselben Verlags durchaus ebenbürtig an.

Über Boccaccio wird immer wieder geredet, indem er von der einen Seite als Pornograph beschimpft, von anderen als Virtuose der Erzählungstechnik hoch gerühmt und gegen jene Anwürfe mit Leidenschaft verteidigt wird. So zieht auch der Dekamerone immer wieder ebenso die Lüsternen und Säue wie die ganz Kultivierten an, während die große Zahl gewöhnlicher Bücherleser ihn eigentlich wenig kennt.

Das wird nun ganz langsam anders. Boccaccio beginnt salonfähig zu werden, was wir freilich mehr einer blasiert intellektuellen als einer frisch dem Sinnlichen zugewandten Kulturströmung zu danken haben. Man wird nicht mehr schamrot, aber man fühlt auch nicht mehr das unmittelbar animalische Behagen, mit dem naive Leser diese Geschichten stofflich genießen.

Die technisch-formale Schönheit der Dekameronenovellen spricht zu unserer Zeit entschieden sehr stark; man faßt Boccaccio nirgends mehr kulturgeschichtlich auf, sondern schätzt ihn bewußt als ein eminentes Genie der erzählerischen Darstellung. So bleibt er auch in voller Frische bestehen, während seine kleineren Kollegen trotz mancher Versuche unsrer Zeit nimmer ganz mundgerecht zu machen sind. Einzelne Novellen des Straparola und Masuccio, etwa auch noch des Bandello erinnern bestenfalls an Boccaccio, keines der Bücher dieser Dichter aber läßt sich auch nur entfernt mit dem Dekamerone vergleichen. Dieses Wunderbuch ist eine der schönsten und vollkommensten Kompositionen der Weltliteratur. Es werden hundert Geschichten von zehn Personen vorgetragen, zehn an jedem Tage, und jeder Tag steht unter einem besonderen Zeichen, hat sein vorausbedachtes Programm. Durch den dichten Wald dieser mannigfachen Geschichten, die alle Arten der pointierten Erzählung vom Witz und der Anekdote bis zur runden Novelle enthalten, leuchtet ahnungsvoll immer wieder die schöne Ordnung des Ganzen, die man nie völlig vergißt, wie man denn auch bei den saftigsten Geschichten kaum je ganz vergißt, daß man sich ihnen nicht allein und zwanglos gegenüber befindet, sondern in einer Gesellschaft von gebildeten Florentinern, die unser Gefühl sowohl nach der Seite der Freimütigkeit wie der Dezenz hin nicht selten beschämen. Ich weiß kein Buch in der Welt, wo Laune und Überlegung so nahe beieinander wohnten, wo Üppigkeit und Gewissenhaftigkeit, Wille zum Spaß und Wille zur Kunst so ineinander verschlungen sind.

Die Jubiläumsausgabe sei herzlich begrüßt! Die Holzschnitte vom Ende des Quattrocento sind wahre Kostbarkeiten. Stilistisch sind sie voll Klarheit, Haltung und Geschmack, die häufige Zweiteilung erinnert an die schon von den großen Freskenmalern der Zeit erworbene Übung im Erzählen durch ganze Folgen von Darstellungen; der Vortrag entspricht dem Inhalt des Buches vollkommen. Dies trifft auch auf die berühmte Boccaccionote zu, auf die Darstellung des Erotischen: die Liebespaare der Holzschnitte liegen mit einer Unschuld und Selbstverständlichkeit beieinander, vor der die kranke Phantasie der neurasthenischen Prüden erröten muß. Jeder von diesen kleinen Holzschnitten nimmt auf die Geschichte Bezug, die er illustrieren soll, manche stellen direkt den Höhepunkt oder die Pointe dar, und doch sind sie alle von einer Ruhe und Haltung, von einer Einheitlichkeit der Komposition und einer fast ornamentalen Schönheit, an der man seine helle Freude haben muß. Sie sind ein Stück bester Frührenaissance.

(Aus »Der Bücherwurm«, Dachau vom September 1912)

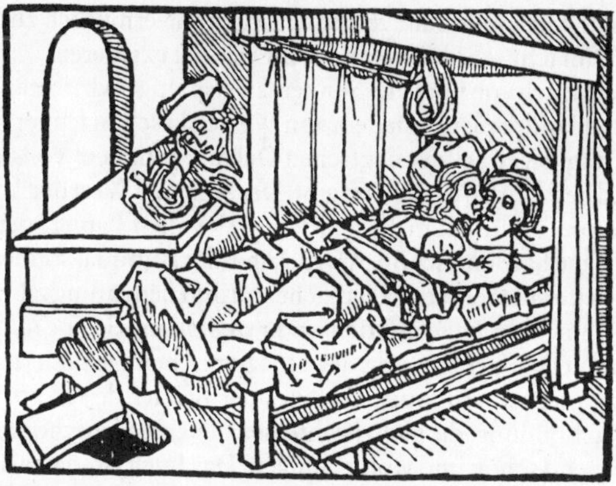

Holzschnitt aus dem »Decamerone«.

Vor zehn Jahren galt man noch für einen Sonderling und »Ästheten«, wenn man gegen das Aussehen seiner Bücher nicht völlig gleichgültig war, wenn man vom Papier und Einband neuer Bücher Qualität, vom Druck technische Sorgfalt und Geschmack verlangte. Heute ist man an das Erscheinen technisch raffinierter, ja luxuriöser Bücher gewöhnt und jedermann sieht ohne weiteres ein, wie tief die Buchkunst gerade in der Zeit gesunken war, wo Deutschland groß und reich und damit auch die Produktion und der Konsum an Büchern plötzlich um das Vielfache größer geworden war. Man ist jetzt verwöhnt und regt sich nimmer über jedes halbwegs hübsch und gewissenhaft hergestellte Buch als über ein Ereignis auf, und man ist abgehärtet, ja mißtrauisch gegen jene Art von kostbaren Büchern, deren Wert zunächst nur auf der kleinen Auflage und dem hohen Preise beruht. Luxusdrucke werden fast jeden Tag angekündigt, und so ein Buch muß schon hervorragend schön oder hervorragend mißglückt ausfallen, wenn wir uns viel darum bekümmern sollen.

Zu den hervorragend schönen, ja zu den schönsten modernen Drucken, die ich überhaupt kenne, gehört die »Jubiläumsausgabe« von Boccaccios Dekamerone im Leipziger Inselverlag. Es sind von diesem Werk etwa 800 Exemplare zur Feier des 600. Geburtstages von Boccaccio hergestellt worden; die einfachere Ausgabe kostet 40, die kostbarer gebundene 75 Mark. Ohne Zweifel wird das prächtige Werk sehr bald vergriffen sein und vermutlich zur nächsten Weihnacht schon nicht mehr im Handel existieren.

Es ist ein Buch von über vierhundert zweispaltig bedruckten Seiten schönen Handpapiers, mit dem von Wesselski schon früher für den Inselverlag hergestellten deutschen Dekameron, dem vollständigsten und besten, den es zur Zeit gibt. Der Sinn und Wert der Ausgabe aber beruht natürlich nicht auf dem wertvollen Papier, dem sehr sorgfältigen Satz und schönen Druck in edler Antiqua, sondern was diesen Druck bemerkenswert macht und ihm Bedeutung gibt, ist die Vorlage, nach der er geschaffen ist. Er stellt nämlich eine möglichst vollkommene Nachahmung des venezianischen Dekamerone von 1492 dar, jenes berühmten Druckes der Brüder de Gregorii, und diese Nachbildung, die nicht leichter war als eine Neuschöpfung, ist ausnehmend schön und wohlgelungen. Das Buch ist, rein als handwerkliche Leistung, mustergültig. Doch würde freilich auch das uns nicht eben erschüttern, wir sind gewohnt, wieder Ansprüche ans Handwerk zu stellen und gute Leistungen zwar nicht als moralisch selbstverständlich, doch aber nicht als Wunder und seltene Ausnahmen anzusehen. Das Geheimnis des neuen Boccaccio liegt in der wundervollen Reproduktion der 104 Holzschnitte jener Venezianer Ausgabe; diese 104 Holzschnittchen sind ein wenig gekannter, edler Schatz. Mit einer schönen Räumlichkeit und dekorativen Sicherheit, mit einer naiven Erzählerlust und edel gebildeten Formenfreude, die durchaus und unwillkürlich an die Freskenkunst des Quattrocento erinnern, mit einer Fülle an Einfällen und einer verblüffenden Weisheit der Beschränkung stehen diese Bildchen da, daß es eine Lust ist! Gleich beim Titelblatt, das die in einer Gartenlaube sitzenden Erzählerinnen und Erzähler der hundert Geschichten darstellt, denkt man unwillkürlich an den Camposanto in Pisa und an das Bild der Seligen im Paradiese, das so verklärt neben den finsteren Szenen des trionfo della morte steht, und durchs ganze Buch bleibt von Blatt zu Blatt derselbe beglückende Eindruck einer köstlichen Mischung von Naivität und technisch-formaler Vollkommenheit, die wir nur aus seltenen Meisterwerken vergangener Jahrhunderte noch kennen und die auf uns ähnlich erfrischend und zugleich niederschlagend wirkt wie der Anblick von Handarbeiten der Naturvölker, die in ihrem berückenden Nebeneinander von Harmlosigkeit und technischem Raffinement oft wie höhnische Herausforderungen an unser eigenes, eingebildetes Kunstgewerbe aussehen.

Und nun werden gewiß einige kommen und sagen: Wohl, du hast uns hübsch gepredigt, wir sind nun über die Holzschnitte, über das Papier, über Satz und Letter, Druck und Geschichte des Buches unterrichtet, aber willst du nicht auch etwas über den Inhalt des Buches sagen, den wir Altmodischen eben doch auch noch einigermaßen respektieren?

Nein, gerade das möchte ich unterlassen. Es ist schon ein wenig peinlich zu sehen, wie wenig viele gebildete Menschen, sogar Bücherleser, vom Handwerk und vom Geschmack im Buchgewerbe wissen (das ist, wie wenn eine Hausfrau Leinenes und Baumwollenes nicht unterscheiden kann). Aber daß es nötig sein sollte, irgend einem Gebildeten Auskünfte über das vollkommenste und schönste Geschichtenbuch der Weltliteratur zu geben, das kann ich doch nicht glauben.

(Aus »Neue Zürcher Zeitung« vom 18. 11. 1912)

Italien war mir wieder merkwürdig, es zeigt stets ein neues Gesicht, wenn man älter wiederkommt[1]. Im ganzen finde ich dort das frühere Reiseglück kaum wieder, ich fühle mit den Jahren mehr und mehr, daß ich nicht dorthin gehöre und daß die südliche Leichtigkeit und gefällige Schönheit des Lebens mir versagt ist. Dennoch zieht mich das schöne Land, der Reichtum an Architektur und Malerei, das kultivierte liebenswerte Volk immer wieder stark an. Die selbstverständliche schwungvolle Schönheit des Lebens, der musikalische Rhythmus im ganzen italienischen Getriebe, die höfliche Grazie der Menschen, die Schönheit der Frauen, ihr Gang und Blick, das herrliche Bild all dieser alten, reichen, wunderbar gebauten Städte, das ist so imponierend und wird einem beim Aufenthalt jedesmal so lieb und vertraut, daß man bei der Heimkehr alles Heimische als falsch, verstimmt und unschön empfindet. Ich war diesmal in mehreren norditalienischen Städten, die ich noch nicht kannte, andre besuchte ich zum zweiten und dritten Mal: Como, Bergamo, Cremona, Mantua, Padua, Verona, Vicenza, Mailand. Ich hatte gute Gesellschaft an dem Maler Fritz Widmann, mit dem ich vor sechs Jahren schon in Umbrien reiste, und an Othmar Schoeck, dem Zürcher Musiker, doch hatte ich an Schlaflosigkeit zu leiden und auch ein wenig mit dem Magen zu tun, trotz der

[1] Vom 2.–19. April 1913 war Hesse mit dem Komponisten Othmar Schoeck und dem Maler Fritz Widmann nach Italien gereist.

famosen italienischen Küche, die ich sehr liebe.

[...] In Italien war es meistens auch kühl, oft kalt, aber doch viel besser. Das Schönste war Bergamo, Stadt und Landschaft wundervoll, und Cremona, mit einem erstaunlichen, zauberhaften Dom. Dann Vicenza, über das Goethe geschrieben hat (Palladio). Ich machte die Entdeckung, daß mein Interesse nimmer so stark wie früher der Malerei nachgeht, desto mehr der Architektur und Landschaft. Padua, wo ich damals auf meiner ersten Italienreise auch war, machte mir wieder den besten Eindruck, auch als moderne Stadt, sauber und wohlhabend, mit viel Studenten. Das ist eine der wenigen uralten italienischen Kulturstätten und Universitäten, die heut noch obenan ist; schon Dante und Giotto sind einst dort gewesen. Wie Dante noch wirkt, ist erstaunlich, man sieht nicht nur wissenschaftliche, sondern auch populäre Vorlesungen über ihn angeschlagen, und eine große Società Dantesca stellt eine Art von modernem Kulturverband im Sinne Dantes dar.

(Aus einem Brief vom 21. 4. 1913 an seinen Vater und seine Schwestern)

Obwohl ich es in Italien meist auch kalt hatte, mutet mich nach der Rückkehr doch alles elend an. Es ist ohnehin immer eine Pein, sich nach Italien hier wieder einzuleben: alles scheint falsch, unproportioniert, unüberlegt, ohne Schick und Glanz, nicht nur Bauten und Kunstdinge, sondern noch mehr das Leben, die Straßenbilder, die Menschen, Frauen und Kinder, die Plakate und aller Kram der Außenseite, der in Italien stets so bestechend geschickt, witzig und selbstverständlich ist.

(Aus einem Brief vom 22. 4. 1913 an Otto Hartmann)

Neulich war ich vierzehn Tage in Oberitalien, bis Padua, und habe trotz Kälte und Regen etwas davon gehabt. Der Anblick des leichten, schönen, schwungvollen italienischen Lebens tut ja unsereinem meistens nicht wohl, man ist allzusehr anders. Aber Anregung gibt es doch, und so ein italienischer Platz mit drei, vier guten, großen, herrlichen Architekturen dran wirkt doch immer wieder wie eine große, heroische Musik. In der Hinsicht ist Vicenza, das ich noch nicht gekannt hatte, eine wahre Perle, groß und würdig, dabei heiter, in schönster Landschaft, und gar nicht überlaufen wie das schöne, aber verdorbne Verona. Auch Bergamo ist fein, landschaftlich außerordentlich reich und schön, und drunten in der Ebene Cremona, mit einem unglaublichen Dom, auch fast ohne Fremde.

(Aus einem Brief vom 27. 4. 1913 an Wilhelm Schussen)

Quellen zur Geschichte der italienischen Renaissance

Das Interesse für die Geschichte Italiens zur Zeit seiner vorbildlichen Kulturhöhe, das nach Goethe wieder stark gesunken und beinahe überall bei den besseren Köpfen der Beschäftigung mit der deutschen Vorzeit gewichen war, das Interesse für die einzigartige Geschichte einer kurzen, blendenden Glanzzeit ist seit Jakob Burckhardts klassischem Buche mehr und mehr gestiegen. Indessen genügte es dem Bildungsdurst der meisten, Burckhardts »Kultur der Renaissance« zu lesen, darüber hinaus war es eigentlich nur die italienische Kunstgeschichte, der man mit Begierde nachging. Seither begegnet man in Florenz und Siena dem deutschen Bildungsreisenden, der auch bei den kühnsten Phrasen des so humorvollen Baedekers ernst bleibt, und der hastigen Engländerin, die während des Frühstücks im braunleinenen Ruskin liest. Seither reden die Feuilletonisten von Botticelli und die Backfische von Giotto, seither sind aber auch tausend Kunstwerke entdeckt, Bauten restauriert, Bilder bestimmt, erhalten, photographiert worden, seither gehören Mantegna und Filippo Lippi, Signorelli und Piero della Francesca jedem, der zu ihnen reisen will oder auch nur Reproduktionen ihrer Werke kauft. Es gibt von den Fresken des Giotto, Mantegna, Fra Angelico, die an dunkeln Wänden mühsam zu studieren sind, große scharfe Detailphotographien, auf denen wir nicht nur Form und Ausdruck dieser ehrwürdigen Kunst mühelos erfassen, sondern sogar den Reiz des Pinselstriches, die sinnliche Frische dieser Arbeiten einatmen können. Und seither gehört diese herrliche Welt eines gesteigerten, erhöhten Menschentums unserem Bewußtsein an und ist ein Stück und Fundament unserer Bildung und Seele, nicht weniger als Athen und Rom es waren.

Die Zeitgeschichte der Renaissance aber, soweit sie nicht Kunstgeschichte ist, kennen die meisten von uns nur in groben Umrissen. Und von den Dokumenten jener Kultur, von den Werken und Briefen, Flugschriften und Tagebüchern jener Humanisten, Mäzene, Künstler, Politiker wissen wir fast nichts. Je mehr aber die italienische Renaissance uns zum Symbol und Ausdruck höchsten Menschentums wird, je mehr unser Kulturideal, das einst ganz aufs Griechische gestellt war, Züge aus dem Geist und der Kunst jener Zeit annimmt, desto wertvoller wird uns die nähere Bekanntschaft mit ihr. Es ist, immer von der Kunstgeschichte abgesehen, seit Jacob

Burckhardt kein Buch mehr erschienen, das unsere Kenntnis vom Wesen des Rinascimento wesentlich vertieft hätte. Wohl aber haben die Historiker und Philologen sich um die Dokumente jener Zeit und Kultur bemüht und es liegt nun vieles in zugänglichen Ausgaben vor, was noch zu Zeiten Burkhardts nur den Kennern und Fachleuten erspürbar gewesen ist.

Seit kurzem existiert in Deutschland eine Sammlung solcher Bücher, auf die ich hinweisen möchte. »Das Zeitalter der Renaissance, ausgewählte Quellen zur Geschichte der italienischen Kultur« heißt diese Serie von Büchern, die von Marie Herzfeld geleitet wird und bei Diederichs in Jena erscheint. Bis jetzt sind sechs Bände herausgekommen, neue sind in Vorbereitung, natürlich einzeln käuflich. Es seien die Freunde einer ernsthaften historischen Lektüre auf diese verdienstliche Publikation aufmerksam gemacht.

Die Sammlung beginnt mit der Chronik des Matarazzo, dem halb überlegen klugen, halb naiven Werk eines beweglichen Humanisten. Diese Geschichte der Stadt Perugia aus der Zeit vor 1500, der Baglionenzeit, ist ihrem Geiste wie ihrem Stoffe nach typisch für das Quattrocento, eine grausame Wildheit der Begierden und ein fanatisch zäher Lebenswille steht im seltsamen Kontrast zu den Feinheiten einer eleganten Lebenskultur: Menschen, die einander um der Macht, um der Frauen, um des Geldes wegen ermorden, pflegen mit Eifer ihr Äußeres und legen Wert auf Gebärde und Faltenwurf.

Der zweite Band brachte Petrarcas Brief an die Nachwelt nebst anderen kleineren Schriften, in denen dieser typisch modern-sentimentale Dichter sich spiegelt, voll von einem für seine Zeit überaus frühreifen Individualismus.

Darauf folgten die Briefe des Enea Silvio Piccolomini, des biegsamen humanistischen Literaten, der die ganze gelehrte und politische Welt seiner Zeit auf Reisen kennenlernte, mit jedermann im Briefwechsel stand und in diesen Briefen nicht nur ein höchst lebendiges Bild des damaligen politischen und eleganten Lebens gibt, sondern auch sich selbst als charakteristischen Typ jener Zeit darstellt.

Der nächste Band enthält vier Schriften zur Geschichte Neapels in der Zeit der Renaissance. Vor allem Beccadellis »Leben des Königs Alfonso I.«, ein lustiges Werkchen voll kleiner Züge und Anekdoten; dann zwei Schriften des Tristano Caracciolo, dessen ernsthaft schwere Art genau das Gegenspiel zu Beccadelli darstellt; und

Die Verbrennung Savonarolas, von einem unbekannten florentinischen Maler, um 1500.

schließlich Camillo Porzios Geschichte der Baronenverschwörung, dieser furchtbarsten Episode der Neapolitaner Geschichte.

Besonders lieb wurde mir der fünfte Band, der den Beginn von Luca Landuccis Florentinischem Tagebuch enthält (ein zweiter Band soll folgen). Da schreibt ein Florentiner Gewürzkrämer und Apotheker von 1450 bis 1516 alles auf, was ihm wichtig scheint, und das ist nicht wenig. Er notiert gelegentlich Ausgaben und Einnahmen, die Preise von Lebensmitteln, Seide, Baumwolle usw., er erzählt Anekdoten von bekannten Herren, politische Ereignisse, Familiengeschichten; von sich selber redet er wenig und bescheiden. Der erste Band endet mit dem Tode des Girolamo Savonarola auf dem Schafott.

Es sind im ganzen bis jetzt acht Bände fertig, die beiden zuletzt erschienenen konnte ich noch nicht durchlesen. Viel Schönes und Kennenswertes steht noch aus; hoffentlich kann bald die zweite Serie beginnen. Namentlich wäre man dankbar, von jenen naiveren Tagebüchern des Quattrocento noch einige zu erhalten, aus denen in aller Unschuld eine so erstaunliche Kulturhöhe spricht, daß wir sie nicht ohne Scham und Neid lesen können. Es gibt wichtigere Dokumente der politischen Geschichte, größere Bekenntnisse hervorragender Einzelner, geschliffenere Briefe, aber es gibt seit der Antike keine Literatur, aus der eine so frohe, gesättigte, sich selbst genießende Volkskultur spräche. Die Bücher sind mit sehr schönen Abbildungen geschmückt, darunter manche entlegenere und überraschende Darstellung, wie die Totenmaske des Lorenzo Magnifico, dazu eine Menge von Wappen, Münzen, Grabmälern, alten Stadtbildern, aus denen allen jene Selbstverständlichkeit der schönen Form und Geste spricht, die heute noch überall in Italien nachklingt und sich in der Außenseite des italienischen Lebens so wohl erhalten hat, daß wir Nordländer den Korso eines kleinen toskanischen Städtchens oder das Benehmen eines kleinstädtischen Theaterpublikums in Italien nur mit der neidischen Bewunderung des Ärmeren, Zurückgebliebenen ansehen können.

(Aus »Münchner Zeitung« vom 20. 6. 1913)

In einem Bande von siebenhundert Seiten Großoktav das Ganze der italienischen Kunst historisch und stilkritisch darzustellen, hat in einem überaus kühnen Versuche Moeller van den Bruck gewagt in seinem Werk »Die italienische Schönheit« (Verlag Piper & Co., München). Ein ungeheurer Stoff ist da persönlich verarbeitet und literarisch geformt, eine Menge von Wissen, von gestapelten Einzelforschungen ausgebeutet, und der ganze Riesenstoff ist persönlich durchdrungen, ist geschaut und gestaltet, wird mit kühnen, starken Linien gegliedert und aufgeteilt, mit frischer Anschauungskraft gedeutet. Von den Etruskern her werden die Völker Italiens in ihrem Entwicklungsgang verfolgt, mit einem guten, starken Spürgefühl für Rasse und Blut; das Entstehen Italiens aus den Resten von Rom, Gotentum, Byzanz und Langobarden samt den kleineren Trümmern der Völkerwanderung, das Entstehen des Italienertums aus all diesen Elementen, das Nebeneinander der Stämme und Provinzen, alles wird in großen Zügen anschaulich und temperamentvoll vorgetragen, durchaus persönlich-künstlerisch, in vielem an Chamberlains großes Werk[1] erinnernd. Die Tat des Autors besteht aber vor allem darin, daß er allen Einwanderungen, Blutmischungen und Erneuerungen durch Goten, Langobarden, Sarazenen, Normannen usw. zwar liebevoll nachgeht, hingegen das große

1 Houston Steward Chamberlain, »Die Grundlagen des 19. Jahrhunderts«, 1899.

Gesamtresultat, die Kultur des 13. bis 15. Jahrhunderts in Italien, als das Werk eines neu entstandenen italienischen Wesens erkennt und darstellt. Die mystische Einheit und Urkraft dieser Kultur ist bei ihm nicht Römertum oder Antike oder Gotentum, sondern das Land selbst, die italienische Erde, deren Wesen und Bedürfnisse unter allen Wandlungen gleichbleiben, so daß Etrusker, Römer, Germanen schließlich nur Mitarbeiter an dem Werk erscheinen, dessen Urgrund das Land Italien ist. Überall betont Moeller van den Bruck das Schöpferische, Werdende, im Gegensatz zum klassizistisch Akademischen, Späten sowie zum stilauflösenden Niedergang der Kulturen. Dabei werden, wie natürlich, Erscheinungen wie die Langobarden, dann die Pisaner, die frühen Toskaner einer größeren Liebe teilhaftig als etwa Künstler wie Mantegna, Palladio, Correggio. Ohne einen Zug von parteilicher Teilnahme, die einen großen, klaren Gesichtspunkt voraussetzt, kann ein solches Werk nicht entstehen. Hier ist ein gewaltiger Stoff in Fluß gebracht. Ähnlich wie Muther[1] einst es fertigbrachte, eine populäre Geschichte der Malerei zu schreiben, bei deren Lektüre man nicht einschlief, so hat hier Moeller van den Bruck es fertiggebracht, die Geschichte der italienischen Kultur dramatisch und in prächtiger Lebendigkeit vorzutragen. Die Wissenschaftler werden ihm vermutlich manches anzukreiden haben, er hat vielleicht da oder dort eine historische Mutmaßung allzuwenig begründet, vielleicht hier und da das Detail ein wenig vergewaltigt. Uns kann das einerlei sein. Der Wert eines solchen Buches ist nicht der eines Lexikons, im Gegenteil, die »Richtigkeit« des einzelnen Satzes ist beinahe gleichgültig; das Wesentliche ist nicht, ob diese Auffassung des byzantinischen Stils, diese Erzählung von der mutmaßlichen Herkunft der Etrusker, dieses Einzelurteil über den und jenen Bau wissenschaftlich einwandfrei ist. Das Entscheidende ist, daß ein Mann nicht nur den Fleiß und die Treue, sondern die mächtige Anschauungskraft, die lebendige Vorstellungsfähigkeit gehabt hat, diese ganze Welt einer überreichen Kultur in sich zu sichten und den ganzen Stoff so flüssig in sich zu haben, daß eine so warme, persönliche, ja flotte Darstellung möglich war. Gestört hat mich in dieser Darstellung, auch da, wo ich fachlich nicht einstimmte, nichts als an wenigen Stellen das entbehrliche, vergleichende Hereinziehen modern-aktueller Namen und Zustände. Sonst wüßte ich nichts zu tadeln,

1 Richard Muther (1860–1909), Kunsthistoriker. Seine dreibändige »Geschichte der Malerei« erschien 1909.

denn um Auffassungsdifferenzen im einzelnen darf es sich hier nicht handeln, und prächtig finde ich die Betonung des germanischen Elementes im Italienischen sowie die vorsichtige, aber entschiedene Abneigung gegen das typisch Römische. Beim Lesen mancher Kapitel bedauert man unwillkürlich allerlei Lücken in unserer Wissenschaft und Literatur, so das Fehlen einer populären Geschichte der Goten. Und schließlich nimmt man von dem Buche Abschied, vielleicht um wenige Realkenntnis bereichert, aber voll von Anregungen, entzückt von unerwarteten Verknüpfungen und schönen, einleuchtenden Perspektiven, erfreut durch die Bestätigung manches eigenen Gedankens und in manchem eigenen Urteil angenehm bestärkt oder durch Widerspruch zum neuen Prüfen gereizt, kurz: beglückt, angeregt, dankbar bereichert. Ich habe schon so manches Mal versucht, eine von den vielen volkstümlichen Darstellungen geschichtlich-belehrender Art zu lesen, eine deutsche Geschichte oder Kulturgeschichte und ähnliches oder eine populäre Literaturgeschichte, aber ich gestehe, ich bin nie durch eine durchgekommen. Daß ich einmal eine umfangreiche Übersicht über das Werden und Wesen der italienischen Kunst lesen würde, hätte ich nie gedacht. Nun habe ich sie gelesen und bin ihr dankbar. Das Buch ist mit sehr gut gewählten Bildern versehen, das Register könnte bei einer neuen Auflage etwas bequemer eingerichtet werden, etwa in drei Alphabeten.

(Aus »Münchner Zeitung« vom 3. 10. 1913)

Seit Winckelmann ist Italien oft neu entdeckt und neu kritisiert worden, und neuestens ist Karl Scheffler dort gewesen. Er hat darüber in einem höchst interessanten Buch »Italien« (Inselverlag) berichtet. Wer Italien nicht gut kennt, lese das Buch nicht; es ist das ehrliche, aber einseitige Bekenntnis eines Intellektuellen, dem die Naivität des Genießens fehlt. Er hat sich von Freunden erzählen lassen, wie großartig die Ankunft in Venedig sei und wie romantisch die italienische Landschaft, und nun stellt er enttäuscht fest, daß sein Freund ein Schwärmer war und alles anders ist. Das wäre, bei einem anderen, als Unredlichkeit zu tadeln, bei Scheffler ist es Erlebnis und aufrichtiges Resultat. Er beobachtet, daß italienische Maurer weniger Ziegelsteine auf einmal tragen als deutsche und daß sie gern zwischenein bummeln und feiern; daß sie heute noch die besten Mauern der Welt bauen, weiß er nicht. Es stört ihn, daß in

Venedig in der Nähe des Bahnhofs die Gebäude verrußt sind. Man könnte auf so ein paar Züge hin leicht das ganze Buch lächerlich machen und als spleenig erledigen; aber es steckt mehr dahinter, und doch ist diese Außenseite, diese fast lauernde Kritiksucht, diese Unzufriedenheit, dieses Nichtloskommen von dem, was er früher über Italien gehört und gelesen hat, auch wieder typisch für sein Buch. Er ist tatsächlich zu spät nach Italien gekommen, zu alt, zu kritisch, zu sehr der Kindlichkeit beraubt, um seine Schönheit ganz zu verstehen; auch die Landschaft, über die er ausgezeichnete Dinge sagt, behandelt er schematisch und wird ihr schließlich nicht gerecht. Kurz, Karl Scheffler hat Italien für sich erledigt, nicht für uns, aber er ist ein zu ernster und tiefer Mensch und ein zu redlicher und guter Schriftsteller, als daß seine Reise nicht auch für uns wertvoll sein müßte. Wie er Verona abtut und wie gering er die musikalische Wohligkeit der ganzen oberitalienischen Welt einschätzt, sei ihm nicht abgerechnet; wie er in Padua den Giotto erlebt, das ist schön und groß. Daß er dafür den Mantegna verwirft, sei ihm auch verziehen, er sieht dafür anderes und gibt sich von der Enttäuschung, die Italien ihm bringt, so tiefgründig und treulich Rechenschaft, daß man den Hut abnimmt und in hundert Dingen gerne von ihm lernt. Nur nicht in der Hauptsache. Was Scheffler darf, darf nicht ein jeder. Es darf nicht ein jeder die Welt nur daraufhin ansehen, was im Augenblick und bei genauester Prüfung sich als wertvoll und wichtig für heute und morgen erweist, vielmehr ist die reine Kunst des Genießens, der historischen Betrachtung, des ruhigen Anschauens und Geltenlassens ein Gut, das uns kein noch so kühner und feiner Intellektueller rauben darf, sonst zerstört er mehr Kultur, als aller Verstand der Welt wieder geben kann. Wie uns ein Gedicht ergreift, dessen Schwermut rein und edel tönt, ohne daß wir doch fortan selber das Leben anklagen und Schwermütige werden, so müssen wir Schefflers italienisches Erlebnis in seiner Ehrlichkeit und fast tragischen Schönheit gelten lassen und genießen und davon lernen können, ohne seine Resultate im einzelnen zu übernehmen. Ein Philister, wer ihn wegen kleiner offenbarer Ungerechtigkeiten anklagt! Aber auch ein Philister, wer sich durch sein Buch die unzerstörbare Schönheit Italiens verderben läßt!

(Aus »Für Bücherliebhaber« in »Münchner Zeitung« vom 21. 11. 1913)

Von Italien kam ich enttäuscht zurück; ich hatte ja nach Florenz gewollt und dort einen längern Aufenthalt geplant, kam aber nicht über den Gardasee hinaus und vertrug das Klima schlecht. Das Beste von dem mißglückten Reischen waren die paar Tage in Mailand, Bergamo und Brescia und ein Ausflug an den Iseosee, den ich noch nicht kannte. Jetzt habe ich zur Erinnerung und als Trost wenigstens ein Andenken; ich kaufte in Brescia bei einem Trödler ein altes kleines Bildchen, ein primitives italienisches Madönnchen aus dem 15. Jahrhundert, das hängt jetzt im Eßzimmer und sieht ganz gut aus.

(Aus einem Brief vom 6. 5. 1914 an seinen Vater und seine Schwestern)

Der feine, noch nicht lang verstorbene italienische Lyriker Giovanni Pascoli ist bis jetzt sehr wenig übersetzt worden. Nun hat (bei Kurt Wolff) Benno Geiger eine kleine, fast allzu knappe Auswahl seiner Gedichte, vor allem der früheren, in deutschen Übersetzungen gebracht. Pascoli ist sicher schwer zu übersetzen, er ist auch im Original nicht eben leicht zu lesen, dazu sind viele seiner zarten »Poemetti« so voll seiner Tonmalerei, daß ein Übertragen fast unmöglich scheint. Mit Spannung liest man Geigers Versuche, und man ist erstaunt, wie schmiegsam und schön, trotz einiger Gewaltsamkeiten und wohl auch einiger Mißverständnisse, diese Nachdichtungen den Originalen nachgehen. Sie sind als ein sehr ernster künstlerischer Versuch und als erste Einführung des liebenswerten Italieners in Deutschland teilnahmsvoller Beachtung wert. Pascoli ist der Erlauscher feinster Töne, der Maler inniger Stimmungen, ein Meister des fast japanerhaft abgeschlossenen lyrischen Kleinbildes, dazu hat er das nahe Verhältnis des kultivierten Italieners zur Antike – es ist nicht unwahrscheinlich, daß er auch auf die deutsche Dichtung Einfluß gewinnen wird.

Siena mit seinem schwarzweißen Banner und schwarzweißen Dom, mit seiner höchst eigentümlich-schönen Lage und Aussicht wird für die Liebhaber der kleineren italienischen Städte immer ein Kleinod bleiben. Von der modernen Geschichte kaum berührt, hat es sich wunderbar wohl erhalten und ist reich genug an Schätzen der Kunst und der Erinnerung, um auch lange Aufenthalte zu belohnen. Nun gibt es nichts Schöneres, als bei einem solchen Aufenthalt sich ein wenig um die Geschichte der Stadt zu kümmern, in Chroniken

Blick auf Siena, im Vordergrund der Torre del Mangia, dahinter die Kathedrale.

zu stöbern und dem Anekdotischen der alten Zeit nachzugehen. Aber die Quellen sind verzweigt und zum Teil entlegen, und so dankt man es dem Historiker, der den Stoff für uns sichtet und ordnet. Das hat Chledowski[1], der bekannte Kenner italienischer Stadtgeschichten, in seinem großen Werk »Siena« mustergültig getan, eine zweite Auflage ist reich illustriert bei Bruno Cassirer erschienen. Wer irgendein näheres Verhältnis zu Siena hat, wird das Buch bald unentbehrlich finden; die Belesenheit des Verfassers ist unheimlich und seine Gruppierung der Stoffe einleuchtend gefällig. Gelegentlich zeigt er im Zitieren der Chroniken einen Anflug von Prüderie, sonst wüßte ich an dem Werke nichts auszusetzen. Der Reichtum an alten Quellen macht diese italienischen Stadtgeschichten des spätern Mittelalters und der Frührenaissance zu merkwürdigen und ergötzlichen Fundgruben im Anekdotischen und Sittengeschichtlichen, und wer eine solche Monographie aufmerksam liest, bekommt einen reicheren und wirksameren Eindruck von italienischer Stadtkultur als aus vielen allgemeinen Historien. Chledowski hat ein besonderes Geschick, so etwas anzufassen; er geht einen klugen Mittelweg zwischen gelehrter und frei literarischer Manier; und, was die Hauptsache ist, er geht überall auf die originellen Dokumente zurück und schöpft aus erster Hand.

(Aus »Münchner Zeitung« vom 5. 6. 1914)

Der Basler Maler Alfred H. Pellegrini hat letztes Jahr von einem römischen Aufenthalt fünfzehn Lithographien mitgebracht; diese hat jetzt der Delphin-Verlag in München in einer schönen Mappe herausgegeben. Das bemerkenswerte Werk sei den Freunden Roms und den Liebhabern moderner Graphik empfohlen, einmal, weil die mit weichem Pinsel direkt auf den Stein gesetzten Zeichnungen graphisch voll Reiz und Frische sind, namentlich aber auch, weil es eine wahre Freude ist zu sehen, wie unbefangen der Künstler sich vor die großen Architekturen Roms hingestellt hat. Es sind nämlich keineswegs etwa gleichgültige, nur »malerische« Winkel und Gassenausschnitte, die er aussucht und malerisch skizziert; es sind vielmehr in der Mehrzahl gerade die klassischen, hundertmal abgebildeten Veduten, deren Schönheit er als Maler neu erlebt, indem er die Massen der Bauten und Plätze räumlich in Schwarz und Weiß

[1] Kasimir Chledowski (1843–1920), Politiker und Schriftsteller. Die erste Auflage seines 2bändigen kulturhistorischen Werkes über Siena erschien 1905.

wiedergibt. Da findet man St. Peter und die Engelsbrücke, das Pantheon, die Fontana Trevi, die Spanische Treppe und, eines der besten Blätter, den Triumphbogen des Septimius Severus. Einige dieser Skizzen zeigen, obwohl sie bekannte Räume darstellen, doch ganz neue Standpunkte, so das Blatt mit der Piazza Bocca della Verità. Der Schöpfer dieser Lithographien ist Maler, nicht Illustrator und auch nicht Architekt, und es wäre sehr verfehlt, seine Blätter etwa mit denen der älteren Kupferstecher und Romschilderer, sagen wir zum Beispiel den Kupfern des Piranesi, zu vergleichen. Was dort die Hauptsache ist, die sachliche Richtigkeit, das spielt hier kaum mit, dafür sind heute die Photographien da. Pellegrini erzählt nicht die Architektur mit der Zeichnerfreude am spitzen Detail nach, sondern es sind hier die Musik der Verhältnisse und die Rhythmen der Schatten schwelgerisch mit sattem Pinselstrich nachgefühlt, genießerisch eingeschlürft, als lustvolle dekorative Gebilde. Die Wirklichkeit, deren Wiedergabe sie sind, ist nicht die Hauptsache wie bei eigentlichen Veduten; die Hauptsache ist das Erlebnis des Malers, und so wirken die Zeichnungen wie frische, subjektive Briefe aus Rom. Wir finden da nichts von wehmütiger Romantik, statt ihrer atmet kraftvolles Behagen, wie es eine gesunde Seele an schönen Dingen haben muß, und der Beiklang von Pathos erscheint als selbstverständliche Gehobenheit vor den großen, mächtigen Objekten.

(Aus »Frankfurter Zeitung« vom 24. 6. 1914)

Ein lieber alter Meister ist in der Reihe »Klassiker der Kunst« jetzt zu seinem Bande gekommen: Perugino. Diese »Klassiker der Kunst« (Deutsche Verlagsanstalt, Stuttgart) bringen in großen Oktavbänden, im sogenannten Lexikonformat, jeweils die Werke eines Meisters in möglichster Vollständigkeit. Dadurch gewinnen diese schönen Bilderbände den Wert von kunstgeschichtlichen Nachschlagewerken. Der neueste Band, Perugino, bringt Peruginos Gemälde in nahezu idealer Vollständigkeit, wie sie noch niemals publiziert waren, mit 249 Abbildungen. Die Herausgabe und Einleitung ist von Walter Bombe, der früher schon speziell über umbrische Maler gearbeitet hat. Wer in Florenz bekannt ist, der kann Peruginos Namen nicht hören, ohne den schlichten hellen Raum in der Maria Maddalena dei Pazzi wieder vor sich zu sehen, wo Peruginos Fresko von der Kreuzigung so licht und still aus seinen

Die »Madonna del Sacco« von Perugino aus der Galleria Palatina in Florenz.

drei klaren Rundbögen blickt, die Landschaft hellgrün mit zartem Frühlingslaub, die Menschen still und fein und ohne große Dramatik in drei schöne, symmetrische Gruppen geordnet. Und dann denkt man gleich auch an die Perugino-Madonnen in Florenz, Wien, Frankfurt, mit ihren guten, ruhigen, klaren Gesichtern, mit dem lieblich mädchenhaften Munde und den guten, braunen Unschuldsaugen. Er war ein feiner Idylliker, der Meister von Perugia, und wo er mit der Seele dabei war (in den späteren Werken war er es nicht immer!), da blieb seinen Werken, die einander alle wie Geschwister gleichen, trotz einer gewissen Schematik ein lieber, inniger Schmelz. Dieser Bilderband mit Bombes guter Studie wird uns helfen, auf künftigen Reisen da und dort einem bisher übersehenen Perugino nachzugehen!

(Aus »Schweizerland«, Chur vom Januar 1916)

Unter den alten italienischen Novellenerzählern sind nach Boccaccio die beiden Bandello und Straparola stets die meistgenannten gewesen, sowohl was die Ergötzlichkeit ihres Vortrages als die saftige Erotik ihrer Erzählungen betrifft. Ich erinnere mich, daß ich vor zwanzig Jahren, als ich Bandello in einem Antiquariat entdeckt und gelesen hatte, einem namhaften deutschen Verlag den Vorschlag machte, einige dieser Novellen deutsch herauszugeben, und die Antwort bekam, man habe sich über Bandello informiert und müsse ihn leider als zu unsittlich ablehnen. Heute herrschen diese Bedenken nicht mehr. Mittler[1] hat anderthalb Dutzend Novellen ausgewählt und angenehm übersetzt, außer den entbehrlichen Illustrationen stört nichts den Genuß dieser hübschen, oft reizend drolligen, lebensfrohen Geschichten aus einer verschollenen Zeit, deren Erotik nicht darum lustiger und erfreulicher ist als die heutiger Bücher, weil jene Zeit so sehr viel freier gewesen wäre, sondern umgekehrt, weil dem Triebleben ein noch festerer Wall von Sitte und Glaube gegenüberstand.

(Aus »Vivos voco«, Leipzig vom Februar 1922)

Die frühe italienische Dichtung, aus dem 12. und 13. Jahrhundert, aus der Zeit, in der aus dem Lateinischen das Italienische entstand, ist in diesem Buch[2] mit großer Liebe und Kenntnis ausgewählt, neben den Urtexten stehen jeweils die Übertragungen, in deren Geist und Ton man den Einfluß Georges fühlt. Es ist damit deutschen Lesern nicht nur ein Stück neue Welt erschlossen, sondern es ist sichtbar eine Vergleichung gezogen zwischen den Herkünften deutscher und italienischer Dichtung, und diese Herkünfte sind ungemein nahe verwandt. Auch dies noch wäre schließlich nur für Historiker und Philologen wichtig. Für uns alle wichtig ist der

[1] O. M. Mittler übersetzte »Matteo Bandellos Novellen«, erschienen 1921 im Musarion Verlag, München.

[2] »Frühe italienische Dichtung«, übertragen von Hans Feist und Leonello Vincenti, Hyperionverlag, München 1922.

Wille, der dies Buch gefordert hat, der Wille zur Form, zu neuer Kristallisierung, neuer Bindung. Ein Satz aus dem Vorwort sei angeführt: »In einer Zeit, die wie die heutige sich im größten Teil ihrer Produktion freiwillig jeder Form begeben hat, sollten wir uns dieser Welt der reinsten Formen wieder zuwenden und an den Liedern der Frühen in ihrer Ganzheit und Geschlossenheit, ihrer Klarheit und Strenge unsere eigene Form bilden.«

(Aus »Vivos voco«, Leipzig vom Januar/Februar 1923)

Casanova

Als ich ein junger Mensch war, wußte ich von Casanova nichts als dunkle Gerüchte. In den offiziellen Literaturgeschichten kam dieser große Memoirenschreiber nicht vor. Sein Ruf war der eines unerhörten Verführers und Lüstlings, und von seinen Memoiren wußte man, daß sie ein wahres Satanswerk von Schlüpfrigkeit und Frivolität seien. Es gab eine oder zwei deutsche Ausgaben davon, alte vergriffene Ausgaben in vielen Bänden, die man antiquarisch suchen mußte, wenn man sich für sie interessierte, und wer sie besaß, hielt sie in einem geschlossenen Schrank verborgen. Ich wurde mehr als dreißig Jahre alt, ehe ich diese Memoiren einst zu Gesicht bekam. Bis dahin hatte ich von ihnen nur darum gewußt, weil sie in Grabbes Lustspiel die Rolle eines Teufelsköders spielen. Dann aber kamen mehrere neue Ausgaben des Casanova heraus, auch zwei neue in deutscher Sprache, und das Urteil der Welt und der Gelehrten über das Werk und seinen Urheber veränderte sich sehr. Es war keine Schande und kein heimliches Laster mehr, diese Memoiren zu besitzen und zu lesen; im Gegenteil, es war eine Schande, sie nicht zu kennen. Und im Urteil der Kritiker wurde der früher verpönte und totgeschwiegene Casanova mehr und mehr zum Genie.

So hoch ich nun Casanovas prachtvolle Vitalität und auch seine literarische Leistung schätze, ein Genie würde ich ihn doch nicht nennen. Es fehlt diesem Virtuosen der Gefühle und großen Praktiker der Liebes- und Verführungskunst das Heldische, es fehlt ihm vor allem gänzlich jene heroische Atmosphäre von Vereinzelung und tragischem Abgesondertsein, ohne die wir uns das Genie nicht denken können. Casanova ist keine sehr differenzierte und eigenartige, nicht einmal eine sehr aparte Persönlichkeit. Wohl aber ist er ein fabelhaft begabter Mensch (und alle echte Begabung beginnt und wurzelt im Sinnlichen, in einer guten Mitgift an Körper und Sinnen), er ist ein Kerl, der alles kann, und so wird er, mit seiner Beweglichkeit, seiner vortrefflichen Bildung, seiner schmiegsamen Lebenskunst, zum klassischen Vertreter des eleganten Typus seiner Zeit. Die elegante, weltmännische, heiter-frivole und virtuose Seite der Kultur des achtzehnten Jahrhunderts, der glänzenden Jahrzehnte vor der Revolution, finden wir in Casanova mit geradezu wunderbarer Vollständigkeit verkörpert. Weltreisender, eleganter

Bummler und Genießer, Agent und Unternehmer, Spieler und gelegentlich Hochstapler, dabei von einer ebenso starken wie kultivierten Sinnlichkeit, ein Meister im Verführen, voll Zärtlichkeit, voll Ritterlichkeit gegen die Frauen, den Wechsel liebend und dennoch anhänglich, zeigt dieser glänzende Mensch eine für uns Heutige erstaunliche Vielseitigkeit. Nur aber sind alle diese Seiten nach außen gewendet, und dies ergibt eben doch wieder eine Einseitigkeit. Das Menschenideal eines hochstehenden Denkenden von heute wäre weder das »Genie« noch der Weltmann, weder der rein nach innen noch der rein nach außen gewandte Mensch, sondern der zwischen Weltverbundenheit und Einkehr, zwischen Extraversion und Introversion überlegen und harmonisch Wechselnde. Aber das ganze Leben Casanovas, der wahrlich nicht ohne Geist war, spielt sich rein in der Sphäre des Gesellschaftlichen ab, und es gehören schon sehr heftige Schicksalsschläge dazu, ihn für Augenblicke zu introvertieren, wo er dann alsbald verdüstert und sentimental wird.

Erstaunlich und befremdend ist für uns vor allem die innige Verbindung von Virtuosität und Naivität in diesem gerissenen Lebenskünstler. Die Virtuosität verdankt er, nächst seiner kräftigen physischen Anlage und Leistungsfähigkeit, vor allem dem Umstande, daß ihm die endlosen, lähmenden und verdummenden Schuljahre erspart blieben, die wir heute für unerläßlich halten, um die Jugend zahm zu kriegen. Sehr früh, wie alle Männer seiner Zeit, tritt er ins Leben, wird selbständig, muß sich selber helfen, wird von Gesellschaft und Lebensnot, und nicht zuletzt von den Frauen, geformt und gedrillt, lernt Anpassung, lernt Spielen und Maskentragen, lernt List, lernt Takt, und da alle seine Gaben und Triebe sich nach außen richten und sich nur im äußeren Leben befriedigen können, wird er ein Virtuose der galanten Lebenskunst. Dabei aber bleibt er ganz und gar naiv, und noch der greise Casanova, der nicht ohne Lüsternheit die vielen Liebesabenteuer seines Lebens zu erzählen unternimmt, ist – verglichen mit einer problematischen Seele von heute – ein Lamm an Unschuld. Er verführt viele Dutzende von Mädchen und Frauen, und niemals packt ihn das Grauen der Liebe, ihre Metaphysik, nie schwindelt ihm vor ihren Abgründen. Erst ganz spät im Alter, als er in unfreiwilliger Vereinsamung, ohne Glanz, ohne Weiber, ohne Geld, ohne Abenteuer in Dux in Böhmen sitzt, kommt ihm das Leben nicht mehr ganz so einwandfrei, kommt es ihm ein wenig problematisch vor.

Und damit bestrickt er uns, mit diesen beiden Zaubern, mit der uns schulverdorbenen und durch Berufe spezialisierten Heutigen nie erreichbaren Lebensvirtuosität und mit seiner merkwürdigen Unschuld, seiner so liebenswerten und hübschen Naivität. Zuzeiten kommt sie ihm sehr zustatten, diese Naivität, denn es sind ja keineswegs bloß geraubte Jungfernschaften und gebrochene Ehen, mit denen er sein kräftiges Gewissen belastet, sondern es sind auch saftige Gaunereien, Schiebereien, Ausbeutereien mannigfacher Art, mit denen er sein Leben amüsanter macht und seine Reisen, Genüsse und Liebschaften finanziert. Und allen diesen Einwänden gegen seine Anständigkeit, allen diesen Gewissensbelastungen steht er nicht sophistisch oder zynisch gegenüber, sondern mit kindlichem Lächeln. Er gibt zu, daß er da und dort etwas gewagte Streiche gespielt und die Leute tüchtig geprellt hat, aber weiß Gott, wie er da hineingeraten ist, es geschah immer in guter Absicht oder doch nur in momentaner Vergeßlichkeit, und immer gelingt es ihm, sich spielend vor dem eigenen Urteil wie vor dem der Welt zu rechtfertigen.

Es gibt heute gerissene Schieber und gewissenlose Geschäftemacher in Menge und auch raffinierte Weiberhelden genug, ohne daß sie uns zu interessieren vermöchten. Auch dem begabtesten Manne dieser Art, wenn wir ihn mit Casanova verglichen, würden die zwei hohen Merkmale fehlen: das lebendige, stets wirksame Vorbild eines hochgezüchteten edelmännischen Lebens und dann die hohe literarische Begabung. Ich glaube nicht, daß die Liebesbriefe eines heutigen Berliner Don Juans oder Schiebers eine höhere geistige und sprachliche Kultur zeigen würden als die Magazine, deren Abonnenten jene Herren sind.

Im übrigen ist es der Boden einer vollendeten äußeren Lebenskultur, eines fest geprägten Stiles, den Casanova vor seinen heutigen Kollegen voraus hat. Die stilvoll schöne Linie seines Lebens wirkt auf uns ebenso entzückend und sehnsuchtweckend wie jede geringste Architektur, jedes letzte Möbelstück jener Zeit – es ist da eine Einheit und Schönheit vorhanden, welche unserem Leben vollkommen fehlt. Eben darum auch ist die Befürchtung der Moralisten hinfällig, daß heutige Leser durch die Lektüre des Casanova verdorben werden könnten. Ach nein, es ist zu dieser Befürchtung kein Grund vorhanden, leider nicht. Das Schiff, auf dem unser Held dahinschwimmt, ist nicht so sehr seine persönliche Genialität oder seine persönliche Immoralität als vielmehr die Bildung und Kultur seiner Zeit. Auf einem solchen Boden, auf einem solchen Niveau genügt ein kleines persönliches Plus, um gewaltig zu wirken.

Wenn wir Heutigen den Casanova mit einer gewissen Wehmut lesen, so gilt sie vor allem diesem Milieu seines Lebens, dieser schönen durchgeformten Kultur des äußeren Lebens. So mochte etwa ein gebildeter Leser auch schon vor Jahrzehnten empfinden. Heute aber scheint auch noch etwas anderes dahingegangen und Vergangenheit geworden zu sein, was Casanova besaß, und was auch noch unsere Väter besaßen, und was noch unsere eigene Jugend besaß und ihr viele Zauber verlieh: die Ehrfurcht vor der Liebe. Sei es auch nur die Casanova-Liebe, diese galante, falterhafte, etwas verspielte und jünglinghafte ewige Verliebtheit – auch sie scheint heute außer Kurs geraten zu sein, ebenso wie die empfindsame Liebe des Rousseau und des Werther, ebenso wie die tief glühende Liebe der Helden Stendhals. Es scheint heute weder den tragischen noch den virtuosen Liebenden mehr zu geben, nur noch den flachen Heiratsschwindler oder den Psychopathen. Daß ein vollsinniger, begabter, lebenskräftiger Mann alle seine Gaben und Kräfte auf das Geldverdienen richte oder auf den Dienst an einer politischen Partei, scheint heute jedem nicht nur möglich, sondern auch richtig und normal; – daß er diese Gaben und Kräfte den Frauen und der Liebe zuwenden könnte, das kommt heute niemandem in den Sinn. Vom bürgerlichsten Durchschnittsamerika bis zum rötesten Sowjetsozialismus – in keiner wahrhaft »modernen« Weltanschauung spielt die Liebe eine andere Rolle als die unbedeutende eines nebensächlichen Lustfaktors im Leben, zu dessen Regelung einige hygienische Rezepte genügen.

Aber möglicherweise wird auch die Modernität von heute das Schicksal aller Modernitäten haben, nur einen flüchtigen Weltaugenblick zu dauern. Während das Problem der Liebe, soweit ich die Geschichte kenne, nach Augenblicken der Ablenkung immer wieder höchst aktuell werden kann.

(Aus »Berliner Tageblatt« vom 6. 2. 1925)

Selten ist eine merkwürdige Liebesgeschichte durch Jahrhunderte so beliebt gewesen und so berühmt geworden wie die von Romeo und Julie. Es mag darum interessieren, die Quellen dieser Geschichte, welche früher allgemein als geschichtliche Tatsache galt, wieder zu lesen. Simrock hat in seinem schönen Werk »Die Quellen des

Shakespeare«[1] darüber berichtet, seinem Buch entstammen die Texte der beiden Novellen, welche dieser Band enthält.

Die erste, die von Luigi da Porto, ist im Jahre 1524 geschrieben worden und ist die älteste bekannte Quelle für sämtliche Berichte über die Schicksale von Romeo und Julie; auch der veronesische Geschichtsschreiber Girolamo della Corte, der diese Liebesgeschichte in seinem Geschichtswerk erzählt, hat sie nicht aus mündlicher Tradition oder historischen Aufzeichnungen, sondern von einem Dichter übernommen, und zwar von Bandello, der etwas später als Luigi da Porto, und sichtlich ihn benutzend, die Geschichte noch einmal in Form gebracht hat.

Die beiden Fassungen der Romeo-Legende, die unser Buch enthält, sind also die einzigen frühen Aufzeichnungen derselben, aus ihnen hat auch Shakespeare den Stoff für sein Trauerspiel geholt. Es ist nun nicht bloß von historischem Interesse, diese beiden Quellen nebeneinanderzustellen, sondern es hat auch einen eigenen Zauber, die berühmte Geschichte, inhaltlich wenig verändert, in so verschiedener Tonart vortragen zu hören. Luigi da Porto berichtet sachlich, kurz, etwas trocken, aber packend und ergreifend, während Bandello, einer der Meister der italienischen Erzählung, sie mit Virtuosität und elegantester Handschrift ins reine bringt. Mag jeder wählen, welche Fassung ihm lieber sei – beide zusammen gehören zu den merkwürdigsten und rührendsten Geschichten aller Zeiten.

(Nachwort zu »Die Geschichten von Romeo und Julie«. Nach den italienischen Novellenerzählern Luigi da Porto und Matteo Bandello, S. Fischer, Berlin 1925)

Eine deutsche Gesamtausgabe der Werke Machiavellis in fünf starken Bänden wird Historikern und Politikern willkommen sein, auch viele Literaturfreunde, etwa im Anschluß an Burckhardts Werk über die Kultur der Renaissance, interessieren. Machiavelli ist jedenfalls eine der ganz wenigen politischen Intelligenzen, deren Gedanken noch nach Jahrhunderten Wert haben, denn er ist der Führer und Meister einer unsentimentalen Politik des Bewußtseins, ohne Theater und Selbsttäuschung, die man in der Praxis unendlich selten antrifft. Die Ausgabe ist von H. Floerke besorgt und bei Georg Müller verlegt. Das Hauptwerk, die »Discorsi«, sowie seine

[1] Karl Simrock, »Die Quellen des Shakespeare in Novellen, Märchen und Sagen«, Martius, Bonn 1870.

meistgenannte kleinere Schrift, der »Principe«, führen am unmittelbarsten in die Welt und Denkart dieses großen Politikers ein. In den Komödien, namentlich der »Mandragora«, imponiert der klare Florentiner Geist dieses männlichen, kräftigen Autors hinterm Oberflächenspiel eines recht derben Lustspiels, mit bitter satirischer Gesellschaftskritik. Ein Dichter, im heiligen Sinn des Worts, ist dieser überlegene Geist allerdings nicht.

(Aus »Die Neue Rundschau«, Berlin vom Dezember 1925)

Die große Geschichte der Stadt Rom im Mittelalter von Gregorovius hat der Dresdener Verlag Wolfgang Jess, geschmückt mit einer Menge schöner Bilder (deren Wahl eigens gelobt sei), in neuer, ungekürzter Ausgabe herausgebracht und hat es fertiggebracht, das Werk in zwei starken Bänden eines handlichen Taschenformats unterzubringen. Ich habe dies Buch immer gewissermaßen aus der Ferne liebgehabt, das heißt, ich habe mich schon als Jüngling darüber gefreut, daß einst ein deutscher Gelehrter jahrzehntelang seine Arbeit einem so aparten und romantischen Gegenstand widmen konnte, auch habe ich, ohne das große Werk je wirklich und vollständig zu lesen, häufig in ihm umhergesucht und -geschmeckt. Und ich denke dies mit Hilfe dieser Ausgabe nun noch des öftern zu tun. Das alte Rom bis zum Sacco di Roma ist uns ja so einigermaßen eingebläut worden, als wir noch Knaben und aufnahmefähig waren, und später haben wir das Rom der Michelangelo, Cellini und Bernini kennengelernt, aber diese dunkeln Jahrhunderte dazwischen, dies dunkle, geheimnisvoll mächtige Rom des Mittelalters, darüber wußte einzig Gregorovius Bescheid. Und bei ihm findet man denn auch die wunderbarsten Berichte von römischen Adelshäusern und Klöstern, von Heiligen und Päpsten, von Kirchen und Friedhöfen, den Roman einer Stadt, geschrieben zwar von einem Gelehrten, aber von einem in diese Stadt verliebten Gelehrten.

(Aus »Kölnische Zeitung« vom 1. 5. 1927)

Ein anderer außerordentlicher Versuch zur Eroberung und Verdeutschung einer fremden Geisteswelt ist soeben nach zwanzigjährigem Kampfe fertig geworden und als Buch (übrigens als ein wundervoll gedruckter und gebundener Band) erschienen: »Dante deutsch von Rudolf Borchardt« (gemeinsamer Verlag von E.

Rowohlt und der Bremer Presse). Seit mehr als hundert Jahren ist Dantes Gedicht[1] immer und immer wieder ins Deutsche übersetzt worden, edle Geister haben sich immer wieder mit Leidenschaft um diese verlockende Unmöglichkeit bemüht – anscheinend vergeblich, denn zwischen dem frühen Italienisch des Dante und dem heutigen Deutsch ist der Abgrund nicht minder groß als der Abgrund zwischen dem Geist des göttlichen Gedichtes und dem Geist von heute. Der Kampf um das Verständnis und um die Verdeutschung Dantes in diesen hundert Jahren ließe sich wie ein Epos erzählen und wäre ein wichtiges Stück deutscher Geistesgeschichte. Nachdem die Danteforschung, zuletzt durch die Arbeit Karl Vosslers[2], einen gewissen festen Boden gewonnen hatte, gab der Anstoß des Dichters Stefan George den Übersetzungsversuchen eine ganz neue Wendung. Ihm folgte Borchardt als Vollender, allerdings ein höchst eigenwilliger Schüler, aber doch hat er den von George etwa geträumten deutschen Dante zustande gebracht. Er hat die alte Schwierigkeit, daß nämlich zwischen Dantes Italienisch und dem heute geschriebenen Deutsch nicht nur keine Nähe und Befreundung, sondern ein geradezu feindlicher Gegensatz besteht, nicht irgendwie umgangen, sondern er hat die grundsätzliche Unbrauchbarkeit der jetzigen deutschen Schriftsprache für seinen Zweck anerkannt, hat grundsätzlich mit dieser Sprache gebrochen und sich statt ihrer eine eigene, neue Sprache erschaffen, ein dichterisches Deutsch, wie es etwa um die Zeit Dantes denkbar gewesen wäre – immerhin um einen Hauch neuzeitlicher. Borchardt hat also Dante in eine Sprache übersetzt, die es gar nicht gibt, und wer diesen neuen deutschen Dante lesen will, muß dessen Sprache erst mit einiger Mühe lesen lernen, so daß er am Ende lieber gleich Altitalienisch lernen würde. Dies sieht wunderlich aus, und ist es auch, aber es ist keineswegs unsinnig oder gar lächerlich. Borchardts Dante ist eine der stärksten Dichtungen unserer Zeit. Sie ist für wenige. Denn es sind an sich schon wenige, denen es ernstlich um Dante zu tun ist, und von diesen wieder zieht die Mehrzahl es vor, den Dichter im Original zu studieren. Aber das ist kein Einwand. Borchardts Dante wird nur für einen kleinen Kreis existieren, aber er wird in diesem Kreis den Wert einer außerordentlichen Tat haben, nicht nur für heute. Ob diese Tat von den Außenstehenden zum Teil als Donqui-

[1] »Die göttliche Komödie«

[2] Karl Vossler, »Die göttliche Komödie«. Entwicklungsgeschichte und Erklärung, Heidelberg 1907 bzw. 1925.

chotterie mag angesehen werden, das berührt ihren hohen Wert nicht. Wer durch meine Zeilen aufmerksam geworden ist und etwas Einmaliges, sehr Edles in diesem Werke ahnt, der blicke in das Buch und versuche, sich mit ihm zu befreunden. Es wird nicht jedem glücken, aber es wird einzelne ganz gewinnen.

(Aus »Bücher der Kultur« in »Münchner Zeitung« vom 21. 11. 1930)

Burckhardts »Kultur der Renaissance« ist also in dieser Ausgabe[1], in Leinen gebunden und mit mehr als 400 Bildern illustriert, für etwa 6 Franken zu haben. Nach Gregorovius, Mommsen und andern Klassikern der deutschen Geschichtsschreibung ist nun auch das berühmteste Werk des großen Baslers, zum Glück im Text vollkommen unberührt, nur mit einem Nachwort von Waetzold versehen, den Phaidon-Ausgaben angereiht worden. Wir begrüßen es, nicht bloß weil damit ein einzelnes klassisches Buch (ein Buch, das die besten Geister zwei Generationen lang tief und nachhaltig beeinflußt hat) auch den Unbemittelten zugänglich wird, sondern vor allem, weil Burckhardt nach unsrer Meinung der denkbar edelste Vertreter einer Geisteshaltung ist, der wir Heutigen viel tiefer verpflichtet und verschuldet sind, als wir meistens wissen und zugeben. Wenn es auch heute noch unter den Lehrern und Autoren inmitten der großen Kulturdämmerung Geister gibt,welche ihre Mission und Pflicht darin sehen, eine unbestechliche, vom Aktuellen her unbeeinflußbare, lediglich von der eigenen Verantwortlichkeit abhängige Geistigkeit als vorbildliche Haltung über die Erschütterungen und Verführungen des Tages hinweg den Nachkommen zu vererben – wenn die Unabhängigkeit, die Nichtkäuflichkeit und das Gewissen auch heute noch gültige Ideale für die geistige Leistung sind, so verdankt unsre Zeit das vorbildlichen Geistern wie Burckhardt. Gewiß, seine herrlichen Werke wären undenkbar ohne sein gewaltiges Wissen, seine riesige Belesenheit und ohne den starken Einschuß von Künstlertum in seinem ganzen Wesen und Werk; aber die Grundlage von allem ist doch sein Charakter, die strenge, beinah asketische Form seiner intellektuellen Sittlichkeit. Darum wünschen wir jenen unter seinen Werken, welche auch von Nichtgelehrten verstanden werden können, und in erster Linie

[1] Jacob Burckhardt, »Die Kultur der Renaissance in Italien«, Phaidon Verlag, Wien 1935, mit einem Nachwort von Wilhelm Waetzold.

seinen »Weltgeschichtlichen Betrachtungen« und seiner »Kultur der Renaissance« die größte Verbreitung. Mögen diese schönen Ausgaben, die man heute halb geschenkt bekommt, für sehr viele bloß Bilderbücher sein, es wird sich doch immer wieder da und dort ein suchender junger Mensch zu ihnen finden, sich durch sie belehren, sich an ihnen Vorbilder und Richtlinien suchen, und das Gute in sich durch sie bestätigt und gefördert sehen.

(Aus »Schweizer Journal«, Ostern 1935)

Einige Übersetzungen und Neuausgaben seien empfohlen: Petrarcas »Triumphe auf Mona Laura«, deutsch von Benno Geiger (Phaidon-Verlag). Das Interesse der Bücherleser für die Renaissance, nach Burckhardts Werk mehrere Jahrzehnte blühend, ist stark gesunken, an neuere Petrarca-Verdeutschungen erinnere ich mich, seit der schönen Inselausgabe der Sonette, nicht. Die Architektur der »Trionfi«, die Vertrautheit des Dichters mit der Antike, der Pessimismus, mit dem er die eigene Epoche betrachtet, und endlich die heroische Haltung, mit der er im Alter seine irdische zur himmlischen Liebe zu sublimieren unternimmt, sind von einer strengen Kühle und Zucht, die Lektüre tut wohl wie der Blick in einen strengen südlichen Terrassen- und Zypressengarten.

(Aus »Anmerkungen zu Büchern«, in »Die Neue Rundschau«, Berlin vom Februar 1936)

Ich habe Ihnen früher schon gelegentlich davon gesprochen, was für gute Erzähler die Sizilianer sind, und Sie mit Verga[1] und Pirandello[2] bekannt gemacht. Die waren beide von Beruf Literaten. Der Autor des »Leopard«[3] war bis zu Mussolinis Zeit Offizier, dann Privatmann, und hat erst in seinen letzten Jahren zu schreiben begonnen und das Manuskript dieses prachtvollen Romans hinterlassen. Die Geschichte spielt innerhalb der hochadligen Familie, deren Wappentier der Leopard war, beginnt in der Zeit der Kämpfe um die Einigung Italiens und hat zwei Helden: den Fürsten Fabrizio,

[1] Giovanni Verga (1840–1922), sozialkritischer Romancier und Novellist, bedeutendster Vertreter des italienischen »Verismo«.

[2] Luigi Pirandello (1867–1936), einer der wichtigsten italienischen Erzähler und Dramatiker des 20. Jahrhunderts, 1934 mit dem Nobelpreis ausgezeichnet.

[3] Tomasi di Lampedusa (1896–1957), »Der Leopard«, Roman 1958 u. d. T. »Il Gattopardo« in Mailand erschienen.

genannt »der Leopard« und die Insel Sizilien. Der Leopard nun ist eine großartige Verkörperung des Aristokraten, des großen Herrn schlechthin, groß und verschwenderisch in allem, was er tut und lebt, groß im Sinnlichen wie im Geistigen, groß in der Leidenschaft und groß in der Geduld, mächtig als Gatte, Familienhaupt und Großgrundbesitzer, von vielen geliebt, von vielen gefürchtet, ironischer Beobachter der aufregenden politischen Umwälzungen, der echten und falschen Begeisterungen und Patriotismen. Das Beobachten, Berechnen, Bedenken hat er unter anderem bei seinen vieljährigen astronomischen Studien gelernt. Mit grimmiger Ironie sieht er zu, wie er bestohlen wird und wie ringsum die Streber und Spekulanten groß werden, und die neuen Herrscher aus Piemont imponieren ihm so wenig wie der welke letzte König von Neapel. Er gehört zu den Figuren, die gleich den Heroen des Mythos in unsern innern Bilderschatz eingehen wie Robinson, Tom Jones, Werther, Kutusow oder Oblomow. Aber achten Sie beim Lesen auch auf den andern, nicht personellen Helden des Romans: Sizilien und sein Volk.

(Aus »Ein Brief über drei neue Bücher«, Frühjahr 1960)

Erzählende Schriften

Der Zwerg

So begann der alte Geschichtenerzähler Cecco eines Abends am Kai:

Wenn es euch recht ist, meine Herrschaften, will ich heute einmal eine ganz alte Geschichte erzählen von einer schönen Dame, einem Zwerg und einem Liebestrank, von Treue und Untreue, Liebe und Tod, wovon ja alle alten und neuen Abenteuer und Geschichten handeln.

Das Fräulein Margherita Cadorin, die Tochter des Edlen Battista Cadorin, war zu ihrer Zeit unter den schönen Damen von Venedig die schönste, und die auf sie gedichteten Strophen und Lieder waren zahlreicher als die Bogenfenster der Paläste am Großen Kanal und als die Gondeln, die an einem Frühlingsabend zwischen dem Ponte del Vin und der Dogana schwimmen. Hundert junge und alte Edelleute, von Venedig wie von Murano, und auch solche aus Padua, konnten in keiner Nacht die Augen schließen, ohne von ihr zu träumen, noch am Morgen erwachen, ohne sich nach ihrem Anblick zu sehnen, und in der ganzen Stadt gab es wenige unter den jungen Gentildonnen, die noch nie auf Margherita Cadorin eifersüchtig gewesen wären. Sie zu beschreiben steht mir nicht zu, ich begnüge mich damit, zu sagen, daß sie blond und groß und schlank wie eine junge Zypresse gewachsen war, daß ihren Haaren die Luft und ihren Sohlen der Boden schmeichelte und daß Tizian, als er sie sah, den Wunsch geäußert haben soll, er möchte ein ganzes Jahr lang nichts und niemand malen als nur diese Frau.

An Kleidern, an Spitzen, an byzantinischem Goldbrokat, an Steinen und Schmuck litt die Schöne keinen Mangel, vielmehr ging es in ihrem Palast reich und prächtig her: der Fuß trat farbige dicke Teppiche aus Kleinasien, die Schränke verbargen silbernes Gerät genug, die Tische erglänzten von feinem Damast und herrlichem Porzellan, die Fußböden der Wohnzimmer waren schöne Mosaikarbeit, und die Decken und Wände bedeckten teils Gobelins aus Brokat und Seide, teils hübsche, heitere Malereien. An Dienerschaft war ebenfalls kein Mangel, noch an Gondeln und Ruderern.

Alle diese köstlichen und erfreulichen Dinge gab es aber freilich auch in anderen Häusern; es gab größere und reichere Paläste als den ihren, vollere Schränke, köstlichere Geräte, Tapeten und Schmucksachen. Venedig war damals sehr reich. Das Kleinod jedoch, welches die junge Margherita ganz allein besaß und das den Neid vieler Reicheren erregte, war ein Zwerg, Filippo genannt, nicht drei Ellen hoch und mit zwei Höckerchen versehen, ein phantastischer kleiner Kerl. Filippo war aus Zypern gebürtig und hatte, als ihn Herr Vittoria Battista von Reisen heimbrachte, nur Griechisch und Syrisch gekonnt, jetzt aber sprach er ein so reines Venezianisch, als wäre er an der Riva oder im Kirchspiel von San Giobbe zur Welt gekommen. So schön und schlank seine Herrin war, so häßlich war der Zwerg; neben seinem verkrüppelten Wuchse erschien sie doppelt hoch und königlich, wie der Turm einer Inselkirche neben einer Fischerhütte. Die Hände des Zwerges waren faltig, braun und in den Gelenken gekrümmt, sein Gang unsäglich lächerlich, seine Nase viel zu groß, seine Füße breit und einwärts gestellt. Gekleidet aber ging er wie ein Fürst, in lauter Seide und Goldstoff.

Schon dies Äußere machte den Zwerg zu einem Kleinod; vielleicht gab es nicht bloß in Venedig, sondern in ganz Italien, Mailand nicht ausgenommen, keine seltsamere und possierlichere Figur; und manche Majestät, Hoheit oder Exzellenz hätte gewiß den kleinen Mann gern mit Gold aufgewogen, wenn er dafür feil gewesen wäre.

Aber wenn es auch vielleicht an Höfen oder in reichen Städten einige Zwerge geben mochte, welche dem Filippo an Kleinheit und Häßlichkeit gleichkamen, so blieben doch an Geist und Begabung alle weit hinter ihm zurück. Wäre es allein auf die Klugheit angekommen, so hätte dieser Zwerg ruhig im Rat der Zehn sitzen oder eine Gesandtschaft verwalten können. Nicht allein sprach er drei Sprachen, sondern er war auch in Historien, Ratschlägen und Erfindungen wohlerfahren, konnte ebensowohl alte Geschichten erzählen wie neue erfinden und verstand sich nicht weniger auf guten Rat als auf böse Streiche und vermochte jeden, wenn er nur wollte, so leicht zum Lachen wie zum Verzweifeln zu bringen.

An heiteren Tagen, wenn die Donna auf ihrem Söller saß, um ihr wundervolles Haar, wie es damals allgemein die Mode war, an der Sonne zu bleichen, war sie stets von ihren beiden Kammerdienerinnen, von ihrem afrikanischen Papagei und von dem Zwerg Filippo begleitet. Die Dienerinnen befeuchteten und kämmten ihr langes Haar und breiteten es über dem großen Schattenhut zum Bleichen aus, bespritzten es mit Rosentau und mit griechischen Wassern, und dazu erzählten sie alles, was in der Stadt vorging und vorzugehen im Begriff war: Sterbefälle, Feierlichkeiten, Hochzeiten und Geburten, Diebstähle und komische Ereignisse. Der Papagei schlug mit seinen schönfarbigen Flügeln und machte seine drei Kunststücke: ein Lied pfeifen, wie eine Zicke meckern und »gute Nacht« rufen. Der Zwerg saß daneben, still in der Sonne gekauert, und las in alten Büchern und Rollen, auf das Mädchengeschwätz so wenig achtend wie auf die schwärmenden Mücken. Alsdann geschah es jedesmal, daß nach einiger Zeit der bunte Vogel nickte, gähnte und entschlief, daß die Mägde langsamer plauderten und endlich verstummten und ihren Dienst lautlos mit müden Gebärden versahen; denn gibt es einen Ort, wo die Mittagssonne heißer und schläfernder brennen kann als auf dem Söller eines venezianischen Palastdaches? Dann wurde die Herrin mißmutig und schalt heftig, sobald die Mädchen ihre Haare zu trocken werden ließen oder gar ungeschickt anfaßten. Und dann kam der Augenblick, wo sie rief: »Nehmt ihm das Buch weg!«

Die Mägde nahmen das Buch von Filippos Knien, und der Zwerg schaute zornig auf, bezwang sich aber sogleich und fragte höflich, was die Herrin beliebe.

Und sie befahl: »Erzähl mir eine Geschichte!«

Darauf antwortete der Zwerg: »Ich will nachdenken« und dachte nach.

Hierbei geschah es zuweilen, daß er ihr allzulange zögerte, so daß sie ihn scheltend anrief. Er schüttelte aber gelassen den schweren Kopf, der für seine Gestalt viel zu groß war, und antwortete mit Gleichmut: »Ihr müßt noch ein wenig Geduld haben. Gute Geschichten sind wie ein edles Wild. Sie hausen verborgen, und man muß oft lange am Eingang der Schluchten und Wälder stehen und auf sie lauern. Laßt mich nachdenken!«

Wenn er aber genug gesonnen hatte und zu erzählen anfing, dann hielt er nicht mehr inne, bis er zu Ende war, ununterbrochen lief seine Erzählung dahin, wie ein vom Gebirge kommender Fluß, in welchem alle Dinge sich spiegeln, von den kleinen Gräsern bis zum blauen Gewölbe des Himmels. Der Papagei schlief, im Traume zuweilen mit dem krummen Schnabel knarrend, die kleinen Kanäle lagen unbeweglich, so daß die Spiegelbilder der Häuser feststanden wie wirkliche Mauern, die Sonne brannte auf das flache Dach herab, und die Mägde kämpften verzweifelt gegen die Schläfrigkeit.

Der Zwerg aber war nicht schläfrig und wurde zum Zauberer und König, sobald er seine Kunst begann. Er löschte die Sonne aus und führte seine still zuhörende Herrin bald durch schwarze, schauerliche Wälder, bald auf den blauen kühlen Grund des Meeres, bald durch die Straßen fremder und fabelhafter Städte, denn er hatte die Kunst des Erzählens im Morgenlande gelernt, wo die Erzähler viel gelten und Magier sind und mit den Seelen der Zuhörer spielen, wie ein Kind mit seinem Balle spielt.

Beinahe niemals begannen seine Geschichten in fremden Ländern, wohin die Seele des Zuhörenden nicht leicht aus eigenen Kräften zu fliegen vermag. Sondern er begann stets mit dem, was man mit Augen sehen kann, sei es mit einer goldenen Spange, sei es mit einem seidenen Tuche, immer begann er mit etwas Nahem und Gegenwärtigen und leitete die Einbildung seiner Herrin unmerklich, wohin er wollte, indem er von früheren Besitzern solcher Kleinode oder von ihren Meistern und Verkäufern zu berichten anhob, so daß die Geschichte, natürlich und langsam rinnend, vom Söller des Palastes in die Barke des Händlers, von der Barke in den Hafen und auf das Schiff und an jeden entferntesten Ort der Welt sich hinüberwiegte. Wer ihm zuhörte, der glaubte selbst die Fahrt zu machen, und während er noch ruhig in Venedig saß, irrte sein Geist schon fröhlich oder ängstlich auf fernen Meeren und in fabelhaften Gegenden umher. Auf eine solche Art erzählte Filippo.

Außer solchen wunderbaren, zumeist morgenländischen Märchen berichtete er auch wirkliche Abenteuer und Begebenheiten aus alter und neuer Zeit, von des Königs Äneas Fahrten und Leiden, vom Reiche Zypern, vom König Johannes, vom Zauberer Virgilius und von den gewaltigen Reisen des Amerigo Vespucci. Obendrein verstand er selbst die merkwürdigsten Geschichten zu erfinden und vorzutragen. Als ihn eines Tages seine Herrin beim Anblick des schlummernden Papageis fragte: »Du Alleswisser, wovon träumt jetzt mein Vogel?« da besann er sich nur eine kleine Weile und begann sogleich einen langen Traum zu erzählen, so, als wäre er selbst der Papagei, und als er zu Ende war, da erwachte gerade der Vogel, meckerte wie eine Ziege und schlug mit den Flügeln. Oder nahm die Dame ein Steinchen, warf es über die Brüstung der Terrasse ins Wasser des Kanals hinab, daß man es klatschen hörte, und fragte: »Nun, Filippo, wohin kommt jetzt mein Steinchen?« Und sogleich hob der Zwerg zu berichten an, wie das Steinchen im Wasser zu Quallen, Fischen, Krabben und Austern kam, zu ertrunkenen Schiffern und Wassergeistern, Kobolden und Meerfrauen, deren Leben und Begebenheiten er wohl kannte und die er genau und umständlich zu schildern wußte.

Obwohl nun das Fräulein Margherita, gleich so vielen reichen und schönen Damen, hochmütig und harten Herzens war, hatte sie doch zu ihrem Zwerg viele Zuneigung und achtete darauf, daß jedermann ihn gut und ehrenhaft behandle. Nur sie selber machte sich zuweilen einen Spaß daraus, ihn ein wenig zu quälen, war er doch ihr Eigentum: Bald nahm sie ihm alle seine Bücher weg, bald sperrte sie ihn in den Käfig ihrer Papageien, bald brachte sie ihn auf dem Parkettboden eines Saales zum Straucheln. Sie tat dies jedoch alles nicht in böser Absicht, auch beklagte sich Filippo niemals, aber er vergaß nichts und brachte zuweilen in seinen Fabeln und Märchen kleine Anspielungen und Winke und Stiche an, welche das Fräulein sich denn auch ruhig gefallen ließ. Sie hütete sich wohl, ihn allzusehr zu reizen, denn jedermann glaubte den Zwerg im Besitz geheimer Wissenschaften und verbotener Mittel. Mit Sicherheit wußte man, daß er die Kunst verstand, mit mancherlei Tieren zu reden, und daß er im Vorhersagen von Witterungen und Stürmen unfehlbar war. Doch schwieg er zumeist still, wenn jemand mit solchen Fragen in ihn drang, und wenn er dann die schiefen Achseln zuckte und den schweren steifen Kopf zu schütteln versuchte, vergaßen die Fragenden ihr Anliegen vor lauter Lachen.

Wie ein jeder Mensch das Bedürfnis hat, irgendeiner lebendigen Seele zugetan zu sein und Liebe zu erweisen, so hatte auch Filippo außer seinen Büchern noch eine absonderliche Freundschaft, nämlich mit einem schwarzen kleinen Hündlein, das ihm gehörte und sogar bei ihm schlief. Es war das Geschenk eines unerhört gebliebenen Bewerbers an das Fräulein Margherita und war dem Zwerge von seiner Dame überlassen worden, allerdings unter besonderen Umständen. Gleich am ersten Tage nämlich war das Hündchen verunglückt und von einer zugeschlagenen Falltüre getroffen worden.Es sollte getötet werden, da ihm ein Bein zerbrochen war; da hatte der Zwerg das Tier für sich erbeten und zum Geschenk erhalten. Unter seiner Pflege war es genesen und hing mit großer Dankbarkeit an seinem Retter. Doch war ihm das geheilte Bein krumm geblieben, so daß es hinkte und dadurch noch besser zu seinem verwachsenen Herrn paßte, worüber Filippo manchen Scherz zu hören bekam.

Mochte nun diese Liebe zwischen Zwerg und Hund den Leuten

lächerlich erscheinen, so war sie doch nicht minder aufrichtig und herzlich, und ich glaube, daß mancher reiche Edelmann von seinen besten Freunden nicht so innig geliebt wurde wie der krummbeinige Bologneser von Filippo. Dieser nannte ihn Filippino, woraus der abgekürzte Kosename Fino entstand, und behandelte ihn so zärtlich wie ein Kind, sprach mit ihm, trug ihm leckere Bissen zu, ließ ihn in seinem kleinen Zwergbett schlafen und spielte oft lange mit ihm, kurz, er übertrug alle Liebe seines armen und heimatlosen Lebens auf das kluge Tier und nahm seinetwegen vielen Spott der Dienerschaft und der Herrin auf sich. Und ihr werdet in Bälde sehen, wie wenig lächerlich diese Zuneigung war, denn sie hat nicht allein dem Hunde und dem Zwerge, sondern dem ganzen Hause das größte Unheil gebracht. Es möge euch darum nicht verdrießen, daß ich so viele Worte über einen kleinen lahmen Schoßhund verlor, sind doch die Beispiele nicht selten, daß durch viel geringere Ursachen große und schwere Schicksale hervorgerufen wurden.

Während so viele vornehme, reiche und hübsche Männer ihre Augen auf Margherita richteten und ihr Bild in ihrem Herzen trugen, blieb sie selbst so stolz und kalt, als gäbe es keine Männer auf der Welt. Sie war nämlich nicht nur bis zum Tode ihrer Mutter, einer gewissen Donna Maria aus dem Hause der Giustiniani, sehr streng erzogen worden, sondern hatte auch von Natur ein hochmütiges, der Liebe widerstrebendes Wesen und galt mit Recht für die grausamste Schöne von Venedig. Ihretwegen fiel ein junger Edler aus Padua im Duell mit einem Mailänder Offizier, und als sie es vernahm und man ihr die an sie gerichteten letzten Worte des Gefallenen berichtete, sah man auch nicht den leisesten Schatten über ihre weiße Stirn laufen. Mit den auf sie gedichteten Sonetten trieb sie ewig ihren Spott, und als fast zu gleicher Zeit zwei Freier aus den angesehensten Familien der Stadt sich feierlich um ihre Hand bewarben, zwang sie trotz seines eifrigen Widerstrebens und Zuredens ihren Vater, beide abzuweisen, woraus eine langwierige Familienzwistigkeit entstand.

Allein der kleine geflügelte Gott ist ein Schelm und läßt sich ungern eine Beute entgehen, am wenigsten eine so schöne. Man hat es oft genug erlebt, daß gerade die unzugänglichen und stolzen Frauen sich am raschesten und heftigsten verlieben, so wie auf den härtesten Winter gewöhnlich auch der wärmste und holdeste Frühling folgt. Es geschah bei Gelegenheit eines Festes in den Muraneser

Gärten, daß Margherita ihr Herz an einen jungen Ritter und Seefahrer verlor, der eben erst aus der Levante zurückgekehrt war. Er hieß Baldassare Morosini und gab der Dame, deren Blick auf ihn gerichtet war, weder an Adel noch an Stattlichkeit der Figur etwas nach. An ihr war alles licht und leicht, an ihm aber dunkel und stark, und man konnte ihm ansehen, daß er lange Zeit auf der See und in fremden Ländern gewesen und ein Freund der Abenteuer war; über seine gebräunte Stirn zuckten die Gedanken wie Blitze, und über seiner kühnen, gebogenen Nase brannten dunkle Augen heiß und scharf.

Es war nicht anders möglich, als daß auch er Margherita sehr bald bemerkte, und sobald er ihren Namen in Erfahrung gebracht hatte, trug er sogleich Sorge, ihrem Vater und ihr selber vorgestellt zu werden, was unter vielen Höflichkeiten und schmeichelhaften Worten geschah. Bis zum Ende der Festlichkeit, welche nahezu bis Mitternacht dauerte, hielt er sich, soweit der Anstand es nur erlaubte, beständig in ihrer Nähe auf, und sie hörte auf seine Worte, auch wenn sie an andere als an sie selbst gerichtet waren, eifriger als auf das Evangelium. Wie man sich denken kann, war Herr Baldassare des öftern genötigt, von seinen Reisen und Taten und bestandenen Gefahren zu erzählen, und er tat dies mit so viel Anstand und Heiterkeit, daß jeder ihn gern anhörte. In Wirklichkeit waren seine Worte alle nur einer einzigen Zuhörerin zugedacht, und diese ließ sich nicht einen Hauch davon entgehen. Er berichtete von den seltensten Abenteuern so leichthin, als müßte ein jeder sie selber schon erlebt haben, und stellte seine Person nicht allzusehr in den Vordergrund, wie es sonst die Seefahrer und zumal die jungen zu machen pflegen. Nur einmal, da er von einem Gefecht mit afrikanischen Piraten erzählte, erwähnte er eine schwere Verwundung, deren Narbe quer über seine linke Schulter laufe, und Margherita hörte atemlos zu, entzückt und entsetzt zugleich.

Zum Schlusse begleitete er sie und ihren Vater zu ihrer Gondel, verabschiedete sich und blieb noch lange stehen, um dem Fackelzug der über die dunkle Lagune entgleitenden Gondel nachzublicken. Erst als er diesen ganz aus den Augen verloren hatte, kehrte er zu seinen Freunden in ein Gartenhaus zurück, wo die jungen Edelleute, und auch einige hübsche Dirnen dabei, noch einen Teil der warmen Nacht beim gelben Griechenwein und beim roten süßen Alkermes verbrachten. Unter ihnen war ein Giambattista Gentarini, einer der reichsten und lebenslustigsten jungen Männer von Venedig. Dieser trat Baldassare entgegen, berührte seinen Arm und sagte lachend:

»Wie sehr hoffte ich, du würdest uns heute nacht die Liebesabenteuer deiner Reisen erzählen! Nun ist es wohl nichts damit, da die schöne Cadorin dein Herz mitgenommen hat. Aber weißt du auch, daß dieses schöne Mädchen von Stein ist und keine Seele hat? Sie ist wie ein Bild des Giorgione, an dessen Frauen wahrhaftig nichts zu tadeln ist, als daß sie kein Fleisch und Blut haben und nur für unsere Augen existieren. Im Ernst, ich rate dir, halte dich ihr fern – oder hast du Lust, als dritter abgewiesen und zum Gespött der Cadorinschen Dienerschaft zu werden?«

Baldassare aber lachte nur und hielt es nicht für notwendig, sich zu rechtfertigen. Er leerte ein paar Becher von dem süßen ölfarbigen Zypernwein und begab sich früher als die andern nach Hause.

Schon am nächsten Tage suchte er zu guter Stunde den alten Herrn Cadorin in seinem hübschen kleinen Palaste auf und bestrebte sich auf jede Weise, sich ihm angenehm zu machen und seine Zuneigung zu gewinnen. Am Abend brachte er mit mehreren Sängern und Spielleuten der schönen jungen Dame eine Serenata, mit gutem Erfolge: sie stand zuhörend am Fenster und zeigte sich sogar eine kleine Weile auf dem Balkon. Natürlich sprach sofort die ganze Stadt davon, und die Bummler und Klatschbasen wußten schon von der Verlobung und vom mutmaßlichen Tag der Hochzeit zu schwatzen, noch ehe Morosini sein Prachtkleid angelegt hatte, um dem Vater Margheritas seine Werbung vorzutragen; er verschmähte es nämlich, der damaligen Sitte gemäß, nicht in eigener Person, sondern durch einen oder zwei seiner Freunde anzuhalten. Doch bald genug hatten jene gesprächigen Alleswisser die Freude, ihre Prophezeiungen bestätigt zu sehen.

Als Herr Baldassare dem Vater Cadorin seinen Wunsch aussprach, sein Schwiegersohn zu werden, kam dieser in nicht geringe Verlegenheit.

»Mein teuerster junger Herr«, sagte er beschwörend, »ich unterschätze bei Gott die Ehre nicht, die Euer Antrag für mein Haus bedeutet. Dennoch möchte ich Euch inständig bitten, von Eurem Vorhaben zurückzutreten, es würde Euch und mir viel Kummer und Beschwernis ersparen. Da Ihr so lange auf Reisen und fern von Venedig gewesen seid, wisset Ihr nicht, in welche Nöte das unglückselige Mädchen mich schon gebracht hat, indem sie bereits zwei ehrenvolle Anträge ohne alle Ursache abgewiesen. Sie will von Liebe und Männern nichts wissen. Und ich gestehe, ich habe sie etwas verwöhnt und bin zu schwach, um ihre Hartnäckigkeit durch Strenge zu brechen.«

Baldassare hörte höflich zu, nahm aber seine Werbung nicht zurück, sondern gab sich alle Mühe, den ängstlichen alten Herrn zu ermutigen und in bessere Laune zu bringen. Endlich versprach dann der Herr, mit seiner Tochter zu sprechen.

Man kann sich denken, wie die Antwort des Fräuleins ausfiel. Zwar machte sie zur Wahrung ihres Hochmuts einige geringfügige Einwände und spielte namentlich vor ihrem Vater noch ein wenig die Dame, aber in ihrem Herzen hatte sie ja gesagt, noch eh sie gefragt worden war. Gleich nach Empfang ihrer Antwort erschien Baldassare mit einem zierlichen und kostbaren Geschenk, steckte seiner Verlobten einen goldenen Brautring an den Finger und küßte zum erstenmal ihren schönen stolzen Mund.

Nun hatten die Venezianer etwas zu schauen und zu schwatzen und zu beneiden. Niemand konnte sich erinnern, jemals ein so prächtiges Paar gesehen zu haben. Beide waren groß und hochgewachsen und die Dame kaum um Haaresbreite kleiner als er. Sie war blond, er war schwarz, und beide trugen ihre Köpfe hoch und frei, denn sie gaben einander wie an Adel, so an Hochmut nicht das geringste nach.

Nur eines gefiel der prächtigen Braut nicht, daß nämlich ihr Herr Verlobter erklärte, in Bälde nochmals nach Zypern reisen zu müssen, um daselbst wichtige Geschäfte zum Abschluß zu bringen. Erst nach der Rückkehr von dort sollte die Hochzeit stattfinden, auf die schon jetzt die ganze Stadt sich wie auf eine öffentliche Feier freute. Einstweilen genossen die Brautleute ihr Glück ohne Störung; Herr Baldassare ließ es an Veranstaltungen jeder Art, an Geschenken, an Ständchen, an Überraschungen nicht fehlen, und sooft es irgend anging, war er mit Margherita zusammen. Auch machten sie, die strenge Sitte umgehend, manche verschwiegene gemeinsame Fahrt in verdeckter Gondel.

Wenn Margherita hochmütig und ein klein wenig grausam war, wie bei einer verwöhnten jungen Edeldame nicht zu verwundern, so war ihr Bräutigam, von Hause aus hochfahrend und wenig an Rücksicht auf andere gewöhnt, durch sein Seefahrerleben und seine jungen Erfolge nicht sanfter geworden. Je eifriger er als Freier den Angenehmen und Sittsamen gespielt hatte, desto mehr gab er jetzt, da das Ziel erreicht war, seiner Natur und ihren Trieben nach. Von Haus aus ungestüm und herrisch, hatte er als Seemann und reicher

Handelsherr sich vollends daran gewöhnt, nach eigenen Gelüsten zu leben und sich um andere Leute nicht zu kümmern. Es war seltsam, wie ihm von Anfang an in der Umgebung seiner Braut mancherlei zuwider war, am meisten der Papagei, das Hündchen Fino und der Zwerg Filippo. Sooft er diese sah, ärgerte er sich und tat alles, um sie zu quälen oder sie ihrer Besitzerin zu entleiden. Und sooft er ins Haus trat und seine starke Stimme auf der gewundenen Treppe erklang, entfloh das Hündchen heulend und fing der Vogel an zu schreien und mit den Flügeln um sich zu schlagen; der Zwerg begnügte sich damit, die Lippen zu verziehen und hartnäckig zu schweigen. Um gerecht zu sein, muß ich sagen, daß Margherita, wenn nicht für die Tiere, so doch für Filippo manches Wort einlegte und den armen Zwerg zuweilen zu verteidigen suchte; aber freilich wagte sie ihren Geliebten nicht zu reizen und konnte oder wollte manche kleine Quälerei und Grausamkeit nicht verhindern.

Mit dem Papagei nahm es ein schnelles Ende. Eines Tages, da Herr Morosini ihn wieder quälte und mit einem Stäbchen nach ihm stieß, hackte der erzürnte Vogel nach seiner Hand und riß ihm mit seinem starken und scharfen Schnabel einen Finger blutig, worauf jener ihm den Hals umdrehen ließ. Er wurde in den schmalen finstern Kanal an der Rückseite des Hauses geworfen und von niemand betrauert.

Nicht besser erging es bald darauf dem Hündchen Fino. Es hatte sich, als der Bräutigam seiner Herrin einst das Haus betrat, in einem dunklen Winkel der Treppe verborgen, wie es denn gewohnt war, stets unsichtbar zu werden, wenn dieser Herr sich nahte. Herr Baldassare aber, vielleicht weil er irgend etwas in seiner Gondel hatte liegenlassen, was er keinem Diener anvertrauen mochte, stieg gleich darauf unvermutet wieder die Stufen der Treppe hinab. Der erschrockene Fino bellte in seiner Überraschung laut auf und sprang so hastig und ungeschickt empor, daß er um ein Haar den Herrn zu Fall gebracht hätte. Stolpernd erreichte dieser, gleichzeitig mit dem Hunde, den Flur, und da das Tierlein in seiner Angst bis zum Portal weiterrannte, wo einige breite Steinstufen in den Kanal hinabführten, versetzte er ihm unter grimmigem Fluchen einen so heftigen Fußtritt, daß der kleine Hund weit ins Wasser hinausgeschleudert wurde.

In diesem Augenblick erschien der Zwerg, der Finos Bellen und Winseln gehört hatte, im Torgang und stellte sich neben Baldassare, der mit Gelächter zuschaute, wie das halblahme Hündchen angstvoll zu schwimmen versuchte. Zugleich erschien auf den Lärm hin Margherita auf dem Balkon des ersten Stockwerks.

»Schickt die Gondel hinüber, bei Gottes Güte«, rief Filippo ihr atemlos zu. »Laßt ihn holen, Herrin, sofort! Er ertrinkt mir! O Fino, Fino!«

Aber Herr Baldassare lachte und hielt den Ruderer, der schon die Gondel lösen wollte, durch einen Befehl zurück. Nochmals wollte sich Filippo an seine Herrin wenden und sie anflehen, aber Margherita verließ in diesem Augenblick den Balkon, ohne ein Wort zu sagen. Da kniete der Zwerg vor seinem Peiniger nieder und flehte ihn an, dem Hunde das Leben zu lassen. Der Herr wandte sich unwillig ab, befahl ihm streng, ins Haus zurückzukehren und blieb an der Gondeltreppe so lange stehen, bis der kleine keuchende Fino untersank.

Filippo hatte sich auf den obersten Boden unterm Dach begeben. Dort saß er in einer Ecke, stützte den großen Kopf auf die Hände und starrte vor sich hin. Es kam eine Kammerjungfer, um ihn zur Herrin zu rufen, und dann kam und rief ein Diener, aber er rührte sich nicht. Und als er spät am Abend immer noch dort oben saß, stieg seine Herrin selber mit einer Ampel in der Hand zu ihm hinauf. Sie blieb vor ihm stehen und sah ihn eine Weile an.

»Warum stehst du nicht auf?« fragte sie dann. Er gab keine Antwort. »Warum stehst du nicht auf?« fragte sie nochmals. Da blickte der kleine Verwachsene sie an und sagte leise: »Warum habt Ihr meinen Hund umgebracht?«

»Ich war es nicht, die es tat«, rechtfertigte sie sich.

»Ihr hättet ihn retten können und habt ihn umkommen lassen«, klagte der Zwerg. »O mein Liebling! O Fino, o Fino!«

Da wurde Margherita ärgerlich und befahl ihm scheltend, aufzustehen und zu Bette zu gehen. Er folgte ihr, ohne ein Wort zu sagen, und blieb drei Tage lang stumm wie ein Toter, berührte die Speisen kaum und achtete auf nichts, was um ihn her geschah und gesprochen wurde.

In diesen Tagen wurde die junge Dame von einer großen Unruhe befallen. Sie hatte nämlich von verschiedenen Seiten Dinge über ihren Verlobten vernommen, welche ihr schwere Sorge bereiteten. Man wollte wissen, der junge Herr Morosini sei auf seinen Reisen ein schlimmer Mädchenjäger gewesen und habe auf Zypern und andern Orten eine ganze Anzahl von Geliebten sitzen. Wirklich war dies auch die Wahrheit, und Margherita wurde voll Zweifel und

Angst und konnte namentlich an die bevorstehende neue Reise ihres Bräutigams nur mit den bittersten Seufzern denken. Am Ende hielt sie es nicht mehr aus, und eines Morgens, als Baldassare bei ihr in ihrem Hause war, sagte sie ihm alles und verheimlichte ihm keine von ihren Befürchtungen.

Er lächelte. »Was man dir, Liebste und Schönste, berichtet hat, mag zum Teil erlogen sein, das meiste daran ist aber wahr. Die Liebe ist gleich einer Woge, sie kommt und erhebt uns und reißt uns mit sich fort, ohne daß wir widerstehen können. Dennoch aber weiß ich wohl, was ich meiner Braut und Tochter eines so edlen Hauses schuldig bin, du magst daher ohne Sorge sein. Ich habe hier und dort manche schöne Frau gesehen und mich in manche verliebt, aber dir kommt keine gleich.«

Und weil von seiner Kraft und Kühnheit ein Zauber ausging, gab sie sich stille und lächelte und streichelte seine harte, braune Hand. Aber sobald er von ihr ging, kehrten alle ihre Befürchtungen wieder und ließen ihr keine Ruhe, so daß diese so überaus stolze Dame nun das geheime, demütigende Leid der Liebe und Eifersucht erfuhr und in ihren seidenen Decken halbe Nächte nicht schlafen konnte.

In ihrer Bedrängnis wandte sie sich ihrem Zwerg Filippo wieder zu. Dieser hatte inzwischen sein früheres Wesen wieder angenommen und stellte sich, als hätte er den schmählichen Tod seines Hündleins nun vergessen. Auf dem Söller saß er wieder wie sonst, in Büchern lesend oder erzählend, während Margherita ihr Haar an der Sonne bleichte. Nur einmal erinnerte sie sich noch an jene Geschichte. Da sie ihn nämlich einmal fragte, worüber er denn so tief nachsinne, sagte er mit seltsamer Stimme: »Gott segne dieses Haus, gnädige Herrin, das ich tot oder lebend bald verlassen werde.« – »Warum denn?« entgegnete sie. Da zuckte er auf seine lächerliche Weise die Schultern: »Ich ahne es, Herrin. Der Vogel ist fort, der Hund ist fort, was soll der Zwerg noch da?« Sie untersagte ihm darauf solche Reden ernstlich, und er sprach nicht mehr davon. Die Dame war der Meinung, er denke nicht mehr daran, und zog ihn wieder ganz in ihr Vertrauen. Er aber, wenn sie ihm von ihrer Sorge redete, verteidigte Herrn Baldassare und ließ auf keine Weise merken, daß er ihm noch etwas nachtrage. So gewann er die Freundschaft seiner Herrin in hohem Grade wieder.

An einem Sommerabend, als vom Meere her ein wenig Kühlung wehte, bestieg Margherita samt dem Zwerg ihre Gondel und ließ sich ins Freie rudern. Als die Gondel in die Nähe von Murano kam und die Stadt nur noch wie ein weißes Traumbild in der Ferne auf der glatten, schillernden Lagune schwamm, befahl sie Filippo, eine Geschichte zu erzählen. Sie lag auf dem schwarzen Pfühle ausgestreckt, der Zwerg kauerte ihr gegenüber am Boden, den Rücken dem hohen Schnabel der Gondel zugewendet. Die Sonne hing am Rande der fernen Berge, die vor rosigem Dunst kaum sichtbar waren; auf Murano begannen einige Glocken zu läuten. Der Gondoliere bewegte, von der Wärme betäubt, lässig und halb schlafend sein langes Ruder, und seine gebückte Gestalt samt der Gondel spiegelte sich in dem von Tang durchzogenen Wasser. Zuweilen fuhr in der Nähe eine Frachtbarke vorüber oder eine Fischerbarke mit einem lateinischen Segel, dessen spitziges Dreieck für einen Augenblick die fernen Türme der Stadt verdeckte.

»Erzähl mir eine Geschichte!« befahl Margherita, und Filippo neigte seinen schweren Kopf, spielte mit den Goldfransen seines seidenen Leibrocks, sann eine Weile nach und erzählte dann folgende Begebenheit:

»Eine merkwürdige und ungewöhnliche Sache erlebte einst mein Vater zu der Zeit, da er noch in Byzanz lebte, lang ehe ich noch geboren wurde. Er betrieb damals das Geschäft eines Arztes und Ratgebers in schwierigen Fällen, wie er denn sowohl die Heilkunde wie die Magie von einem Perser, der in Smyrna lebte, erlernt und in beiden große Kenntnisse erworben hatte. Da er aber ein ehrlicher Mann war und sich weder auf Betrügereien noch auf Schmeicheleien, sondern einzig auf seine Kunst verließ, hatte er vom Neid mancher Schwindler und Kurpfuscher viel zu leiden und sehnte sich schon lange nach einer Gelegenheit, in seine Heimat zurückzukehren. Doch wollte mein armer Vater das durchaus nicht eher tun, als bis er sich wenigstens ein geringes Vermögen in der Fremde erworben hätte, denn er wußte zu Hause die Seinigen in ärmlichen Verhältnissen schmachten. Je weniger daher sein Glück in Byzanz blühen wollte, während er doch manche Betrüger und Nichtskönner ohne Mühe zu Reichtümern gelangen sah, desto trauriger wurde mein guter Vater und verzweifelte nahezu an der Möglichkeit, ohne marktschreierisches Mittel sich aus seiner Not zu ziehen. Denn es fehlte ihm keineswegs an Klienten, und er hat Hunderten in den schwierigsten Lagen geholfen, aber es waren zumeist arme und geringe Leute, von denen er sich geschämt hätte, mehr als eine Kleinigkeit für seine Dienste anzunehmen.

In so betrübter Lage war mein Vater schon entschlossen, die Stadt zu Fuß und ohne Geld zu verlassen oder Dienste auf einem Schiff zu suchen. Doch nahm er sich vor, noch einen Monat zu warten, denn es schien ihm nach den Regeln der Astrologie wohl möglich, daß ihm innerhalb dieser Frist ein Glücksfall begegnete. Aber auch diese Zeit verstrich, ohne daß etwas Derartiges geschehen wäre. Traurig packte er also am letzten Tage seine wenigen Habseligkeiten zusammen und beschloß, am nächsten Morgen aufzubrechen.

Am Abend des letzten Tages wandelte er außerhalb der Stadt am Meeresstrande hin und her, und man kann sich denken, daß seine Gedanken dabei recht trostlos waren. Die Sonne war längst untergegangen, und schon breiteten die Sterne ihr weißes Licht über das ruhige Meer.

Da vernahm mein Vater plötzlich in nächster Nähe ein lautes klägliches Seufzen. Er schaute rings um sich, und da er niemand erblicken konnte, erschrak er gewaltig, denn er nahm es als böses Vorzeichen für seine Abreise. Als jedoch das Klagen und Seufzen sich noch lauter wiederholte, ermannte er sich und rief: ›Wer ist da?‹ Und sogleich hörte er ein Plätschern am Meeresufer, und als er sich dorthin wandte, sah er im blassen Schimmer der Sterne eine helle Gestalt daliegen. Vermeinend, es sei ein Schiffbrüchiger oder Badender, trat er hilfreich hinzu und sah nun mit Erstaunen die schönste, schlanke und schneeweiße Wasserfrau mit halbem Leibe aus dem Wasser ragen. Wer aber beschreibt seine Verwunderung, als nun die Nereide ihn mit flehender Stimme anredet: ›Bist du nicht der griechische Magier, welcher in der gelben Gasse wohnt?‹

›Der bin ich‹, antwortete er aufs freundlichste, ›was wollt Ihr von mir?‹

Da begann das junge Meerweib von neuem zu klagen und ihre schönen Arme zu recken und bat unter vielen Seufzern, mein Vater möge doch ihrer Sehnsucht barmherzig sein und ihr einen starken Liebestrank bereiten, da sie sich in vergeblichem Verlangen nach ihrem Geliebten verzehre. Dazu blickte sie ihn aus ihren schönen Augen so flehentlich und traurig an, daß es ihm das Herz bewegte. Er beschloß sogleich, ihr zu helfen; doch fragte er zuvor, auf welche Weise sie ihn belohnen wolle. Da versprach sie ihm eine Kette von Perlen, so lang, daß ein Weib sie achtmal um den Hals zu schlingen vermöge. ›Aber diesen Schatz‹, fuhr sie fort, ›sollst du nicht eher erhalten, als bis ich gesehen habe, daß dein Zauber seine Wirkung getan hat.‹

Darum brauchte sich nun mein Vater nicht zu sorgen, seiner Kunst war er sicher. Er eilte in die Stadt zurück, brach seine wohlverpackten Bündel wieder auf und bereitete den gewünschten Liebestrank in solcher Eile, daß er schon bald nach Mitternacht wieder an jener Stelle des Ufers war, wo die Meerfrau auf ihn wartete. Er händigte ihr eine winzig kleine Phiole mit dem kostbaren Safte aus, und unter lebhaften Danksagungen forderte sie ihn auf, in der folgenden Nacht sich wieder einzufinden, um die versprochene reiche Belohnung in Empfang zu nehmen. Er ging davon und brachte die Nacht und den Tag in der stärksten Erwartung zu. Denn wenn er auch an der Kraft und Wirkung seines Trankes keinerlei Zweifel hegte, so wußte er doch nicht, ob auf das Wort der Nixe Verlaß sein werde. In solchen Gedanken verfügte er sich bei Einbruch der folgenden Nacht wieder an denselben Ort, und er brauchte nicht lange zu warten, bis auch das Meerweib in seiner Nähe aus den Wellen tauchte.

Wie erschrak jedoch mein armer Vater, als er sah, was er mit seiner Kunst angerichtet hatte! Als nämlich die Nixe lächelnd näher kam und ihm in der Rechten die schwere Perlenkette entgegenhielt, erblickte er in ihrem Arme den Leichnam eines ungewöhnlich schönen Jünglings, welchen er an seiner Kleidung als einen griechischen Schiffer erkannte. Sein Gesicht war totenblaß, und seine Locken schwammen auf den Wellen, die Nixe drückte ihn zärtlich an sich und wiegte ihn wie einen kleinen Knaben auf den Armen.

Sobald mein Vater dies gesehen hatte, tat er einen lauten Schrei und verwünschte sich und seine Kunst, worauf das Weib mit ihrem toten Geliebten plötzlich in die Tiefe versank. Auf dem Sand des Ufers aber lag die Perlenkette, und da nun doch das Unheil nicht wiedergutzumachen war, nahm er sie an sich und trug sie unter dem Mantel in seine Wohnung, wo er sie zertrennte, um die Perlen einzeln zu verkaufen. Mit dem erlösten Gelde begab er sich auf ein nach Zypern abgehendes Schiff und glaubte nun, aller Not für immer entronnen zu sein. Allein das an dem Gelde hängende Blut eines Unschuldigen brachte ihn von einem Unglück ins andere, so daß er, durch Stürme und Seeräuber aller seiner Habe beraubt, seine Heimat erst nach zwei Jahren als ein schiffbrüchiger Bettler erreichte.«

Während dieser ganzen Erzählung lag die Herrin auf ihrem Polster und hörte mit großer Aufmerksamkeit zu. Als der Zwerg zu Ende war und schwieg, sprach auch sie kein Wort und verharrte in tiefem Nachdenken, bis der Ruderer innehielt und auf den Befehl zur Heimkehr wartete. Dann schrak sie wie aus einem Traume auf, winkte dem Gondoliere und zog die Vorhänge vor sich zusammen. Das Ruder drehte sich eilig, die Gondel flog wie ein schwarzer Vogel der Stadt entgegen, und der allein dahockende Zwerg blickte ruhig und ernsthaft über die dunkelnde Lagune, als sänne er schon wieder einer neuen Geschichte nach. In Bälde war die Stadt erreicht, und die Gondel eilte durch den Rio Panada und mehrere kleine Kanäle nach Hause.

In dieser Nacht schlief Margherita sehr unruhig. Durch die Geschichte vom Liebestrank war sie, wie der Zwerg vorausgesehen hatte, auf den Gedanken gekommen, sich desselben Mittels zu bedienen, um das Herz ihres Verlobten sicher an sich zu fesseln. Am nächsten Tage begann sie mit Filippo darüber zu reden, aber nicht geradeheraus, sondern indem sie aus Scheu allerlei Fragen stellte. Sie legte Neugierde an den Tag, zu erfahren, wie denn ein solcher Liebestrank beschaffen sei, ob wohl heute noch jemand das Geheimnis seiner Zubereitung kenne, ob er keine giftigen und schädlichen Säfte enthalte und ob sein Geschmack nicht derart sei, daß der Trinkende Argwohn schöpfen müsse. Der schlaue Filippo gab auf alle diese Fragen gleichgültig Antwort und tat, als merke er nichts von den geheimen Wünschen seiner Herrin, so daß diese immer deutlicher reden mußte und ihn schließlich geradezu fragte, ob sich wohl in Venedig jemand finden würde, der imstande wäre, jenen Trank herzustellen.

Da lachte der Zwerg und rief: »Ihr scheint mir sehr wenig Fertigkeit zuzutrauen, meine Herrin, wenn Ihr glaubt, daß ich von meinem Vater, der ein so großer Weiser war, nicht einmal diese einfachsten Anfänge der Magie erlernt habe.«

»Also vermöchtest du selbst einen solchen Liebestrank zu bereiten?« rief die Dame mit großer Freude.

»Nichts leichter als dieses«, erwiderte Filippo. »Nur kann ich allerdings nicht einsehen, wozu Ihr meiner Kunst bedürfen solltet, da Ihr doch am Ziel Eurer Wünsche seid und einen der schönsten und reichsten Männer zum Verlobten habt.«

Aber die Schöne ließ nicht nach, in ihn zu dringen, und am Ende fügte er sich unter scheinbarem Widerstreben. Der Zwerg erhielt Geld zur Beschaffung der nötigen Gewürze und geheimen Mittel, und für später, wenn alles gelungen wäre, wurde ihm ein ansehnliches Geschenk versprochen.

Er war schon nach zwei Tagen mit seinen Vorbereitungen fertig und trug den Zaubertrank in einem kleinen blauen Glasfläschchen, das vom Spiegeltisch seiner Herrin genommen war, bei sich. Da die Abreise des Herrn Baldassare nach Zypern schon nahe bevorstand, war Eile geboten. Als nun an einem der folgenden Tage Baldassare seiner Braut eine heimliche Lustfahrt am Nachmittag vorschlug, wo der Hitze wegen in dieser Jahreszeit sonst niemand Spazierfahrten unternahm, da schien dies sowohl Margheriten wie dem Zwerge die geeignete Gelegenheit zu sein.

Als zur bezeichneten Stunde am hintern Tor des Hauses Baldassares Gondel vorfuhr, stand Margherita schon bereit und hatte Filippo bei sich, welcher eine Weinflasche und ein Körbchen Pfirsiche in das Boot brachte und, nachdem die Herrschaften eingestiegen waren, sich gleichfalls in die Gondel verfügte und hinten zu den Füßen des Ruderers Platz nahm. Dem jungen Herrn mißfiel es, daß Filippo mitfuhr, doch enthielt er sich, etwas darüber zu sagen, da er in diesen letzten Tagen vor seiner Abreise mehr als sonst den Wünschen seiner Geliebten nachzugeben für gut hielt.

Der Ruderer stieß ab. Baldassare zog die Vorhänge dicht zusammen und koste im versteckten und überdachten Sitzraum mit seiner Braut. Der Zwerg saß ruhig im Hinterteil der Gondel und betrachtete die alten, hohen und finsteren Häuser des Rio dei Barcaroli, durch welchen der Ruderer das Fahrzeug trieb, bis es beim alten Palazzo Giustiniani, neben welchem damals noch ein kleiner Garten lag, die Lagune am Ausgang des Canal Grande erreichte. Heute steht, wie jedermann weiß, an jener Ecke der schöne Palazzo Barozzi.

Zuweilen drang aus dem verschlossenen Raum ein gedämpftes Gelächter oder das leise Geräusch eines Kusses oder das Bruchstück eines Gesprächs. Filippo war nicht neugierig. Er blickte übers Wasser bald nach der sonnigen Riva, bald nach dem schlanken Turm von San Giorgio Maggiore, bald rückwärts gegen die Löwensäule der Piazzetta. Zuweilen blinzelte er dem fleißig arbeitenden Ruderer zu, zuweilen plätscherte er mit einer dünnen Weidengerte, die er am Boden gefunden hatte, im Wasser. Sein Gesicht war so häßlich und unbeweglich wie immer und spiegelte nichts von seinen Gedanken wider. Er dachte eben an sein ertrunkenes Hündchen Fino und an den erdrosselten Papagei und erwog bei sich, wie allen Wesen, Tieren wie Menschen, beständig das Verderben so nahe ist und daß wir auf dieser Welt nichts vorhersehen und -wissen können als den sicheren Tod. Er gedachte seines Vaters und seiner Heimat und seines ganzen Lebens, und ein Spott überflog sein Gesicht, da er bedachte, wie fast überall die Weisen im Dienste der Narren stehen und wie das Leben der meisten Menschen einer schlechten Komödie gleicht. Er lächelte, indem er an seinem reichen seidenen Kleide niedersah.

Und während er noch stille saß und lächelte, geschah das, worauf er schon die ganze Zeit gewartet hatte. Unter dem Gondeldach erklang die Stimme Baldassares und gleich darauf die Margheritas, welche rief: »Wo hast du den Wein und den Becher, Filippo?« Herr Baldassare hatte Durst, und es war nun Zeit, ihm mit dem Weine jenen Trank beizubringen.

Er öffnete sein kleines blaues Fläschchen, goß den Saft in einen Trinkbecher und füllte ihn mit rotem Wein nach. Margherita öffnete die Vorhänge, und der Zwerg bediente sie, indem er der Dame die Pfirsiche, dem Bräutigam aber den Becher darbot. Sie warf ihm fragende Blicke zu und schien von Unruhe erfüllt.

Herr Baldassare hob den Becher und führte ihn zum Munde. Da fiel sein Blick auf den noch vor ihm stehenden Zwerg, und plötzlich stieg ein Argwohn in seiner Seele auf.

»Halt«, rief er, »Schlingeln von deiner Art ist nie zu trauen. Ehe ich trinke, will ich dich vorkosten sehen.«

Filippo verzog keine Miene. »Der Wein ist gut«, sagte er höflich.

Aber jener blieb mißtrauisch. »Wagst du etwa nicht zu trinken, Kerl?« fragte er böse.

»Verzeiht, Herr«, erwiderte der Zwerg, »ich bin nicht gewohnt, Wein zu trinken.«

»So befehle ich es dir. Ehe du nicht davon getrunken hast, soll mir kein Tropfen über die Lippen kommen.«

»Habt keine Sorge«, lächelte Filippo, verneigte sich, nahm den Becher aus Baldassares Händen, trank einen Schuck daraus und gab ihn zurück. Baldassare sah ihm zu, dann trank er den Rest des Weines mit einem starken Zug aus.

Es war heiß, die Lagune glänzte mit blendendem Schimmer. Die Liebenden suchten wieder den Schatten der Gardinen auf, der Zwerg aber setzte sich seitwärts auf den Boden der Gondel, fuhr sich mit der Hand über die breite Stirn und kniff seinen häßlichen Mund zusammen wie im Schmerz.

Er wußte, daß er in einer Stunde nicht mehr am Leben sein würde. Der Trank war Gift gewesen. Eine seltsame Erwartung bemächtigte sich seiner Seele, die so nahe vor dem Tor des Todes stand. Er blickte nach der Stadt zurück und erinnerte sich der Gedanken, denen er sich vor kurzem hingegeben hatte. Schweigend starrte er über die gleißende Wasserfläche und überdachte sein Leben. Es war eintönig und arm gewesen – ein Weiser im Dienste von Narren, eine schale Komödie. Als er spürte, daß sein Herzschlag ungleich wurde und seine Stirn sich mit Schweiß bedeckte, stieß er ein bitteres Gelächter aus.

Niemand hörte darauf. Der Ruderer stand halb im Schlaf, und hinter den Vorhängen war die schöne Margherita erschrocken um den plötzlich erkrankten Baldassare beschäftigt, der ihr in den Armen starb und kalt wurde. Mit einem lauten Weheschrei stürzte sie hervor. Da lag ihr Zwerg, als wäre er eingeschlummert, in seinem prächtigen Seidenkleide tot am Boden der Gondel.

Das war Filippos Rache für den Tod seines Hündleins. Die Heimkehr der unseligen Gondel mit den beiden Toten brachte ganz Venedig in Entsetzen.

Donna Margherita verfiel in Wahnsinn, lebte aber noch manche Jahre. Zuweilen saß sie an der Brüstung ihres Balkons und rief jeder vorüberfahrenden Gondel oder Barke zu: »Rettet ihn! Rettet den Hund! Rettet den kleinen Fino!« Aber man kannte sie schon und achtete nicht darauf.

(1903)

Boccaccio

Verehrte Herrschaften und vor allem Ihr, schöne und angebetete Damen! Es ist üblich, daß demjenigen, der ein schönes Geschenk oder Kleinod überbringt, ein guter Dank und Lohn zuteil wird; und so werdet auch Ihr, wenn ich Euch einen reichen Schatz ohne allen Anspruch auf Gewinn oder Lohn übergebe und anpreise, es freundlich aufnehmen und mir im stillen Dank dafür wissen. Dies tue ich aber, indem ich Euch das Buch meines Freundes Giovanni Boccaccio aus Florenz in die Hände lege; denn Ihr werdet, sofern Ihr es verständig leset, in demselben eine solche Fülle von schönen, klugen, erfreulichen, rührenden und lächerlichen Geschichten entdecken, wie sie vielleicht außerdem kein anderes Buch irgendeines Dichters enthält.

Seid ihr nie an einem schönen, warmen Tage im Frühsommer an einem fremden Garten vorübergegangen? Ihr wart allein und verdrossen, und aus dem Garten brachte der Wind den Geruch von Rosen und Orangenblüten, das Silbergetön einer plätschernden Fontäne, die Klänge einer Gitarre und das von Gelächter unterbrochene Plaudern fröhlicher junger Leute zu Euch heraus. Da ergriff Euch Traurigkeit und eine mächtige Sehnsucht, hineinzugehen, die staubige Landstraße mit grünem Rasen und Blumenbeeten zu vertauschen, die Lieder der Sänger und die frohen Gespräche der Glücklichen anzuhören und Eure Sehnsucht an all der Heiterkeit und Freude nach Herzenslust zu sättigen.

Wohlan, Ihr werten Leute, hier ist das Tor des Gartens: es ist geöffnet, und aus den Büschen dringt Blütenduft, Gelächter, Liedergesang und Saitenspiel. Tretet ein, nehmt Platz, sättiget Euer Verlangen! Hört Ihr gerne schöne Lieder an? Oder habt Ihr Lust, Euch eine traurige Liebesmäre erzählen zu lassen? Oder freut es Euch, einen Witz, eine Posse, eine kräftige Anekdote zu vernehmen? Oder von Beispielen des Edelsinns und höchster Tugend zu hören? Tragt Ihr Verlangen nach vielfältigen und unerhörten Abenteuern oder mehr nach galanten Historien, bei welchen die Damen erröten und sich, der guten Sitte halber, ein wenig entrüstet stellen?

Ihr alle möget eintreten, und jeder wird finden, wonach er sich sehnte. Denn die hundert Geschichten des edlen Herrn Boccaccio sind so beschaffen, daß sie die Jünglinge zum Entzücken, die Mädchen zum Erröten oder zur Rührung, die Männer zum Lachen, die Weisen zum Nachdenken nötigen. Man findet in diesen Geschichten die verschiedenen Arten der menschlichen Natur und Temperamente, der Liebe und Freundschaft, der Schicksale in Leben und Sterben, alles auf eine anmutige und wahrhaftige Art erzählt und dargestellt. Für Kinder von zartem und unerfahrenem Alter sind sie nicht geeignet, auch nicht für blöd gewordene Greise, auch nicht für Leute von feindseliger, kleinlicher und mürrischer Sinnesart. Außer diesen aber mögen sie von Jungen und Alten jeder Art mit großem Vergnügen und gewiß auch nicht ohne Nutzen gelesen werden.

Ehe ich weiter von diesem merkwürdigen Buche mit Euch rede, will ich aber erzählen, wer eigentlich jener Herr Boccaccio war (denn er ist leider schon seit längeren Zeiten verstorben), und wie er das Dekameron geschrieben hat.

Wer jemals auch nur die kleinste Novelle von ihm gelesen hat, der kann nicht daran zweifeln, daß jener ein echter Florentiner war. Denn wenn es auch einem Fremden vielleicht möglich gewesen wäre, die schöne und glänzende florentinische Sprache so vollkommen zu erlernen, so würde ihm doch immer noch der bewegliche, kecke und witzige Geist des geborenen Florentiners mangeln, den man nicht lernen kann. Denn wohl haben in späteren Zeiten auch manche weichliche Neapolitaner, leichtsinnige Mailänder, träge Venezianer und plumpe Sienesen hübsche Novellen geschrieben; allein diese alle hatten den Boccaccio zum Lehrmeister, welcher der Vater und Urheber dieser Kunst gewesen ist.

Wenn man nun bedenkt, in welcher Zeit das Buch Dekameron verfaßt wurde, so begreift man leicht, weshalb die Stadt Florenz seine Heimat sein mußte. Diese reiche und prächtige Stadt, welche auch heute noch eine der schönsten auf Erden ist, befand sich eben zu jener Zeit zwar in mancherlei Kämpfen und politischen Nöten, jedoch begann sie schon sichtbar nach jener unvergleichlichen Blüte hinzustreben, welche sie hundert Jahre später erreichte. So erfreute sie sich einer emsigen und glücklichen Tätigkeit auf allen Gebieten und nahm nicht weniger im Handel als in den Künsten täglich an Ruhm und Glücke zu, während das mächtige Rom kläglich darniederlag, indem der Papst samt seinem ganzen Hofhalte sich nach Avignon in der Provence verzogen hatte. Es war von Florenz sowohl der berühmte Petrarca als der große Dichter Dante gebürtig, obwohl dieser in der Verbannung gestorben war, wie denn auch infolge beständiger Bürgerkriege des Petrarca Familie vertrieben

Florenz um 1480.

war und in Arezzo lebte. Und was die Florentiner an jenem göttlichen Dichter gesündigt hatten, suchten sie desto eifriger zu sühnen, indem sie damals und noch lange nachher eine große Zahl von Gelehrten, Dichtern, Künstlern und anderen Männern beherbergten, deren Ruhm ihrer Stadt zur Ehre gereichte und sie gewürdigt hat, bis auf diesen Tag die eigentliche Geburtsstätte des rinascimento zu heißen. Zugleich unterhielten die Kaufleute einen großen Verkehr nach allen Ländern der Welt, und es lebten viele Florentiner Bürger als Händler und Geldwechsler in Rom, Neapel, Mailand, Paris, Byzanz, London, Flandern, auf Sizilien, Malta, Kreta, Cypern und anderwärts, von wo nicht nur Geld und Wohlstand, sondern auch mannigfaltige Nachricht und Kunde fremder Gegenden, Sitten und Begebenheiten täglich in die Stadt kamen.

Aus einer so beschaffenen Zeit und Stadt entstammte also der Verfasser des Dekameron. Aber dennoch ist er nicht in Florenz oder in dem benachbarten Certaldo, von wo sein Geschlecht herkam, geboren. Vielmehr fügte es das Schicksal, das ja stets der größte Dichter gewesen ist, daß das Leben dieses weitbekannten Novellenerzählers in einiger Dunkelheit und nicht anders als eine Abenteuernovelle begann.

Höret denn, Ihr lieben Herren und Damen, das Wenige, was man vom Leben dieses herrlichen Dichters heute noch weiß, denn leider ist es lange nicht so viel als man wünschen möchte!

Aus dem Städtchen Certaldo im Elsatal gebürtig, lebte zu Florenz ein Kaufmann namens Boccaccio. Er war ein fleißiger und kluger, allein auch geldgieriger und leichtfertiger Mensch, welcher zahlreiche Handelsreisen teils für fremde, teils für eigene Rechnung unternahm, wobei er ebensosehr für seinen Vorteil wie für sein Vergnügen zu sorgen verstand, jedoch nach Art der Kaufleute auch öfteren Zufällen und Glückswechseln ausgesetzt war. Längere Zeit war er an dem großen Bankgeschäfte des altberühmten Hauses der Bardi beteiligt, welches auch in Paris, wie in anderen Städten, eine Filiale besaß und hohes Ansehen genoß. Diesem Pariser Hause hat unser Kaufmann eine Zeitlang vorgestanden, und wenn er sich dabei als tüchtiger Handelsmann erwies, so ließ er doch in dieser großen und üppigen Hauptstadt auch sein Vergnügen nicht aus den Augen.

Wenigstens sah er daselbst eines Tages eine junge und sehr hübsche Witwe, welche ihm überaus wohlgefiel und deren Gunst er sogleich zu erwerben sich bemühte. Dies tat er denn auch, als ein gewiegter Mann, auf jede Weise, indem er sich für einen Edelmann ausgab, was ihm bei seiner hübschen Gestalt sehr wohl gelang. Er spielte den Feinen und trat nicht anders auf, als wenn er der Sohn des vornehmsten Hauses gewesen wäre, obwohl er im Grunde wenig mehr als ein bäuerisch gebildeter Geldwechsler war. Bald hatte er die Augen der schönen Witwe auf sich gelenkt und sie seinen ehrerbietigen Bitten zugänglich gemacht, und da er ihr mit vielen Schwüren die Ehe versprach, sah er sich in kurzem am äußersten Ziel seiner Wünsche angelangt. Zu beiderseitigem Vergnügen erfreuten sie sich längere Zeit ihrer Liebe ohne Hindernisse, und gewiß hätte der Florentiner noch lange nicht an die Rückkehr nach seiner Heimat gedacht, wäre nicht infolge dieser Liebschaft jene Witwe nach Jahresfrist mit einem hübschen Knäblein niedergekommen. Dieses paßte keineswegs in die Pläne des leichtsinnigen Italieners, und da die Dame außer ihrer Schönheit keine Reichtümer besaß, verließ er, ohne sich seiner Schwüre mehr zu erinnern, sie und die Stadt Paris in aller Stille und begab sich als ein lediger Mann nach Florenz zurück, wie es stets die Art solcher Leute war, sich um eine leere Flasche und um eine schwanger gewordene Geliebte mit keinem Blicke mehr zu bekümmern.

Das Knäblein aber, das die arme Frau im Jahre 1313 gebar, war Giovanni Boccaccio.

Von Schmerz und Sorge entkräftet, lebte die unglückliche Dame nur noch wenige Jahre, und nach ihrem Tode ward Giovanni in zartem Knabenalter nach Florenz zu seinem Vater gebracht. Dort besuchte er eine gute Schule, erwarb sich einige Kenntnis der lateinischen Sprache und wäre am liebsten bei den Büchern sitzen geblieben, um sich ganz den Studien hinzugeben. Aber kaum war er etwa dreizehn Jahr alt, so nahm ihn der Vater zu sich, lehrte ihn die notwendigsten Handgriffe und Rechenkünste der Handelsleute und übergab ihn sodann einem Geldwechsler, damit er bei diesem die Kaufmannschaft erlernen sollte. Sechs Jahre blieb er denn bei diesem Gewerbe, ohne jedoch etwas Erkleckliches zu lernen oder gar den Handel liebzugewinnen. Vielmehr lief er überall hin, wo er Verse singen oder vortragen hören konnte und lernte viele Stücke aus den großen Gedichten des Dante und des Virgil auswendig, welche ihn höchlich begeisterten und mit einer unauslöschlichen Liebe zur Poesie erfüllten.

Am Ende dieser sechs Jahre sah jedermann deutlich, daß Giovanni in die Handelschaft paßte wie der Fisch aufs Trockene. Dies sah auch der Vater wohl ein und beschloß daher, seinen Sohn den Studien an Universitäten zu widmen, und zwar wählte er für ihn das Studium des kanonischen Rechts, indem es ihm als einem klugen Manne schien, es sei mit diesem Handwerk nicht wenig Geld zu verdienen, wenn einer es ordentlich verstehe. Weil aber Giovanni um diese Zeit sich eben in Neapel befand, schien es dem Vater am wohlfeilsten, daß er dort seine Studien abmache, ohne daß er geahnt hätte, welcherlei Kenntnisse derselbe sich dort erwerben würde.

Es war nämlich Neapel zu jener Zeit gewiß die allerüppigste Stadt in ganz Italien, zumal da gerade unter dem Könige Robert die Einwohner einen längeren Frieden genossen, woran sie nur schlecht gewöhnt waren. Von dem Leben bei Hofe brauche ich wenig zu sagen, indem jedermann die Namen der sechs Neffen des Königs sowie seiner Schwägerin, der sogenannten Kaiserin von Konstantinopel, und seiner Enkeltochter Johanna kennt, welche sämtlich durch alle Welt einen bösen Leumund hatten. Vorab jene Johanna führte ein überaus freches und tadelnswertes Leben, hatte ihres Gatten Bruder zum Buhlen und nahm ihn später, nachdem sie sich des andern durch Mord entledigt hatte, ohne päpstlichen Dispens zum Gemahl. Auch sonst waren in der Stadt, zumal unter den Edelleuten, ein vergnügliches Schlemmen, auch Hader und kleinere Mordtaten im Schwang, und bei Hofe war längst zwischen echten Kindern und Bastarden weder von den Vätern noch von anderen mehr zu unterscheiden. An diesem Hofe, wo er noch zu Lebzeiten des Königs von seinem jungen Landsmanne Niccolo Acciajuoli eingeführt wurde, ging nun das Stüdentlein ein und aus. Daselbst war mit Festen, Mahlzeiten, Ball, Tanz und Maskenscherzen ein verschwenderisches Leben, und gewiß hat Boccaccio niemals irgendeine üppige oder lüsterne Geschichte erzählt, welche er nicht in Neapel viel toller und gründlicher selbst mitangesehen hatte. Daß er auf dem Gebiete der gelehrten Studien (das Latein ausgenommen) etwas Erhebliches geleistet oder den Grad eines Doctoris juris canonici erlangt hätte, wird nirgends berichtet. Statt dessen legte er damals den Grund zu seiner tiefen Kenntnis der menschlichen Leidenschaften, da er von hervorragenden Beispielen der Verschwendung und Habgier, des Aberglaubens, der Wollust, der Gefräßigkeit, Mordgier, Verschlagenheit und Eitelkeit rings umgeben war. Am gründlichsten jedoch unterzog er sich dem Studium der Liebe, deren Leiden und Freuden er bis zur Neige an sich selber erfuhr.

Eines Tages nämlich, um die Zeit der Ostern, vermutlich im Jahre 1334, erblickte er in einer Kirche zu Neapel die Dame, welche sein Herz zu Lust und Pein von da an jahrelang gefangenhielt. Diese war Donna Maria, die natürliche Tochter des Königs Robert, welche für eine Tochter des Grafen von Aquino galt und mit einem angesehenen Edelmann vermählt war. Die schöne und vornehme Dame betrachtete bald auch von ihrer Seite den hübschen jungen Florentiner mit Teilnahme und ist eine lange Zeit, nicht ohne Gewissensbisse und Furcht vor ihrem Eheherrn, seine Geliebte gewesen. So genoß, wie in der schönsten Abenteuernovelle, der Bastard eines kleinen Kaufmanns die Tochter eines großen Königs.

Über alledem ließ Boccaccio das kanonische Recht unbehelligt in den Pergamentrollen schlummern und vom Lehrstuhl ertönen. Er trieb nach seiner Neigung Latein und Astrologie, im übrigen wandte er sich der heiteren Seite des Lebens zu und ward nach Kräften seiner Jugend froh. Er verfaßte in diesen Jahren, zumeist für seine Geliebte, eine unglaubliche Menge von Gedichten und mehrere Romane, von welchen heute niemand mehr redet. In diesen legte er seiner Dame den Namen Fiammetta bei, und noch manche Jahre

Jugendbildnis des Giovanni Boccaccio.

später hat er in wehmütiger Liebeserinnerung diesen Namen einer von den Damen des Dekameron gegeben. Ohne Zweifel ist jene Zeit die heiterste und glücklichste in seinem Leben gewesen. Allein wie wir sehen, daß auch den goldensten Tagen zu früh die Sonne sinkt, so nahm auch diese Lust zu ihrer Zeit ein Ende.

Im Jahre 1341 befahl der Vater seinem Sohne, nach Florenz zurückzukehren, und nach längerem Zögern machte dieser sich unmutig auf den Heimweg. Der Alte, für den Giovanni ohnehin keine allzu starke Zärtlichkeit empfand, hatte inzwischen auch noch eine gewisse Mona Bice Bostichi geheiratet, worüber der heimkehrende Sohn nicht eben erfreut war. Es geschahen jedoch weit schlimmere und wichtigere Dinge, über welchen er diese kleineren Sorgen vergaß. Es war die Zeit, in welcher der in Florenz so übel beleumdete Herr Gautier von Brienne, genannt Herzog von Athen, sich für eine kurze Zeit zum Tyrannen der Stadt emporschwang. Dieser war ein frecher Abenteurer und hatte im Solde der Republik gegen Pisa gedient, warf sich nun aber mit Hilfe des niedrigsten Pöbels zum Herrscher auf und schlürfte die Monate seiner Herrlichkeit zügellos wie ein Trunkener den letzten Becher. Die Stadt und das ganze Staatswesen drohten in Trümmer zu gehen.

Boccaccio, ein unbestechlicher Republikaner, hat das Schicksal des Herzogs von Athen, der mit Schimpf von der Bürgerschaft vertrieben wurde, in einer Abhandlung beschrieben. Nun schienen ihm allmählich die Zustände in Florenz und im väterlichen Hause so wenig erträglich, daß er schon im Jahre 1344 von neuem nach Neapel ging. Die Rechtsgelehrtheit hatte er schon früher aufgegeben. Und so genau er auch im Dekameron die Pest in Florenz geschildert hat, ist er zur Zeit derselben doch nicht daselbst gewesen, sondern in Neapel, wo freilich der schwarze Tod nicht weniger grauenhaft wütete. Es starb damals auch seine Geliebte Maria, und er widmete ihrem Tode zwar einige trauernde Verse, jedoch war seine ursprünglich so heftige Leidenschaft mit den Jahren erloschen. Es scheint außerdem, als habe Donna Maria ihn schon früher wieder fahren lassen, obwohl er in seiner Erzählung »Fiammetta« das Gegenteil darstellt. Nicht lange darauf starb auch sein Vater, und er mußte wieder nach Florenz zurückkehren.

Von da an erblicken wir sein Bild verändert; sein Leben verlief ohne heftige Erschütterungen, und er alterte als ein tüchtiger und angesehener Bürger. Im Alter von ungefähr 40 Jahren schrieb er sein unsterbliches Dekameron, und man könnte glauben, er habe alle seine Schalkhaftigkeit und fröhlich lachende Untugend darin liegen lassen. Nur noch einmal widerfuhr ihm eine bittere Liebesgeschichte. Er verliebte sich heftig in eine vornehme Witwe, welche ihm aber einen bösen Possen spielte. Nämlich sie stellte sich, als wäre sie geneigt, die Wünsche des Dichters zu erfüllen, und benutzte alsdann die erste Gelegenheit, ihm eine Nase zu drehen und ihn unter dem Hohngelächter all ihrer Bekannten und Freunde kläglich heimzuschicken. Das war Boccaccios letzte Liebe.

Im übrigen, da der Vater ihm eine kleine Erbschaft hinterlassen hatte, lebte er als ein stillgewordener Mann und widmete sich allerlei gelehrten Studien. Den Griechen Leontius Pilatus hatte er, um seine Sprache zu lernen, über zwei Jahre lang bei sich im Hause.

Stahlstich nach einem Portrait Boccaccios.

Öfters übernahm er im Dienste der Stadt politische Aufträge und Ambassaden, unter anderem besuchte er dreimal als Gesandter den Papsthof zu Avignon. Mit großem Eifer forschte er dem Leben und den Schriften des Dante nach, den er ungemein verehrte. Mit dem etwas älteren Petrarca, welcher damals von sich selber und von jedermann für den größten lebenden Dichter gehalten wurde, pflegte er eine edle und herzliche Freundschaft und war untröstlich, als dieser im Jahre 1374 starb.

Aber das Leben dieses merkwürdigen Mannes, dessen Anfang ein

Abenteuer und dessen erste Hälfte ein Hymnus der Liebe zu sein scheinen, verwandelte sich zum Schluß noch in eine fromme Posse. Noch als ein rüstiger Mann hatte er das Dekameron geschrieben, welches bald auf schalkhafte, bald auf leidenschaftliche Art dem Dienste schöner Frauen huldigt und über Mönche und Priester unerschöpflichen Hohn ergießt. Nicht gar viel später aber gelang es einem schwindelhaften Mönche, namens Ciani, ihn zu bekehren, und zwar vermittelst einer nicht einmal sehr durchtriebenen Bauernfängerei, und von da an hörte man ihn seine schönsten Werke nie anders denn als verwerfliche Jugendsünden und Verirrungen bezeichnen. Noch viel schlimmer aber und lächerlicher ist es, daß der vormalige Schalk und Weiberfreund in seinen älteren Tagen zu einem argen Frauenverächter ward und ein Buch mit dem Titel *Corbaccio* geschrieben hat, in welchem man, wenn man Lust hat, Hunderte von schimpflichen, grausamen, haßerfüllten und anklagenden Reden über die Weiber finden kann – dazu in einer Redeweise, welche an Unflätigkeit auch die kühnsten Stellen seiner früheren Werke zehnmal übertrifft. Das sollte seine Rache an jener grausamen Witwe sein; allein der Dichter tat damit, wie wir es oft sich ereignen sehen, nur einen Schnitt ins eigene Fleisch.

Eine späte Ehre ward ihm zuteil, indem er nach mannigfachen Studien und Reisen im Jahre 1373 zum öffentlichen Ausleger der Göttlichen Komödie des Dante zu Florenz ernannt wurde, wofür er jährlich hundert Goldgulden bezog. Diese Vorlesungen hielt er unter großem Zulaufe in der Kirche Santo Stefano bis kurz vor seinem Tode. Er starb am 21. Dezember 1375, zweiundsechzig Jahre alt, und wurde ehrenvoll bestattet. Die Liebe zu der großen Dichtung des Dante verlieh seinen späteren Tagen, trotz des bösen *Corbaccio*, noch eine gewisse ehrwürdige Glorie. Für die nachfolgenden Jahrhunderte aber ist er wieder der Geschichtenerzähler mit der Schelmenmiene geworden, und dem heutigen Geschlecht ist uns an einem einzigen Witz aus einer seiner Novellen mehr gelegen als an der ganzen Gelehrsamkeit und Ehrbarkeit seines ehrenvollen Alters.

Über die Dichtergröße des Boccaccio, welchen man gerne den dritten unter den großen italienischen Poeten nennt, steht in vielen Büchern viel geschrieben, was alles zu wiederholen nicht vonnöten ist. Er war unter denen, welche jemals kunstgerechte Novellen verfaßt haben, nicht nur der Erste, sondern indem er diese scheinbar geringe Kunst früher als irgendein anderer betrieben, ja eigentlich erfunden hat, übte er sie sogleich mit einer solchen Vollendung aus, daß er von keinem seiner unzähligen Nachfolger übertroffen oder auch nur erreicht werden konnte. Nicht weniger groß ist aber sein Verdienst um die italienische Sprache, welche er nicht etwa nur verschönert und ausgeschmückt, sondern in gewissem Sinne eigentlich neu geschaffen hat. Denn obwohl schon lange vor ihm der Florentiner Dante das größte und schönste italienische Gedicht verfaßt hat, war doch das Gebiet der Erzählung und die Prosasprache überhaupt noch von keinem mit einiger Kunst gepflegt worden, indem die Gelehrten häufig lateinisch geschrieben hatten. Die mündliche Sprache des Volks, welche in Florenz mit besonderer Schönheit und Reinheit gebraucht wird, hat Boccaccio als der erste in seinen Erzählungen mit ihrer natürlichen Anmut und Mannigfaltigkeit verwendet und zugleich mit so großer Kunst gepflegt, daß sie in seinen Händen sich in etwas ganz Neues und Herrliches verwandelte.

In den Büchern des Dekameron zu lesen, ist für einen, welcher seine Lust an einer schönen und lebendigen Sprache hat, nicht anders als ein Wandeln unter blühenden Bäumen und als ein Baden in einem reinen Gewässer. Die Worte klingen so frisch, als wären sie soeben erschaffen und vorher noch in keinem Munde gewesen; in jedem kleinen Satze springen klare, lachende Quellen auf, und die Sätze tanzen bald leicht und zierlich, bald rollen sie tönend und wohllaut hin. Vielen will es scheinen, es habe Boccaccio zuweilen seiner Sprache Gewalt angetan, und es mag ein wenig Wahrheit daran sein. Während er die Worte aus der Sprache des Volkes von Gassen und Märkten nahm, bildete er hinwieder den Bau seiner Perioden vornehmlich nach dem Muster der römischen Redner und Autoren, zumal des Cicero, den er ungemein verehrte.

Dadurch mag vielen, auch wenn sie der heutigen italienischen Sprache mächtig sind, das Lesen des Dekameron ein schweres und mühsames Werk erscheinen. Allein es ist nicht nur der Anfang dieses Buches der langen Perioden wegen schwieriger zu lesen als die Folge, sondern es pflegen ohnehin nach einigen Versuchen die meisten an dieser Sprache ein solches Gefallen zu finden, daß sie schnell einige Übung darin erlangen. Und vornehmlich darf derjenige, welchem etwa das Lesen des Dante zu schwerster Mühsal gereichte, so daß er ermüdet davon abließ, durchaus nicht fürchten, hier auf dieselben Schwierigkeiten zu stoßen. Kurzum, wer einigermaßen Italienisch versteht, möge sich nicht scheuen, das Dekameron im originalen Texte zu lesen.* Sobald er nur einige Übung erlangt hat, wird ihm über den Seiten dieses Buches sein, als höre er Vögel zwitschern, Kinder lachen und Wasser rauschen, eine solche innere Kraft und freudige Lebensfülle ist in dieser Sprache verborgen.

Was das Dekameron als Dichtung anbelangt, so ist es überaus merkwürdig zu sehen, wie alle Kräfte und Vorzüge des Dichters, welcher ja auch eine nicht geringe Zahl von anderen Werken geschrieben hat, in diesem einen Hauptwerke sich schön und harmonisch vereinigen. Die früheren, vor allem in Neapel entstandenen Dichtungen des Meisters handeln fast ohne eine einzige Ausnahme von der Liebe, und die Erzählung »Fiammetta« ist bei weitem die schönste unter ihnen. Jedoch Boccaccio weiß in allen diesen Dichtungen nichts anderes darzustellen als seine eigenen Gefühle und Liebesgedanken, ohne genügende Mannigfaltigkeit, und die Verse, soweit es sich um solche handelt, sind mit großem Fleiße, aber geringer Erfindungskraft dem Muster des Petrarca nachgeformt, wie denn stets die jungen Poeten solche Berühmtere nachzuahmen bestrebt waren. Von diesen Dichtungen erwecken mehrere eine Ahnung von seinem späteren Werke, als habe die Idee desselben ihm schon längere Jahre am Herzen gelegen.

Aber wie ein frischer und tüchtiger Mann erst in den Jahren der völligen Reife die schwere Kunst des Lebens lernt, die darin besteht, daß der einzelne Mensch seine Schicksale und Gefühle gleich der Welle im Meer ansehen und mit heiterer Bescheidenheit im größeren Leben der Gesamtheit verbergen kann, so besann sich auch dieser Boccaccio erst in späteren Jahren, als schon die Leidenschaft seiner Jugendzeit verglommen war, auf alle seine Kräfte. Was er von Kind auf, aus seiner Bastardkindschaft her, und alsdann in Florenz und Neapel und auf manchen Reisen erfahren hatte, wurde nun zu plötzlicher Klarheit erhoben und im stillen entbunden. Nicht weniger die Leiden und die Wollust der Frauenliebe als der Zauber des Reisens und Schauens, die Erlebnisse und Sitten der Studenten ebenso wie die Sorgen und Plagen der Kaufleute, die Gewohnhei-

* Wodurch aber niemand von der Lektüre einer Übersetzung abgeschreckt werden soll! Vor den zahlreichen verkürzten und verstümmelten Ausgaben aber sei dringend gewarnt! Das Dekameron muß notwendig unverkürzt gelesen werden. Zur Zeit ist die einzige vollständige, übrigens ganz vortreffliche deutsche Übersetzung die von Schaum, deren neue Ausgabe in drei Bänden 1903 im Insel-Verlag in Leipzig erschienen ist. [Heute: insel taschenbuch 7]

ten, Tugenden und Laster derer, die bei Hofe und die in der Wechselbank und die auf den Märkten oder zu Schiffe leben und ihr Brot zu erwerben suchen, die Eigenschaften der Narren wie der Weisen, die Lebensart der Priester, der Richter, der Soldaten, der Seefahrer, der Frauen, der Dirnen sowie alles Ernste, Schöne, Seltsame, Lächerliche und Traurige des menschlichen Lebens, soweit nur jemals ein Mensch es erfahren und beobachtet hat – dieses alles zog er nun aus seinem Gedächtnisse hervor.

Gewiß sind von den hundert Erzählungen des Buches Dekameron nur sehr wenige von Boccaccio selbst erfunden worden. Vielmehr hatte er die einen erzählen hören, die anderen selbst erlebt oder sich zutragen sehen, andere auch aus alten Sagen und Liedern und Fabeln genommen. Nur ein Tor möchte wünschen, er hätte sie alle selbst sich ausgedacht. Im Gegenteil ist es einer der größten Vorzüge des Dekameron, daß es gleich einem Speicher oder Juwelenschrank die Erfahrungen und Schicksale unzähliger Menschen und Zeiten in sich beschlossen hält. Viele von den Geschichten kamen aus dem Morgenlande, aus Griechenland und aus Frankreich, Spanien und Germanien her, viele sind schon sehr alt gewesen, andere wieder erst von gestern. Daß aber ein einzelner Mann diese zahllosen kleinen Stücke in seinem Gedächtnis gesammelt, alsdann geordnet und verbessert und am Ende zu einem großen, wundervollen Ganzen zusammengesetzt hat, dazu in einer von ihm selbst geschaffenen, vollkommenen Sprache – und das Ganze so ebenmäßig, rein und klar und in sich selber einig, als wäre alles am selben Tag und aus demselben Geist entstanden –, dieses ist, so oft man es auch betrachte, ein fast unbegreifliches Wunder. Begebenheiten und Lehren, Späße und weise Erfahrungen, die eine uralt, die andere frisch von der Gasse, die eine von Hofe, die andre aus dem Bettelvolk, die eine arabischen, die andre deutschen, die dritte französischen Ursprungs, lustige und klägliche, edle und gemeine, diese alle zusammen zu einem einzigen prächtigen Werk vereinigt, aneinandergefügt und wie die Steine eines Geschmeides jede die Nachbarin hebend und verzierend, und dennoch jede einzelne bis in die geringsten Teile mit aller Kunst und Sorgfalt ausgebaut und zur Vollkommenheit gebracht! Wahrlich, wenn Boccaccio in seinem Leben eine große Torheit und Sünde begangen hat, so war es, als er sein unsterbliches Werk selber als eine müßige und leichtfertige Jugendarbeit und Verirrung verleumdete.

Allerdings genoß er zu seinen Lebzeiten den meisten Ruhm nicht um der Novellen, sondern um seiner gelehrten Werke willen, von welchen heute nur noch die *Vita di Dante* einigen Wert hat. Dennoch zählte er zu den unterrichtetsten Männern seiner Zeit, und indem er einen schönen lateinischen Stil schrieb, sich sehr um die alten Autoren bemühte und auch die damals nur wenig gepflegte Kenntnis des Griechischen auszubreiten bestrebt war, hat er ebenso wie Petrarca einen ruhmvollen Anteil an der Begründung des italienischen rinascimento.

Von der Beschaffenheit, Einrichtung und Konstruktion des Dekameron will ich später sprechen. Über das Schicksal desselben ist wenig zu sagen, als daß es – unendlichen Anklagen und Verleumdungen zum Trotze – schon nach kurzer Zeit über mehrere Länder verbreitet war, auch seither in vielen Übersetzungen und Hunderten von Ausgaben immer wieder gedruckt worden ist. Unglücklicherweise ist keine Handschrift der Novellen von der eigenen Hand des Boccaccio erhalten geblieben, und lange Zeit wurde mit dem Texte so nach Willkür umgesprungen, daß es erst später fleißigen Gelehrten gelang, ihn so ziemlich wieder auf den Status quo ante zu bringen.

Das Dekameron hat häufige Wiedergeburten im Geiste anderer großer Dichter und Künstler gefeiert. Gleichwie in dem Schauspiel »Nathan der Weise« die dritte Novelle, von den drei Ringen, eine neue Gestalt annahm und wieder Tausende erfreute, so haben früher und später viele andere, vor allem Shakespeare, aus dem Schatze des Florentiners geschöpft, dessen Spuren in zahlreichen Dichtungen aller Völker zu finden sind. Nicht weniger haben die Zeichner und Maler sich an ihm vergnügt und viele seiner Novellen in Bildern dargestellt; und noch im Jahre 1849 hat der britische Malermeister Millais aus der Novelle vom Basilikumtopf (Tag 4, Novelle 5) eine Szene in einem berühmten Gemälde abgebildet.

Der vielen anstößigen Stellen wegen hat man schon früh des öfteren sogenannte verbesserte und purgierte Ausgaben veranstaltet. Was in solchen Fällen, zumeist von geistlichen Herren, am Text verballhornt und geschändet worden ist, läßt sich leicht denken. Dabei kümmerte man sich übrigens wenig um die derben und heiklen Stellen, sondern vor allem um jene, in welchen Boccaccio der Geistlichkeit unliebsame Wahrheiten gesagt hat. Einmal, ums Jahr 1570, wurden zu Florenz vier Herren ernannt zu der Aufgabe, das Dekameron endgültig von allen gegen die Satzungen der Kirche verstoßenden Stellen zu säubern. Da wurden, wo immer es nötig schien, aus den Mönchen Bürger und Ritter, aus den Nonnen Edeldamen gemacht, zwei von den Novellen wurden zu einem mysteriösen Unsinn verbessert, und als nach langer Mühe die Ausgabe vollendet war, zeigte es sich, daß den Herren eine der heitersten Geschichten durch die Finger geschlüpft war, und jenes Dekameron hatte statt hundert nur neunundneunzig Novellen. Außerdem ist das Buch häufige Male »für die Jugend« ediert worden und wird es in Italien »per giovani modesti« heute noch.

Besonders schlimm erging es ihm mehr als hundert Jahre nach seines Verfassers Tod, zur Zeit des wohl- oder übelbekannten Savonarola. Dieser wütende und vermutlich geisteskranke Mönch, welcher nach Kräften dazu beitrug, Florenz und Italien dem Untergang näherzubringen, hat außer einer Menge von anderen schönen Dingen auch sehr viele Exemplare des Dekameron öffentlich verbrennen lassen.

Wo jedoch eine kräftige Quelle aus der Erde gebrochen ist, hat das Verbauen und das Exorzieren niemals viel geholfen, und es ist schwerer, etwas geistig Lebendiges zu töten als etwas Totes wieder zum Leben zu bringen. So hat denn auch Boccaccio manche Zeitgenossen und Nachfolger gehabt, deren erloschenen Ruhm die Gelehrten mit unsäglichen Mühen bis auf heute herübergeschleppt haben, indessen er selber inmitten aller Keulenschläge am Leben blieb und heute noch den gleichen Glanz und Zauber hat wie seinerzeit.

Indem ich dieses schreibe, träumt mir von einem Zypressenbaum am Hügelabhang zwischen Vincigliata und Settignano, wo ich vor Zeiten zum erstenmal, im Grase liegend, das köstliche Buch genoß. Es lief ein lauer Wind talab, mit Blütenduft von Limonen und Mandeln beladen, es lag ein süßes Licht über Florenz und allen Bergen, und es sang aus einem fernen Garten eine welsche Laute herüber, allein ich sah es nicht und hörte es nicht; ein süßerer Duft und ein viel köstlicherer Klang stiegen mir aus den gelben Blättern des alten Buches zu Häupten.

Das Buch Dekameron ist auf eine solche Art eingerichtet, daß seine hundert Novellen an zehn Tagen von zehn jungen und edlen Leuten erzählt werden, und darunter sind sieben Mädchen und drei Jünglinge. Auf diese Weise kommt daher jede Novelle nicht aus unbestimmter Ferne, sondern frisch aus dem Munde eines jungen Erzählenden zu uns her geklungen. Und überdies ist also diese Zahl von

Die Fassade der Santa-Maria-Novella-Kirche in Florenz.

hundert Geschichten und Schwänken von einer lebendigen Erzählung umflochten, hat auch jeder von den zehn Tagen seine besondere Art und Färbung.

Die Erfindung des Boccaccio ist diese: Zur Zeit des Schwarzen Todes, welcher die Stadt Florenz im Jahre 1348 heimsuchte, waren in dieser Stadt alle früheren Ordnungen und Gewohnheiten vollkommen aufgelöst. Es lagen in den Häusern, auf den Treppen und vor den Türen, ja in allen Gassen da und dort teils Tote, teils Todkranke umher, und die Gefahr der Ansteckung war so groß, daß Eltern und Kinder, Brüder und Schwestern einander flohen und die Erkrankten einsam und ohne Pflege dahinsterben ließen, welche Zustände Herr Boccaccio im Beginn seines Buches mit der größten Genauigkeit und Sichtbarkeit uns schildert. Bei solcher grausamen Verwirrung und Schrecknis trafen sich eines Morgens sieben junge Damen in der herrlichen Kirche Santa Maria Novella, welche zwar damals noch der berühmten Wandmalereien des Ghirlandajo entbehrte, aber auch schon zu jener Zeit eine der schönsten Kirchen von Florenz gewesen ist.

Diese sieben, da sie sich unter gemeldeten Umständen nicht allein in beständiger Todesgefahr, sondern auch jeglicher Freude und Lustbarkeit durchaus beraubt sahen, beschlossen auf den Rat der Pampinea, welche die älteste von ihnen war, sich in Gesellschaft auf das Land zu begeben und dort einige Zeit in Ruhe und heiteren Gesprächen zu verweilen, wobei sie die gegenwärtige Trauer und Bangnis ein wenig vergessen könnten. Und siehe, während sie noch über einige etwa passende Begleiter und über den Ort ihres Aufenthaltes beratschlagten, traten drei edle Jünglinge in dieselbe Kirche, von welchen jeder in eine unter diesen Damen verliebt war. Ihnen eröffnete Pampinea, welche mit einem derselben verwandt war, ihr Vorhaben und forderte sie auf, als Führer und Kavaliere mit ihnen zu kommen; und sogleich waren die jungen Herren, wie man sich denken kann, von Herzen gern dazu bereit. Auch diejenigen von den Mädchen, welche anfänglich einige Scheu gehabt hatten, freuten sich nun darüber, denn es war sogleich vereinbart worden, daß Sitte und Ehrbarkeit in jeder Weise gewahrt blieben.

Also begab sich diese hübsche und fröhliche Gesellschaft edler junger Leute aus der Stadt und hatte die Wahl des Aufenthaltes zwischen gar vielen Landsitzen, denn infolge der Pest stand auch auf dem Lande alles leer und verlassen. Nur zwei Meilen weit vor den Toren fand sich denn auch auf einem Hügel gelegen ein Palast in der schönsten Umgebung, von Blumenmatten, wohlriechenden Gebüschen und Bäumen und fließendem Wasser umkränzt, mit Garten, Hof und Brunnen; auch waren Säle, Kammern und Keller wohl versehen. Hier ließen sie sich mit großem Vergnügen samt ihrer mitgebrachten Dienerschaft nieder, und der Jüngling Dioneus war der erste, welcher allen vorschlug, die Sorgen in der Stadt zu lassen und sich, solange es ihnen gefiele, heitere Tage zu machen.

Alsbald schien es ihnen, auf den Rat der Pampinea, gut, daß an jedem Tage einer aus der Gesellschaft zum Könige ernannt würde, welcher die übrigen samt der Dienerschaft zu beherrschen und alles zum Wohlbehagen und zu guter Unterhaltung Dienliche anzuordnen habe. Und es wurde für diesen ersten Tag als Königin die Pampinea gewählt. Diese wieder bestimmte einen aus der Dienerschaft zum Seneschall, andere zum Aufwarten, zum Kochen und zu sonstigen Diensten, wie in einem wohleingerichteten Hofstaat. Hierauf begab sich jedermann, wohin er wollte, und betrachtete die schönen Gärten, Säle, Lauben, Wiesen, Brunnen und Quellen, bis es Zeit zu Tische war. Die Tafel war voll von trefflichen Speisen und ganz mit Ginsterblüten bestreut, es fehlte nicht an blanken Gläsern

Holzschnittmotiv vom Titelblatt der 1492 in Venedig erschienenen Druckausgabe des »Decamerone«.

noch an Handwasser und weißem Linnengedeck. Nach der Mahlzeit aber suchte jeder sich einen Ort zur Ruhe und schlief eine Weile, bis die Königin aufs neue alle zusammenberief und auf einen schattigen Rasenanger führte. Nachdem sie ein wenig getanzt und gesungen hatten, standen wohl Schach- und Damebretter und genug andere Spiele bereit, allein der Königin und auch allen anderen schien es unterhaltsamer und erfreulicher, daß jeder eine Geschichte, die er wisse, vortrage. So erzählte also jeder eine nach seinem Belieben, und am Ende der zehn Novellen war es Abend geworden, und sie beschlossen diesen ersten Tag damit, daß Emilia eine schöne Canzone sang, während Lauretta einen Tanz dazu aufführte, von Musikinstrumenten begleitet.

Darauf übertrug die Königin ihr Regiment an Philomena, und diese hübsche und kluge junge Dame ordnete an, es sollten am Tage ihrer Regierung solche Geschichten erzählt werden, in welchen einer aus großem Unheil unerwartet doch noch entrinnt und ein glückliches Ziel erreicht. In einer ähnlichen Weise verliefen alle zehn Tage und zwar in dieser Ordnung:

Erster Tag: Unter der Königin Pampinea erzählt ein jeder, was ihm beliebt und einfällt.

Zweiter Tag: Unter der Königin Philomena werden die Schicksale solcher vorgetragen, welche unerwartet aus großem Unheil zu neuem Glücke hervorgingen.

Dritter Tag: Unter der Königin Neiphile spricht man davon, wie einer durch Scharfsinn ein ersehntes Ziel erreichte oder etwas Verlorenes zurückgewann.

Vierter Tag: Unter dem König Philostratus redet man von Verliebten, deren Liebe ein tragisches Ende nahm.

Fünfter Tag: Unter der Königin Fiammetta werden Geschichten erzählt, in welchen Liebende nach allerlei Hindernissen und Unfällen doch noch zum Glücke gelangen.

Sechster Tag: Unter der Königin Elisa ist die Rede von schnellen und witzigen Aussprüchen, Antworten und Neckereien.

Siebenter Tag: Unter dem Könige Dioneus werden Streiche erzählt, welche Ehemännern von ihren Weibern gespielt wurden.

Achter Tag: Unter der Königin Lauretta spricht man von Streichen und Possen, welche sowohl Eheleute wie beliebige andere Personen einander gespielt haben.

Neunter Tag: Unter der Königin Emilia trägt ein jeder vor, was ihm behagt.

Zehnter Tag: Unter dem König Pamphilus ist die Rede ausschließlich von Taten des Edelmutes und der Hochherzigkeit.

Außerdem, daß jede dieser hundert Novellen durch die Art und Person dessen, der sie erzählt, einen besonderen Ton und eine eigene Art von Anmut gewinnt, sind die Erzählungen untereinander noch auf vielfache und zierliche Weise verbunden. Denn indem zumeist über die soeben vorgetragene Novelle sich ein kürzeres oder längeres Gespräch in der Gesellschaft entspinnt, knüpft alsdann der nachfolgende Erzähler fast immer an dieselbe an und bringt eine Historie zum Vortrag, welche das angeschlagene Thema von einer neuen Seite beleuchtet und deutlicher macht, jedoch ohne daß hierdurch jemals der Anschein der Eintönigkeit erweckt würde. Denn bei mancher Ähnlichkeit des Themas ist dennoch jede von diesen Novellen von allen anderen scharf unterschieden, und es gibt keine zwei darunter, die man so leicht miteinander verwechseln könnte. Nächstdem aber ist jeder Schatten von Gleichförmigkeit auch noch durch andere feine Künste vermieden worden, indem z. B.

Dioneus, welcher der Hauptspaßvogel der Gesellschaft ist, stets mit völlig unerwarteten neuen Einfällen dazwischentritt, auch allerlei Anspielungen und Neckereien zwischen den Erzählenden vorfallen.

Dazu kommt, daß jeder von den zehn Tagen seine eigene Geschichte hat, mit allerlei kleinen Zwischenfällen, so daß wir außer den täglich erzählten zehn Geschichten auch die übrigen Beschäftigungen und Lustbarkeiten der Gesellschaft erfahren. Daneben ist der Ort, an welchem sie sich aufhält und welchen sie zwischenein auch wechselt, mit Hainen, Teichen, Bächen, Blumen, Wild und Fischen stets auf das Anmutigste und Lebhafteste geschildert, wodurch im Gemüt des Lesenden teils ein fortwährendes Behagen, teils auch eine milde, angenehme Sehnsucht nach solchen auserlesen köstlichen Gegenden erregt wird. Denn der Dichter hat dieselben zwar einigen Örtern ähnlich gebildet, welche man in der Nähe von Florenz und namentlich im Tal des Mugnone antrifft, allein dennoch hat er sie in solcher Art geschmückt und dargestellt, wie es nur ein wahrer Künstler vermag, so daß sie alle etwas Verschöntes und wahrhaft Paradiesisches an sich tragen.

So ist denn unter den zahlreichen Büchern, in welchen ein Einzelner viele verstreute Erzählungen gesammelt hat, in aller Welt kein einziges, welches irgendwie an Schönheit und Kunst dem Dekameron vergleichbar wäre. Der es seinerzeit geschrieben hat, tat es zum Trost der unglücklichen Liebenden und vornehmlich zum Erfreuen der Frauen, welchen denn auch das ganze Werk in einem vortrefflichen Prolog zugeeignet ist.

Man hört gar häufig sagen, das Dekameron sei ein unanständiges und verwerfliches Buch. Und diejenigen, welche dies sagen und gerne predigen, sagen es zum Teil nach dem bloßen Hörensagen, zum Teil aber kennen sie das verwerfliche Buch sehr gut und lesen es in der Stille häufig. Was nun die Unanständigkeit betrifft, welche stets in Büchern viel heftiger als im Leben bekämpft wird, so kann und mag ich sie keineswegs leugnen. Als ich einstmals in demselben Tal des Mugnone, wo es seinen Schauplatz hat, das Dekameron in einem schönen Frühlingsmonat ganz durchlas, pflegte ich der Wärme wegen frische Limonen dazu zu speisen. Und nun hatte ich die Gewohnheit, daß ich bei jeder Novelle, die mir unanständig erschien, einen Limonenkern in meine Tasche steckte, und als ich ganz zu Ende gelesen hatte, zählte ich neununddreißig solche Kerne.

Hiernach wäre denn etwas mehr als ein Drittel des Dekameron von unanständiger Beschaffenheit.

Obwohl ich glaube, daß gerade diese neununddreißig Novellen zu den schönsten und ergötzlichsten gehören, will ich doch den Inhalt derselben nicht zu verteidigen unternehmen. Es ist eine Ordnung der Natur, daß die Menschen gleich anderen lebenden Geschöpfen ihre Art nicht (wie manche Pflanzen tun) sich durch Knollen fortsetzen, sondern in zwei Geschlechter zerfallen, woraus beiden Teilen ebensowohl viel Vergnügen als häufiger Kummer entsteht. Und es ist eine andere Ordnung (diese jedoch nicht von der Natur), daß die meisten wohlgesitteten Menschen diese natürlichen Dinge zwar billigen und ihren Gesetzen folgen, aber durchaus nicht davon gesprochen wissen wollen. Und auch noch viele, welche mündlich nicht selten davon zu sprechen und zu hören pflegen, sehen es doch in gedruckten Büchern nicht gerne.

Unser Novellenbuch hat das Bestreben und die Eigenschaft, ein Spiegel des wirklichen Lebens zu sein. Wie ich für sicher glaube, hat wohl an der Hälfte aller wichtigen menschlichen Begebnisse, Leidenschaften, Schicksale, Freuden und Leiden das Verhältnis der Geschlechter großen Anteil. Wenn nun das Geschichtenbuch des Boccaccio nur zu einem Drittel von solchen Stoffen handelt, ist es also doch immer noch um ein Erkleckliches anständiger und schamhafter als das Leben selber. Außerdem sind diese Stoffe von den Erzählern teils so zart und mit guten Nutzanwendungen vorgetragen, teils so fein und erheiternd mit Witz und Wortspiel verziert, teils auch so burlesk und drollig, daß ihnen die natürliche Gemeinheit zum guten Teil genommen ist und daß sie bei gesunden und vernünftigen Lesern gewiß keinen Schaden anzurichten vermögen. Dazu kommt, daß neben diesen anderen so viele Geschichten voll Reinheit und Edelsinn stehen, ja auch unter denen, welche ausschließlich von der Liebe handeln, finden sich nicht wenige Beispiele von seltener Keuschheit, Treue und Ehrbarkeit. Überdies war der Meister ehrlich genug, jeder Geschichte ihren kurzen Inhalt in Überschriften voranzustellen, so daß, wer gewisse Dinge verabscheut, die davon handelnden Novellen ungelesen überschlagen kann.

Ein besonderer Vorwurf wird ungerechterweise dem Dekameron darüber gemacht, daß die einzelnen Geschichten von Erzählern beiderlei Geschlechts berichtet werden und daß die jungen Damen nicht nur manche derbe Posse mit anhören, sondern auch selbst solche erzählen. Mir ist zwar nicht bekannt, weshalb die Frauen so viel mehr als die Männer vor jenen Dingen Scheu haben sollten, auch kann man jeden Tag sehen, daß dem in Wirklichkeit nicht so ist; dennoch hat auch hierfür der Meister sich fein und deutlich entschuldigt, indem fast jede Novelle im Beginn oder am Schluß einleuchtend erklärt, warum und in welcher Absicht sie erzählt sei. Die Einführung der Erzählungen heiklen Inhalts hat Boccaccio auf eine ungemein heitere und kluge Weise gegeben. Unter den drei Jünglingen der Gesellschaft befindet sich einer namens Dioneus, ein Witzemacher, Spötter und Schalk vom reinsten Wasser. Dieser nun ist der erste, welcher am ersten Tage es wagt, eine sogenannte saftige Geschichte vorzutragen, und er behält sich das Recht vor, ohne Zwang jedesmal gerade das zu erzählen, was er im Augenblick besonders unterhaltend fände. Dieser Dioneus fährt denn auch stets, ohne sich sonderlich an das vorgeschlagene Thema zu halten, in der begonnenen Art fort, und unter den zehn von ihm erzählten Novellen sind nur zwei, die nicht anstößig wären, und auch von diesen beiden ist noch die eine, obwohl frei von Liebesabenteuern, voll von anderen kräftigen Scherzen und Spöttereien.

Die erste von Dioneus erzählte Posse, worin ein Mönch sich in die Liebe einer Dirne mit dem Abte teilt, erregt bei den Damen Erröten und Schelten. Allmählich wagen es nun auch die beiden anderen Jünglinge, ähnliches vorzutragen, bei den Mädchen überwiegt bald das Gelächter den Unwillen, und nach und nach entschlüpft auch ihnen da und dort eine derbe Historie, bis am Ende die Scheu ganz überwunden ist und alle ihren natürlichen Eingebungen folgen, so daß zuletzt auch von den Damen jede wenigstens eine oder zwei derartige Anekdoten zum besten gegeben hat. Dioneus freilich bleibt hierin obenan, nicht nur was die Anzahl, sondern auch was die Stärke seiner Possen betrifft. Welcher Novelle in dieser schlimmen Hinsicht der Vorrang gebühre, mag jeder für sich entscheiden. Aber auch davon abgesehen, daß alle diese von der sinnlichen Liebe handelnden Stoffe mit vieler Schönheit und Kunst vorgetragen werden, sind Reden und Benehmen der zehn jungen Leute im übrigen so ehrbar und tadelfrei, daß man wohl sehen kann, wie Reden und Tun zweierlei Dinge sind und wie Freimütigkeit sich mit guter Sitte sehr wohl verträgt. Darin könnte sogar mancher von den Erzählern der hundert Novellen viel Nützliches lernen.

Im Ernst möchte ich keinem klugen Leser raten, die unanständigeren Novellen des Dekameron völlig zu überschlagen. Wer selbst von guter und reinlicher Natur ist, wird gewiß das wirklich Unsäuberliche von selber liegen lassen. Davon abgesehen, offenbart sich aber gerade in einigen der derberen Geschichten die Art des Boccaccio am besten, so daß man in ihnen ebenso die große Anschaulichkeit und Wahrheit der Darstellung wie die Lebendigkeit der Sprache bewundern muß. Es sind von alters her die Florentiner in Witzworten, Anspielungen und schalkhaften Wendungen der Rede sehr geübt gewesen und sind es auch heute noch in hohem Grade. Da nun Boccaccio in jenen Anekdoten und Possen durchaus dieselbe Sprache redet wie das florentinische Volk auf der Gasse, zeigen dieselben ihrem Inhalt zum Trotz häufig eine Anmut und Natürlichkeit, welche fast nie von anderen Schriftstellern erreicht wurde.

Wer noch weiteres zur Verteidigung des armen Giovanni gegen fromme Vorwürfe für notwendig hält, möge seine eigenen Rechtfertigungen lesen, welche am ausführlichsten in der Einleitung sowie in der Vorrede zum vierten Tage und im Epilog sich finden. Wohl dem, der dessen nicht bedarf und sich frohen Herzens des dargebotenen reichen Genusses erfreut!

Übrigens sind die Novellen des Boccaccio vor Zeiten keineswegs vornehmlich deshalb so getadelt worden, weil sie öfters in freimütiger Weise von den Vergnügungen der Liebe handeln; denn von diesen Dingen wurde in jenen Zeiten viel natürlicher und freier gesprochen, als es heute Sitte ist, wo man zwar in allen Verderbtheiten große Übung hat, aber davon zu reden sich gewaltig scheut. Auch ist sowohl die deutsche wie die englische Literatur der älteren Zeit reich an Unflätereien, neben welchen die bösesten Stellen des Boccaccio noch wie Gebete klingen.

Vielmehr zielten die vielen Anklagen damaliger Zensoren fast ausschließlich darauf, daß im Dekameron häufig, wie man meinte, die heilige Religion und Kirche angetastet und verhöhnt werde. In dieser Hinsicht ist nun freilich die heutige Zeit weniger eilig zum Verdammen geneigt.

In Wirklichkeit findet man in dem ganzen Werke keine noch so kleine Stelle, welche wider die Religion gerichtet wäre oder die Absicht hätte, sie zu verspotten. Im Gegenteil ist öfters von göttlichen Gesetzen und vom christlichen Glauben in den aufrichtigsten und gläubigsten Ausdrücken die Rede. So wird auch von der Gesellschaft der Zehne jedesmal der Freitag und Samstag mit Strenge gefeiert, und an diesen Tagen hören wir weder von Geschichtenerzählen noch von sonstigen Lustbarkeiten. Was aber uns heute billig und gerecht erscheint, damals jedoch zu großer Verdammung gereichte, das ist der Umstand, daß Boccaccio bei jeder Gelegenheit von Priestern, Mönchen und Nonnen, auch von Äbten, Bischöfen, Prioren und hohen geistlichen Herren mit der kühnsten Freimütigkeit gesprochen hat. Er tat dieses teils indem er die unanständigen und lasterhaften Handlungen, wenn er solche berichtet, fast immer solchen Klerikern in die Schuhe schob, teils redete er aber auch unverhüllt in den strengsten und heftigsten Ausdrücken über Priester und Mönche. Von diesen sagt er, außer an vielen anderen Orten, in der siebenten Novelle des dritten Tages:

»Sie schreien über die Üppigkeit gegen die Männer, damit, wenn sie diese sich vom Halse geschafft haben, die Weiber für die Schreier zurückbleiben. Sie verdammen den Wucher, damit sie, wenn der Sünder durch ihre Hände den ungerechten Gewinst zurückerstattet, sich vorher daraus die weitesten Kutten machen lassen und Bistümer und Prälaturen kaufen können. Sie predigen lauter Gutes – aber warum? Damit sie selbst das tun können, was, wenn sie es den Weltlichen nicht verböten, sie nicht tun könnten! Wenn du den Weibern nachläufst, so kann der Frater nicht bei ihnen ankommen. Wenn du nicht geduldig bist und Beleidigungen vergibst, so darf der Frater es nicht wagen, dir ins Haus zu dringen und deine Familie zu beschmutzen. Ich habe in meinem Leben Tausende von ihnen gesehen, welche nicht allein weltliche Frauen, sondern auch solche aus den Klöstern liebten, verführten und besuchten, und das waren jene, die den meisten Lärm auf den Kanzeln machten.«

Von den allerhöchsten Kirchenfürsten aber handelt die von Neiphile erzählte zweite Novelle des ersten Tages. Nämlich einem reichen und redlichen jüdischen Kaufmann zu Paris, namens Abraham, legt sein Herzensfreund dringlich nahe, er möchte doch die Taufe nehmen und Christ werden, um nicht der ewigen Seligkeit dereinst ledig zu bleiben. Der Jude, als ein sehr verständiger Mann, sieht dessen Richtigkeit wohl ein und beschließt, nach Rom zu reisen und daselbst des Papstes und der Kardinäle Art und Sitten wohl zu beobachten, ob sie wirklich als die Hüter und Verkündiger eines so erhabenen Glaubens zu schätzen seien. Vergebens sucht der erschrockene Freund, welcher allzuwohl weiß, wie es in Rom aussieht und zugeht, ihn abzuhalten. Abraham besteht auf seinem Entschluß und zieht nach Rom, und was er dort zu sehen bekommt, ist Laster über Laster, Habgier, Herrschsucht, Neid, Wollust, Unflat und derlei mehr. Allein der kluge Jude, da er endlich wieder nach Paris heimkehrte, läßt sich zum unendlichen Erstaunen seines Freundes trotzdem taufen. Denn, sagt er, wenn der Papst und alle seine Oberhirten und Unterhirten seit langer Zeit alle statt Gott dem Teufel dienen und sich Mühe geben, Christi Lehre in den Kot zu treten, diese aber dennoch besteht und lebt und sich ausbreitet, so muß sie wahrlich von Gott sein, sonst wäre sie längst umgebracht und von der Erde verschwunden.

Ich weiß nicht, ob diese Anekdote jemals dem Doktor Luther zu seiner Zeit bekannt worden ist. Wenn er sie aber gehört hat, so weiß ich gewiß, daß er seine große Lust daran gehabt hat.

Zum Schönsten und Holdesten, was im Dekameron, ja überhaupt bei irgendeinem berühmten Dichter zu finden ist, zählen jene Novellen, in welchen die Schicksale tragischer Liebe, und jene, in welchen Taten des Edelsinns und der Seelengröße berichtet werden. Schon Petrarca, welcher im übrigen kein großer Bewunderer des Dekameron war, hat an einer derselben (es ist die letzte Novelle, die zehnte des zehnten Tages) ein solches Gefallen gefunden, daß er sie nicht bloß jedermann und immer wieder erzählte, sondern sie auch, zum Zwecke weiterer Verbreitung, selber ins Lateinische übersetzt hat. Nicht minder schön und rührend ist jene schon erwähnte Erzählung vom Basilikumtopfe, handelnd von der Liebe und dem Tode zweier unschuldiger junger Leute, welche nicht nur jenes Bild des Malers Millais, sondern auch eine schöne Dichtung, verfaßt von dem Engländer Keats, veranlaßt hat.

Vielleicht das Zarteste und Edelste aber, das man sich nur ersinnen kann, ist die Geschichte, welche am fünften Tage Fiammetta erzählt, von dem jungen Edelmanne Federigo Alberighi und seinem Falken. Es würde mir eine Sünde scheinen, diese Novelle anders als mit des Boccaccio eigenen Worten wieder zu erzählen, wozu hier nicht der Ort ist. Diese Erzählung stellt, ohne ein einziges überflüssiges Wort, eine edle und treue Liebe dar, welcher kein Opfer je zu groß ist, und ist mit einer so feinen, wehmütigen Einfalt erzählt, daß es schwerlich sonst je einem Dichter gelungen ist, mit so bescheidenen Worten das Herz des Zuhörers so mächtig zu ergreifen.

Ungemein lieblich erscheint mir auch der kleine Traum eines Liebenden, welchen in der sechsten Novelle des vierten Tages Gabriotto träumte. Ihm war im Traum, als wandle er mit seiner Geliebten irgendwo im Freien umher, und diese friedvolle Lust erschien ihm in einem merkwürdigen Bilde, wie er erzählt: »Es kam mir vor, als befände ich mich in einem schönen und reizenden Walde, in welchem ich jagte und eine so schöne, liebliche Hindin gefangen hatte, wie man nur je eine gesehen hat; es schien mir, als wäre sie weißer wie Schnee und mir in kurzer Zeit so zahm geworden, daß sie sich gar nicht von mir trennte. Dagegen kam es mir vor, als wäre sie mir auch so lieb geworden, daß, ob sie gleich nicht von mir ging, sie ein goldenes Halsband um den Hals zu tragen schien, das ich an einer goldenen Kette in den Händen hielt.« – In eben derselben Erzählung ist es überaus schön und rührend zu lesen, wie ein Mädchen ihren toten Geliebten auf ein feines Tuch aus Seide legt, ihm einen Kranz von Rosen um die Stirne flicht und auch den ganzen Leichnam über und über mit Rosen zudeckt.

Neben solchen Schönheiten findet man aber auch eine Menge von merkwürdigen Schilderungen sowohl aus der Natur wie aus dem Leben der Menschen. Über die Verpflichtungen und Gewohnheiten der Kaufleute in fremden Seestädten, wie sie ihre Ware im Hafenmagazin unterbringen und versichern, berichtet die Einleitung der Novelle von Salabaetto (achter Tag, zehnte Novelle). In derselben Geschichte erfährt man auch einiges über das Leben und Gebaren der schlauen und betrügerischen Dirnen von Palermo. Von dem so sehr berühmten Maler Giotto kommt eine Anekdote in der fünften Novelle des sechsten Tages vor. Von einem Pfleger und Kenner reiner toskanischer Weine, welche auch heute noch so köstlich munden, hören wir am selben Tage in der zweiten Novelle. Eine prächtige Beschreibung köstlicher Tafelfreuden im Freien, wobei die nötigen Fische unter den Augen der Gäste im Gartenteich von schönen Mädchen mit der Hand gefangen werden, findet man in der sechsten Novelle des zehnten Tages.

Auch von Zauber- und Schlafmitteln, Arzneien und Kuren sowie von Schwarzkünstlern und Taschenspielern ist hier und dort die Rede, nicht weniger von Reise und Schiffahrt, von Bettlern, von Künstlern, von Spaßmachern und Schmarotzern bei Hofe, von Jagd und Tanz, vom Verlieben durch Hörensagen, von Hochzeiten und Festen, von Richtern und Henkern. Wenn einer über die Beschäftigungen und Lebensweise der verschiedensten Menschen und Stände zu jener Zeit Genaues erfahren will, der wird in den sämtlichen Werken der Gelehrten nicht so viel finden und lernen wie in diesem Buche, welches das Treiben und Gebaren der Menschen von damals treuer und deutlicher als ein Spiegel vor unsre Augen stellt. Dazu gehört auch seine Schilderung der schrecklichen Pest, welche mit

Recht als ein Meisterstück angesehen wird. Der berühmte Herr Machiavelli, da er am Ende des zweiten Buches seiner *Istorie Fiorentine* dieser Schreckenszeit gedenkt, enthält sich einer weiteren Beschreibung und redet nur von »der Pest, welche Meister Boccaccio mit so herrlicher Beredsamkeit geschildert hat und durch welche die Stadt mehr als 96 000 Einwohner verlor«. Und sicherlich hat selten ein so entsetzliches Unglück eine so köstliche Frucht getragen wie die große Pest von Florenz, zu deren Andenken das Dekameron geschrieben worden ist.

Nachdem wir betrachtet haben, in welcher Weise Boccaccio von der Liebe, von der Religion, von edlen Taten und vom täglichen Leben aller Stände redet, bleibt übrig, zu einem fröhlichen Schluß auch noch der Schelmenstücke, Witzworte und Possen des Zehntagebuches zu gedenken. Was diese betrifft, so kann man sagen, daß in den Schwänken des Dekameron der witzige Florentiner Geist sich selber übertroffen habe. Denn wenn schon ohnehin die Florentiner jederzeit Freunde von Schalkspossen als auch wahre Muster im Erzählen derselben und in sonstigen Witzen gewesen sind, so hat Boccaccio diese muntere Kunst wahrhaft unübertrefflich verstanden. Unter denjenigen seiner Nachfolger, welche ihm mit dem größten Glücke nacheiferten und es ihm in manchem gleichzutun schienen, hat kein einziger in so hohem Maße diese Gabe besessen, komische Dinge in wenigen Worten mit Grazie und feinem Humor vorzutragen.

Auf diesem Gebiete hat es dem Dichter gewiß noch weniger als auf anderen an Stoff gemangelt, denn an Witzbolden, Schelmen, Schalksnarren und ihren Stücklein ist die Stadt Florenz schon von frühen Zeiten her unglaublich reich gewesen, und auch jetzt noch hört man in ganz Italien nirgends so viele drollige oder bissige Scherzworte, Schimpfnamen, Spottreden und Wortspiele wie in Florenz, und es ist gut, daß die Fremden sie nicht alle verstehen. Von zahllosen Beamten, Malern, Gelehrten, Baumeistern, Goldschmieden, Bildhauern und andern hochberühmten Florentinern sind uns aus allen Jahrhunderten eine Menge von Streichen und lustigen Anekdoten überliefert. Man braucht sich nur etwa an Brunelleschi, den Erbauer der Domkuppel, zu erinnern, der die fabelhafte Ulkerei mit dem dicken Tischler anstellte, oder an den großen Lorenzo dei Medici, genannt il Magnifico, welcher zu seinen Zeiten einer der berühmtesten Fürsten der ganzen Welt gewesen ist und doch noch

Zeit und Laune genug hatte, um mit größter Überlegung dem Arzt Manente einen höchst durchtriebenen und gründlichen Streich zu spielen, wie es uns Herr Antonio Francesco Grazzini, beigenannt il Lasca, erzählt hat.

So gab es auch zu Boccaccios Zeiten manche Streichemacher in seiner Vaterstadt, und unter ihnen standen, neben dem lustigen Witzbold Michele Skalza, obenan die beiden Maler Bruno und Buffalmacco samt ihrem Freunde Maso del Saggio. Diese haben teils ihrem sehr einfältigen Freunde Calandrino, der gleichfalls ein Maler war, teils dem Arzte Simone, teils anderen eine Menge Schabernack angetan. Denn kaum hat am achten Tage des Dekameron das Fräulein Elisa ein Stücklein von ihnen erzählt, so fallen sogleich mehreren Zuhörern andere solche Streiche der beiden ein, welche sie unter vielem Gelächter mitteilen. Diesen Kameraden Bruno und Buffalmacco gelang es einst, dem guten Calandrino ein fettes Schwein zu stehlen, ihm weiszumachen, er hätte es sich selber gestohlen, und sich von ihm noch dafür bezahlen zu lassen, daß sie reinen Mund hielten. Damit nicht genug, machten sie ihn ein andermal in eine Dirne verliebt, knöpften ihm Geschenke für dieselbe ab und holten dann, als er endlich sich seiner Liebe erfreuen wollte, im fatalsten Augenblick seine wütende Frau herbei. Was soll man aber dazu sagen, daß sie bei einer anderen Gelegenheit es verstanden, diesem selben Calandrino einzubilden, er sei schwanger, und ihn, nicht ohne ein ordentliches Entgelt dafür zu nehmen, nach einigen Tagen durch eine Schüssel Haferschleim vor der Niederkunft bewahrten?

Ewig unvergeßlich und lächerlich aber ist des famosen Dioneus Historie von Bruder Zippolla, die er am sechsten Tag erzählt. Dies Stücklein spielt in Certaldo, der Heimat des Hauses Boccaccio. Der Bruder Zippolla ist, um die guten Einwohner wieder einmal ordentlich zu schröpfen, zum Almosensammeln nach Certaldo gekommen und hat den Bauern versprochen, er werde ihnen in der Kirche eine wunderbare Reliquie zeigen, nämlich eine Feder des Engels Gabriel. Indes er aber die Messe liest, entwenden ihm einige Spaßvögel die mitgebrachte Papageienfeder und legen statt derselben ein paar Kohlen in sein Kästchen. Alsdann hält er eine herrliche Predigt zum Preise des Engels Gabriel, wie er aber die Feder nehmen und vorzeigen will, findet er sein Reliquienkästchen voller Kohlen. Sogleich beginnt er eine neue Rede, worin er eine schwindelhafte Reise durch allerlei Schlaraffenländer erzählt, wobei er bis zum

Patriarchen von Jerusalem gelangt. Dann fährt er fort:

»Der Patriarch zeigte mir so viele heilige Reliquien, daß ich sie unmöglich alle herzählen kann. Doch um Euch nicht ganz trostlos zu lassen, will ich wenigstens von einigen sagen. Er zeigte mir zuerst die Zehe des Heiligen Geistes, so ganz und unversehrt, wie sie nur je gewesen ist, und den Haarbüschel des Seraph, der dem heiligen Franziskus erschien, und einen der Fingernägel der Cherubim, und eine der Rippen des beiläufig zu Fleisch gewordenen Verbum, und etliche der Kleider des allein selig machenden Glaubens, und einige von den Strahlen des Sternes, der den drei Weisen aus Morgenland erschien, und ein Fläschlein voll Schweiß von dem heiligen Michael, als er mit dem Teufel stritt, und noch anderes mehr. Und weil ich ihm einen Gefallen tat, schenkte er mir einen von den Spänen des Heiligen Kreuzes, und in einer kleinen Flasche etwas von dem Tone der Glocken im Tempel Salomonis, die Feder des Engel Gabriel, außerdem aber gab er mir noch einige Kohlen von denen, auf welchen der allerheiligste Märtyrer Sankt Laurentius gebraten wurde.«

Und so noch lange weiter. Dann zeigt er den ergriffenen Landleuten statt der Papageienfeder die Kohlen und erntet reiche Gaben. Die Leute drängen sich inbrünstig gegen den Altar, um die Reliquie nahe zu sehen, und Bruder Zippolla malt jedem ein großes, fettes Kohlenkreuz aufs schöne Sonntagskleid.

Weltberühmt ist ja auch der Einfall jenes Kochs, welcher in der Küche das eine Bein eines gebratenen Kranichs wegnimmt, was sein Herr bei Tische mit Zorn bemerkt. Der Koch in seiner Angst behauptet, es sei eine Eigenschaft der Kraniche, daß sie nur ein Bein hätten. Nachher geht der Herr mit ihm ins Freie, wo sie bald einige Kraniche erblicken, die alle auf einem Beine stehen. »Seht Ihr wohl?« sagt der Koch freudig. Da klatscht der Herr in die Hände, so daß die Vögel flüchten und dabei ihre beiden Beine zeigen. »Schau, daß Du gelogen hast!« ruft er zornig und will den Koch züchtigen. Der sagt jedoch: »Herr, es ist Euer Fehler. Hättet Ihr vorher bei Tische auch so geklatscht, gewiß hätte dann auch jener Kranich ein zweites Bein herausgestreckt.« Der Herr muß lachen und kann nicht umhin, ihm zu verzeihen.

Es nimmt kein Ende. Da ist die wunderliche Geschichte von der Priesterhose (Tag IX, Nov. 2), des Skalza Witz von den »Baranci« (Tag VI, Nov. 6), die tolle Nachtherberge im Mugnone-Tal (Tag IX, Nov. 6) und eine Menge anderer. Wenn man sie liest und sein unendliches Vergnügen daran hat, könnte man wohl zuweilen meinen, es passierten heutzutage niemals mehr so drollige und gepfefferte Geschichten. Aber dem ist freilich nicht so, sondern diese Sorte von Abenteuern ist unsterblich, und ich selber könnte Euch mancherlei von dieser Art, was ich selber erlebt und gesehen habe, erzählen, wenn ich von der herrlichen Kunst und Gabe des großen Giovanni Boccaccio auch nur den zehnten Teil besäße.

(1904)

Franz von Assisi

Zum Eingang

Von alters her haben jeweilen große und herrliche Menschen auf Erden gelebt, welche nicht durch vereinzelte ungeheure Taten oder durch aufgeschriebene Dichterwerke und Bücher sich Ruhm zu erwerben trachteten. Dennoch taten solche Geister gewaltige Wirkungen auf ganze Völker und Zeiten, also daß jedermann sie kannte und mit Eifer von ihnen redete und mehr über selbige zu erfahren begehrte, und so kam ihr Name und eine Kunde von ihrem Wesen in aller Leute Mund und ging auch im Verlaufe der Jahrhunderte niemals im Gewoge und Wechsel der Zeiten verloren. Denn jene so gestalteten Menschen taten ihre Wirkung nicht durch einzelne verstreute Werke oder Reden und Künste, sondern vielmehr allein dadurch, daß ihr ganzes Leben aus einem einzigen, großen und einigen Geiste geboren erschien und als ein helles und göttliches Bild und Beispiel vor aller Augen stand.

Diese vorbildlichen Menschen haben sich aber, auch wenn sie kein einziges großes äußeres Werk vollbracht hätten, durch ihr bloßes Leben zu unvergeßlichen Meistern und Bezwingern der Herzen gemacht, indem sie ihr gesamtes Tun und Leben aus einem einzigen höheren Geiste führten, ebenso wie wenn ein Baumeister und Künstler einen Dom oder Palast nicht nach jeweiliger Willkür und schwankender Laune, sondern aus einem klaren und lebendichen Gedanken und Plan untrüglich zu Ende führt. Sie waren sämtlich feurige und gewaltige Seelen, welche ein mächtiger Durst nach dem Unendlichen und Ewigen verzehrte und ihnen keine Rast noch Wohlsein vergönnte, als bis sie außerhalb der Sitten und Art ihrer Tage und Zeitgenossen ein ewiges Gesetz erkannten, nach welchem sie von Stund an ihr Tun und Hoffen richteten.

Sie waren Dichter, Heilige, Wundertäter, Weise oder Künstler, jeder nach seiner besonderen Art und Gabe, allein sie waren alle darin gleich geartet, daß sie in der Kürze und Hinfälligkeit des Daseins auf Erden ein Gleichnis des Ewigen und Beständigen erschauten und daß sie mit sehnlichem Begehren und todesmutiger Leidenschaft danach getrachtet haben, Himmel und Erde in ihrem Herzen zu vermählen und das Irdische und Sterbliche mit der Glut ewigen Lebens zu durchflammen. Auf solche Weise ward ihr Leben von den tödlichen Fesseln der Zeiten und zeitlichen Gebrechen erlöst und steht nunmehr, aller Zufälligkeiten und irdenen Schale entkleidet, als ein Wunder vor der Menschen Gedächtnis.

Jedes in solcher Art geführte Leben eines gewaltigen Menschen ist nichts anderes als eine Rückkehr zum Beginn der Schöpfung und als ein sehnlicher Gruß aus Gottes Paradies. Denn jene großen Träumer und Heldenseelen haben es immerdar verschmäht, aus trüben Wassern zu trinken; sie haben niemals an Scheinbildern ihre Genüge gehabt und sind niemals mit einem Namen anstatt des Wesens noch mit einem Bildnis an Stelle des Wirklichen zufrieden gewesen, vielmehr strebten sie in unersättlichem Drange an die ersten, reinen Quellen aller Kraft und jedes Lebens zurück, gingen mit den geheimnisvollen Seelen der Erde, Pflanzen und Tieren, um als mit ihresgleichen und ihnen eng verwandten Seelen, und begehrten – anstatt mit Bildnissen und symbolis und leeren Schatten – in ihren Nöten und Herzensfragen unvermittelt mit Gott selbst zu reden.

Und dadurch haben sie allen anderen Menschen Gott nähergebracht und das Geheimnis der Schöpfung aufs neue wert und teuer gemacht und in heiliger Ahnung gedeutet. Sie haben das Wesen und Gesetz des inneren Menschen immer wieder neu entdeckt, da sie sich der Erde und dem Himmel gleichsam nackt, und als wären sie die ersten Menschen, entgegenstellten, indes wir andere nur in dem Gehäuse sicherer Vorstellungen und ererbter Gewohnheit leben zu können meinen.

Solche wahrhaft tiefen und wesenhaften Menschen sind häufig anfänglich als Narren verschrien worden, und es fehlt ja nicht an Leuten, denen eine derartige Seele immer ein unverständlich und närrisch Ding erscheinen will. Wer aber mit ernstem Herzen das Leben eines großen Menschen betrachtet, dem erscheint es gleich einem aus Schlünden hervorstürmenden Strome und gleich einem brünstigen Schrei der ganzen Menschheit; denn in Wahrheit ist solch ein Leben stets ein zu Gestalt und Person gebildeter Traum und ein sichtbar gewordenes Heimweh und Ewigkeitsverlangen der ganzen Erde, deren flüchtig lebende Geschöpfe immer wieder ihr Los mit den ewigen Sternen zu verbünden trachten.

In jener fernen Zeit, welche wir das aevum medium oder Mittelalter heißen, hatten sich immer mehr zwischen den Geistern und Völkern ungeheure feindliche Gewalten erhoben, und durch die Länder ging ein Zittern und Stöhnen über Kriegesnöte und große Schlachten. Zwischen den Kaisern und Päpsten brannte blutiger Hader, Städte befehdeten die Machthaber, Adel und Volk lagen hier und dort in bitterem Zwist. Und die römische Kirche, als Herrin der Welt, war eifriger mit Waffenrüstungen, Bündnissen und Gesandtschaften, Bann und Strafen als mit dem Frieden der Seelen beschäftigt. Unter den geängsteten Völkern aber entstand tiefe Not. An mehreren Orten traten neue Lehrer und Gemeinschaften auf und boten mit Verachtung des Lebens den schweren Verfolgungen der Kirche Trotz, andere folgten in großen Scharen den gewaltigen Zügen nach dem gelobten Lande. Nirgends war eine Leitung oder Sicherheit, und es hatte ein Aussehen, als wäre das Abendland und Herz der Erde trotz äußerlichen Glanzes nahe am Verbluten.

Da geschah es, daß in Umbrien ein unbekannter und junger Mensch in Gewissensnot und tiefer Demut bei sich beschloß, einfältig und unbekümmert in seinem Leben ein bescheidener und treuer Nachfolger des Heilandes zu sein, und daß Gefährten ihm nachfolgten, anfänglich zwei und drei, alsdann hundert, hernach aber viele Tausend, und daß von diesem demütigen Mann in Umbrien ein Licht des Lebens und ein Born der Erneuerung und Liebe über die Erde ausging, davon ein Strahl noch bis in unsere Tage glänzt.

Dieser war Giovanni Bernardone, genannt St. Franziskus von Assisi, ein Träumer, Held und Dichter. Es ist von ihm nur ein einziges Gebet oder Lied erhalten geblieben, doch hat er uns statt geschriebener Worte und Verse das Andenken seines schlichten und reinen Lebens gegeben, welches an Schönheit und stiller Größe hoch über gar vielen Dichterwerken steht. Wer demnach dieses sein Leben erzählt, der bedarf keiner weiteren Worte und Betrachtungen, deren ich mich denn mit Freuden enthalte.

Das Leben des heiligen Franziskus

Im zwölften Säkulum lebte zu Assisi im umbrischen Lande ein Kaufmann, der hieß Pietro Bernardone und war von großem Reichtum und gutem Ansehen unter seinen Mitbürgern, gehörte auch, als ein Tuchverkäufer, dem vornehmsten Handelsstande an. Wie es zu jenen Zeiten Sitte war und notwendig erschien, tat Herr Bernardone öftere weite Reisen nach entfernten Städten und Ländern, um auf den berühmten Märkten seine Tücher einzukaufen. Mit besonderem Vorteil und Vergnügen reiste er aber in das mittägliche Frankenland, wo zumal in der reichen Stadt Montpellier ein großer und immerwährender Handelsmarkt gehalten ward. Daselbst lernte er die fränkische Sprache, auch Brauch und Sitte wohl und sammelte vielerart Kenntnisse in sich an. Es waren ohnedem zu damaliger Zeit die reisenden Kaufleute von einer anderen Art und Lebensweise, als wir sie heute sehen. Jene taten ihre Wanderschaften häufig nicht ohne große Gefahr, worüber sie zu halben Rittern gediehen; dazu trugen sie vielerlei Neuigkeiten und Kenntnisse von einem Lande zum anderen, verwalteten die Geschäfte der Fürsten und Mächtigen und waren ungewollt die Verkündiger und Sendboten von allen neuen Begebenheiten, Lehren, Liedern und Berichten. So machten sie sich nicht allein ein weltgewandtes Wesen und feine Sitten zu eigen, sondern trugen auch die neuen Gedanken weiser Männer und deren Lehren nebst anderer Kunde mit sich über die Länder hinweg.

Genannter Herr Bernardone hatte zum Gemahl eine Domina Pica, von welcher man wenig anderes zu erzählen weiß, als daß dieselbe aus einem adeligen Hause stammte (daher sie denn Domina genannt wurde). Des weiteren dürfen wir glauben, daß Frau Pica ihre Herkunft von den provenzalischen Landen hatte, aus welchen Gegenden auch ihr Eheherr seine Lust an dem freien und wohllauten fränkischen Wesen und an der fränkischen Sprache mitgebracht hatte. Je weniger die alten Autoren über diese edelgeborene Dame zu sagen wissen, desto inniger möchte man wünschen, ein Bildnis ihrer Person zu haben und anzuschauen, welche man sich nicht anders als liebevoll, sanft und heiter vorzustellen vermag, von der Art der Provenzalen, welche ebenso inbrünstig zu beten als lieblich zu singen und zu dichten verstanden. Und wenn man ihres Sohnes Leben und Weise betrachtet, verläßt einen der Gedanke nicht, es müsse dieser Mann eine überaus gütige Mutter gehabt haben.

Es war aber damals überall von nichts so häufig die Rede als von Gegenständen des Glaubens und der Kirche, welch letztere trotz äußeren großen Triumphes einem innerlichen Erstarren und Hinsterben preisgegeben schien. Darüber entstand, vorab unter dem armen Volke, vieles Seufzen, und heute mag es uns erscheinen, als wären damals die Völker gleich einem dürren Ackerlande oder gleich einem verschmachtenden Wild gewesen, welches in Not und Begierde aufschrie und zitterte. Gleichwie ein verirrtes Kind in einer dunkeln Wildnis verzweifelnd sich ängstet und aus tiefer Bangnis um Hilfe schreit, so schrie und bangte mit brennender Leidenschaft in den Seelen jener Menschen ein verdürstendes Heimweh nach frischen Quellen. Propheten erhoben sich hier und dort, Seher und Büßer standen auf, und sehnsüchtige Gemeinschaften versammelten sich, welche jedoch die Kirche als Ketzer und Abtrünnige in Bann tat und verfolgte.

Über diese Bewegungen der Geister, von welchen die mächtigste in fränkischen Landen ihr Wesen hatte, begehrte jedermann neues zu wissen, und ein reisender Handelsmann bekam von nichts so viel zu hören und wurde überall nach nichts so emsig befragt. Auch Herr Bernardone wußte wohl von diesen Dingen, und es mag sein, daß auch in seinem Hause davon viel geredet wurde. Denn allerorten begehrte die Menschheit nach einem lebendigen Glauben und sehnte sich nach der Kunde von Gott und den ewigen Dingen, welche in Lehren und Gebräuchen der Kirche versiegt und erstorben war.

Neben diesem vernahm und redete Bernardone aber auch von Händeln der Welt, von Krieg und Ritterswesen und von dem Kaiser Friedrich Barbarossa, welcher damalen regierte. Auf den Barbarossa, welchem die italienischen Städte in dem Siege bei Legnano viele Macht entrissen, folgte hernach der Herr Heinrich VI., welcher hinwieder das Land Italien schwer bedrängte. Damalen wurde auch über die Stadt Assisi vom Kaiser ein strenger Vogt gesetzt, dieser war Konrad aus Schwaben, genannt Herzog von Spoleto, und hielt über der Stadt in seiner Feste Land und Leute in strengem Regiment.

Solchergestalt erblickte das Haus des Herrn Bernardone vielerlei Schicksal und Weltbegebenheiten gleichsam gespiegelt, und es war darin ein mannigfaltiges und bewegliches Leben. Auch war die Stadt Assisi, wie sie noch heutigen Tages ist, ein gar schöner und herrlicher Ort und Wohnsitz. Sie ist nämlich an einem hohen Hügel steil bergan gelegen, und hinterwärts ragt der gewaltige Monte Subasio, und von Assisi her ist ein gar weiter, überaus köstlicher Blick über das ganze umbrische Land, welches zu den schönsten und fruchtbarsten in Italien gehört, mit vielen Städtlein, Dörfern, Weilern und Klöstern.

Nun geschah es im Jahr des Herrn 1182 (oder, wie manche meinen, 1181), daß Frau Pica zu Assisi eines Knaben genas, indessen ihr

Blick auf Assisi. Im Vordergrund der von mächtigen Stützmauern getragene »Sacro Convento« mit der Anlage von Kirche und Kloster San Francesco.

Gemahl auf Reisen im Frankenlande verweilte. Die Mutter beschloß, das Knäblein mit dem Namen Johannes zu nennen. An dem Tage, da dieses geschah, trat in das Haus ein alter Pilger, welchen niemand kannte, und begehrte das Kind zu sehen, nahm es auf die Arme, betrachtete es mit zärtlichem Entzücken und brach in ein lautes Lobpreisen aus, worin er dem Neugeborenen große und herrliche Schicksale weissagte. Darauf wurde der Knabe im Dom auf den Namen Giovanni, das ist Johannes, getauft.

Als jedoch einige Zeit später sein Vater Bernardone von Reisen heimkehrte, nannte er das Kind Franz, und diesen Namen behielt es für immer. Er gab ihm denselbigen, wie man glaubt, aus besonderer Vorliebe für das Frankenland und französisches Wesen. Auch lernte Franziskus schon in zartem Alter die gallische Sprache, welche er auch später, namentlich wenn er zu seiner Freude schöne Lieder sang, gerne anwendete.

Im übrigen erwuchs der Knabe ohne allzu viele Belehrung und wurde nur in den Anfangsgründen der Schreibekunst und des Lateinischen unterwiesen. Auch hat er sein Leben lang ungern und nur mit Mühsal eine Feder geführt. Wenn er aber diesergestalt zu keinem sonderlichen Gelehrten erzogen ward, genoß er die Freuden seiner jungen Jahre um so fröhlicher und blickte mit ungetrübten Augen in den Tag, denn er war von einer freudigen und lichten Gemütsart und allem Schönen und Heiteren von Herzen zugetan.

Indes er so in die Jünglingsjahre hineinwuchs, fing eine Sehnsucht an, ihn zu bewegen, als müßte er etwas Absonderliches und Gewaltiges tun und aus sich machen. So regte sich in seiner jungen Seele verhüllt und dunkel der eingeborene Drang, noch ohne Ziel und Gewißheit, als ein frohes Flügelschlagen. Mit stürmender Leidenschaft warf er sich in das Leben, voll großer Begierde, allen Glanz und Wert der Welt zu erkennen und an sich zu reißen. Vor allem wollte es ihm edel und begehrenswert erscheinen, sich einem ritterlichen und prächtigen Leben hinzugeben, wozu sein ganzes Wesen neigte. Auch erklangen in jenen Jahren von Frankreich her die ersten süßen und mächtigen Minnelieder der welschen Troubadours, welche den feurigen Jüngling mit tiefer Lust und Ahnung bewegten, wie er denn Frankenland gleichsam als eine ferne Heimat liebte. Ein Ritter und Troubadour zu sein, war sein herzlichstes Träumen und Begehren.

Da nun sein Vater zwar kein Adeliger, jedoch reich und wohl angesehen war, hielt Franziskus mit den jungen Söhnen der Edelleute gute Freundschaft, übte sich in Waffen und im Gesang, gab viel Geld aus und lebte in allen Dingen vollkommen als ein adeliger Jüngling. In vollen Zügen genoß er die Herrlichkeiten der Welt, kleidete sich reich und schön, gab Schmäuse und Gelage, vergnügte sich mit Reiten, Fechten, Spiel und Tanz und jeglicher Lustbarkeit. Denn seine Genossen und Freunde liebten ihn sehr, zum Teil seines Geldes wegen, jedoch nicht minder auch um seine frohe, liebevolle und wahrhaft adelige Art, denn er stand in Feinheit der Sitten und edelmütiger Gesinnung keinem hochgeborenen Barone nach. Vor allem gefiel ihm das Verschwenden und Hinweggeben, das ihm einem echten Ritter besonders anzustehen schien. In Bälde ward er unter den jungen Herrensöhnen ein Anführer und König, princeps juventutis genannt.

Dennoch blieb er weichen und mitleidigen Herzens. Es geschah einstmals, daß ein elender Bettler in seines Vaters Kaufhalle trat und in Gottes Namen um eine geringe Gabe flehte. Franziskus ließ ihn zornig an und jagte ihn hinweg. Aber sogleich tat ihm diese Härte

Franziskus unter den Musikanten. Fresko von Simone Martini in der Unterkirche von San Francesco in Assisi.

weh und reute ihn so sehr, daß er dem Bettelmanne durch die Gassen nachlief und ihn einholte und doppelt beschenkte.

Unterdessen traten unruhige Zeitläufte ein. Der Kaiserliche Vogt, Herr Konrad Herzog von Spoleto, mußte sich dem Papst ergeben, und sobald er Assisi verlassen hatte, bestürmten die Bewohner der Stadt seine Feste und nahmen sie ein, verwüsteten sie sogleich und ließen keinen Stein auf dem andern. Jedoch gereichte diese verübte Tat der Stadt zu geringem Vorteil. Das niedere Volk nämlich, welches von der Zerstörung der Zwingburg noch nicht ersättigt war, begann einen Kampf auf Brand und Mord wider den Adel, welcher in schlimme Not geriet. Da erflehten einige von diesen Baronen in ihrer Bedrängnis von der Stadt Perugia Hilfe und Schutz, und sogleich begann diese mächtige Stadt einen Krieg mit denen von Assisi und besiegte sie in einer Feldschlacht. In dieser Schlacht kämpfte neben vielen seiner Genossen auch Franziskus mit, jedoch nicht auf seiten jener Heimatverräter, sondern im Dienst der Vaterstadt, und Franziskus fiel samt vielen anderen in die Gefangenschaft der Feinde und wurde nach Perugia gebracht. Dort ward er ein ganzes Jahr gefangengehalten und kehrte erst am Ende des Jahres 1203 nach Assisi zurück.

Während dieser langen Kerkerhaft verlor indessen der Jüngling seine Freudigkeit und Tatenlust so wenig, daß er vielmehr die übrigen Gefangenen erheiterte und tröstete, auch noch heftiger als zuvor von Ritterleben und Kriegesruhm träumte und redete. Und er war kaum aus Perugia entlassen und heimgekehrt, so begann er das vorige kostbare Leben mit Prassen, Hochmut und Vergeuden von neuem und stürzte sich begierig in alle weltliche Lust, recht als dürste ihn, die ganze Herrlichkeit der Erde in verlangende Arme zu schließen und sich jeder Wonne innerst zu ersättigen. Seinem mächtigen und entbrannten Gemüte war es nicht möglich, zu sparen und Maß zu halten, sondern sein Leben lang nahm er an allem, was er tat, mit überwallendem Herzen teil und kannte kein Rasten und Genügen.

Seine Mutter Pica aber, da man ihr den üppigen Wandel ihres Sohnes vorhielt, sprach aus der Ahnung ihres Herzens ihn frei und vertraute fest, daß Gott den Ungestümen in Bälde gute Wege führen werde.

Nach einiger Zeit fiel er in eine schwere Krankheit und spürte die Hand des Todes über sich. Da fing er wohl an zu merken, daß aus einem beständigen Freudenleben keine Genüge und innere Ruhe erwachsen möge, wußte aber keinen Weg zu anderen Gütern, und doch begehrte er sehnlichst danach, das ganze Leben in großer Liebe zu umfassen. So fiel er in das Gastieren und Wohlleben zurück, trachtete aber beständig nach edlerem Ruhm und wahrer Ehre, redete auch oft davon, wie daß er ein Fürst und großmächtiger Herr über viele zu werden gedenke. Denn in der Ritterschaft schien ihm alles Hohe und jegliches Heil beschlossen.

Da erscholl eine Kunde, daß im Süden von Italien Herr Walter von

Brienne in Papstes Diensten die Waffen führe. Und allenthalben beschlossen mutige und begierige Männer und Jünglinge, dahin zu ziehen, denn der Herr Walter von Brienne war ein großer Held und Stern der Ritterschaft, und sein Name hatte einen Klang wie Sausen von Schwert und Speer und wie helltöniger Siegesgesang. Bei selbiger Kunde entbrannte der Jüngling Franziskus, und ihm schien, es läge nun alle Pracht und Ehre der Welt vor ihm gebreitet. Mit ihm rüsteten sich, unter einem gemeinsamen Hauptmann, mehrere adelige Jünglinge seiner Stadt; doch übertraf Franziskus jene alle an Glanz und Prunk der Kleider und Waffen, so daß jedermann sich nicht wenig verwunderte. Auch redete er mit vielen von seinen kühnen und hochfahrenden Gedanken, wie daß er ein Held und Fürst zu werden gedenke, was alles manchen als ein törichtes Prahlen klingen wollte, ihm aber lag es als ein heiliges Vorhaben am Herzen. Sein heißes Gemüt war so beschaffen, daß ihm in keiner Mitte und halben Erfüllung konnte wohl werden, sondern trachtete mit Inbrunst allein nach dem Edelsten und Prächtigsten auf Erden.

Nachdem alles auf das Beste gerüstet war, stieg Franziskus samt seinen Genossen zu Roß, rief mutig Lebewohl und ritt in seinem kostbaren Waffenschmucke aus der Stadt, als ein kühner Weltfahrer und Abenteurer, den Kämpfen und Ehren und Lustbarkeiten der weiten Welt entgegen. Die Hörner taten ihren kecken Ruf, sein schönes Pferd griff aus und schnob ungeduldig in den klaren Tag, sein Gewand glänzte und rauschte in der Sonne, und sein junger Sinn sah vorausträumend goldene Kränze von fernen Zinnen locken.

Da geschah es, daß am ersten Reisetag der Jüngling Gottes Stimme vernahm, also daß er im Herzen erzitterte und die köstlichen Bilder der Lust und Eitelkeit in ihm zerrannen. Es weiß niemand, was in dieser Stunde ihm kund ward und welcherlei Stimmen seine erschrockene Seele zerrissen und niederbeugten. Über den Augenblick, in welchem eines Menschen innere Geschicke entschieden werden, ist immerdar eine Dunkelheit gebreitet als über ein heiliges Geheimnis. Was des Franziskus Gedanken oder innere Gesichte gewesen, davon hat er nie geredet. Aber es muß sein, daß ihm plötzlich die Rätsel des Lebens und Todes klar vor Augen standen und eine heilige Gewalt ihn unentrinnbar nötigte, eine Wahl zu tun und ein Ziel seiner Wege zu suchen. Zu Spoleto fiel ihn sodann ein

Fieber an, und bald hernach kehrte er still und gebrochen allein nach Assisi zurück. Seine herrliche Rüstung aber hatte er an einen armen Edelmann verschenkt.

Seine Eltern wie auch alle anderen Leute in der Stadt waren voll Erstaunen und zürnten ihm, lachten ihn aus und hatten ihren Spott mit ihm, der als ein berühmter Herr und Fürst hatte heimkehren wollen. Die vorigen Freunde aber erhofften von seiner Verschwendung aufs neue mit ihm in Saus und Braus zu leben.

Aber er ging nachdenkend umher und litt im Herzen, gleich als von einem Pfeil verwundet. In seiner Seele war es leer und todesbange, Angst und Pein trieb ihn um, denn wohl hatte er die Eitelkeit seiner Träume und Hoffnungen erkannt, allein niemand war da, ihm einen Weg der Rettung zu zeigen. In diesen Tagen mußte Franziskus die Not jener ganzen Zeit in der eigenen Seele erleiden, Schwermut und Todesangst verzehrten ihn, daß er aus verwundetem Herzen um Erlösung zum Himmel schrie. Indem er diesergestalt rang und litt und an seinem Leben verzweifelte, war ihm unbewußt, daß viele Tausende auf Erden diese selben Qualen erlitten und gleich Gefangenen aus dunklen Kerkern emporschrien, noch wußte er oder ahnte, daß er für alle diese Tausende litte und um Erlösung kämpfte.

Es erging an ihn von seinen früheren Freunden und Tafelgenossen eine Einladung, daß er ihnen ein Mahl und Gelage rüste und wieder wie ehemals als ihr Gastgeber und Festkönig sie bewirte und mit ihnen fröhlich sei. Er berief sie alle auf einen gewissen Tag, um ihnen zu Willen zu sein, auch rüstete er ein reiches und kostbares Mahl. Und da sie kamen, riefen sie ihn zum Herrn und König des Mahles aus und gaben ihm, wie das dazumal eine scherzhafte Sitte war, einen Stab als Zepter in die Hände. Da wurde getafelt und gezecht, unter Lust und Getöse, Bechergeläute und Gelächter, bis tief in die Nacht, und da sie alle trunken und übermütig waren geworden, zogen sie noch mit Geschrei und Singen durch die schlafenden Gassen. Nach einiger Weile bemerkten sie, daß Franziskus nicht mehr bei ihnen war, suchten ihn und fanden ihn schweigend und nachdenkend in einer Gasse stehen.

Sie fielen unter Spott und Lachen über ihn her, der wie verwandelt aussah, denn es war zu dieser Stunde Licht in ihm geworden, und seine bedrückte Seele erblickte in der Ferne einen Ausgang aus ihrer Gefangenschaft und Drangsal. Indessen zerrten und umringten ihn seine trunkenen Kameraden lärmend. »Was träumst Du?« riefen sie spottend, »was sinnst Du für Rätsel, Franz?« Und einer lachte laut und schrie: »Schaut doch, Freunde, ist es nicht gar, als sänne er darauf, ein Weib zu nehmen?« Der Verhöhnte, da er diese Worte vernahm, richtete sich mit einem bleichen, aber fröhlichen Antlitz auf und sprach mit heller Stimme: »So ist es, Du redest wahr. Ich gedenke mir eine Braut zu nehmen, diese ist aber viel edler, reicher und schöner, als Ihr zu denken und Euch vorzustellen vermöget.« Und er lächelte, indem er dies sagte.

Seine Freunde lachten, liefen davon und ließen ihn stehen, er aber tat den närrischen Königsstab aus der Hand, welchen er noch immer bei sich trug, und mit dem Stabe legte er zur Stunde sein bisheriges Leben und seine vergeudete Jugend von sich ab. Die schöne und edle Braut aber, von welcher er gleichnisweise geredet hatte, war die Armut, welcher er von nun an sich innigst zu vermählen gedachte.

Manch einer, dieses lesend, mag ebenso lachen und seinen Kopf als über einen Narren schütteln, wie Franzisci Freunde taten. Seine Sehnsucht aber hatte das gefunden, wonach sie dürstete und was ihm nicht Weisheit noch Kirche noch Weltlust zu geben vermochten. Indem er nämlich mit Schmerzen sich dessen erinnert hatte, daß der Mensch nichts anderes ist als ein Pilger und flüchtiger Gast auf dieser Erde, irrend zwischen Leben und Tod und keiner Habe je gewiß, warf er mit erneuter Liebesbegierde sich an Gottes Brust und trachtete von nun an, allein aus der Einfalt und Glut seines Herzens den Weg zum Leben zu finden. Seinem mit Heimweh suchenden Auge stellte sich das Bild des Heilandes und seiner ersten Jünger dar, und er beschloß, gleich diesen, aller Fesseln entledigt, nicht dem Gesetze, sondern allein der Liebe anzugehören und sich als ein Kind in Gottes Hand zu geben, der den Tieren des Feldes und den Vögeln des Himmels ihre Speise gibt.

Dieses tapfere Vertrauen ist es, was ihn heiligte und zu einem Tröster und Erlöser für Unzählige gemacht hat, daß er aus seiner Not sich keinen anderen Führer als Gott selbst erwählte. So fand er, was kein Priester und kein Gelehrter jener Zeit gefunden, den verlorenen Weg zu Gott zurück, und darüber ging ihm die Erde nicht verloren, ward ihm vielmehr neu geschenkt, denn sein ungelehrtes Dichtergemüt fand die verlorene Einheit der Welt mit Entzücken wieder, indem es so Zeit wie Ewigkeit mit derselben reinen Liebe umschloß.

Von da an wurde der Sohn des reichen Herrn Bernardone, anstatt in der Gesellschaft der adeligen Jugend bei Spiel und Wohlleben, stets allein oder unter den Armen und Elenden gesehen. Denn er schenkte nicht nur jedem Bettler überreich, sondern redete auch herzlich tröstend mit ihm. Ja, die Gewalt seiner demütigen Liebe trieb ihn zu den Niedrigsten und Verachtetsten. Als er einst zu Pferde unterwegs war und einen Aussätzigen am Wege liegen sah, folgte er anfänglich seinem natürlichen Grauen und wendete um; allein bald schämte er sich dessen, schlug denselben Weg nochmalen ein, stieg vom Pferde, beschenkte den Aussätzigen mit seinen Kleidern, redete mit ihm und gab ihm die Hand. Diesen Allerärmsten blieb er von da an in besonderer Liebe treu, und wie denn keine Hingabe und Güte verloren ist und ohne Lohn und Widerhall verbleibt, belohnten diese Ausgestoßenen sein noch ungefestigtes und oft verzagendes Herz mit so zärtlichem Danksagen, daß er bestärkt ward und wahre Tröster an ihnen fand, indessen seine Freunde und auch sein Vater ihn einen Narren schmähten.

Dazwischen trieb ihn sein noch unruhiges Gewissen zu einer Pilgerfahrt nach Rom. Daselbst legte er alles, was er bei sich trug, als Opfer im Dom des heiligen Petrus nieder, vertauschte sein Gewand mit dem eines Bettlers und nahm desselben Stelle ein. Doch erkannte er schnell, daß er in Rom und bei der Pracht der päpstlichen Kurie vergebens Rettung suche; statt dessen kostete er im Gewand jenes Bettelmannes zum erstenmal die wirkliche Armut und beschloß, ihr auch fürder Treue zu halten.

Nachdem er von Rom zurückgekehrt war, hielt er sich beständig in der Einsamkeit und verweilte zumeist in der Kapelle St. Damian, welche auf einem Hügel nahe der Stadt Assisi liegt. Da fand er in heißem Ringen und Gebete Mut und Freudigkeit und beschloß, alles Vergangene völlig hinter sich zu werfen, allein auf Gott zu vertrauen und ein neues Leben zu beginnen. Von dieser Stunde an erfüllte ihn eine frohe Heiterkeit, so daß er unverzagt alle Erniedrigung und Schmerzen auf sich nahm. Denn sogleich begann eine böse Zeit für ihn.

Er verkaufte, was er im väterlichen Hause noch zu eigen hatte, samt seinem Pferde, und übergab das Geld dem Priester jener Kapelle, denn dieselbe lag verwahrlost und baufällig. Er selber blieb bei dem Priester und begann mit eigenen Händen zu bauen, indem er noch keine andere Weise erfand, seine Liebe zu Gott zu zeigen und sein Leben zum Opfer zu bringen. Vor seinem Vater aber, welcher nun aufs äußerste zürnte und ihn mit Gewalt zu sich

Franziskus verschenkt seinen Mantel. Fresko von Giotto in der Oberkirche von San Francesco in Assisi.

zurückholen wollte, verbarg er sich und blieb versteckt, bis er sich dessen schämte, aus seiner Grube hervortrat und mit freiem Mute nach Assisi hineinging, um mit seinem Vater zu reden. In allen Gassen liefen ihm die Leute nach, welche von seinem neuerlichen Wesen gehört hatten und verhöhnten ihn, da sie nicht anders glaubten, denn er habe die Vernunft verloren.

Da er so unter dem Geschrei und Hohn des Volkes herankam, war sein Vater, der Herr Bernardone, dermaßen erzürnt, daß er den Franziskus ergriff, ihn schlug und peinigte und in einem dunklen Winkel seines Hauses einkerkerte. Von da entkam er nach einiger Zeit mit Hilfe seiner Mutter. Darauf verklagte ihn Herr Bernardone bei der Obrigkeit, welche wiederum ihn und seine Sache an das geistliche Gericht verwies. So wurde Franziskus auf einen festgesetzten Tag vor des Bischofs Gericht geladen. Als er dorthin gehorsam und freudig kam, fand er die ganze Stadt aus Neugier und Spottlust daselbst versammelt. Da aber sein Vater ihn mit großem Zorne verstieß und enterbte, legte der Jüngling demütig sogleich seine Kleider von sich, welche Herrn Bernardone zugehörten, übergab sie demselben, stand nackend da und bekannte seinen Vorsatz, er wolle künftig allein dem Vater im Himmel angehören. Da vermochte niemand zu spotten, und der Bischof, über so viel Mut und Glauben erstaunend, hüllte den Entkleideten in seinen eigenen Mantel.

Dieses war des Franziskus Vermählung mit der heiligen Armut. Das Kleinod, welchem er manche Jahre nachgejagt, hatte er nun gefunden: den Einklang seines Gemütes mit Gott und der Welt. Fürder bekümmerte ihn keinerlei äußerliche Sorge mehr; als ein Kind begab er sich in Gottes Schutz und redete mit ihm nicht als mit einem weit entfernten und nie gesehenen Geiste, sondern als mit einem gegenwärtigen, lieben und vertrauten Vater.

Und wie er von klein auf ein Dichter, Träumer und Sänger gewesen war, erquoll nun in seiner befreiten Seele ein neuer Born, von Freuden und Liedern überströmend. Seine Lieder sind von niemandem verzeichnet worden, nur ein einziges ist bis zu uns gekommen. Aber sie drangen weit ins Land und sangen Trost und Lebensmut in tausend beklommene Herzen, sie bewegten müde und verzagte Gemüter zu neuer Lust, sie drangen tief in das aufhorchende Volk und entzündeten eine Glut, wie wenige Sänger jemals entzündet haben.

Franziskus gibt dem Vater seine Kleider zurück. Fresko von Giotto in der Oberkirche von San Francesco in Assisi.

Franziskus wanderte, seiner gewonnenen Freiheit innig froh, durch die Täler und grünen Hügel des Landes als ein Seliger und Beglückter. Seiner kindlich zärtlichen Liebe erschloß sich die Schönheit dieser Erde als eine neugeschenkte und verklärte Welt; blühende Bäume und weiches Gras, fließende und blitzende Gewässer, Himmelsbläue und ziehende Wolken, Blau der Ferne und Feldergrün und der Lustgesang der Vögel wurden ihm befreundet und geschwisterlich lieb. Denn von seinem Auge und Gehör war ein Schleier gefallen, und er erblickte die Welt entsündigt und heilig, ebenso wie am ersten seligen Tage von Paradiesesglanz verklärt.

Und dies war nicht eine flüchtige Verzückung, Rausch oder Selbstbetrug, denn von jenem Tage blieb Franziskus bis zu seinem Ende, in viel Leid und bitter schweren Zeiten, ein Seliger und Auserwählter, welchem Gottes Stimme aus jedem Halm und Bache erklang und über welchen Schmerz und Sünde keine Macht besaßen. Darum auch haben durch Jahrhunderte ihn Unzählige geliebt und hoch verehrt, sein Bildnis und die Geschichte seines Lebens sind viele tausendmal von Künstlern, Dichtern und Weisen dargestellt und erzählt und besungen und gemalt und gemeißelt worden, wie keines Fürsten und Mächtigen Bild und Taten, und sein Name und Ruf kam als ein Lebenslied und Gottestrost bis in unsere Zeit herüber, und alles, was er sprach und tat, klingt heute so kraftvoll neu wie zu seiner Zeit vor siebenhundert Jahren. Es hat andere Heilige gegeben, deren Seele nicht minder rein und edel war, aber man gedenkt ihrer nur wenig mehr, er aber war ein Kind und Dichter, ein Meister und Lehrer der Liebe, ein demütiger Freund und Bruder jeglicher Geschöpfe, und wenn die Menschen ihn vergäßen, so müßten Steine und Quellen, Blumen und Vögel von ihm reden. Denn als ein echter Dichter nahm er den Bann von allen diesen Dingen, welchen Sünde und Unverstand darüber gelegt, und tat sie neu in ihrer ursprünglichen reinen Schönheit vor unseren Augen auf.

Franziskus war in dieser Zeit eifrig bemüht, die Erneuerung der Kapelle von St. Damian zu vollenden. Als ein Bettler zog er durch seine Vaterstadt und bat jedermann um Geld oder um Steine für den Bau, und obwohl viele ihn schmähten, gaben andere ihm doch, und er vollendete sein Werk. Auch ging er aus, um Öl für die Altarlampe zu bitten, und dabei geschah es einmal, daß er in seinem Bettelgewande (welches ihm des Bischofs Gärtner aus Mitleiden geschenkt)

Ruine einer romanischen Kapelle bei Spello, die den von Franziskus in Stand gesetzten Kapellen Portiunkula und St. Damian gleicht.

in ein Haus trat, worinnen alle seine vormaligen Kameraden ein Gelage feierten. Er erschrak vor Scham und kehrte um, ermannte sich aber alsdann sogleich aufs neue, trat hinein und bat seine ehemaligen Freunde und lustigen Zechbrüder freundlich und in aller Bescheidenheit um eine Gabe für Gottes Haus, verschwieg ihnen auch seine vorige Schwäche und Umkehr nicht. Und das tat er so ehrlich und von Herzen, daß jene ihm nicht anders als freundlich begegnen konnten.

Auch unter den übrigen Bewohnern der Stadt erschien manchen

sein jetziges Wesen nicht mehr ledig Narrenwerk und Unverstand, sondern es trat ihnen daraus ein Gruß Gottes und seliges Licht entgegen, welchem sie mit Milde und Ehrfurcht begegneten. Die elenden Aussätzigen, zu welchen Franziskus einstmals als ein vornehmer Herr und Rittersmann mit reichen Gaben gekommen war, liebten ihn um nichts minder, da er nun als ein Armer und Bruder sie besuchte. Viele Bürger aber verfolgten ihn weiters mit Hohn und Schimpf, auch sein Vater und sein eigener Bruder verachteten und lästerten ihn, wo sie konnten, und schämten sich seiner.

Nachdem die Erneuerung selbiger Kapelle ihm wohl gelungen war, wandte er sich zu dem Kirchlein der Portiuncula, welches gleichfalls einer Pflege und Wiederherstellung bedürftig war. Und wie man es häufig sehen kann, daß eines Menschen Herz mit besonderer Liebe an irgendeinem Orte hängt, so ward ihm diese Portiuncula für Lebenszeit zu seinem Liebling, wo er stetsfort Einkehr hielt und häufig stille Stunden, Trost und neue Träume und Lieder suchte. Auch diese kleine und bescheidene Kirche richtete er mit Mühen wieder her, und es begab sich in diesem selbigen Heiligtum, daß er Gottes Stimme deutlicher vernahm und das Ziel seines Lebens erblickte. Er verspürte nämlich gar wohl, daß solches äußerliche Werk, wie er bis dahin an der Kapelle und Kirche getan, dem großen Drang seines Herzens nicht Genüge tat. Da erklang ihm des Heilandes Wort: »Gehet hin und prediget und sprechet: das Himmelreich ist nahe herbeigekommen.« Da schlug ihm sein Herz, und er sah im Geiste die Völker der Erde hungern und dürsten und wehklagende Hände zum Himmel ausstrecken, daß ihnen eine Botschaft der Güte und Liebe werde.

Von da an begann Franziskus zu predigen, und von da an drang seine Stimme milde und stark als ein Liebesruf und lockender Gesang durch die Länder, heilige Sehnsucht aufregend und unzählige dunkle und verirrte Seelen mit dem Licht der Liebe erfüllend. Seine Rede war nicht die eines Schwärmers und Wortemachers, er sprach wie ein Bauersmann mit Bauern und wie ein Städter mit Städtern und wie ein Ritter zu Rittern, er redete mit jedem über das, was sein Herz bewegte, und er redete überall als ein Bruder zu Brüdern, als einer, der gelitten hat, zu Leidenden, als einer, der genesen war, zu den Kranken.

In Assisi begann er zuerst zu reden. Er predigte, wo er einige beisammen stehen fand, auf Märkten und Gassen, an den Toren und Gartenmauern. Sein Wort war einfach und liebevoll; er forderte von keinem zu tun, was nicht er selbst bereit war zu tun, er trug des Erlösers Bild im Herzen und zeigte es jedem: Siehe, das ist Demut, siehe, das ist Geduld, siehe, das ist Liebe! Vielen ging es zu Herzen, nötigte sie zu Nachdenken und Einkehr, und es begann eine schweigende Verehrung den Prediger zu umgeben, von dessen Person und Rede eine Kraft und Wärme ausging als von einem guten und klaren Gestirne. Seine Predigt war anders als der Priester Predigten, denn er hatte als Lehrmeister und Vorbilder nicht Bücher, Kirchenlehrer und Wortweise oder Rhetoren, sondern lediglich sein brennendes Herz und die Vögel des Himmels und die Lieder der vagierenden Sänger. Auch forderte er keinerlei Ehrfurcht für seine Person, welche er vielmehr willig jedem untertan machte und zu Dienste gab. Aber sein Antlitz war voll fröhlicher Güte, und sein Auge leuchtete von einer stetigen und reinen Flamme, und er warb um eines jeden Seele mit Ernst und mit lieblicher Verlockung, mit Gleichnissen und Liedern, wie ein Liebender die Geliebte ruft und wie eine Mutter um ihre Kinder unablässig sorgt und wirbt. Und wenn er geredet hatte, sah man ihn nicht stolz hinwegschreiten und müßig laufen, sondern jedermann konnte sehen, daß er ein hartes Leben führte, emsig arbeitete, allen Bedürftigen sich hingab und ohne Scheu im Siechenhause bei den armen Aussätzigen aus und ein ging.

Nach einiger Zeit gesellte sich zu ihm ein Genosse und Bruder, von welchem uns aber nichts weiteres berichtet ist. Alsdann kam eines Tages Herr Bernhard von Quintavalle zu ihm und bat ihn, daß er eine Nacht im Gespräche mit ihm hinbringe. Dieser Herr Bernhard war ein vornehmer und sehr reicher Bürger von großem Ansehen. Mit selbigem redete Franziskus jene ganze Nacht gütige und ernste Worte, und danach ging dieser Bernhard dahin, verkaufte sein Hab und Gut, soviel er hatte, und verteilte alles unter die Armen. Alsdann folgte er seinem Freunde nach, und Franziskus erbaute für sich und beide Jünger schlichte Rohrhütten neben der Portiuncula. Bald schon gesellte sich ein Jüngling mit Namen Egidius zu denselbigen, und nun zogen sie, vereinigt oder einzeln, hin und wieder durch das umbrische Land. Sie arbeiteten hier und dort bei den Landleuten auf dem Felde, wofür sie an Geldes Statt nur eine geringe Mahlzeit nahmen, und nach der Arbeit redeten sie mit den Leuten, predigten und sangen ihnen Lieder vor.

Darob nannte Franziskus sich und seine Brüder gerne joculatores

Die Kapelle St. Damian bei Assisi (heute).

Domini, das ist Spielleute Gottes, indem er selbst als ein Troubadour und singender Pilger Gottes Lob verkündete. Gewißlich war dieses in seinem Leben die fröhlichste Zeit. Ein Gast und Wandersmann pilgerte er dahin, gleich einem Spielmann und singenden Vogel, jedermann zu Dienst erbötig, seligen Herzens, und beschenkte jeden mit Güte und Trost, mit Handreichung und Rat, indem er mit den Arbeitern arbeitete, den Trauernden gütige Worte und den Fröhlichen heitere Lieder gab. Im Volk wurde er bald, wie auch heute noch, um seiner freiwilligen Armut willen mit scherzhafter Zärtlichkeit »il Poverello« genannt.

An schweren Stunden und Anfechtungen fehlte es freilich keineswegs. Die Familien, deren Söhne dem Franziskus nachgefolgt waren, schalten ihn einen Verführer der Jugend und Verächter der Kindesliebe, andere fürchteten, ihre Kinder auch an ihn zu verlieren. Jedoch begegneten die Brüder aller Feindschaft und Verachtung mit Schweigen und Demut, und durch das ganze umbrische Land geschah ein Erstaunen und eine Bewegung des Volkes über diese Männer. Viele nahmen sie auf und beherbergten sie mit solcher Freundlichkeit, daß die Brüder von Herzen dankbar waren, Geld aber und anderen Besitz, welcher ihnen dargeboten ward, nahmen sie nicht an, sondern verharrten redlich in Christi Armut, jedes Tages Sorge Gott allein vertrauend.

Von ihren Wanderzügen kehrten die Brüder stets wieder zur Portiuncula bei Assisi heim, trösteten sich daselbst und wurden ihrer Liebe und Freundschaft herzlich froh. An Zahl aber waren sie nun zwölfe geworden.

Bis dahin hatte Franziskus nach keinem anderen Ziele gestrebt, als die Begierde seiner Seele zu erfüllen und sich in unbegrenzter Hingabe seines Gottes zu freuen, den Menschen Gutes zu tun und ihnen die Botschaft der Liebe zu predigen. Nun aber waren elf Jünger und Freunde um ihn versammelt, welche gleich ihm Haus und Habe willig verlassen hatten und mit Lehre und Predigt herumzogen. Es geschah hier und dort, daß die bestellten Priester der Kirche sie scheel betrachteten und ihnen die Predigt verboten. Und in Wahrheit konnte das Wesen und die Lehrweise der Brüder vielen wohl als ein Ketzertum erscheinen, gleichwie im Norden das Wesen und Tun der Waldenser.

Dieses begann dem Franziskus als eine Last auf der Seele zu liegen. Sein kindliches Herz, welchem er in einfältigem Vertrauen gefolgt

Eingang der ehemaligen Portiunkulakapelle.

war, sollte nun so vielen Jüngern ein Führer sein, und seine von Liebe brennende Seele sollte für alle die Brüder, welche sie an sich gezogen, Verantwortung tragen. Er hatte niemals gedacht, ein Ketzer oder Prophet oder Neuerer zu sein, denn sein schlichter Kindersinn hing an den Ordnungen der Kirche mit treulichem Glauben. Nun aber ging eine Macht von ihm aus, welche stärker war als die Macht der Priester, und er sah eine Gemeinde um sich heranwachsen, gleich als hätte er sie der Kirche entrissen, welche er doch als eine Mutter ehrte. Als er dieses erkannte, überfielen ihn dunkle Sorgen, und sie blieben bei ihm. Von da an lastete die Größe seiner Macht auf ihm, denn seine Absicht war, die ganze Menschenwelt zu lieben und aus seiner Fülle zu beschenken, aber nicht zu regieren. Wie sollte der demütigste aller Menschen ein Haupt und Herr einer Gemeinde sein?

In solchen Sorgen fand er nicht anders Trost, als daß er beschloß, nach Rom zu ziehen und für sich und seine Brüder die Erlaubnis und Billigung des päpstlichen Oberhirten zu erbitten. Er machte sich also mit seinen Gefährten allsogleich auf den Weg, wählte jedoch zum Anführer der Reise nicht sich selber, sondern den Bruder Bernhard von Quintavalle. Also kamen sie nach Rom.

Dieses geschah im Jahre des Heils 1210, und es regierte um dieselbe Zeit zu Rom der Papst Innozenz der Dritte. Dieser war nun fast in allen Dingen das Widerspiel des Franziskus, übrigens nicht in bösem Sinne. Nur fehlte ihm die Liebe und Milde des Gemütes, denn er war nicht ein sanfter Hirte, sondern vielmehr ein gewaltiger Streiter und Gebieter, welcher die vielfältig bedrohte römische Kirche mit großer Kraft verwaltet und zu erneuter Ehre und Weltmacht erhoben hat. So geschah es als ein Wunder Gottes, daß um dieselbe Zeit ein streitbarer Herr Papst die Kirche aus weltlicher Unmacht errettete und zu hohem Glanze förderte, indessen hinwiederum der gütige und bescheidene Umbrier sie mit einem neuen Geist der Liebe erfüllte.

In Rom erhob sich kein kleines Verwundern über diese zwölf Männer aus Assisi, welche keine andere Gunst und Gnade begehrten, als daß sie ein Leben in Armut und Entsagung führen und des Heilandes Lehre ohne Lohn verkünden dürften. Dennoch erkannte der Papst, und auch der Herr Kardinal Giovanni von San Paolo, daß diesen armen und ungelehrten Menschen eine gewaltige Macht inwohnte, und der Heilige Vater begann, dieser Sache ernsthaft nachzudenken. Franziskus hatte für seine Brüderschaft eine kurze und einfache Regel aufgeschrieben, welche fast nur aus Stellen des Evangeliums bestand und welche er den Papst zu bestätigen bat, auch redete und predigte er vor demselben mit Kühnheit und großer Wärme. Trotz dessen vermochte der Papst sich nicht so bald zu entscheiden, und die Brüder wurden lange hingehalten und zu vielen Malen befragt und ermahnt und verloren fast den Mut. Doch am Ende tat jener Kardinal Giovanni eine Rede zum Heiligen Vater des Inhalts, es möchte unmöglich sein, daß die heilige Kirche eine Regel nicht bestätige, welche doch rein und lauter auf den Worten des Evangeliums beruhte. Da widerstand der Papst Innozenz nicht länger, sondern segnete den Franziskus, lobte und ermahnte ihn und gab ihm Lizenz, sein bisheriges Tun und Predigen weiter so zu üben.

Der prächtigen Stadt Rom und dem päpstlichen Hofe gern entronnen, begaben sich die Freunde auf die Heimreise, und obwohl sie aus Mangel an Trank und Nahrung in der heißen Campagna dem Verschmachten nahe kamen, freuten sie sich doch ihrer Freiheit und innigen Brüderlichkeit mit fröhlichem Herzen. Nach ihrer Gewohnheit hielten sie sich hier und dort in Städten und Dörfern auf, arbeitend, singend und predigend. Nicht anders als ein Frühling und junger Mai kam diese Gemeinschaft freudiger Pilger über die Gegenden, Trost und Leben spendend und in vielen Menschen eine Gottesahnung und Verjüngung der Seele erweckend.

Da sie wieder gegen Assisi kamen, nahmen sie ihren Wohnsitz in einer leeren Hütte, welche man Rivo torto nannte. Dort war berganwärts eine einsame und wilde Gegend, in welche Franziskus sich oftmals einige Tage zu Gebet und Sammlung begab. Denn zwar haßte er den Müßiggang streng und wendete seine ganze Kraft dem Dienst des Nächsten zu, doch war sein Gemüt überaus zart und fein und hat täglich unter dem Anblick des menschlichen Elendes tief gelitten. Dergestalt verwundet, zog er sich häufig still in die Einsamkeit zurück und ließ sein ermüdetes Herz an den Quellen des Lebens rasten und jung werden.

Sich täglich am Leben der Natur zu verjüngen und gleichsam Kräfte der Erde in sich zu ziehen, diese wunderbare und herrliche Kunst, welche man nur bei Dichtern und wahrhaft Seligen findet, hat er beständig als ein unvergleichlicher Meister geübt. Wie ein Kind und wie ein Weiser redete er mit Blumen, Gräsern, Wellen und allerlei Tieren, sang ihnen preisende Lieder, liebte und tröstete sie, freute sich mit ihnen und nahm an ihrem schuldlosen Leben teil. Dieses ist aber nur den Lieblingen Gottes gegeben, daß ihnen Sinne und Herz nicht altern und lebenslang so frisch und dankbar als bei Kindern bleiben. Eine wahrhaftige und lautere Güte des Herzens ist wie ein magisches Geheimnis Salomonis, welches dem Menschen die Sprache der Tiere und das innere Wesen der Pflanzen, Bäume, Steine und Berge erschließt, so daß vor seinen Augen die vielfältige Schöpfung als eine völlige Einheit liegt und keine verborgenen und feindlichen Klüfte und Schattenreiche hat. Franziskus verstand, als ein solcher Liebling Gottes, die Schönheit der Erde wie nur selten ein anderer Dichter sie verstand, er liebte jedes große und kleine

Papst Innozens III. bestätigt die Ordensregeln des Franz von Assisi. Fresko von Giotto in der Oberkirche von San Francesco in Assisi.

Geschöpf, sie aber liebten ihn wieder und gaben ihm Antwort. Wenn er müde war, mit Menschen zu reden, ging er zu den Wiesen, Wäldern und Tälern und vernahm in Quellen und Winden und Vogelgesang die süße, mächtige Sprache des Paradieses. Er wußte gar wohl, daß nichts auf Erden ohne eine Seele ist, und er begegnete jeder Seele, auch der Gräser und Steine, mit brüderlicher Ehrfurcht und Liebe.

Auch in anderen Dingen war Franziskus keineswegs ein finsterer Büßer und Weltverleugner, vielmehr liebte er sehr ein scherzhaftes Wort, eine heitere Ermunterung, und hat auch an schweren Leidenstagen niemandem je eine düstere Miene gezeigt.

Da man zu Assisi vernahm, er habe des Papstes Erlaubnis zum Predigen erlangt, erhob sich eine ungeheure Begierde im Volke, ihn zu hören, und er mußte (die anderen Kirchen waren zu klein) im Dome reden. Da riß die Gewalt seiner Inbrunst die große Menge mit sich dahin als ein Sturmwind. Zu jener Zeit war wiederum ein schwerer Hader zwischen dem armen Volke und den vornehmen Adeligen und Herren von Assisi im Gange. Des Franziskus Rede und Beispiel tat aber so mächtige Wirkung, und es hingen schon so viele mit Treue an ihm, daß beschlossen ward, er möge der Schiedsrichter unter den kämpfenden Parteien sein. Die ganze Stadt fügte sich willig seinem milden Urteilsspruch, worin er die Feinde versöhnte und den Armen gute Vorteile vergönnte, und es ward zwischen Adel und Volk ein Vertrag und Bündnis aufgesetzt und treulich erfüllt. Viele Verbannte kehrten heim, und die Stadt war voll Dank und Freude. Immer mehrere gesellten sich nun zu des Franziskus Gefährten. Seine Brüderschaft aber nannte er den Orden der Minoriten, das ist der Geringen. Das ganze Volk liebte und verehrte ihn mehr und mehr und es gab viele, welche ihn schon zu jener Zeit einen Heiligen nannten.

Es wurde ihm das Kirchlein der Portiuncula überlassen, neben selbigem erbauten sich die Brüder, deren Zahl sich täglich mehrte, kleine Hütten und wohnten daselbst. Ihren Führer verehrten sie als einen Herrn und Vater, er aber trachtete nicht zu regieren und Gebote zu geben, sondern ließ jeden nach seiner Art gewähren. Wer ein Handwerk verstand, der übte sein Handwerk, wer die Gabe zu reden hatte, der predigte, und wessen Gemüt nach Stille in Gott verlangte, der suchte die Einsamkeit. Es lag bei der Portiuncula ein Wald, und in diesem Walde hatten die Brüder ihre Gespräche mit Franziskus und untereinander. Hin und wieder trat ein Gast herein,

Franziskus predigt den Vögeln. Fresko von Giotto in der Oberkirche von San Francesco in Assisi.

begrüßte den Franziskus und sprach, ihn verlange danach, sein Bruder zu werden. Und dieses stand ohne weitere Prüfungen jedem frei, sobald er sein Gut den Armen gab, nichts für sich behielt und das Gelübde der Armut ablegte. Und es waren Bauern, Städter und Adelige, auch ehemalige Priester unter den Genossen, gelehrte und einfältige, feine und grobe, und alle lebten als Brüder miteinander, jeder den anderen dienend.

Im Jahre des Heils 1212, da Franziskus im Dom von Assisi dem Volke predigte, befand sich unter den Zuhörenden ein junges Mädchen aus dem vornehmen Hause der Sciffi, diese hieß Klara. Derselbigen gingen seine Worte so zum Herzen, daß sie mit ihm zu reden begehrte, und darauf entsagte sie allem, was sie besaß und begab sich in seinen Dienst. Er brachte sie, da er keine andere Unterkunft wußte, in ein Kloster der Benediktiner. Bald aber kamen noch mehrere Frauen mit demselben Verlangen, und es erstand eine Schwesterschaft, welche ihren Wohnsitz zu St. Damian erhielt und deren Dienst vor allem den Kranken gewidmet war. Die Gemeinschaft wuchs immer schneller, und bald waren es viel hundert Brüder und Schwestern.

Von dieser Zeit an verzehrte das Anwachsen und die Leitung des Minoritenordens die besten Kräfte des Franziskus, so daß von seiner Person nicht gar vieles mehr zu berichten überbleibt. Wir haben jedoch eine Menge von kleinen Geschichten und Legenden über ihn überkommen, welche von seinen Genossen aufgezeichnet wurden. Mehrere von diesen Historien findet man im folgenden Kapitel erzählt, die weitere Geschichte des Franziskanerordens aber möge man in den Kirchenhistorien nachlesen, da dieselbe nicht hierher gehört.*

Wie sehr Franziskus alle Tiere liebhatte, und besonders die Vögel, davon reden viele Geschichten und Legenden. Von Siena brachte er einstmals Turteltauben mit, baute selbst ihnen Nester und hatte samt den Brüdern seine Freude an ihrem Wesen. Ein anderes Mal schenkte ein Fischer ihm einen schönen Fisch, den er soeben gefangen hatte. Franziskus dankte ihm, nahm den Fisch und entließ

* Hier seien mit Nachdruck die beiden reifsten und edelsten Werke der modernen Franziskusliteratur empfohlen:
P. Sabatier, »La vie de St. François d'Assise« und
H. Thode, »Franz von Assisi und die Anfänge der Kunst der Renaissance in Italien«.

Die hl. Klara. Fresco von Simone Martini in der Unterkirche von San Francesco in Assisi.

ihn sogleich wieder ins Wasser. Im Kloster zu Rieti wohnten viele Vögel, mit welchen die Minoriten gute Freundschaft halten mußten.

Franziskus war nun zu einem Vater von Tausenden geworden, und viele schwere Sorgen lagen auf ihm, so daß er oft todesmüde ward. Seine Liebe und demütige Bereitschaft zu jeder Hilfe verminderte er darüber niemals, doch flüchtete er sein bedrängtes Herz noch öfter und inniger als zuvor in die Stille und Einsamkeit.

Im Sommer des Jahres 1224 begab er sich, voll dunkler Sorgen und

Der Berg Alverno, wohin Franziskus sich zurückzog.

vielleicht mit dem Vorgefühl seines Todes, auf den Berg Alverno, den er liebte. Er war so müde, daß er wider seine Gewohnheit auf einem Maultier reiten mußte. Da er den Berg erreichte, welcher voll großer Wälder war, begrüßten ihn unzählige Vögel und setzten sich auf seine Schultern und Hände, bis er sie segnete und entließ. Denn die unvernünftige Kreatur fühlte seine Liebe wohl und hatte keine Scheu vor ihm.

Daselbst ließ er die drei Brüder, welche ihn geleitet hatten, hinter sich und ging allein in den Wald, baute sich eine kleine Hütte und verblieb dort eine längere Zeit in heiligen Gedanken. In den Legenden aber steht berichtet, es sei ihm daselbst der Gekreuzigte erschienen und habe seinem Leibe die heiligen Stigmen verliehen. Nicht lange darauf befiel ihn noch größere Schwäche und eine schmerzhafte Krankheit der Augen, an welcher er lange zu St. Damian niederlag. In allen Schmerzen lächelte er beständig, pries und lobte Gott, und wenn er allein und blind in seiner Hütte lag, sang er begeisterte Lieder. Dort dichtete er auch den »Sonnengesang«.

Alsdann brachte man ihn nach Monte Colombo und nach Rieti. Sein Leiden war noch übler geworden, und die Ärzte wußten keinen anderen Rat, als daß sie ihm die Stirne mit einem glühenden Eisen brannten. Da sie mit dem schrecklichen Werkzeug an sein Lager traten, begrüßte der Todeskranke das Feuer und rief: »O, Bruder Feuer, du bist schön unter allen Geschöpfen, und ich habe dich immer liebgehabt, darum sei auch du mir nun gnädig!« Danach bat er einen Bruder, er möge ihm Musik vorspielen; der Bruder scheute sich aber dessen und wollte es nicht tun. Da hörte Franziskus in der Nacht einen Engel Gottes süße, unbeschreiblich köstliche Weisen aus dem Paradiese spielen.

Da es Winter ward und der Kranke von der Kälte litt, brachte ein Bruder ihm das Fell eines Fuchses und wollte es ihm innen in seine Kutte nähen. Er befahl aber, es müsse so angenäht werden, daß jeder es auch von außen möge sehen können, damit er nicht als ein Heuchler erfunden würde.

Nun fühlte er sein Ende nahe und ließ sich unter großen Qualen heimwärts nach Assisi bringen. Auf dem Totenbette diktierte er noch einen Brief, worin er mit überwallendem Herzen die ganze Menschheit auf den Knien anfleht, ihrer Seele zu gedenken. Er beginnt: »Ich, Bruder Franz, euer geringer Diener und bereit, eure Füße zu küssen, bitte und beschwöre euch bei jener Liebe, welche Gott selbst ist, diese Worte anzunehmen!«

Da er seinen Arzt befragte, wie lange er noch zu leben habe, und dieser ihm sagte, nur noch eine kleine Zeit, da breitete er die Arme aus und sagte: »Ich heiße dich willkommen, Bruder Tod.« Dann fing er an zu singen, und auch die anwesenden Freunde mußten mitsingen.

Wenige Tage vor seinem Ende ließ er sich in die Portiuncula bringen, welche er recht als seine Heimat betrachtete und liebhatte. Da lag er, den Tod erwartend, lächelnd und voller Güte, und redete noch manche tröstliche Worte zu seinen Gefährten. Sie mußten ihm noch einmal die laudes creaturarum vorsingen, und er segnete sie und auch die entfernten Brüder und Schwestern, ja alle Menschen,

Ausschnitt aus dem Fresko »Der Tod des hl. Franziskus« von Giotto aus der Basilika von Santa Croce, Florenz.

so daß von seinem Sterbelager noch ein Strom von Liebe ausging. Danach starb er, am 3. Oktober 1226, gegen den Abend. Und im Augenblicke, da er verschied, ließ sich auf dem Dach seiner Hütte eine große Schar von Lerchen nieder, welche einen lauten Gesang anstimmten.

Legenden

Sankt Franziskus erklärt dem Bruder Leo, was vollkommene Freude ist

Es wanderte einstmals St. Franziskus, da es Winterszeit war, mit dem Bruder Leo des Weges von Perugia nach Santa Maria zu den Engeln, und litt nicht geringe Not von der strengen Kälte. Da rief er den Bruder Leo an, welcher ihm vorauswandelte, und sprach zu selbigem: »Bruder Leo, wenn auch unsere Brüder allerorten ein großes Vorbild der Heiligkeit und Erbauung geben, trotzdem schreibe Du und bewahre es wohl im Geiste, daß hierin nicht vollkommene Freude zu finden sei.« Und nach einer Strecke Weges rief er abermals: »O Bruder Leo, wenn unsere Brüder die Blinden und Krüppel heilten und die Dämonen austrieben und den Tauben zu hören, den Lahmen zu gehen und den Stummen zu reden verliehen, ja, wenn sie, was noch mehr ist, Gestorbene nach vier Tagen auferweckten – schreibe, daß auch dieses nicht vollkommene Freude ist.« Und abermalen nach einer Weile rief er laut: »O Bruder Leo, wenn die Minoriten sich auf alle Sprachen und Wissenschaften verstünden, so daß sie weissagen könnten und nicht allein die zukünftigen Dinge, sondern auch die Geheimnisse der Herzen und Gewissen zu offenbaren vermöchten – schreibe, daß auch dieses nicht vollkommene Freude ist.« Und nochmals weiterschreitend rief St. Franziskus: »O Bruder Leo, Du Schäflein Gottes, wenn unsere Brüder auch der Engel Sprache redeten und wenn sie den Gang der Sterne und die Kräfte der Gewächse kennten, wenn ihnen alle Schätze der Erde offenbar wären und wenn sie die Kräfte der Vögel und der Fische, auch aller Tiere und Menschen, der Bäume und Gesteine, Wurzeln und Gewässer wüßten – schreibe, daß dies nicht die vollkommene Freude ist.« Und wiederum ging er weiter und rief wiederum: »Bruder Leo, wenn unsere Brüder auch so gut zu predigen verstünden, daß sie alle Ungläubigen bekehrten – schreibe, daß auch dies nicht die vollkommene Freude ist.«

Unter solchem Gespräche waren sie wohl zwei Meilen gewandert, da sprach Bruder Leo, mit großer Verwunderung fragend, zu ihm: »Vater, ich flehe Dich um Gottes willen, daß Du mir sagst, was denn die vollkommene Freude sei.« Und St. Franziskus antwortete ihm: »Wir werden in Santa Maria ankommen, durchnäßt vom Regen und steif von der Kälte, mit Schmutz bedeckt und von Hunger verzehrt, und werden anklopfen, und der Pförtner wird zornig sein und sagen: Wer seid Ihr? – Und wir antworten: Zwei von Euren Brüdern. Und wenn er dann erwidert: Was Ihr sagt, ist gelogen, Ihr seid vielmehr zwei Landstreicher, welche umherziehen und die Welt betrügen und die Armen um ihre Almosen bringen, geht fort von hier! – Und wenn er uns alsdann nicht öffnet, sondern läßt uns draußen stehen in Schnee und Regen, auch Hunger und Frost bis in die Nacht – und wenn wir alsdann solches Unrecht und Mißhandlung in Geduld ertragen, ohne zu zürnen, und wenn wir denken, daß der Pförtner recht habe, uns als so Unwürdige zu erkennen, und daß Gott ihn so reden heißt – o Bruder Leo, schreibe, daß dieses vollkommene Freude ist. Denn höre, Bruder Leo! Höher als alle Gaben und Segnungen des Geistes, welche Christus den Seinen verleiht, ist dieses: sich selbst überwinden und gern aus Liebe zum Heiland Strafe und Schimpf und Leiden erdulden.«

Wie St. Franziskus dem Bruder Masseo antwortete

Einstmals verweilte St. Franziskus in dem Kloster Portiuncula mit dem Bruder Masseo von Marignano, welchen er überaus liebhatte. Eines Tages nun, da St. Franziskus aus dem Walde heimkehrte, wo er gebetet hatte, und am Rande des Waldes stand, wollte eben jener Bruder Masseo seine Demut auf eine Probe stellen. Also trat er gegen ihn hin und rief scheltenderweise ihm zu: »Warum Dir? Warum Dir? Warum Dir?« Antwortete St. Franziskus: »Was will diese Deine Rede bedeuten?« Sprach Bruder Masseo: »Das bedeutet: warum läuft denn Dir alle Welt nach, so daß, wie es scheint, jedermann danach verlangt, Dich zu sehen, Dich zu hören und Dir zu dienen? Dein Körper ist nicht so sonderlich schön und reizend, auch bist Du nicht in Wissenschaften gelehrt, noch auch von hohem Adel, warum denn also geschieht es, daß gerade dir alle Welt nachläuft?«

Da St. Franziskus dieses vernahm, ward sein Geist höchlich erfreut, und er wendete sein Angesicht gen Himmel und blieb also eine Weile stehen, indem seine Seele bei Gott einkehrte. Alsdann kniete er nieder, pries Gott mit Danken und Loben und hernach wendete er sich mit großer Freudigkeit zu dem Bruder Masseo und sprach zu ihm: »Willst Du erfahren: Warum mir? Warum mir? Warum mir? Warum alle Welt mir nachlaufe? Das gab mir der höchste Gott, dessen Augen überall die Guten und die Bösen erkennen, und seine heiligen Augen erfanden unter allen Sündern keinen schlimmeren, keinen geringeren und keinen ärmeren denn mich. Gott hat, um sein Wunderwerk zu vollbringen, kein schwächeres Wesen auf der Erde gefunden. Dieserhalb hat er mich erwählt, um die Herrlichkeit und Weisheit der Welt zu beschämen, auf daß man nämlich erkenne, daß alle Macht und alles Gute nur von ihm komme, nicht von dem Geschöpfe, und damit niemand sich rühmen und überheben möchte.« Da verwunderte sich Bruder

Masseo und erkannte mit Gewißheit, daß St. Franziskus von echter und lauterer Demut wäre.

St. Franziskus gebietet den Schwalben und predigt den Vögeln

St. Franziskus kam zu dem Schloß Savurniano und schickte sich an, daselbst zu predigen. Es sangen aber und lärmten im Hofe sehr viele Schwalben. Da befahl er ihnen, sie sollten so lange schweigen, bis er gepredigt hätte, und die Schwalben gehorchten ihm.

Und danach gelangte er in die Gegend zwischen Cannajo und Bevagno, und während des eifrigen Wanderns hob er seine Blicke auf und sah Bäume am Wege stehen, auf denen saßen sehr große Scharen von Vögeln. Darob erstaunte St. Franziskus und redete so zu seinem Gefährten: »Warte hier an der Straße auf mich, ich will hingehen und meinen lieben Geschwistern, den Vögeln, predigen.« Also ging er in das Feld hinein und begann zu den Vögeln zu reden, welche sich dort befanden. Da kamen allsogleich auch jene Vögel von den Bäumen herbei, und alle verhielten sich sehr still, bis er seine Predigt endete, und flogen erst dann hinweg, nachdem er sie auch noch gesegnet hatte. Und, wie Bruder Masseo später erzählt hat, ging St. Franziskus unter den Vögeln umher und berührte ihre Köpfe und streichelte sie, ohne daß einer davonflog.

Er predigte ihnen aber namentlich solche Worte: »Ihr Vögelein, meine Brüder, ihr sollt immerdar und an allen Orten Gott preisen, denn er hat euch die Freiheit gegeben, daß ihr nach Belieben möget fliegen und schweben, auch gab er euch ein gutes und schönes Gewand. Dazu hat er euch das Element der Luft überlassen, wofür ihr ihm danken sollt. Ihr säet ja nicht und erntet nicht, und Gott ernährt euch und gibt euch zum Trank die Flüsse und die Quellen, auch gibt er euch zur Zuflucht die Berge und Täler und die hohen Bäume, eure Nester darauf zu bauen. Euer Schöpfer hat euch herzlich lieb, darum dankt ihm und seid stets eifrig, ihn zu loben.«

Als St. Franziskus also zu ihnen redete, öffneten alle die Vögel ihre Schnäbel und streckten ihre Hälse, breiteten die Flügel aus, neigten ihre kleinen Köpfe bis zur Erde und sagten ihm durch Gebärden und durch Zwitschern, daß er ihnen sehr große Freude gewähre. Und St. Franziskus freute sich mit ihnen allen, er ergötzte sich sehr an der so

Franziskus predigt den Vögeln. Fresko eines unbekannten Malers (ca. 1230–1250) in der Unterkirche von San Francesco in Assisi.

großen Vogelschar, an ihrer Schönheit und Mannigfaltigkeit, auch wie sie so zutraulich und aufmerksam waren, worüber er voll Andacht in ihnen den Schöpfer lobte.

St. Franziskus deutet dem Bruder Leo eine Erscheinung

Einmal war St. Franziskus schwer krank, und Bruder Leo bediente ihn. Da geschah es, daß dieser Bruder ein Gesicht hatte und sah im Geiste einen überaus breiten und reißenden Strom. Da er betrachtete, wer über den Strom hinübergehe, sah er mehrere Ordensbrüder in diesen Strom hineingehen, und sogleich wurden sie von der Gewalt der Strömung dahingerissen und ertranken. Einige andere gelangten bis zu einem Drittel des Stromes, andere bis zur Mitte, einige bis nahe an das Gestade, aber alle wurden doch entrissen, sowohl durch die Gewalt des Stromes als auch darum, weil jeder ein Bündel auf dem Rücken trug. Als Bruder Leo solchem zuschaute, empfand er ein tiefes Erbarmen mit den Brüdern. Aber während er noch also dastand, siehe, da kam plötzlich eine Schar von Brüdern, welche keinerlei Last noch Bündel an sich hatten, und gingen in den Fluß hinein und kamen unversehrt hinüber.

Nach diesem Traum erwachte Bruder Leo. Und nachdem er die ganze Erscheinung erzählt hatte, sprach St. Franziskus: »Was Du geschaut hast, ist wahrhaftig so. Der große Strom ist diese Welt. Die Brüder, welche darin ertranken, das sind jene, welche das Gelübde der Armut nicht innegehalten haben. Jene aber, die ohne Not hinübergelangten, das sind die Brüder, welche in dieser Welt keinerlei Güter suchen und besitzen. Darum gehen sie auch leicht aus der Zeit in die Ewigkeit hinüber.«

Des St. Franziskus Falke auf dem Berg Alverno

Da der selige Franziskus auf dem Berg Alverno verweilte, welches die schmerzlichste und heiligste Zeit seiner Pilgerfahrt gewesen, und daselbst allein in einem Hüttlein wohnte, jedoch krank und sehr schwachen Leibes war, konnte er des Morgens nicht früh genug zum Matutingebet erwachen. Es kam aber jeden Morgen zur rechten Stunde ein Falke und weckte ihn, indem er sang und an die Hütte pochte, und er entfernte sich nicht eher, als bis St. Franziskus sich zum Frühgebet erhoben hatte. Wenn er aber einmal allzu müde und krank war, so sang der Falke, gleich als wäre er ein vernünftiges und mitleidsvolles Wesen, zu einer etwas späteren Stunde. Und auch bei Tage ging St. Franziskus vertraulich mit dem edlen Vogel um.

Und da er den Berg Alverno verließ, nahm er von den Felsen und Wäldern und von dem Bruder Falken herzlichen Abschied, und zu dem Berge sprach er: »Gott behüte dich, du Berg Alvernus, lebe wohl und Friede sei mit dir, du gesegneter Berg, denn ich werde dich niemals wiedersehen.«

Die laudes creaturarum

Da Franziskus krank zu St. Damian lag und von der heiligen Klara gepflegt ward, litt er große Qualen und verspürte des Todes Schatten über sich. Dennoch war er freudigen Mutes und sprach: »Ein kleiner Sonnenstrahl ist mächtig genug, um gar viel Finsternis zu erhellen.« Er sang und dichtete bei Tage und bei der Nacht, denn er gedachte an alle Schönheit der Erde und an alle Tröstung und Gnaden, womit ihn sein guter Gott gesegnet, an seine vielen Brüder und an die Berge und Täler der Einsamkeit, wo er Gott geschaut hatte, auch an die Flüsse und Fluren sowie Tiere und Vögel, woran er seine Freude und Erquickung gehabt. Und eines Tages, da er beten wollte, sang er an Betens Statt ein Lied, darin er alle Kreaturen ermahnte, den Herrn zu preisen. Dieses sind die laudes creaturarum, welche man auch Franzisci »Sonnengesang« nennt (von allen seinen Liedern das einzige, welches uns erhalten worden) und lauten also:

Altissimu, onnipotente, bon signore,
tue so le laude la gloria
e l'onore et onne benedictione.
Ad te solo, altissimo, se konfano
et nullu homo e ne dignu te mentovare.

Laudato si, misignore, cum tucte le tue creature,
spetialmente messor lo frate sole,
lo quale iorno, et allumini per loi;
et ellu ebellu eradiante cum grande splendore;
de te, altissimo, porta significatione.

Laudato si, misignore, per sora luna e le stelle,
in celu lai formate clarite et pretiose et belle.

Laudato si, misignore, per frate vento
et per aere et nubilo et sereno et onne tempo,
per loquale ale tue creature dai sustentamento.

Laudato si, misignore, per sor acqua,
laquale e multo utile et humile et pretiosa et casta.

Laudato si, misignore, per frate focu,
per loquale ennallumini la nocte,
ed ello ebello et iocundo et robustoso et forte.

Laudato si, misignore, per sora nostra matre terra,
la quale ne sustenta et governa
et produce diversi fructi con coloriti flori et herba.

Laudato si, misignore, per quelli ke perdonano per lo tuo amore
et sostengono infirmitate et tribulatione.
Beati quelli ke sosterrano in pace
ka da te, altissimo, sirano incoronati.

Laudato si, misignore, per sora nostra morte corporale,
da la quale nullu homo vivente po skappare;
guai acquelli ke morrano ne la peccata mortali;
beati quelli ke se trovarane le tue sanctissime voluntati,
ka la morte secunda nol farra male.

Laudate et benedicete misignore et rengratiate
et serviteli cum grande humilitate.

Das ist, wortgetreu verdeutscht:

Höchster, allmächtiger, gütiger Herr!
Dir gehören Preis, Ruhm, Ehre und jeglicher Segen.
Dir allein geziemen sie, Höchster,
Und kein Mensch ist wert, Dich zu nennen.

Gepriesen seist Du, o Herr, mit allen Deinen Geschöpfen,
Vornehmlich mit unserem Herrn Bruder, dem Sonnengestirn,
Welches den Tag schafft und uns erleuchtet durch ihn.
Es ist schön und strahlend mit großem Glanze,
Ein Gleichnis Deiner, o Höchster.

Gepriesen seist Du, o Herr, durch Schwester Mond und die Sterne,
Du hast sie am Himmel gebildet helle, köstlich und schön.

Gepriesen seist Du, o Herr, durch den Wind, unseren Bruder,
Auch durch die Luft und durch die Wolken und heitere und jegliche

Witterung,
Durch welche Du Deinen Geschöpfen Erhaltung gewährst.

Gepriesen seist Du, o Herr, durch unsere Schwester, das Wasser;
Sehr nützlich ist es, demütig, kostbar und keusch.

Gepriesen seist Du, o Herr, durch unseren Bruder, das Feuer,
Durch welches Du die Nacht helle machst;
Schön ist es und freudespendend, stark und gewaltig.

Gepriesen seist Du, o Herr, durch unsere Schwester und
Mutter Erde,
Die uns erhält und regiert
Und mannigfache Früchte hervorbringt und bunte Blumen
und Kräuter.

Gepriesen seist Du, o Herr, durch die, welche um Deiner Liebe
willen Verzeihung üben
Und Leid und Trübsal erdulden.
Selig, die im Frieden weilen;
Denn von Dir, Höchster, werden sie die Krone empfangen.

Gepriesen seist Du, o Herr, durch unseren Bruder, den
leiblichen Tod,
Welchem kein Lebender mag entrinnen.
Wehe über die, welche in Todsünde sterben!
Selig die, welche der Tod in Deinen Willen ergeben findet,
Denn der zweite Tod wird ihnen kein Leides tun.

Lobet und preiset den Herrn und danket ihm,
Dienet ihm mit großer Demut!

Zum Beschluß

Eines reinen und edelmütigen Menschen Leben ist jederzeit ein heilig und wundersames Ding, von welchem unerhörte Kräfte ausgehen und weit in die Ferne wirken. Dieses vermögen wir am Leben des Poverello von Assisi noch deutlicher zu sehen als bei den meisten anderen Helden und großen Geistern der älteren Zeitalter.

Auch wenn man nur ganz oberflächlich und äußerlich zusieht, kann man leicht wahrnehmen, daß mehrere Jahrhunderte hindurch in allen italienischen Landen keinem Menschen so unmäßige Liebe und Huldigung widerfahren ist als dem bescheidenen und demütigen Franziskus.

Vor allen haben ihn die Künstler hoch gefeiert, für welche er ein Erlöser und Erwecker geworden ist. Man sieht ja oft, wie ein schwaches Kind, sobald ein kluger und gütiger Mann es führt, Mut und Kräfte gewinnt, und so sind dem Liebesruf des Lehrers von Assisi vor allem die Künstler nachgefolgt, deren Gewerbe bis dahin zum Teil in größter Verwahrlosung gelegen hatte, nun aber plötzlich als wie ein Frühling hervorbrach und erblühte. Namentlich der weltberühmte Giotto, der erste große Malermeister der neueren Zeiten, ist recht eigentlich durch seine Dankbarkeit und starke Liebe zu Franziskus und durch dessen Geist zu solcher Tiefe und seelenvollen Glut der Darstellung getrieben worden, wie wir in seinen wundervollen Werken finden. Ich hätte wohl schweigen und mich all meiner Worte über den Seligen von Assisi enthalten können, wenn es mir möglich wäre, euch statt dessen in die herrliche Kirche zu Assisi zu führen, an deren Wänden Giotto das Leben des Franziskus abgemalt hat. Denn diese Bilder zeigen nicht nur die Taten und Begebenheiten seines Lebens, sondern sie sind auch gleichsam ein begeistertes Lied, aus dem Geiste des Seligen geboren. Die überaus kühne und inbrünstige Kunst des Giotto ist im Grunde kaum etwas anderes als ein gewaltiger Widerhall der Stimme jenes großen Sängers und Predigers. Wir können häufig wahrnehmen, daß ein lebenskräftiger und tiefer Geist stets wieder in neuen Formen und Verwandlungen redet und sich mitzuteilen strebt; so hat ja zum Exempel der Geist Christi sich je nach dem Wesen der Zeiten in gar vielerlei Arten ausgesprochen. Hat er nicht in Zeitläufen, da Lehre und Predigt versiegt und unkräftig geworden waren, durch Dichter und Seher und große Musiker geredet? Und in den Zeiten, da die Kirche am tiefsten in Sünden und Verfall geraten war, redete er mit neuer Gewalt durch die Werke der Maler, Baumeister und Steinmetzen!

So geschah es auch, daß die zarte und selige Gottesbotschaft, welche in des Franziskus Gestalt zur Erde kam, nicht mit seinem Tode erlosch. Er hatte aus vollen Händen einen guten Samen über die Erde hingestreut, und die Saat ging auf und wuchs und erblühte

Blick in die Oberkirche von San Francesco in Assisi mit den, um 1300 entstandenen, Wandgemälden Giottos zu Stationen aus dem Leben des Franz von Assisi.

– hier in eines Malers, dort in eines Dichters oder Bildners oder Weisen Seele. Und wenn auch von seinem Erdenleben kein Bericht und von seinen Liedern kein Ton zu uns gekommen wäre, so hätten wir an deren Statt doch die beredten Zeugnisse Unzähliger, in welchen seine Gestalt und Weise Liebe und Sehnsucht weckte und welche in vielen Sprachen, in Worten und Tönen, Erz, Marmor und holden Farben von ihm redeten.

Es gibt in der Geschichte der neueren Kunst vielleicht keine Menschengestalt, von welcher so viele große Meister geträumt und jeder nach der Art seines Traumes ein verklärtes Bildnis geschaffen haben wie von Franziskus. Er übte noch lange nach seinem Tode eine solche sanfte und tiefe Macht auf die Gemüter, daß er der Liebling aller Künstler ward. Diesen schien sein Leben so voll von Poesie und so sehr der Schilderung und des ewigen Andenkens würdig, daß Hunderte von Malern und Bildnern seine Gestalt und Szenen aus seinem Leben abgebildet haben. Und auch die alten Novellenerzähler verehrten ihn nicht minder und sammelten über ihn alle Geschichten und Sagen, so daß er in Bälde gleich Karl dem Großen oder gleich den mythischen Fabelhelden in aller Munde und von einem reichen Kranze schöner Legenden umgeben war.

Sodann haben nicht wenige Dichter aus seinem Gefühl und Geiste heraus geschrieben und gesungen. Diese Nachfolger und Verehrer des Franziskus bedienten sich zumeist, noch viel früher als Dante, der Volkssprache und müssen als die Vorläufer oder Begründer der italienischen Dichtkunst in Versen angesehen werden. Schon unter den frühesten Schülern und Freunden Franzisci finden wir mehrere Dichter, welche teils in lateinischer, teils in italienischer Sprache Gesänge und Hymnen verfaßten. Dem Thomas von Celano, einem Jünger Franzens, wird (obwohl ohne Gewißheit) jenes gewaltige und ergreifende Lied »Dies irae, dies illa« zugeschrieben. Ferner hat Bruder Giacomo von Verona ein großes und schönes Gedicht über den Himmel und die Hölle geschrieben, welches erst von Dante übertroffen ward. Diesen Dichtern folgten die Sänger zahlreicher »laudes« nach, welche namentlich zu Florenz längere Zeit die Träger aller volkstümlichen Dichtkunst gewesen sind. Der größte und mächtigste Nachfolger des Franziskus aber war Jacopone dei Benedetti, nach seiner Vaterstadt Jacopone da Todi genannt, welchen ein schweres Schicksal in bitterem Leide zu einem Dichter von schmerzvoll schönen Gesängen machte. Seine vielen Lieder brennen wie lodernde Fackeln in roter Glut von nächtlichen Bergen, trauernd und schön, in leidenschaftlichen und inbrünstigen Flammen.

Man könnte gar leicht noch auf vielen Gebieten des Geistes und der Schönheit des Franziskus übermächtigen Einfluß erweisen. Von solchen großen Menschen, an deren Bild und Gedächtnis ein ganzes Volk mit eifriger Liebe hängt und weiterbildet, hat allezeit die Kunst einen neuen Wirkungskreis und neue Lebenskräfte empfangen. Darin liegt das Unergründliche und Ewige solcher Gestalten, daß allein der Gedanke an sie Wunder tut und Kräfte weckt, daß er Helden zu Taten und Maler zu Bildern und Sänger zu Liedern begeistert, weil sie alle in ihm ein Sehnsucht erweckendes Gleichnis und einen Gruß Gottes an die Erde erblicken.

Wenn einer mich fragen wollte: wie magst du jenen Franz einen gewaltigen Dichter nennen, da er uns doch nichts hinterlassen hat als jene laudes creaturarum? Dem würde ich antworten: er hat uns die unsterblichen Bilder des Giotto und alle die schönen Legenden und die Lieder des Jacopone und alle der anderen und tausend köstliche Werke geschenkt, welche alle ohne ihn und ohne die geheime Liebesmacht seiner Seele niemals entstanden wären. Und er war einer von den rätselhaften Großen, einer der frühesten, welche unbewußt an jenem wundersamen Riesenwerke gebaut haben, welches wir die Renaissance, das ist die Wiedergeburt des Geistes und der Künste, nennen.

Ach, es gibt so gar viele berühmte Schreiber und Dichter, welche hübsche Werklein verfertigt haben! Aber es gibt nur wenige, welche kraft der Tiefe und Glut ihres Innersten Worte und Gedanken der Ewigkeit und der uralten Menschensehnsucht unter die Völker warfen gleich himmlischen Boten und Sämännern. Und es gibt wenige, welche nicht wegen ihrer schön gemachten Worte und Werke, sondern allein wegen ihres reinen und adeligen Wesens durch Jahrhunderte geliebt und bewundert werden und gleich seligen Sternen über uns in der reinen Höhe stehen, golden und lächelnd und gütige Führer und Leiter für die im Dunkel dahintreibenden Irrfahrten der Menschen. *(1904)*

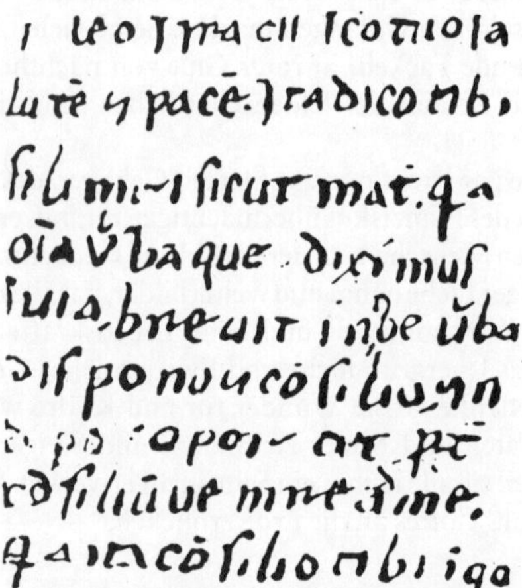

Die Handschrift des Franz von Assisi.

Der Erzähler

In einem hochgelegenen Kloster im toskanischen Apennin, dessen Gast er war, saß am Fenster seiner wohnlichen Stube ein greiser geistlicher Herr. Draußen glühte die Frühsommersonne auf den Mauern, auf dem schmalen, festungsartigen Hofe, den steinernen Treppen und dem steilen, gepflasterten Fahrweg, der vom grünen Tale heiß und mühsam bergan zum Kloster führte. Weiter hinaus lagen grüne, fruchtbare Täler, in deren Gärten Oliven, Mais, Obst und Reben gediehen, lichte kleine Weiler mit hellen Mauern und schlanken Türmen, dahinter die hohen, kahlen, rötlichen Berge, da und dort mit mauerumschlossenen Meierhöfen und kleinen weißen Landhäusern besetzt.

Auf dem breiten Gesimse hatte der alte Herr ein kleines Buch vor sich liegen. Es war in ein Stück Pergamentmanuskript gebunden, dessen Zinnoberinitialen kräftig leuchteten. Er hatte darin gelesen und strich nun spielend mit der weißen Hand über das Büchlein, nachdenklich lächelnd und mit leisem Kopfschütteln. Das Bändchen war nicht etwa der Klosterbibliothek entnommen, hätte dorthin auch nicht gepaßt; denn es enthielt weder Gebete noch Meditationen, noch die *Vitae Patrum*, sondern eine Sammlung von Novellen. Es war ein Novellino in italienischer Sprache, erst kürzlich erschienen, und auf seinen schön gedruckten Blättern stand allerlei Feines und Grobes, zarte Ritter- und Freundschaftshistorien neben durchtriebenen Schelmenstücklein und saftigen Hahnreigeschichten.

Trotz seinem milden Aussehen und trotz seinen höheren kirchlichen Würden hatte Herr Piero seine Ursache, an diesen weltlich derben Geschichten und Schwänken Anstoß zu nehmen. Er hatte selber ein flottes Stück Welt gesehen und genossen, und er war selber ein Verfasser von zahlreichen Novellen, in denen die Heikelkeit der Stoffe mit der Delikatesse der Darstellung wetteiferte. So gut er es in jungen Jahren verstanden hatte, hübschen Frauen den Hof zu machen und verbotene Fenster zu erklimmen, so gut und bündig hatte er später gelernt, seine und fremde Abenteuer zu erzählen. Obwohl er nie ein Buch veröffentlicht hatte, kannte man ihn und seine Geschichten durch ganz Italien. Er liebte eine feinere Art der Darbietung: er ließ seine Opuscula, jedes kleine Stück für sich, zierlich abschreiben und sandte ein solches Blatt oder Heft bald dem, bald jenem von seinen Freunden zum Geschenk, stets mit einer schmeichelhaften oder witzigen Widmung versehen. Diese kostbaren Pergamente gingen zunächst an den Bischofssitzen und Höfen von Hand zu Hand, wurden nacherzählt und wieder und wieder abgeschrieben und fanden ihren Weg in stille, entlegene Kastelle, in Reisewagen und Schiffe, in Klöster und Pfarrhöfe, in Malerwerkstätten und Bauhütten.

Nun war es allerdings schon einige Jahre her, seit die letzte galante Novelle von seinem Pult ins Weite gegangen war, und es gab schon in mehreren Städten Buchdrucker, die gleich den Wölfen auf seinen Tod warteten, um dann sogleich Sammlungen der Novellen zu veranstalten. Herr Piero war alt geworden, und das Schreiben war ihm entleidet. Auch hatte mit dem Altwerden sein Gemüt sich nach und nach von den galanten und witzigen Stoffen abgewandt und neigte zwar nicht zur Askese, aber doch zu einem tieferen, nachdenklichen Betrachten des Ganzen und Einzelnen. Ein glückliches und ausgefülltes Leben hatte bisher seinen Verstand durchaus mit Wirklichkeit gesättigt und vom Grübeln ferngehalten; nun kam gelegentlich eine Stunde, da er statt der kleinen bunten Welt des Zeitlichen die großen Räume des Ewigen ins Auge faßte und über das seltsam und unlöslich ins Unendliche verflochtene Endliche in stille Bewunderung versank. Heiter und freimütig wie sein früheres Denken waren auch diese Betrachtungen; er fühlte ohne Klagen seine Ruhezeit gekommen und den Herbst angebrochen, da die reife Frucht ihres Strebens satt wird und sich, müde werdend, der mütterlichen Erde zuneigt.

So blickte er vom Buche hinweg sinnend und genießend in die heitere Sommerlandschaft. Er sah Bauern im Felde arbeiten, angeschirrte Pferde vor halbbeladenen Wagen an den Toren der Gärten stehen, sah einen struppigen Bettler auf der langen weißen Straße wandern. Lächelnd nahm er sich vor, diesem Bettler etwas zu schenken, wenn er zum Kloster heraufkäme, und aufstehend überblickte er mit spielerischem Mitleiden die Straße mit ihrer großen Windung um Bach und Mühle herum und den steilen warmen Steinweg vor der Pforte, auf dem ein einsames Huhn träumerisch und unstet wandelte und an dessen glühenden Mauern die Eidechsen spielten. Sie liefen hastig, blieben still atmend stehen, bewegten leise und suchend die schönen Hälse und die dunklen harten Augen, sogen die von Wärme zitternde Luft mit Behagen ein und eilten plötzlich wieder, von unbekannten Entschlüssen getrieben, blitzschnell von hinnen, verschwanden in schmale Steinritzen und ließen die langen Schwänze heraushängen. Darüber wandelte den Zuschauer ein Durst an. Er verließ die Stube und schritt durch die kühlen Dormente in den verschlafenen Kreuzgang hinüber. Dienstfertig zog ihm der Bruder Gärtner den schweren Eimer aus der kalten Zisternentiefe, in der die fallenden Tropfen unsichtbar auf eine klingende Wasserfläche schlugen. Er füllte sich einen Becher, pflückte aus den wohlgehaltenen Limonenbüschen eine gelbe reife Frucht und drückte ihren Saft in sein Trinkwasser. Dann trank er in langsamen Zügen.

In seine Stube und an das Fenster zurückgekehrt, ließ er still genießende Blicke über die Täler, Gärten und Bergzüge wandern. Erlangte sein Blick ein sanft am Hange gelegenes Gehöft, so malte er sich im Geist einen sonnigen Torweg aus, unter dem Knechte mit gefüllten Körben, schwitzende Zugpferde und breitmäulige Ochsen, schreiende Kinder, eilige Hühner, freche Gänse, rosige Mägde ein und aus gingen. Kam ihm hoch auf einem Grat ein stattliches, steil emporflammendes Zypressenpaar zu Gesicht, so stellte er sich vor, er säße als ein Wanderer rastend darunter, eine Feder auf dem Hut, ein amüsantes Büchlein in der Tasche und ein Lied auf den Lippen. Wo ein Waldrand seinen gezackten Schatten auf eine lichte Wiese breitete, rastete sein Blick in der Vorstellung einer Sommergesellschaft: er sah junge Leute in den Anemonen lagern und sich die Zeit mit Plauderei und Liebesgetändel vertreiben, sah am Waldrand große flache Körbe mit kalten Speisen und Obst bereitliegen und in die kühle Walderde halb eingesenkt schmalhalsige Weinkrüge, in die man außerdem zu Hause Eisstückchen gelegt hatte.

Er war gewohnt, sich am Betrachten der sichtbaren Welt zu ergötzen, so daß ihm, wenn andere Unterhaltung mangelte, jedes Stück Land oder Welt, vom Fenster oder Reisewagen aus gesehen, zu einem Zeitvertreib wurde, wobei die mannigfaltigen Beschäftigungen und Umtriebe der Menschen ihn als überlegenen Zuschauer zum Lächeln brachten. Denn er gönnte jedem das, was einer besaß und galt, hatte auch gute Gründe zu glauben, daß vor Gottes Augen ein Kirchenfürst wenig mehr als irgendein armer Knecht oder ein Bauernkind bedeute. Und während er, seit kurzem erst der Stadt entronnen, sein Auge an der grünen Freiheit weidete, kehrte sein beweglicher Geist nach mancherlei Flügen heim in die fröhlichen Gefilde der Jugendzeit, als sähe er sie im Bilde der lichten Landschaft zu behaglicher Altersrückschau vor sich ausgebreitet. Mit

Nachfreude erinnerte er sich an manchen Tag der Lust, an manche fröhliche Jagd, da er noch keine Röcke trug, an heiße rasche Ritte auf sonnigen Straßen, an Nächte voll Gesang und Geplauder und Bechergeläut, an Donna Maria die Stolze, an Marietta die Müllerin und die Herbstabende, da er die blonde Giuglietta in Prato besuchte.

Niedersitzend behielt er den rotbraunen Kranz der hohen Berge im Blick, als verweile dort in der Ferne sichtbar noch ein Glanz und Duft von damals, als brenne dort eine lang untergegangene Sonne noch fort. Sein Gedächtnis kehrte in die Zeit zurück, da er kein Knabe mehr und doch noch kein Jüngling war. Dies allein hatte er unrettbar verloren; das war das einzige, was sich nie im Leben wiederholt hatte und was auch die Erinnerung nicht mehr völlig zu beschwören mächtig war – jenes frühlingshafte, sehnsüchtige Werdegefühl. Wie hatte er da nach Wissen gehungert, nach einer sicheren Kunde von der Welt und vom Mannesleben, vom Wesen der Frau und der Liebe! Und wie war er reich und unbewußt glücklich in jenem schmerzlich dürstenden Sehnen gewesen! Was er später sah und genoß, war schön, war süß; aber schöner und süßer und seliger war jenes phantastische Träumen und Ahnen und Sehnen gewesen.

Ein Heimweh dort hinüber beschlich den alten Herrn. Nur eine von den Stunden noch einmal zu haben, da er tastend vor dem Vorhang des Lebens und der Liebe stand, noch unwissend, was er dahinter fände und ob es zu wünschen oder zu fürchten sei! Noch einmal errötend die Gespräche der älteren Freunde zu belauschen und beim Gruß jeder Frau, von deren Liebesleben man irgend etwas wußte oder ahnte, bis ins Herz hinein zu zittern!

Piero war nicht der Mann, um Erinnerungen zu trauern und sein Wohlsein einer Jagd nach Träumen zu opfern. Mit einer plötzlichen Grimasse begann er leise die Melodie einer alten lustigen Kanzone durch die Zähne zu pfeifen. Dann griff er von neuem nach dem Novellino und fand seine Freude daran, in dem farbenreichen Dichtergarten zu lustwandeln, wo es von prächtigen Kostümen glänzte, während die Becken der Springbrunnen vom Gekreische badender Mädchen widerhallten und in den Gebüschen das Gekose verliebter Paare zu hören war. Da und dort nickte er einem guten Wortspiel anerkennend und befriedigt zu, da und dort schien ihm eine Pointe gelungen, ein Kraftwort gut angebracht, ein kleiner lasziver Nebensatz geschickt und reizend durch scheinbares Verstecken ins Licht gerückt; je und je auch dachte er mit korrigierender Gebärde: das hätte ich anders gemacht. Manchen Satz las er halblaut, den Tonfall ausprobend. Heiterkeit überflog sein kluges Gesicht und entzündete kleine fröhliche Feuer in seinen Augen.

Wie es aber geschehen kann, daß ungewollt ein Teil unserer Seele, während wir dies oder jenes treiben, durch entlegene Gebiete irrt und bei Vorstellungen verweilt, die mehr als Phantasien und weniger als Erinnerungen sind, so war ein Teil seiner Gedanken, ohne daß er recht darum wußte, in jener fernen Vorfrühlingszeit seiner Jugend geblieben und flatterte unsicher um ihre ruhenden Geheimnisse, wie die Abendfalter um ein erleuchtetes und geschlossenes Fenster schwirren.

Und als nach einer Stunde das lustige Buch von neuem weggeschoben auf dem Stuhle lag, waren diese verirrten Gedanken noch nicht zurückgekehrt, und um sie heimzurufen, ging er ihnen so weit in die Ferne nach, daß es ihn gelüstete, dort nochmals eine Weile zu rasten. Mit spielender Hand ergriff er ein daliegendes Streifchen Papier, nahm vom Schreibtisch einen Kiel und begann seine Linien zu kritzeln. Eine lange schmale Frauengestalt erwuchs auf dem Papier, mit stiller Freude strichelte die weiße weiche Priesterhand liebevoll an Falten und Säumen; nur das Gesicht war und blieb eine blöde Maske, dazu reichte seine Fertigkeit nicht aus. Während er kopfschüttelnd die starren Linien des Mundes und der Augen statt lebendiger nur schwärzer und steifer werden sah, veränderte das Tageslicht sich mehr und mehr, und endlich aufblickend, sah Herr Piero die Berge rot umleuchtet. Er lehnte sich ins Fenster, sah im goldenen Staubgeflimmer der Straße Vieh und Wagen, Bauern und Weiber heimkehren, hörte in nahen Dörfern anhebendes Geläut und, als dies verklungen war, ganz fern und fein noch ein tiefes Summen tönen, aus irgendeiner entfernteren Stadt, vielleicht aus Florenz. Im Tal stand ein rosenfarbener Abendduft, und mit dem Herankommen der Dämmerung wurden die Höhen plötzlich sammetblau und der Himmel opalfarbig. Herr Piero nickte zu den dunkelnden Bergen hinüber, erwog zugleich, daß es nun Zeit zum Abendessen sei, und verfügte sich mit bequemen Schritten treppauf in das Speisezimmer des Abtes.

Sich nähernd, hörte er ungewohnte frohe Töne, die auf Gäste deuteten, und bei seinem Eintritt erhoben sich zwei Fremde aus ihren Sesseln. Der Abt stand gleichfalls auf.

»Du kommst spät, Piero«, sagte er. »Ihr Herren, da ist der Erwartete. Ich bitte dich, Piero – hier ist Herr Luigi Giustiniani aus Venedig und sein Vetter, der junge Herr Giambattista. Die Herrschaften kommen von Rom und Florenz und hätten mein Bergnest schwerlich gefunden, wenn nicht deine berühmte Gegenwart, die man ihnen in Florenz verriet, sie hergezogen hätte.«

»Wirklich?« lachte Piero. »Vielleicht ist es doch anders, und die Herren gehorchten einfach der Stimme ihres Blutes, die sie an keinem Kloster vorübergehen lassen sollte.«

»Warum denn?« fragte der Abt verwundert, und Luigi lachte.

»Herr Piero scheint allwissend«, sagte er fröhlich, »daß er uns so unvermutet mit alten Familiengeschichten bewirtet.«

Nun erzählte er dem Abt in Kürze die merkwürdige Geschichte seines Urahnen. Dieser sah sich nämlich als ganz junger, noch nicht lange eingekleideter Mönch eines Tages als der einzige männliche Träger seines Namens übriggeblieben, da der gesamte männliche Stamm der Giustiniani vor Byzanz zugrunde gegangen war. Damit die Familie nicht absterbe, entband ihn der Papst seines Gelübdes und vermählte ihn mit der Tochter des Dogen. Er bekam mit dieser drei Söhne; aber kaum waren diese erwachsen und an Frauen aus den mächtigsten Häusern verheiratet, so ging der Vater in sein Kloster zurück, wo er in strengster Buße lebte.

Piero hatte sich an seinen Ehrenplatz gesetzt und erwiderte die Artigkeiten, die den weichsprechenden Venezianern wie Öl vom Munde liefen, auf seine vornehme Weise. Er war ein wenig müde, doch ließ er davon nichts merken, und während dem Fisch das Geflügel und dem lichten herben Bologneser ein kraftvoller alter Chianti folgte, ward er zusehends lebhafter.

Als die Schüsseln abgetragen waren und neben den Bechern nur noch der Weinkrug und eine Schale mit Früchten auf dem Tische stand, war es im Zimmer beinahe schon dunkel. Durch die schmalen, schwer gemauerten Fensterbogen blaute der Nachthimmel herein, und auch als die Leuchter angezündet waren, blieb sein Schimmer noch lange sichtbar. Unter den Fenstern ward aus der Taltiefe je und je ein Sommernachtgeräusch hörbar, bald ein fernes Hundegebell, bald von der Mühle ein Gelächter, Gesang oder Lautenschlagen, bald auf der Straße der langsame Doppelschritt eines Liebespaares. In ruhigen Wogen floß die laue, nach den Feldern duftende Luft herein, kleines Nachtgeflügel mit grauen, silberstaubigen Sammetflügeln kreiste irrend um die Kerzen, an denen das Wachs zu dicken Bärten niedertropfte.

Am Tische gingen Scherzreden, Wortspiele und Anekdoten um. Das Gespräch, das mit politischen Neuigkeiten und den neuesten vatikanischen Witzen begonnen, dann eine Wendung zum Literarischen genommen hatte, blieb schließlich bei Liebesfragen und Liebeserlebnissen hängen, wobei die jungen Gäste ein Beispiel ums andere anführten, zu denen der Abt schweigend nickte, Piero aber Anmerkungen und Überblicke gab, deren Wesen ebenso sachkundig gründlich wie ihre Form präzise war. Doch legte er mehr Gewicht auf vergnügliche Abwechslung als auf strenge Konsequenz, und kaum hatte er die Behauptung gewagt, ein kundiger Mann könne auch in der dicksten Finsternis an untrüglichen Merkmalen erkennen, ob eine Frau blond oder dunkel sei, so schien er sich zu widersprechen mit dem nächsten Axiom, daß nämlich bei Weibern und in der Liebe drei gerade und hell dunkel sei.

Die Venezianer brannten darauf, ihm irgendein Histörchen zu entlocken, und wandten alle Künste an, ihn unvermerkt zum Erzählen zu verführen. Der Alte blieb aber ruhig und beschränkte sich darauf, Theorien und Sentenzen ins Gespräch zu werfen, wodurch er den Gästen spielend eine Geschichte um die andere entlockte, deren jede er belustigt dem Schatze seines unheimlich reichen Gedächtnisses einreihte. Er hörte dabei auch manchen ihm längst wohlbekannten Stoff in neuer persönlicher Verkleidung vorgetragen, ohne den Plagiator zu entlarven; er war alt und klug genug, um zu wissen, daß gute alte Geschichten niemals schöner und lustiger sind, als wenn ein Neuling sie selber erlebt zu haben glaubt.

Am Ende aber wurde der junge Giambattista ungeduldig. Er nahm einen Schluck von dem dunkelroten Wein, stieß den Becher auf den Tisch und wandte sich an den Alten. »Hochwürdiger Herr«, rief er, »Ihr wißt so gut wie ich, daß wir alle vor Begierde sterben, eine Erzählung aus Eurem Munde zu hören. Ihr habt uns nun verlockt, daß wir Euch mindestens schon ein Dutzend Geschichten erzählt haben, immer in der Hoffnung, Ihr würdet eine bessere auftischen, wäre es auch nur, um uns zu beschämen. Tut uns die Liebe und erfreut uns mit irgendeiner alten oder neuen Novelle!«

Piero verzehrte bedächtig einen in Wein getauchten Feigenschnitz und überlegte, während er daran schlürfte. »Ihr vergeßt, werter Herr, daß ich kein leichtsinniger Novellist mehr bin, sondern ein alter Mann, dem nur noch ein Epigramm für seinen Grabstein zu verfassen übrigbleibt.«

»Mit Verlaub«, fiel Giambattista ein, »Ihr habt noch vor Augenblicken Worte über die Liebe gesagt, auf die jeder Jüngling stolz sein dürfte.«

Auch Luigi fing an zu bitten. Piero lächelte sonderbar. Er hatte beschlossen, nachzugeben, jedoch eine Geschichte zu erzählen, von der er erwarten durfte, sie würde die jungen Männer enttäuschen. Ruhig schob er den dreiflammigen Leuchter weiter von sich, besann sich ein wenig, wartete, bis alle still wurden und ihre Becher gefüllt hatten, und begann zu sprechen.

Die Kerzen warfen eckige Schatten auf die breite Tafel, auf der einzelne braune und grüne Feigen und gelbe Limonen verstreut lagen. Durch die hohen Fensterbogen atmete, kühler werdend, die Nacht, die indes den lichten Himmel dunkel gemacht und mit Gestirnen bedeckt hatte. Die drei Zuhörenden hatten sich in die tiefen Sessel zurückgesetzt und blickten vor sich nieder auf den roten Steinboden, auf dem der Schatten des Tafeltuches sich leise wallend bewegte. In der Mühle und weit im Tal war alles verstummt, und es war so still, daß man in weiter Ferne auf der harten Straße ein müdes Pferd im Schritt gehen hörte – so langsam, daß man nicht unterscheiden konnte, ob es näher komme oder sich entferne.

Piero erzählte:

Wir haben diesen Abend mehrmals über das Küssen gesprochen und darüber gestritten, welche Art des Kusses die beglückendste sei. Es ist die Sache der Jugend, das zu beantworten; wir alten Leute sind über das Versuchen und Erproben hinaus und können über dergleichen wichtige Dinge nur noch unsere trübgewordene Erinnerung befragen. Aus meiner bescheidenen Erinnerung will ich euch also die Geschichte zweier Küsse erzählen, von welchen mir jeder zugleich als der süßeste und bitterste in meinem Leben erschienen ist.

Als ich zwischen sechzehn und siebzehn alt war, besaß mein Vater noch ein Landhaus auf der Bologneser Seite des Apennin, in dem ich den größten Teil meiner Knabenjahre verlebt habe, vor allem jene Zeit zwischen Knabentum und Jünglingtum, die mir heute – mögt ihr es verstehen oder nicht – als die schönste im ganzen Leben erscheint. Längst hätte ich jenes Haus einmal wieder aufgesucht oder es als Ruhesitz für mich erworben, wäre es nicht durch eine unerfreuliche Erbschaft an einen meiner Vettern gefallen, mit dem ich beinah schon von Kind auf mich schlecht vertrug und der übrigens eine Hauptrolle in meiner Geschichte spielt.

Es war ein schöner, nicht allzu heißer Sommer, und mein Vater bewohnte mit mir und mit eben jenem Vetter, den er zu Gast geladen hatte, das kleine Landhaus. Meine Mutter lebte damals schon lange nicht mehr. Der Vater war noch in guten Jahren, ein wohlbeschaffener Edelmann, der uns Jungen im Reiten und Jagen, Fechten und Spielen, in *artibus vivendi et amandi* zum Vorbilde diente. Er bewegte sich noch immer leicht und fast jugendlich, war schön und kräftig gewachsen und hat bald nach jener Zeit zum zweitenmal geheiratet.

Der Vetter, der Alvise heißt, war damals dreiundzwanzigjährig und, wie ich gestehen muß, ein schöner junger Mann. Nicht nur war er schlank und gut gebaut, trug schöne lange Locken und hatte ein frisches, rotwangiges Gesicht, sondern er bewegte sich auch mit Eleganz und Anmut, war ein brauchbarer Plauderer und Sänger, tanzte recht gut und genoß schon damals den Ruf eines der beneidetsten Frauengünstlinge unserer Gegend. Daß wir einander durchaus nicht leiden mochten, hatte seine guten Ursachen. Er behandelte mich hochmütig oder mit einem unleidlich ironischen Wohlwollen, und da mein Verstand über meine Jahre entwickelt war, beleidigte mich diese geringschätzige Art, mit mir umzugehen, fortwährend aufs bitterste. Auch hatte ich als ein guter Beobachter manche seiner Intrigen und Heimlichkeiten entdeckt, was natürlich wiederum ihm recht unlieb war. Einigemal versuchte er mich durch ein geheuchelt freundschaftliches Benehmen zu gewinnen, doch ging ich nicht darauf ein. Wäre ich ein klein wenig älter und klüger gewesen, so hätte ich ihn durch verdoppelte Artigkeit eingefangen und bei guter Gelegenheit zu Fall gebracht – erfolgreiche und verwöhnte Leute sind ja so leicht zu täuschen! So aber war ich zwar erwachsen genug, um ihn zu hassen, aber noch zu sehr Kind, um andere Waffen als Sprödigkeit und Trotz zu kennen, und statt ihm seine Pfeile zierlich vergiftet wieder zuzuwerfen, trieb ich sie mir durch meine machtlose Entrüstung nur selber noch tiefer ins Fleisch. Mein Vater, dem unsere gegenseitige Abneigung natürlich nicht verborgen geblieben war, lachte dazu und neckte uns damit. Er hatte den schönen und eleganten Alvise gern und ließ sich durch mein feindliches Verhalten nicht daran hindern, ihn häufig einzuladen.

So lebten wir auch jenen Sommer zusammen. Unser Landhaus lag schön am Hügel und blickte über Weinberge hinweg gegen die entfernte Ebene. Erbaut wurde es, soviel ich weiß, von einem unter der Herrschaft der Albizzi verbannten Florentiner. Ein hübscher Garten lag darum her; mein Vater hatte rund um ihn eine neue Mauer errichten lassen, und sein Wappen war auf dem Portal in Stein gehauen, während über der Tür des Hauses noch immer das Wappen des ersten Besitzers hing, das aus einem brüchigen Stein gearbeitet und kaum mehr kenntlich war. Weiter gegen das Gebirge hinein gab es eine sehr gute Jagd; dort ging oder ritt ich fast alle Tage umher, sei es allein oder mit meinem Vater, der mich damals in der Falkenbeize unterrichtete.

Wie gesagt, ich war beinah noch ein Knabe. Aber doch war ich keiner mehr, sondern stand mitten in jener kurzen, sonderbaren Zeit, da zwischen der verlorenen Kindesheiterkeit und der noch unerfüllten Mannbarkeit die jungen Leute wie zwischen zwei verschlossenen Gärten auf einer heißen Straße wandeln, lüstern ohne Grund, traurig ohne Grund. Natürlich schrieb ich eine Menge Terzinen und dergleichen, war aber noch nie in etwas anderes als in poetische Traumbilder verliebt gewesen, obwohl ich vor Sehnsucht nach einer wirklichen Liebe zu sterben meinte. So lief ich in einem beständigen Fieber herum, liebte die Einsamkeit und kam mir unsäglich unglücklich vor. Es verdoppelte meine Leiden der Umstand, daß ich sie sorgfältig verborgen halten mußte. Denn weder mein Vater noch der verhaßte Alvise hätten mich, wie ich genau wußte, mit ihrem Spott verschont. Auch meine schönen Gedichte verbarg ich vorsorglicher als ein Geizhals seine Dukaten, und wenn mir die Truhe nicht mehr sicher genug erscheinen wollte, trug ich die Kapsel mit den Papieren in den Wald und vergrub sie dort, schaute aber jeden Tag nach, ob sie noch da sei.

Bei einem solchen Schatzgräbergang sah ich einst zufällig meinen Vetter am Rande des Waldes stehen. Ich schlug sogleich eine andere Richtung ein, da er mich noch nicht gesehen hatte, behielt ihn aber im Auge; denn ich hatte mir ebensosehr aus Neugierde wie aus Feindschaft angewöhnt, ihn beständig zu beobachten. Nach einiger Zeit sah ich aus den Feldern eine junge Magd, die zu unserm Haushalt gehörte, hervorkommen und sich dem wartenden Alvise nähern. Er schlang den Arm um ihre Hüfte, drückte sie an sich und verschwand so mit ihr im Walde.

Da erfaßte mich ein gewisses Fieber und zugleich ein glühender Neid gegen den älteren Vetter, den ich Früchte pflücken sah, die für mich noch zu hoch hingen. Bei der Abendmahlzeit faßte ich ihn scharf ins Auge, denn ich glaubte, man müsse es irgendwie seinen Augen oder seinen Lippen ansehen, daß er geküßt und Liebe genossen hatte. Er sah jedoch aus wie sonst und war auch ebenso heiter und gesprächig. Von da an konnte ich weder jene Magd noch Alvise ansehen, ohne einen lüsternen Schauder zu spüren, der mir ebenso wohl wie wehe tat.

Um diese Zeit – es ging gegen den Hochsommer – brachte eines Tages mein Vetter die Nachricht, wir hätten Nachbarn bekommen. Ein reicher Herr aus Bologna mit seiner schönen jungen Frau, die Alvise beide schon seit längerer Zeit kannte, hatten ihr Landhaus bezogen, das keine halbe Stunde von unserm entfernt und etwas tiefer am Berge lag.

Dieser Herr war auch mit meinem Vater bekannt, und ich glaube, er war sogar ein entfernter Verwandter meiner verstorbenen Mutter, die aus dem Hause der Pepoli stammte; doch weiß ich dies nicht gewiß. Sein Haus in Bologna stand nahe dem Collegio di Spagna. Das Landhaus aber war ein Besitztum seiner Frau. Sie und er und auch schon ihre drei Kinder, von denen damals noch keines geboren war, sind nun alle gestorben, wie denn außer mir von allen den damals Versammelten nur noch mein Vetter Alvise am Leben ist, und auch er und ich sind jetzt Greise, ohne daß wir uns freilich deshalb lieber geworden wären.

Schon am folgenden Tage begegneten wir auf einem Ausritt jenem Bolognesen. Wir begrüßten ihn, und mein Vater forderte ihn auf, er möge ihn, samt seiner Frau, in Bälde besuchen. Der Herr schien mir nicht älter als mein Vater zu sein; doch ging es nicht an, diese beiden Männer miteinander zu vergleichen, denn mein Vater war groß und von edelstem Wuchse, jener aber klein und unschön. Er erwies meinem Vater alle Artigkeit, sagte auch zu mir einige Worte und versprach, er wolle uns am nächsten Tage besuchen, worauf mein Vater ihn sogleich aufs freundlichste zu Tische lud. Der Nachbar dankte, und wir schieden mit vielen Komplimenten und in der größten Zufriedenheit voneinander.

Tags darauf ließ mein Vater ein gutes Mahl bestellen und auch, der fremden Dame zu Ehren, einen Blumenkranz auf den Tisch legen. Wir erwarteten unsere Gäste in großer Freude und Spannung, und als sie ankamen, ging mein Vater ihnen bis unter das Tor entgegen und hob die Dame selber vom Pferde. Wir setzten uns darauf alle fröhlich zu Tisch, und ich bewunderte während der Mahlzeit Alvise noch mehr als meinen Vater. Er wußte den Fremden, zumal der Dame, so viele drollige, schmeichelhafte und ergötzliche Dinge zu sagen, daß alle vergnügt wurden und das Gespräch und Gelächter keinen Augenblick stockte. Bei diesem Anlaß nahm ich mir vor, diese wertvolle Kunst auch zu lernen.

Am meisten aber beschäftigte mich der Anblick der jungen Edeldame. Sie war ausnehmend schön, groß und schlank, prächtig gekleidet, und ihre Bewegungen waren natürlich und reizend. Genau erinnere ich mich, daß sie an ihrer mir zugewendeten linken Hand drei Goldringe mit großen Steinen und am Halse ein dreifaches goldenes Kettchen mit Platten von florentinischer Arbeit trug. Als das Mahl sich zu Ende neigte und ich sie genugsam betrachtet hatte, war auch ich schon zum Sterben in sie verliebt und empfand zum erstenmal diese süße und verderbliche Leidenschaft, von der ich schon viel geträumt und gedichtet hatte, in aller Wirklichkeit.

Nach aufgehobener Tafel ruhten wir alle eine Weile aus. Alsdann begaben wir uns in den Garten, saßen daselbst im Schatten und ergötzten uns an mancherlei Gesprächen, wobei ich eine lateinische Ode hersagte und ein wenig Lob erntete. Am Abend speisten wir in der Loggia, und als es anfing dunkler zu werden, machten sich die Gäste auf den Heimweg. Ich erbot mich sogleich, sie zu begleiten; aber Alvise hatte schon sein Pferd vorführen lassen. Man verabschiedete sich, die drei Pferde setzten sich in Schritt, und ich hatte das Nachsehen.

An jenem Abend und in jener Nacht hatte ich denn zum erstenmal Gelegenheit, etwas vom Wesen der Liebe zu erfahren. So hochbeglückt ich den ganzen Tag beim Anblick der Dame gewesen war, so elend und untröstlich wurde ich von der Stunde an, da sie unser Haus wieder verlassen hatte. Mit Schmerz und Neid hörte ich nach einer Stunde den Vetter heimkehren, die Pforte verschließen und sein Schlafzimmer aufsuchen. Dann lag ich die ganze Nacht, ohne schlafen zu können, seufzend und unruhig in meinem Bett. Ich suchte mich des Aussehens der Dame genau zu erinnern, ihrer Augen, Haare und Lippen, ihrer Hände und Finger und jedes Wortes, das sie gesprochen hatte. Ich flüsterte ihren Namen Isabella mehr als hundertmal zärtlich und traurig vor mich hin, und es war ein Wunder, daß niemand am folgenden Tage mein verstörtes

Aussehen bemerkte. Den ganzen Tag wußte ich nichts anderes zu tun, als mich auf Listen und Mittel zu besinnen, um die Dame wiederzusehen und womöglich irgendeine Freundlichkeit von ihr zu erlangen. Natürlich quälte ich mich vergeblich, ich hatte keine Erfahrung, und in der Liebe beginnt ein jeder, auch der Glücklichste, notwendig mit einer Niederlage.

Einen Tag später wagte ich es, zu jenem Landhause hinüberzugehen, was ich sehr leicht heimlich tun konnte, denn es lag nahe am Walde. Am Rande des Waldes verbarg ich mich behutsam und spähte mehrere Stunden lang hinüber, ohne etwas anderes zu Gesicht zu bekommen als einen trägen, feisten Pfau, eine singende Magd und einen Flug weißer Tauben. Und nun lief ich jeden lieben Tag dorthin, hatte auch zwei- oder dreimal das Vergnügen, Donna Isabella im Garten lustwandeln oder an einem Fenster stehen zu sehen.

Allmählich wurde ich kühner und drang mehrmals bis in den Garten vor, dessen Tor fast immer geöffnet und durch hohe Gebüsche geschützt war. Unter diesen versteckte ich mich so, daß ich mehrere Wege überschauen konnte, mich auch ganz nahe bei einem kleinen Lusthäuschen befand, worin Isabella sich am Vormittag gerne aufhielt. Dort stand ich halbe Tage, ohne Hunger oder Ermattung zu fühlen, und zitterte jedesmal vor Wonne und Angst, sobald ich die schöne Frau zu sehen bekam.

Eines Tages war mir im Walde der Bolognese begegnet, und ich lief mit doppelter Freude an meinen Posten, da ich ihn nicht zu Hause wußte. Aus demselben Grunde wagte ich mich diesmal auch weiter als sonst in den Garten und verbarg mich dicht neben jenem Pavillon in einem dunklen Lorbeergebüsch. Da ich im Innern Geräusch vernahm, wußte ich, daß Isabella zugegen war. Einmal glaubte ich auch ihre Stimme zu hören, jedoch so leise, daß ich dessen nicht sicher war. Geduldig wartete ich in meinem mühseligen Hinterhalt, bis ich sie zu Gesicht bekäme, und war zugleich beständig in Furcht, ihr Gatte möchte heimkehren und mich zufällig entdecken. Das mir zugewendete Fenster des Lusthäuschens war zu meinem großen Bedauern und Ärger mit einem blauen Vorhang aus Seide verhangen, so daß ich nicht hineinsehen konnte. Dagegen beruhigte es mich ein wenig, daß ich an dieser Stelle von der Villa her nicht gesehen werden konnte.

Nachdem ich länger als eine Stunde gewartet hatte, schien es mir, als finge der blaue Vorhang an, sich zu bewegen, wie wenn jemand dahinter stände und durch die Ritze in den Garten hinauszuspähen versuchte. Ich hielt mich gut verborgen und wartete in größter Erregung, was nun geschehen würde, denn ich war keine drei Schritt von jenem Fenster entfernt. Der Schweiß lief mir über die Stirn, und mein Herz pochte so stark, daß ich fürchtete, man könne es hören.

Was sich nun begab, traf mich schlimmer als ein Pfeilschuß in mein unerfahrenes Herz. Der Vorhang flog mit einem heftigen Ruck beiseite, und blitzschnell, aber ganz leise, sprang ein Mann aus dem Fenster. Kaum hatte ich mich von meiner namenlosen Bestürzung erholt, so fiel ich schon in eine neue; denn im nächsten Augenblick erkannte ich in dem kühnen Manne meinen Feind und Vetter. Wie ein Wetterleuchten kam plötzlich das Verständnis über mich. Ich zitterte vor Wut und Eifersucht und war nahe daran, aufzuspringen und mich auf ihn zu stürzen.

Alvise hatte sich vom Boden aufgerichtet, lächelte und schaute vorsichtig um sich her. Gleich darauf trat Isabella, die den Pavillon vorn durch die Tür verlassen hatte, um die Ecke und auf ihn zu, lachte ihn an und flüsterte leise und zärtlich: »Geh nun, Alvise, geh! Addio!«

Zugleich bog sie sich ihm entgegen, er umfaßte sie und drückte seinen Mund auf den ihren. Sie küßten sich nur ein einziges Mal, aber so lang und begierig und glühend, daß mein Herz in dieser Minute wohl tausend Schläge tat. Nie hatte ich die Leidenschaft, die ich bis dahin eigentlich nur aus Versen und Erzählungen kannte, aus solcher Nähe gesehen, und der Anblick meiner Donna, deren rote Lippen dürstend und gierig am Munde meines Vetters hingen, brachte mich nahezu um den Verstand.

Dieser Kuß, meine Herrschaften, war zugleich für mich süßer und bitterer als irgendeiner, den ich selber je gegeben oder empfangen habe – einen einzigen vielleicht ausgenommen, von dem ihr sogleich auch hören sollt.

Noch am selben Tag, während meine Seele noch wie ein verwundeter Vogel zitterte, wurden wir eingeladen, morgen bei dem Bolognesen zu Gaste zu sein. Ich wollte nicht mitgehen, aber mein Vater befahl es mir. So lag ich wieder eine Nacht schlaflos und in Qualen. Dann bestiegen wir die Pferde und ritten gemächlich hinüber, durch das Tor und den Garten, den ich so oft heimlich betreten hatte. Während aber mir höchst bang und elend zumute war, betrachtete

Alvise das Gartenhäuschen und die Lorbeergebüsche mit einem Lächeln, das mich toll machte.

Zwar hingen bei Tisch auch diesmal meine Augen ohne Unterlaß an Donna Isabella, aber jeder Blick bereitete mir Höllenpein, denn ihr gegenüber saß der verhaßte Alvise am Tisch, und ich konnte die schöne Dame nicht mehr ansehen, ohne mir aufs deutlichste die Szene von gestern vorzustellen. Dennoch sah ich fortwährend auf ihre reizenden Lippen. Die Tafel war mit Speisen und Weinen vortrefflich besetzt, das Gespräch lief heiter und lebhaft dahin; aber mir schmeckte kein Bissen, und ich wagte an den Unterhaltungen nicht mit einem Wörtchen teilzunehmen. Der Nachmittag kam mir, während alle andern so fröhlich waren, so lang und schlimm wie eine Bußwoche vor.

Während der Abendmahlzeit meldete der Diener, es stehe ein Bote im Hof, der den Hausherrn sprechen wolle. Also entschuldigte sich dieser, versprach, bald zurückzukehren, und ging. Mein Vetter führte wieder hauptsächlich die Unterhaltung. Aber mein Vater hatte, wie ich glaube, ihn und Isabella durchschaut und machte sich das Vergnügen, sie ein wenig durch Anspielungen und sonderbare Fragen zu necken. Unter anderm fragte er die Dame scherzend: »Sagt doch, Donna, welchem von uns dreien würdet Ihr am liebsten einen Kuß geben?«

Da lachte die schöne Frau laut auf und sagte ganz eifrig: »Am liebsten diesem hübschen Knaben dort!« Sie war auch schon von ihrem Sessel aufgestanden, hatte mich an sich gezogen und gab mir einen Kuß – aber er war nicht wie jener gestrige lang und brennend, sondern leicht und kühl.

Und ich glaube, dies war der Kuß, der für mich mehr Lust und Leid als jemals irgendein anderer enthielt, den ich von einer geliebten Frau empfing.

Piero trank seinen Becher aus, stand auf und erwiderte die Höflichkeiten der Venezianer; dann ergriff er einen von den Leuchtern, nickte dem Abte gute Nacht und ging hinaus. Es war ziemlich spät geworden, und auch die beiden Fremden ging nun sogleich zu Bett.

»Wie gefiel er dir?« fragte Luigi, als sie schon im Dunkeln lagen.

»Schade, er wird alt«, sagte Giambattista und gähnte. »Ich bin wirklich enttäuscht. Statt einer guten Novelle kramt er Kindererinnerungen aus!«

»Ja, das ist bei alten Leuten so«, erwiderte Luigi und streckte sich unterm Linnen. »Immerhin spricht er glänzend, und erstaunlich ist auch, was für ein gutes Gedächtnis er hat.«

Zur selben Zeit begab sich der alte Piero zu Bett. Er war müde geworden. Auch bereute seine Eitelkeit es jetzt, daß er nicht etwas anderes zum besten gegeben hatte, was er ja leicht hätte tun können.

Das eine aber erfreute ihn und machte ihn herzlich lächeln, daß seine Improvisatorgabe doch immer noch ungeschwächt war. Denn seine Geschichte samt Landhaus, Vetter, Magd, Donna, Lorbeergebüsch und beiden Küssen war nichts als eine Fabel gewesen, im Augenblick für den Augenblick erfunden. *(1902)*

Der Tod des Bruders Antonio

Hochzuverehrende Dame und liebe Schwester in Jesu! Eurer mir zugekommenen Bitte gemäß schreibe ich Euch im gegenwärtigen Briefe jene Dinge, von welchen Ihr zu hören wünschet, ohne mich der Mühe gereuen zu lassen. Denn zwar seid Ihr mir, wie Ihr wisset, durchaus bekannt; jedoch muß ich glauben, Ihr habet in früheren Zeiten den Entschlafenen wohl gekannt, und so möget Ihr dieses mit Nachsicht für meine Schwachheit lesen und bedenken.

Viele Menschen trifft der Tod, welchen der selige Poverello unsern lieben Bruder nannte, als eine leichte und willige Beute an. Andre, und unter ihnen sind manche fromme sowohl wie mutige Leute, ergeben sich ihm nur nach hartem Kampfe und wider ihren Willen wie einem nicht genug zu hassenden Feinde. Unter diese zählt mein verehrter Mitbruder Antonio, dessen Hinscheiden mich mit tiefem Grauen und mit einem solchen Erstaunen erfüllte, daß ich keines seiner Worte und keine Falte seines Gesichtes noch eine Bewegung seiner Hände vergessen habe.

Freilich habe ich den Augenblick seines Sterbens nicht gesehen, wohl aber verweilte ich bis ganz kurz zuvor an seinem Lager. Ich will alles das, was ich davon weiß, aufschreiben und Euch fleißig berichten. Auch hindert mich meine wahrhafte Verehrung für den Seligen nicht, denn ich bin nach vielem Nachdenken zu dem sicheren Glauben gekommen, daß Antonio eines löblichen Todes gestorben und von Gott in Gnaden als ein treuer Knecht empfangen worden sei.

Es geschah an einem kühlen Morgen, und sind seither vier Monate vergangen, daß ein Bote des Bruders Antonio zu mir kam und mir zurief: Erhebe dich flugs und eile, denn unser Vater Antonio liegt auf den Tod und wird nicht viele Stunden mehr leben. Da erschrak ich, ergriff meinen Stab und folgte dem Manne in großer Eile über den Berg. Der Weg ist weit, auch steil und beschwerlich, und wir wanderten sechs Stunden, ehe wir rasteten, und nochmals zwei Stunden, während Trauer und große Unruhe unsere Herzen bedrängte, so daß keiner mehr als einige unbedeutende Worte reden mochte. Und der Bote, welcher zuvor die halbe Nacht durchlaufen hatte, um mich zu holen, ermattete so sehr, daß ich ihn am Wege ließ und allein das Ziel erreichte. So rasch, als wäre ich um viele Jahre jünger, erklomm ich den Hügel unseres Bruders und fand ihn in seiner Hütte auf dem Lager schlafend. Er lag ruhig, atmete schwächlich, und sein Angesicht war vom Tode gezeichnet. Da setzte ich mich neben das Bett, ergriff seine rechte Hand mit Vorsicht und hütete seiner. Nun ich aber hoch bejahrt und müden Leibes von der weiten Fußreise war, geschah es mir, daß ich entschlummerte, und wohl eine Stunde verging, bis ich wieder erwachte. Und siehe, da hielt der Kranke meine Hand und hatte die Augen nach mir gerichtet, redete aber nichts. Ich war beschämt, weil ich geschlafen hatte, und sehr beklommen.

»Bruder Antonio«, sagte ich, »siehe, ich bin gekommen, um Abschied von dir zu nehmen. Selig bist du, der du Gottes Thron so nahe stehst.«

Antonio schwieg stille und lächelte auf eine besondere Weise, als glaubte er meinen Worten nicht. Ich meinte nun, er spotte meines Schlafes, demütigte mich daher und bat um seine Verzeihung, fragte auch, welcherlei Dienst ich ihm erweisen könnte.

»Öffne die Türe weit!« sagte er zu mir. Und ich tat, wie er befohlen hatte. Und da er wieder schwieg, fragte ich nochmals, welcherlei Dienst er von mir begehre.

»Öffne auch das Dach!« erwiderte er, indem er nach oben deutete. Und ich ging aus der Hütte und hob zwei Bretter aus ihrem Dache und war voll Verwunderns, was dies bedeuten sollte. Als ich wieder an sein Lager trat, hingen seine Blicke an der Öffnung des Daches. Nun lächelte er wieder auf jene wunderliche Art.

»Ich habe in sechs Tagen den Himmel nicht gesehen«, rief er mir entgegen und bat, ich möge wieder neben ihm sitzen. Ich willfahrte sogleich, und er begann nun plötzlich laut und gewaltig zu reden. Seine Augen glänzten wie Kerzen, und seine Hände bewegten sich wie die Hände eines Mannes, der zu einer Volksmenge redet. Und seine Worte waren diese:

»Ihr, die ihr vom Leben und vom Tode sprechet, was wißt ihr denn? Und welcher von euch ist schon einmal des bitteren Todes gestorben, daß er ihn möge kennen? Aber ihr wißt auch wenig vom Leben, denn eure Augen sind trüb und eure Sinne faul. Ich aber weiß, was das Leben sei, denn mein Auge ist hell gewesen, und heute steht der Tod an meinem Lager. Ich weiß, wie groß und voll von Wundern die Erde ist und wie schön und grausam das Meer. Und wahrlich, der schmale Strahl, den die Sonne hierher in meine Hütte sendet, ist mir mehr Freude, als ich je an Menschen gehabt habe.

O süße Sonne! O weiter Raum der Ferne! O ihr Berge, auf denen ich stand, und ihr Bäche, aus denen ich getrunken habe! O meine ferne Heimat und o du meine Jugend!

Ihr armen, unseligen Menschen, wie läuft euer Leben spärlich und ohne Wonne hin gleich einem trüben Gewässer, das vor seiner Zeit im Sand verendet! O öffnet doch eure Augen und nehmt wahr, wie wundersam und köstlich die Erde ist, auf welcher ihr wohnet! O schaut doch, wie sanft und geheimnisvoll ein Tal ist, das der Mond bescheint, und wie voll Glanzes das Meer, aus welchem die Sonne sich erhebt!«

Mir erschien diese Rede sonderbar, und ich besorgte, mein Bruder möchte die Augen schließen, ohne Gottes Namen im Munde zu haben. Daher stieß ich ihn leise an und winkte ihm mit der Hand. Er aber schwieg eine kleine Zeit und lächelte, dann sprach er mit sehr leiser Stimme zu mir:

»Bruder Gennaro, auf deinem heutigen Gange bist du über den Rücken des Hügels gekommen, von dessen Höhe man zugleich das Meer und das große Schneegebirge erblicken kann. Es steht ein Ahornbaum an jener Stelle und ein Bildnis der Heiligen Mutter der Schmerzen. Kennst du jene Stelle?«

Da ich bejahte, fuhr er fort: »Gut, du kennst sie. Du hast vielleicht manchmal von dort aus die Sturmwinde über die See herziehen sehen, und über den fernen weißen Bergen den blauen Luftraum und die lichten Wolken. Und du sahst den Ahornbaum und lagst ruhend in seinem runden Schatten. Und du atmetest den Geruch seiner Blätter und die Luft des Meeres, und deine Blicke wanderten dir voraus, die schönen, hellen Wiesen hinabwärts.«

»Ja«, sagte ich, »es ist alles so, wie du mir da sagst, und ich habe dies alles oft gesehen.«

»Es ist gut«, sprach Antonio. »Nun siehe, alle diese Dinge werde ich nie mehr erblicken, weder die Berge noch den Ahornbaum, noch auch das Meer oder die hellen Wiesen.«

»So ist es«, antwortete ich, »du wirst nicht mehr an jenen Ort kommen, sondern du wirst zu den Engeln Gottes eingehen.«

»Und die Stadt, in der ich geboren wurde«, fuhr er fort, »und unsern Strom und all dieses werde ich nie mehr sehen?«

»Nein«, sagte ich wieder, »denn Gott will es so.«

»O mein Bruder«, schrie er nun laut, »jenen Strom und den blauen Himmel und alle diese schönen und köstlichen Dinge der Erde liebe ich mehr als dich und alle Menschen und als alle Engel Gottes!«

Da erschrak mein Herz so sehr, daß ich bleich wurde, und ich sank auf meine Knie nieder und betete zu Gott. Dann erhob ich mich und sprach zu dem Kranken: »Ich habe nicht gehört, was du sagtest. Aber ich flehe dich an, sage mir, daß du Gott mehr liebst als alle Meere und köstlichen Dinge dieser Erde!«

Und er neigte sich ein wenig; da sah ich, daß seine Augen voll von Tränen standen. Und er sprach: »Herr Gott, ich liebe dich mehr denn mein eigenes Leben, sei meiner Seele gnädig.«

Darauf wurde er gar stille, und ich saß neben ihm, und wir weinten und seufzten, bis die Sonne aus der Hütte wich. Als dies geschah, schrie er nochmals überaus heftig und reckte die Arme aus. Ich glaubte, es nehme ein Ende mit ihm, und gab ihm das Heilige Sakrament. Er verharrte schweigend in großer Demut, dankte mir auch hernach mit herzlichen Worten. Alsdann bat er mich, hinwegzugehen.

»Gehe nun«, sprach er, »mein lieber Bruder; man wird dich drüben vermissen. Laß mich allein sterben; denn ich weiß, du würdest von dieser Stunde an den Tod fürchten wie ein Feuer. Laß mich dich segnen!«

Er segnete mich mit großer Inbrunst und küßte mich wie ein Vater seinen Sohn, obwohl er nur wenig älter war als ich. Und ich ließ ihn, weil er es so wollte, und ging meines Weges zurück. Meine Seele war aber voll Zagens, und mein Herz brach vor Trauer und Beklemmung. Unter Beten und Seufzen schritt ich meine Straße, und da ich den Ahornbaum erreichte und das Meer vom aufgehenden Monde glänzen sah, übermannte mich meine Trübsal, daß ich zur Erde fiel und lange liegend verharrte wie ein Erschlagener. Indem ich mich aber wieder von der Erde erhob, sah ich die weiten Täler diesseits und jenseits in weißem Lichte und den Himmel voll von Sternen stehen.

Seit derselben Stunde habe ich des teuren Bruders Antonio niemals vergessen, vielmehr häufig seiner Reden und alles dessen gedacht, was ich von seinem Wandel und Gemüte wußte. Dabei ersah ich die unerschöpfliche Macht und Liebe Gottes, welcher diesen Antonio zu einem seligen Weisen gemacht hat. Denn vordem war derselbe nicht nur ein wohlhabender Edelmann und Schwelger, sondern auch ein Dichter und wohlbekannter Freund weltlicher Wissenschaft, ja selbst des Griechischen und vieler anderer Künste mächtig, deren unsre arme Seele nicht bedarf. So soll er in sündhafter Liebe zu einer vornehmen Frau gestanden sein und derselben ein ganzes Büchlein lateinischer Verse gewidmet haben. Auch zu der

Zeit, da ich ihn schon kannte und wegen seiner Frömmigkeit und Weisheit hoch verehrte, redete er mehrere Male nach Art der Dichter, gleichsam verzückt, und sprach zu Bergen und Winden, als wären sie einer Seele teilhaftig. Und einmal verwies ich ihn dessen mit Bescheidenheit als eines unheiligen, ja heidnischen Wesens. Da lachte er unerschrocken und sagte: »Weißt du denn nicht, daß der Poverello alle diese Dinge unsre Geschwister nennt und daß er selbst den Vögeln und anderen Tieren gepredigt hat? Wahrlich, ich weiß, daß jedes Gras auf dem Felde heilig und Gott teuer ist. Und auch die Fische, welche doch stumm sind und unter dem Wasser hausen, sind ihm lieb, und der heilige Mann, dessen Namen ich trage, hat ihnen das Evangelium gepredigt.«

Auf solche Weise war sein Herz, welches gegen Menschen sich manchmal hart und streng erwies, jeglicher Art von natürlichen und anmutigen Dingen zugeneigt, wie er denn auch alle Tiere und selbst die kleinen Fliegen und Käfer heilig nannte und mit großer Schonung behandelt hat. Denn er sagte einmal: »Wenn du einem Menschen wehe tust, so kann er dafür Rache nehmen oder kann dir verzeihen. Die unschuldigen Pflanzen und Tiere aber sind von Gott in des Menschen Hand gegeben, daß er sie liebe und mit ihnen wie mit schwächeren Geschwistern lebe. Wenn du einem Menschen Liebes erweist, so bezahlt dich dafür sein Dank und seine Liebe; wenn du aber einen Käfer, Fisch oder Vogel oder ein Gewächs oder Gesträuche verschonst, ja ihm Liebe zeigst, so tust du es Gott. Und wenn du als ein fromm gestorbener Christ und Prediger vor ihm stehst, so wird er vielleicht dich fragen: Warum hast du denn diesen Wurm zertreten? Warum hast du diese Blume abgebrochen und weggeworfen? Warum hast du diesen Zweig geknickt? Dies alles hast du mir getan.«

Vor mehr als zehn Jahren verfaßte Antonio ein sehr langes und schönes Gedicht über die Bienen und ihre Weise, wie sie in Völkern zusammenleben und auf merkwürdige Art den Honig zubereiten. Dies hat er selbst mir vorgelesen, und ich bewunderte die Wahrhaftigkeit und Schönheit seiner Worte sehr. Als ich ihn aber ein andermal fragte, warum er – da doch Gott ihn zu einem Dichter geschaffen habe – nicht lieber das Leiden des Erlösers oder das Leben der seligen Väter besungen habe, da ward er sehr ernst und verwies mir meine Rede. »Denn siehe«, sagte er, »wie sollte ich es wagen, Gott und seinen heiligen Namen in Versen zu beschreiben, da mir das kleinste seiner Werke, gleich jenen Bienen, so wunderbar und schwer zu begreifen ist?«

Genug jedoch hiervon. Ihr wollt vom Hinscheiden des Antonio vernehmen, so schreibe ich denn hierüber noch das wenige auf, das mir nachträglich zu Ohren kam.

Kurze Zeit, nachdem ich den Sterbenden verlassen hatte, wie es sein eigener Befehl gewesen war, besuchte ihn ein Ziegenhirte aus Torre, und dieser ist bis zum Tode unseres Bruders bei selbigem geblieben. Er fand ihn sehr entkräftet, aber mit offenen Augen liegend, und da er ihn fragte, welcherlei Dienst er ihm erweisen könnte, dankte ihm Bruder Antonio mit schwacher Stimme, jedoch ohne irgendeine Hilfeleistung zu begehren. Und nach einer Weile begann er sehr leise zu sprechen bei vollem Bewußtsein. Er fragte nämlich diesen Hirten nach seiner Herde, und zwar sowohl nach der Zahl seiner Ziegenböcke als nach deren Namen, Alter und Art, nicht anders, als ein Hirte mit seinesgleichen redet. Darauf fragte er: »Hast du auch junge Zicklein in deiner Herde?«, welches der Hirt bejahte. Und jener nannte ihm verschiedene Kräuter als Heilmittel für junge Tiere, wenn sie krank sind. Und einige von den Kräutern waren dem Ziegenhirten bekannt, einige aber nicht, und diese beschrieb ihm der Sterbende mit äußerster Deutlichkeit.

»Vergiß nicht«, sagte er, »daß alle diese Tierlein, sie seien noch so gering, von Gott geschaffen und lebendige Wunder seiner Güte sind. Ihnen mußt du Liebes antun, nicht mir, denn sieh, ich bin ein zerbrochenes Gefäß, und mein Leben entrinnt durch eine unheilbare Lücke. Du sollst aber jeden Tag deines Lebens an mich denken, damit du deines Lebens froh seiest, solange es währt. Denn einst wird auch deine Kraft versiegen, und du wirst den Tod schmecken, welcher bitterer ist als ein Gedanke denken mag. So schwer dein Leben sein möge, Freund, noch viel schwerer und schrecklicher ist der Tod. Dieses wisse und freue dich deiner Tage, solange du des Lebens genießt.«

Dann ruhte er lang, und seine Kräfte entflohen. Doch redete er noch einmal und zwar diese seltsamen Worte: »Wer eine Frau begehrt und liebhat, und er weiß nicht, ob sie ihn wieder begehre, der leidet und hat böse Tage, und jeder Mann erfährt dieses an seinem Herzen. Wer aber Gott begehrt und Gott liebhat, der leidet schwerer, und sein Leiden endet nicht, da er niemals weiß, ob er der Liebe Gottes gewiß sei.«

Nach diesem sprach er nichts mehr. Der Hirt aber erzählte, der Selige habe mit immer klareren Augen um sich geblickt, auch seine eigene Hand eindringlich und gleichsam verwundert betrachtet und dann öftere Male mit dem Kopfe genickt. Dann habe er auf eine unbeschreiblich gütige und traurigmachende Weise gelächelt und sei bald hernach verschieden. Möge er in Frieden ruhen!

Mehr weiß ich über diesen Gegenstand nicht zu berichten. Nehmet dies wenige mit Güte an, und Gott segne Euch! Dieses wünscht Euer Diener und Bruder in Jesu Fra Gennaro

(1904)

Der Meermann
(Nach einer alten Chronik)

Trotz der vielen Humanisten, die es im Anfang des fünfzehnten Jahrhunderts in Italien gab, passierten damals zwischen Mailand und Neapel viel erstaunlichere Dinge als heutzutage; wenigstens reißen die Chronisten jener Zeit trotz ihrer gelegentlichen Altklugheit alle Augenblicke die Augen weit auf und berichten mit der ihrem Berufe zukommenden Treuherzigkeit ganz wunderliche Sachen. Ein solches, von zahlreichen Augenzeugen beglaubigtes Ereignis aus eben jener Zeit ist das folgende:

Eine Stadt am Meere, eine zwar nicht große, aber uralte, hochberühmte und von vielen Zierden der Kunst und Wissenschaft bewohnte Stadt, errichtete auf dem Standort eines längst vom Boden verschwundenen Neptuntempels eine schöne Kirche. Sie wurde vollendet und eingeweiht und von jedermann mit Stolz und Freude besucht und betrachtet, nur nicht von den Bewohnern des eifersüchtigen Nachbarstädtchens.

Da geschah es kurze Zeit nach der Einweihung jener Kirche durch den Bischof, daß ein grausiger Sturm ausbrach, der mit unerhörter Stärke vier Tage und Nächte wütete. Mehrere Fischerbarken gingen mit Mann und Maus unter, ein Segelschiff mit reicher Warenladung versank unweit der Küste, und vom Turm der neuerbauten Kirche wurde das zentnerschwere vergoldete Kreuz ausgerissen. Es stürzte auf die Kirche, durchschlug das Dach und blieb verwüstet und verbogen im innern Gebälke hängen. Manche fanden, seine jetzige Form sei die eines Dreizacks, und schlossen daraus auf eine Rachehandlung des beleidigten Meergottes. Andere bemühten sich, die Haltlosigkeit dieser Behauptung darzutun, man erregte sich über die Frage, und bald war die ganze Stadt deswegen in Streit und Eifer. Der große Historiker Markus Salestris verlas im Ratssaal eine Abhandlung über Wesen und Geschichte der Meeresgottheiten, eine wackere Arbeit voll alter Zitate und Hinweise auf die Werke der Alten wie auch der Kirchenväter, die am Schlusse in der Überzeugung gipfelte, die ehemaligen Meergötter seien entweder ausgerottet oder doch in unbekannte und öde Ozeane jenseits der Erdteile entwichen.

Ihm antwortete der berühmte Redner Cäsarius in einem öffentlichen Vortrag. Unter Anerkennung der Gelehrsamkeit und Verdienste des Salestris behauptete er mit Überzeugung das Gegenteil und machte seine Ansicht vielen überaus wahrscheinlich, indem er aus den Chroniken wie aus Seefahrerberichten neuerer Zeiten viele Fälle von Begegnungen zwischen Menschen und heidnischen Meerwesen aufzählte.

Inzwischen hatte der entsetzliche Seesturm nachgelassen, und wenn auch die See noch ziemlich bewegt war, konnten doch Fischer und andere Leute, die ihr Gewerbe am Strand betrieben, wieder ihrem Berufe nachgehen.

Da kamen eines Morgens Fischerweiber in die Stadt gelaufen und verkündeten schreiend, es liege am Sandufer vom Meere hergespült ein Mann, nackt und halb von Seetang überzogen. Sie vermuteten in ihm den Leichnam eines von den im Sturme Umgekommenen, und in Bälde begleitete sie eine große Schar teils Hilfsbereiter, teils Neugieriger zum Ufer. Sie nahmen Stangen, Netze und Seile mit, einige machten auch ihre Boote flott, und so näherten sie sich dem Körper, der unweit des Strandes, scheinbar in Schlinggewächse verwickelt, im Takt der ihn noch umringenden Brandung auf und nieder schaukelte. Frauen wehklagten und beteten, Jünglinge und Kinder sahen mit Grausen auf den bleich schimmernden Körper, der bald bis zur Brust sichtbar wurde, bald nur noch eine Hand über Wasser zeigte.

Des unsicheren Bodens und der vielen Untiefen wegen fand man es geraten, den Leichnam von drei Booten aus mit einem Schleppnetz einzuholen. Erfahrene Männer führten dies aus, und es gelang.

Entsetzt aber schrie die Menge der Zuschauer auf, als der vom Netz umschlossene Körper sich plötzlich heftig bewegte. Er riß am Netz und schlug mit den Armen, und unvermutet stieß er ein so wildes und scheußliches Gebrüll aus, daß jedermann das Herz erstarrte. Zugleich warf er sich wie im Krampf in die Höhe, und nun konnte man sehen, daß er mit einem gewaltigen Fischschwanze an Stelle der Beine versehen war.

»Ein Ungeheuer! Ein Meermensch! Ein Seeschreck!« riefen alle durcheinander, und nicht wenige ergriffen die Flucht. Die Männer in den Booten aber hielten, obwohl erschrocken, stand und zogen den unentrinnbar Umstrickten mit Übermacht ans Land. Dort banden sie den ganz vom Netz umschnürten Meermann noch mit starken Seilen, warfen ihn auf einen zweirädrigen Karren und führten ihn unter ungeheurem Auflauf und Geschrei des Volkes in die Stadt.

Hier war mittlerweile von den zuvor Geflüchteten die Neuigkeit in allen Gassen verbreitet worden, und auf dem Marktplatz, wohin die Männer mit dem Karren eilten, strömte im Augenblick eine unzählbare Volksmenge zusammen.

»Totschlagen!« und »Vierteilen!« riefen Hunderte unaufhörlich. Doch wagte sich niemand an den Gefangenen, den die Einlieferer überdies bewachend umstanden.

Unter den Herren von Ruf und Geltung, die sich samt dem Bürgermeister in ziemlicher Anzahl eingefunden hatten, wurde heftig beraten. Der Historiker Salestris und der Redner Cäsarius waren die ersten, die sich dem auf dem Wagen liegenden Ungeheuer näherten, um es genau zu betrachten. Soweit auch ihre Meinungen sonst auseinandergingen, waren sie doch darin einig, daß man versuchen müsse, den Fremdling am Leben zu erhalten. Und es gelang ihnen, entgegen dem Wunsch der Menge, jene Männer zu vermögen, daß sie den Gefangenen, gebunden wie er war, in den Marktbrunnen warfen, wo er alsbald untersank.

Der Brunnen wurde mit Schildwachen besetzt, und das Volk trieb sich erregt noch lange auf dem Platze herum, während der Rat unter Beiziehung jener Gelehrten über die ferner zu ergreifenden Maßregeln im Stadthause beriet, Salestris und Cäsarius erhielten Erlaubnis und Auftrag, den Tritonen nach Möglichkeit zu erforschen und, wenn es möglich wäre, mit ihm zu reden.

Sie begaben sich zum Brunnen, wo die Wachen sie vor dem Andrang der Neugierigen schützten. Der Meermann lag auf dem Grunde des tiefen, steinernen Beckens, und es gelang erst nach mehreren Stunden, ihn durch Brot und Fische an die Oberfläche zu locken. Endlich tauchte er auf, und es zeigte sich, daß er Netz und Stricke inzwischen abgestreift hatte. Die beiden Gelehrten machten das Zeichen des Kreuzes, wozu der Meermann lachte. Dann redete ihn bald der eine, bald der andere an, sowohl in italienischer wie in lateinischer Sprache. Doch verstand er sie nicht, obwohl er eifrig zu lauschen schien und teils durch Gebärden, teils durch unverständliche Laute einer fremden Sprache etwas zu sagen bemüht war.

Eine nochmalige Beratung im Stadthause blieb ohne Ergebnis. Cäsarius äußerte die Überzeugung, es müsse möglich sein, sich in irgendeiner Sprache mit dem Fremdling zu verständigen. Darauf fand sich ein südländischer Schiffer, der als Verwalter einer Reederei am Orte lebte und der sarazenischen Sprache mächtig war. Auch er redete mit dem Scheusal und wurde nicht verstanden. Doch hielt er es für wahrscheinlich, daß es Griechisch rede, denn seine Laute kamen ihm denen der griechischen Sprache ähnlich vor, die er zwar nicht verstand, doch auf Seefahrten manchmal hatte sprechen hören.

Es galt nun also, jemand zu finden, der Griechisch kannte. Allein es fand sich niemand, denn die Kenntnis dieser Sprache war damals wenig verbreitet. Doch wußte Salestris, der Historiker, daß der in der Nachbarschaft lebende Arzt Charikles griechische Bücher besaß und sich mit seinen griechischen Studien brüstete. Nur hatte niemand Lust, der verhaßten Nachbarstadt den Triumph zu gönnen und den Charikles holen zu lassen.

Aber in einer letzten Sitzung spät am Abend wurde doch schließlich für richtig erkannt, den fremden Arzt und Gelehrten heimlicherweise herzubestellen, und Cäsarius übernahm den Auftrag dazu, wenn auch ungern. Früh am andern Morgen begab er sich zu Pferde nach der nicht sehr weit entfernten Stadt, sprach bei Charikles vor, sagte ihm viele Schmeicheleien und bat ihn am Ende, ohne Aufsehen mit ihm zu kommen. Jener meinte, er habe durchaus kein Interesse daran, der Feindin seiner Vaterstadt einen Dienst zu erweisen, doch wolle er der Wissenschaft zuliebe und gegen eine ordentliche Belohnung immerhin mitkommen.

Und so standen am späten Nachmittag die Edlen der Stadt, die Gelehrten und der Arzt Charikles am Rande des Brunnenbeckens. Das Meerungeheuer tauchte empor und legte sich mit beiden Armen auf die Steinbrüstung. Charikles redete es lateinisch und italienisch an, doch ohne Erfolg. Da begann er griechisch zu reden, und kaum hatte er einige Sätze gesagt, so gab auch das Ungeheuer fremdartige Laute von sich.

»Es ist gut«, sagte der Arzt zu den Umstehenden, »er gibt mir Antwort.«

»Mir scheint aber doch«, meinte Salestris, »das Schrecknis rede nicht dieselbe Sprache wie Euer Wohlgeboren.«

»Ihr habt ein feines Ohr«, erwiderte der Fremde lächelnd. »Der Triton spricht zwar Griechisch, jedoch den veralteten ionischen Dialekt, denselben, in dem die Gesänge des Homeros abgefaßt sind.«

Er redete weiter mit dem Unhold, bis dieser, der Belästigung müde, untertauchte und im tiefen Wasser verschwand. Darauf gab er im Rathause seine Unterredung zu Protokoll. Nach diesem hatte der Meermann mitgeteilt, er sei ein Abgesandter des Gottes Poseidon.

Selbiger sei erbost, daß an der Stelle seines ehemaligen Tempels ein fremdes Gotteshaus sei errichtet worden; darum habe er jenen Sturm erregt, Fischer und Seeleute samt ihrem Gut vernichtet und Turm und Dach des neuen Tempels beschädigt. Sollten die Einwohner der Stadt es wagen, diese Beschädigung auszubessern, so werde seine Rache ohne Grenzen sein. Außerdem aber verlange er zur Sühne die Errichtung eines Standbildes auf der Säule des Marktbrunnens.

Charikles erhielt ein anständiges Geschenk und ward von zwei Edlen bis zur Mitte des Weges in seine Stadt zurückbegleitet. Das Meerungeheuer stieß in der folgenden Nacht einen dreimaligen grausigen Schrei aus und war am Morgen spurlos verschwunden. Bald darauf ward über dem Brunnen ein ehernes Neptunbild aufgestellt, und das Loch im Dache der neuen Kirche blieb offen und ließ Sonnenschein und Regen durch. Dies trug zum raschen Verfall des Gebäudes bei, heute steht dasselbe nicht mehr, sondern wurde im siebzehnten Jahrhundert durch eine schöne Kirche im Barockstil ersetzt. *(1907)*

Das Blumenspiel: Aus der Kindheit des heiligen Franz von Assisi

»Cesco!« rief die Stimme der Mutter von oben.

Alles war still und warm, verschlafener italienischer Spätnachmittag.

Noch einmal lockend und spielerisch: »Cesco!«

Der zwölfjährige Knabe saß im Schattenwinkel neben der Vortreppe des Hauses auf den staubigen Steinen, fast schlafend, beide mageren Hände über den spitzen Knien verschlungen, eine braune Locke fiel über die helle, zart geäderte Kinderstirn.

Wie gut das klang! Diese sanfte, leichte, vogelhaft beschwingte Mutterstimme, gut und freundlich, eigen und vornehm, wie die ganze Mutter war. Voll Zärtlichkeit sann Francesco den verklungenen Rufen nach. Es zuckte ihm einen Augenblick in den Beinen, aufzuspringen, aber die schwache Regung schlief schnell wieder ein, und während er in der tiefen Sonnenstille noch immer die liebe Stimme hallen fühlte, waren seine Gedanken schon weit.

Wunderbare Dinge gab es auf der Welt. Nicht jeder brave Mann saß so wie er, vergraben im Schattenloch vor der väterlichen Treppe, vom Vater verwöhnt und von der Mutter ermahnt, und von allen Seiten sahen die Nachbarhäuser, der Brunnen, die Zypresse, die Berge herein, immer gleich, immer dasselbe. Es gab Männer, die ritten auf Pferden durch die ganze Welt, durch Frankreich und England und Spanien, an allen Schlössern und Städten vorbei, und wo irgend Schlimmes geschah, wo irgendein frommer guter Mann zum Tode geführt oder eine schöne arme Prinzessin verzaubert war, da erschien der Held, der Ritter, der Befreier, zog sein großes Schwert und tat das Rechte. Ritter gab es, die schlugen allein ein ganzes Mohrenheer in schmächliche Flucht. Auf Schiffen fuhren sie bis ans Ende der Welt, und vor ihnen her blies der Sturm ihre kühnen, großen Namen und Taten über die Länder. So hatte Piero, der Knecht, ihm gestern von Orlando erzählt.

Blinzelnd schaute Franz unter der Locke hervor, in die Lücke neben dem moosbewachsenen Nachbardach, wo zwischen den steinernen Pfeilern einer Reblaube ein schmaler Blick ins Weite ging, auf die umbrische Talebene hinab und zu den jenseitigen Bergen, an deren Hang eine kleine Stadt mit weißem Glockenturm unendlich klein und ferne klebte, und dahinter blaue Luft und farbige Ahnung der Welt. Wie war das schön und wie quälend, dahinten alles zu wissen, alles, alles, Ströme und Brücken, Städte und Meere, Königsburgen und Heerlager, Reiterscharen mit Musik, Helden zu Pferde und schöne adlige Frauen, Turniere und Saitenspiel, goldene Rüstungen und rauschende Seidengewänder, alles bereit, alles wartend, alles eine gedeckte Tafel für den, der kam, der Mut hatte und es an sich riß.

Ja, Mut mußte man haben. Auch etwa so durch eine fremde Einöde zu reiten, in der Nacht, wenn alles voll Spuk und feindlichen Zaubers war und Höhlen voll von Menschengebein lagen. Würde er, Franz Bernardones Sohn, so viel Mut haben? Und wenn man gefangen wurde und vor einen zorngeschwollenen Mohrenfürsten geführt oder in ein verhextes Schloß gesteckt! Es war nicht leicht. Es war nicht auszudenken. Es war schwer, furchtbar schwer, und gewiß gab es wenige, die das konnten. Vielleicht hätte sein Vater es gekonnt? Vielleicht – wer weiß? Aber wenn es nun einmal solche gab, die es konnten, wenn Orlando und Lanzelot und alle diese ihre Taten getan hatten, gab es da für einen jungen Menschen einen anderen Weg, als ihnen gleich zu werden? Konnte man da noch um Bohnen spielen oder Kürbiskerne stecken, konnte man da noch ein Handwerker oder Kaufmann werden wollen oder ein Priester oder irgend etwas anderes?

Die weiße Stirn zog sich in tiefe Falten, die Augen verschwanden unter den gerunzelten Brauen. Mein Gott, es war schwer, sich zu entscheiden. Wie viele schon mochten es versucht haben und schon im Anfange zugrunde gegangen sein, junge Knappen und Ritter, von welchen keine Prinzessin je erfuhr, von denen kein Lied gesungen wurde, von denen kein Pferdeknecht am Abend erzählte! Weg waren sie, erschlagen, vergiftet, ertrunken, von Felsen gestürzt, von Drachen gefressen, in Höhlen eingemauert. Für nichts waren sie ausgezogen, vergebens hatten sie Entbehrungen getragen und Qualen gelitten!

Franz schauderte. Er sah auf seine hageren, gebräunten Hände hinab. Vielleicht würden sie ihm einst von Sarazenen abgehauen, vielleicht mit Nägeln an ein Kreuz genagelt, vielleicht von Geiern gefressen. Es war scheußlich. Wenn man dachte, wieviel Gutes auf Erden war, wieviel Schönes, Angenehmes, Wohlschmeckendes. Oh, was für gute Sachen! Ein Kaminfeuer im Herbst mit bratenden Kastanien darin, und ein Blumenfest im Frühjahr mit den weißgekleideten Töchtern der Edelleute. Oder ein junges zahmes Pferd, wie ihm sein Vater eins versprochen hatte, wenn er vierzehn Jahre alt wäre. Aber auch andere, viel einfachere Dinge gab es, hundert und tausend, die schön und köstlich waren. Nur so etwas, wie dies Sitzen im Halbschatten, die Sonne auf den Fußspitzen, den Rücken an der kühlen Mauer. Oder abends im Bett zu liegen, nichts zu spüren als die sanfte weiche Wärme und die milde Dämmerung der Müdigkeit. Oder die Stimme der Mutter hören, ihre Hand im Haar fühlen. Und so waren tausend Sachen, so war alles, so waren Wachen und Schlafen, Abend und Morgen, überall so viel Duft und feiner Klang, so viel Farben, so viel Liebliches und Schmeichelndes.

War es nun notwendig, das alles gering zu achten, das alles zu opfern, das alles aufs Spiel zu setzen? Bloß um einen Drachen zu besiegen (oder auch von ihm zerrissen zu werden) oder um von einem König zum Herzog ernannt zu werden? Mußte es sein? War das richtig?

Es kam dem Knaben nicht in den Sinn, daß ja kein Mensch in der Welt, nicht Vater noch Mutter, dergleichen von ihm forderte, daß nur sein eigenes Herz davon sprach, davon träumte, danach begehrte. Er spürte die Forderung. Ein Ideal war aufgestellt. Ein Ruf war an ihn ergangen, ein Feuer war in ihm entzündet. Aber warum war das, was das Schönste schien, das Heldentum, so schwer, so sehr schwer? Warum mußte man denn wählen, opfern, sich entscheiden? Konnte man denn nicht einfach das tun, was einem gefiel? Ja, aber was gefiel einem denn? Alles und nichts, alles für einen Augenblick, nichts für immer. Ach, dieser Durst! Ach, diese zehrende Gier! Und so viel Qual und heimliche Furcht war dabei!

Zornig stieß er den Kopf gegen die Knie. Also, wenn schon – er wollte ein Ritter werden. Mochten sie ihn totschlagen, mochte er in einer Sandwüste verschmachten – er wollte ein Ritter werden. Sie würden schon schauen, Marietta und Piero, und auch die Mutter, und der blöde Lateinlehrer schon gar! Auf einem weißen Hengst wird er heimkehren, in einem goldenen Helm mit spanischen Federn, eine große Narbe in der Stirn.

Seufzend ließ er sich zurücksinken, blickte zwischen den Rebpfeilern durch in die rötlich rauchende Ferne, wo jeder blaue Schatten ein Traum und Versprechen war. Drinnen im Magazin hörte er Piero in den Zeugballen rumoren. Der Schattenstreif neben ihm war breit geworden und stach mit festem Umriß in die sonnige Straße. Über den fernen Hügeln wurde der heiße Himmel mild und golden.

Da kam die Gasse herauf ein kleines Züglein von Kindern, sechs oder acht kleine Mädchen und Buben, die kamen zu zwei und zwei gezogen und spielten Prozession, hatten Kränze von Blättern um die staubigen Nacken und Kleidchen geschlungen und trugen Wiesenblumen in den Händen, Ranunkel und Margueriten, Storchschnabel und Salbei, sorglos abgerissen, halb geknickt und schon beinah verwelkt, mit Grashalmen dazwischen. Die nackten Füße klatschten weich auf dem Steinpflaster, ein größerer Knabe klapperte in Holzschuhen taktschlagend nebenher. Sie sangen alle miteinander einen kleinen, verstümmelten Vers, entstellter Nachklang eines Kirchenliedes, mit dem Kehrreim:

mille fiori, mille fiori
a te, Santa Maria . . .

So kam die kleine Pilgrimschaft bergan gezogen, ein bißchen Klang und Farbe kam mit ihr über die abgestorbene Gasse geweht. Ein Mädchen ging zuhinterst, das flocht sich einen Zopf, während es den zweiten samt seinen Blumen im Munde festhielt, ohne darum vom Singen oder Summen abzulassen. Ein paar verlorene Blumen lagen hinter der Schar im Staube.

Franz hatte die Melodie des wohlbekannten Liedes alsbald mitgesummt. Auch er hatte dies Spiel gespielt, mehr als hundertmal; es war lange Zeit sein Lieblingsspiel gewesen. Jetzt, seit er zu den größeren Knaben gehörte und sich schon öfter an verbotenen Knabenstreichen beteiligt hatte, war mit der ersten Kinderunschuld auch dies fromme Spiel ihm fremd geworden, und er gehörte zu den überempfindlichen Kindern, denen schon in diesen frühesten Wandlungen der Seele mahnend und betrübend das Lied von der Vergänglichkeit der Freuden klingt. Heute vollends, da er beschlossen hatte, ein Held zu werden, mußte das Kinderspiel ihm Tand und Trödel erscheinen.

Er blickte gleichmütig-stolz auf die Kleinen, die vorüberzogen. Da sah er neben dem Mädchen mit dem offenen Zopf einen vielleicht sechsjährigen Buben ziehen, der hielt eine einzige geknickte Blume mit beiden Händen vor sich empor und wandelte in einem feierlich breiten, fast watenden Gang wie ein Fahnenträger, und so falsch er sang, seine runden Augen strahlten vor Festlichkeit und gläubiger Hingabe.

»*Mille fiori*«, sang er inbrünstig, »*mille fiori a te, Santa Maria!*«

Als Franz ihn sah, ergriff ihn, den Launischen, plötzlich die Schönheit und Andacht dieses Blumenspiels oder mehr die aufwallende Erinnerung an verblühte Begeisterungen, die er einst beim selben Tun empfunden. Mit einem leidenschaftlichen Sprung war er hinter den Kindern her, winkte sie gebietend zu sich und gebot ihnen, hier vor dem Hause einen Augenblick zu warten.

Sie folgten ihm – er war gewohnt, anzuführen, war auch der Sohn eines Reichen und Angesehenen – und warteten, ihre Blumenfetzen in den Händen. Der Gesang war verstummt.

Inwischen lief Franz in das Gärtchen seiner Mutter, eine winzige Pflanzung von drei, vier Schritten Länge, zwischen Häusermauern mühsam aufgehöht und unterhalten. Es waren wenig Blumen da, Narziß war verblüht, der Goldlack stand schon in Samen. Aber es blühten zwei hohe Büsche violetter Schwertlilien. Sie gehörten der Mutter. Es kostete einen Ruck im Herzen, aber er griff zu und brach fast alle die großen, schönen Blüten ab. Die saftigen, fetten Stengel knirschten in seiner Hand. Eine sah er an, blickte nah in den weißen Kelch, wo das Violett blaß wurde und in genauer Ordnung gelbe haarige Staubgefäße standen. Er empfand tief, daß es schade um die Blumen war.

Jetzt kam er zurück, und jedes Kind bekam eine Lilie zu tragen. Er selber behielt eine in der Hand, trat an die Spitze des Zuges und ging voraus. So zogen sie in die nächste Gasse, und die schönen Gartenblumen und das Beispiel des Anführers, den alle kannten, zog viele Kinder nach. Mit Blumen und ohne Blumen schlossen sie sich an, und in der nächsten Gasse andere, und als sie endlich singend auf den Domplatz kamen und gegen den goldenen Himmel die Abendberge blaurot glühten, da war es eine große Schar. »*Mille, mille fiori*«, sangen sie; und vor dem Dom begannen sie zu tanzen, und Franz, voll Eifer, mit glühenden Wangen, tanzte vor. Abendliche Bummler und heimkehrende Bauern blieben stehen und schauten zu, die jungen Mädchen lobten Franz, und schließlich war eine keck und tat, was alle wünschten: sie ging auf den schönen Jungen zu, gab ihm die Hand und tanzte mit ihm weiter. Gelächter und Beifall mischten sich darein, der spielerische Kindergottesdienst blühte einen Augenblick zu einem kleinen frohen Feste auf, wie auf den Lippen kleiner Mädchen ein Kinderlachen zum Jungfernlächeln wird.

Mit der Vesperstunde war alles aus und verlaufen. Franz erschien zu Hause, heiß und erregt, und merkte erst da, daß er den Zug und Tanz barfuß und ohne Mütze mitgemacht hatte, was er seit einiger Zeit sonst sorgfältig vermied, da er jetzt viel mit älteren Knaben und mit Söhnen der Adligen Umgang hatte.

Nach dem Essen, als er nach einigem Widerstreben und Trotzen sich doch hatte ins Bett schicken lassen, fiel ihm die Ritterschaft und das hohe Maß männlicher Pflichten, die er übernommen hatte, mit einemmal wieder auf die Seele. Er wurde bleich vor Zorn und Selbstverachtung, daß er sich so hatte vergessen können. Mit geschlossenen Augen und gepreßten Lippen schalt er und verachtete sich, wie er es häufig tat, auf das bitterste. Ein schöner Held, ein wackerer Orlando, der seiner Mutter Blumen abriß und mit einem Haufen kleiner Kinder tanzen und spielen ging! Ein schöner Ritter! Ein Hanswurst war er, ein Spaßmacher und Leichtfuß – weiß Gott, wie es einem solchen je hatte einfallen können, etwas Rechtes und Edles werden zu wollen. Oh, wie noch beim Tanz vor dem Dom ihm der Abendglanz und die zarte goldene Ferne ins Herz geleuchtet hatte! Sprach das nicht, lockte das nicht, mahnte das nicht hoch und glühend wie ein Heroldsruf? Und er hatte getanzt und getändelt und hatte sich von dem Bauernmädchen zum Schluß noch küssen lassen! Schauspieler! Lustigmacher! Er grub sich die Fingernägel in die geballte Hand und stöhnte vor Demütigung und Selbstanklage. Ach, so war alles, was er tat! So war alles – immer gut und stolz und edel begonnen und gemeint, und dann kam eine Laune, ein Wind, ein Geruch, eine Verlockung von irgendwoher, und der edle Held war wieder ein Gassenbub und Narr wie immer. Nein, es gab keine hohen Träume, keine geheiligten Entschlüsse und Begeisterungen – das alles war für andere, für Edlere, für Würdigere, als er einer war. Oh, Lanzelot! Oh, Orlando! Oh, Heldenlieder und ferne, heilige Glut auf den Bergen am Trasimeno!

In der Dämmerung tat die Tür sich sachte auf, und leise kam die Mutter herein. Sie schlief, jetzt wo der Vater auf Reisen war, in derselben Stube mit Franz. Auf leichten Hausschuhen trat sie still an sein Bett.

»Schläfst du noch nicht, Cesco?« fragte sie sanft.

Er war in Versuchung, sich schlafend zu stellen, brachte es aber nicht über sich. Statt der Antwort griff er nach ihrer Hand und hielt sie fest. Er liebte die Hände seiner schönen Mutter, ebenso wie ihre Stimme, mit fast verliebter Zärtlichkeit. Sie ließ ihm die Rechte und strich mit der Linken über sein Haar.

»Fehlt dir was, Kind?«

Er schwieg eine Weile, dann sagte er ganz leise: »Ich habe etwas Böses getan.«

»Ist es schlimm, Franz? Erzähl es mir!«

»Heut hab' ich fast alle deine Blumen abgerissen. Die blauen Blumen, weißt du, die großen. Sie sind nicht mehr da.«

»Ich weiß. Ich hab' es gesehen. Also das warst du? Ich dachte, es wäre Filippo oder Graffe. So etwas Rohes tust du ja sonst nicht.«

»Es tat mir gleich selber leid. Ich gab sie den Kindern.«

»Was für Kindern?«

»Es kamen Kinder. Wir spielten *mille fiori!*«

»Du auch? Du hast mitgespielt?«

»Ja, ich mußte auf einmal mittun. Sie hatten bloß so verwelkte Wiesenblumen, ich wollte es schön machen.«

»Seid ihr zum Dom gegangen?«

»Ja, zum Dom, wie früher.«

Sie legte ihm die Hand auf den Kopf.

»Nein, das ist nicht schlimm, Fränzel. Ja, wenn du die Blumen bloß im Übermut verwüstet hättest! Aber so – das ist wirklich nicht schlimm. Sei nur ruhig!«

Er lag still, sie glaubte ihn beschwichtigt. Da fing er ganz leise wieder an.

»Es ist ja nicht wegen der Blumen.«

»Nicht? Ja, was denn?«

»Ich kann's nicht sagen.«

»Sag mir's, erzähle nur! Hast du noch ein schlechtes Gewissen?«

»Mutter, ich möchte ein Ritter werden.«

»Ein Ritter? – Ja, das kannst du ja versuchen . . . Aber was hat das damit zu tun?«

»Es hat! Es hat sehr damit zu tun! Du kannst mich gar nicht verstehen! – Sieh, ich will doch ein Ritter werden. Und ich kann doch nicht! Immer wieder mache ich Dummheiten. Ein Ritter werden, das ist so schwer, so schwer – ein richtiger Ritter tut nie etwas Schlechtes oder etwas Dummes und Lächerliches, und ich möchte das auch, ich will auch so sein, und ich kann doch nicht! Auf einmal bin ich heut mit den Kindern gelaufen und habe ihnen vorgetanzt! Wie ein kleines Kind!«

Die Mutter drückte ihn aufs Kissen zurück.

»Sei nicht dumm, Franz! Tanzen ist keine Sünde. Auch ein Ritter darf ganz wohl manchmal tanzen, wenn er vergnügt ist oder wenn er den andern eine Freude machen will. Schau, du quälst dich da mit Sachen, die gar nicht so sind, wie du meinst. Man kann nicht alles gleich so, wie man möchte. Die Ritter sind auch einmal Buben gewesen und haben gespielt und getanzt und all das. – Aber sag mir:

warum möchtest du denn ein Ritter werden? Weil die so fromm und tapfer sind?«

»Ja, ja. Und auch – weißt du, dann kann ich ein Fürst oder Herzog werden, und alle Leute sprechen von mir.«

»So, muß denn das sein, daß alle Leute von dir sprechen?«

»O ja, das möchte ich sehr.«

»Dann gib dir nur Mühe, daß man immer Gutes von dir sagen kann! Sonst ist es eine schlimme Sache, in der Leute Mund zu sein!«

Sie mußte noch eine Weile bei ihm bleiben und seine Hand halten. Es war ihr seltsam ums Herz, wenn sie die Kindlichkeit seiner Wünsche und Vorsätze mit der Leidenschaft und schmerzlichen Erregung verglich, zu der sie ihn reizten. Dieser Kleine würde viel Liebe erleben, das war gewiß, aber auch viel, viel Enttäuschung. Ein Ritter würde er wohl nicht werden, das waren Träume. Aber irgend etwas nicht Gewöhnliches war ihm doch wohl beschieden, im Guten oder Bösen.

Sie machte im Dunkeln das Kreuz über ihm und nannte ihn bei sich im Herzen mit jenem Namen, den er später sich selber beilegte: Poverello.

(1919)

Skizzen

Madonna

Mir träumt von einem toskanischen Marienbilde ...

Es war ein junger Maler, dem Botticelli aus der Werkstatt gelaufen. Er hatte lange nichts mehr gemalt, statt dessen spielte er verliebten Edeldamen die Gitarre, verfaßte zügellose Sonette und verbrachte seine Nächte mit den Dirnen des Lungarno beim Chianti. Eines Tages aber sah er ein junges Weib, schön wie die Schönheiten des Ghirlandajo, und von diesem Tage an hörte er zu schlemmen und zu lästern auf. Die Frau war eine vornehme Witwe, aus dem Hause der Pazzi, und nahm bald darauf den Schleier.

Der Maler fiel in tiefe Melancholie. In seiner verwahrlosten Werkstätte bereitete er eine runde Holztafel, setzte sie auf die Staffelei und malte in wenigen Wochen das Bildnis jener Schönheit. Er malte sie als Madonna, schöner, schlanker und süßer als alle Marien des Botticelli, des Ghirlandajo und des Fra Filippo.

Vereinsamt und schwermütig trieb er sich dann auf den Plätzen und in den Kirchen der Stadt umher, seine Kunst, sein Leben und seine Liebe verfluchend. Da begegnete ihm ein hagerer Mönch mit tiefen, brennenden Augen, welchem viel Volks nachdrängte. Auch der Maler folgte ihm nach und hörte ihn auf der Piazza della Signoria reden. Sie waren wie nahes Donnern und wie Heroldsrufe des Weltgerichts, die Reden des Savonarola.

Ein Holzstoß war auf dem großen Platze aufgeschichtet, auf den trugen Reiche und Arme viele schöne, sündige Dinge: Novellenbücher, Zauberbücher, Gemälde nackter Frauen, Skulpturen aus Holz, aus Silber, aus Gold, Halsketten, gestickte Prunkröcke. Ein Mönch zündete den Haufen an. Die Menge schrie, weinte, jauchzte, und sie schwieg atemlos, so oft Savonarola redete.

Ein angstvoller Wahnsinn stieg aus dieser Menge und aus den Reden des Mönches dem Maler zu Kopf. Er eilte wie ein Verzweifelter fort, er kam wieder und warf, in ein Tuch gehüllt, seine Madonna auf den brennenden Stoß.

Der Stoß geriet ins Wanken, er neigte sich, und die runde Holztafel, noch nicht vom Feuer versehrt, viel herab und rollte zu Füßen der Menge hin. Das Tuch fiel davon ab, das Bildnis lag leuchtend vor aller Augen. Ein Murmeln und ein Schrei erhob sich aus der Menge, Hände streckten sich nach dem Kleinod aus.

Da trat Savonarola hinzu. Die Menschen wichen scheu zurück. Er hob die Tafel auf, warf einen flüchtigen Blick seiner lodernden Augen auf das Gemälde und legte es auf die rauchenden Reste des Scheiterhaufens.

Nach einer Minute war das Bild vernichtet.

Es stellte die heilige Jungfrau in einem Kranz von violetten Anemonen vor, mit auf der Brust gekreuzten Händen, und war süßer als alle Madonnen des Botticelli, des Ghirlandajo und des Fra Filippo.

Der Mönch

Ich hatte wieder einmal die Certosa die Val d'Ema besucht, das große Kloster mit den wenigen alten Mönchen nahe bei Florenz. Der führende Frate erkannte mich, aber er zeigte es nur durch ein stilles Lächeln.

Ich bat ihn, mich zu den Gräbern der Acciajoli zu führen. Und wir stiegen in die kühle Unterkirche hinab, wo ich meine Sehnsucht nach dem Anblick des schönen jungen Lorenzo stillte, der so sanft und eigen die steinernen Finger aneinanderlegt.

Dann begann ich mit dem Mönche zu reden.

»Ein trauriger Aufenthalt hier unten!« sagte ich.

O, es ist sehr kühl hier, antwortete er.

»Was ist Eure Beschäftigung?«

Ich pflege das Obst und führe die Fremden.

»Und Ihr seid zufrieden?«

Sollte ich es nicht sein?

»Habt Ihr niemals traurige Stunden?«

Nein, Herr. Wie sollte ich?

»Nun, ich denke, in müßigen Zeiten –«

Es sind stets Fremde zu führen. Auch pflege ich das Obst.

»Ihr wollt es nur nicht sagen. Oder seid Ihr wirklich immer zufrieden?«

Sollte ich es nicht sein? Wir lügen nicht, wir Brüder.

Wir gingen zurück, und ich gab ihm ein Geldstück.

Wollen Sie nicht die Kreuzgänge sehen? fragte er.

»Ich danke Euch, nein. Lebet wohl!«

Er lächelte merkwürdig. Er hatte doch gelogen.

(1902)

Nachwort

1926 hat Hermann Hesse unter dem Titel »Bilderbuch« einen Sammelband mit Schilderungen veröffentlicht, der auf 320 Seiten Studien, Stimmungsbilder, Betrachtungen und Reiseerinnerungen über Länder und Regionen zusammenfaßte, die er kannte, liebte, ja, mit denen ihn eine Art Wahlverwandtschaft verband. Dieses Buch, das 1958, geringfügig erweitert, neu aufgelegt wurde, beginnt mit Impressionen über den Bodensee, an dessen unberührtestem Ufer Hesse sich 1904 nach dem überraschenden Erfolg des »Peter Camenzind«, fern von allen Metropolen literarischer Betriebsamkeit, »die erste legitime Werkstatt seines Berufes« eingerichtet hatte. Die nächsten Kapitel des »Bilderbuches« gelten seinen Reisen nach Italien und Indien sowie einer Auswahl von Stimmungsbildern aus seiner späteren südschweizerischen Wahlheimat, dem Tessin.

Über jede dieser biographischen Stationen fanden sich, verstreut in Hesses Büchern und vor allem in seinem Nachlaß, noch sehr viel mehr und keineswegs belanglosere Schilderungen, so daß es uns reizvoll und wünschenswert erschien, sie in thematischen Einzelbänden so vollständig wie möglich zusammenzufassen. So ist 1977 der illustrierte Sammelband »Bodensee« erschienen, der in seinem Textteil etwa das Fünffache der Beiträge des »Bilderbuches« enthält, und 1980 unter dem Titel »Aus Indien« eine vergleichbare Neuedition, die gegenüber der Erstausgabe von 1913 etwa das Doppelte, gegenüber der »Bilderbuch«-Auswahl mehr als das Dreifache von Hesses »Indien«-Aufzeichnungen überliefert.

Das weitaus reichhaltigste Material aber fand sich zum Thema »Italien«, dem der Autor mit nur 32 Seiten im »Bilderbuch« quantitativ den geringsten Platz eingeräumt hat. Der vorliegende Band versucht, diese Lücke zu schließen, um sowohl über Hesses bevorzugtes Reiseziel als auch über ein weitgehend noch unbekanntes Kapitel aus seinen schriftstellerischen Anfängen biographischen und entwicklungsgeschichtlichen Aufschluß zu geben.

Ein Album mit den populärsten Motiven Venedigs, dem Markusplatz, der Rialtobrücke und dem wie aus Spitzen geklöppelten gotischen Ca' d'Oro-Palast am Canale Grande, das Hesse vermutlich schon während der allerersten Schuljahre in die Hände gekommen sein muß, war seine erste Begegnung mit dem Land, das künftig zu seinem liebsten Reiseziel werden sollte. »Mit Blau und Gelb und Rot und Gold nicht sparend« hat er dieses Album damals mit Aquarellfarben koloriert, »oft ungewiß, was Land, was Wasser sei«. Doch bis er sein Phantasiekolorit mit den Farben der Wirklichkeit vergleichen konnte, sollten noch etwa fünfzehn Jahre vergehen.

Die nächste nachhaltige Begegnung mit Italien verdankt er wohl seinen autodidaktischen Goethe-Studien als junger Buchhandelsgehilfe in Tübingen und der fast gleichzeitigen Bekanntschaft mit dem Hauptwerk des Schweizer Kulturhistorikers Jacob Burckhardt. Am 30. 3. 1898 schreibt der damals Zwanzigjährige an seine Eltern: »Meine Hauptlektüre seit drei Wochen ist die herrliche ›Kultur der Renaissance‹ von Burckhardt, deren ersten Band ich fertig habe. Das Buch ist außer Goethes ›Faust‹ und ›Aus meinem Leben‹ eigentlich das einzige, bei dem ich eine sehr hohe Erwartung übertroffen fand. Ich finde es bedeutsam, daß eben unsere Zeit erst die Renaissance versteht und gewissermaßen entdeckt hat ... Auch ich kann diesem Heimweh nicht entrinnen nach jenem Reichtum an Geist, Kunst, Witz, Schönheit, nach jenen merkwürdigen Städten, wo die höchste Staatskunst neben der höchsten humanistisch-künstlerischen Bildung blühte.«

Diese Sehnsucht hat ihn seitdem nicht mehr verlassen. Nach dem Abschluß seiner Lehrzeit in Tübingen zieht der Autor der »Romantischen Lieder« (veröffentlicht im Oktober 1898), der Prosaphantasien »Eine Stunde hinter Mitternacht« (veröffentlicht im Juni 1900) als Sortimentsbuchhändler nach Basel, (Mitte September 1899) in die Stadt, deren geistiges Leben »von nichts und niemand so stark beeinflußt und geformt war wie von Jacob Burckhardt«, der dort zwei Jahre zuvor gestorben war.

Nach täglich mehr als zehnstündiger Dienstzeit in der Basler Buchhandlung Reich schreibt und veröffentlicht Hesse hier sein drittes Buch, »Hermann Lauscher«, beschäftigt sich mit Boccaccio, Franz von Assisi, Leonardo da Vinci, sammelt Reproduktionen von Gemälden und Architekturdenkmälern der Renaissance, liest Burckhardts »Die Zeit Constantins des Großen« und legt jeden Rappen seines dürftigen Gehilfensalärs beiseite, um sich den nun seit Jahren immer dringlicheren Wunsch erfüllen zu können, das Land der Sonne, der Kunst, der naiven und elementaren Lebensfreude nicht nur aus Büchern und Bildern, sondern auch aus eigener Anschauung erleben zu dürfen.

Im Herbst des Jahres 1900 steht sein Plan fest: im kommenden

Frühjahr wird er seine Stelle in der Buchhandlung kündigen, um in der für Italien schönsten Reisezeit für mindestens zwei Monate das Land seiner hochgespannten Erwartungen kennenzulernen. Und um jedes Risiko auszuschließen, diese Reise aus finanziellen Gründen eventuell vorzeitig abbrechen zu müssen, kommt er auf eine ungewöhnliche und auch noch für sein späteres Leben nutzbringende Idee, sich die nötigen Mittel zu verschaffen, ohne doch betteln zu müssen: In einem Rundschreiben an Freunde und Bekannte bietet er ihnen ein unveröffentlichtes Manuskript, einen Zyklus seiner neuesten, meist nachts entstandenen »Notturni«-Gedichte an. »Um diese intime Art der Mitteilung« habe er besonders die persische Literatur schon immer beneidet. Denn sie gewähre den Vorteil, heißt es in diesem Rundschreiben, »meine Dichtung, der Spekulation des Handels und der Presse entzogen, nur von Freunden und Wohlgesinnten gelesen zu wissen«. Er gedenke etwa 20 Exemplare herauszugeben, von denen jedes, mit persönlicher Widmung versehen, 20 Franken koste. »Bestellungen von nicht Eingeladenen werden nicht angenommen«, fügt er hinzu, um das Angebot noch interessanter zu machen. Die Exemplare seien »sämtlich sowohl durch die Widmungen wie durch absichtliche, zum Teil bedeutende Variationen im Text als Unica bezeichnet. Sollte Ihnen ein Vers besonders gefallen, so seien Sie bitte überzeugt, daß ich ihn speziell für Sie eingefügt habe. Bei weniger glücklichen Passagen aber mögen Sie sich sagen, daß ich mir sie vermutlich bei den übrigen Exemplaren besser überlegt haben werde.«

Durch diese in jeder Hinsicht gewitzte Methode, aus der Not eine Tugend zu machen, gelang es ihm, seine Reisekasse um annähernd 400 Franken aufzubessern, und dies, trotz seines damals noch bescheidenen literarischen Renommees, sogar rascher als vermutet. So konnte er bereits am 13. 10. 1900 seinem Tübinger Freund Eberhard, dem Vater von Albrecht Goes, melden: »Der Erlös der Exemplare, die schon fast alle verkauft sind, wird hauptsächlich meiner für nächsten Frühling geplanten italienischen Reise dienen.«

Am 25. 3. 1901 war es endlich soweit: nach einem Intensivstudium der italienischen Sprache im Selbstunterricht und drei Wochen sorgfältiger Vorbereitung im heimatlichen Calw brach er auf, im Reisegepäck außer dem Baedeker auch Jacob Burckhardts »Cicerone – Eine Anleitung zum Genuß der Kunstwerke Italiens«.

Daß nach einer solchen Prädisposition die Begegnung mit der

Wirklichkeit zur Offenbarung werden und auf den denkbar empfänglichsten Boden fallen muß, ist bei einem Naturell wie demjenigen Hesses unausweichlich: »Das jahrelang erträumte Betreten des italienischen Bodens gab mir ein so intensives, erhöhtes Glücksgefühl, wie ich es bis dahin kaum gekannt hatte.«

Die hier erstmals veröffentlichten Reisetagebücher geben darüber Auskunft. Zunächst einmal verändern sich bei Hesse, wie bei jedem, der zum erstenmal ins Ausland reist, die bisher gültigen Wertmaßstäbe. Kaum eine Woche in Italien und wenige Stunden erst in Florenz, schreibt er seinen Eltern: »Angesichts dieser Kultur und dieses Lebens sinkt mein Nationalgefühl auf Null.« Eine Beschämung, die sich noch verstärkt, wenn er anderen Italientouristen, namentlich seinen Landsleuten, begegnet, die mit dem Blick auf das Tyrrhenische Meer singen: »Wie ist es am Rhein so schön« und in den Speiselokalen deutsche Küche statt der unverwechselbaren Gerichte des Gastlandes verlangen. »Wie gemein so ein feister deutscher Kommerzienrat neben einem italienischen Bettelbuben aussehen kann«, notiert Hesse in sein Tagebuch, das durchaus nicht den Eindruck macht, als sei es vor mehr als achtzig Jahren geschrieben. Denn die unkonventionelle Art zu reisen, die mit einem Minimum an Komfort ein Maximum an Erlebnis ermöglicht, hat nach wie vor etwas Alternatives, so daß sich vermutlich viele Tramper unserer Jeans-Generationen darin wiedererkennen und mit Hesses Reisetechnik identifizieren können. Er reist nicht als Frachtgut touristischer Agenturen, sondern auf eigene Faust. »Mir ist auf Reisen nur wohl, wenn es ganz schlicht und handwerksburschenhaft zugeht, dritter Klasse und zu Fuß, ohne Hotels und ohne täglich warm zu essen«, berichtet er 1904 in einem Brief. Der pedantischen Organisation zieht er die Improvisation vor. Das Vertrauen in den Zufall, in den Reiz der Überraschungen und Risiken gehört für ihn zur Poesie des Unterwegsseins. Auf den ökonomischen Vorteil, den der Gesellschaftstourismus zu bieten hat, braucht er nicht zu verzichten, wenn er sich mit Eisenbahnwaggons dritter Klasse zufrieden gibt. Außerdem kann er dabei, statt mit seinesgleichen, mit der Bevölkerung des Gastlandes in Berührung kommen und die Fahrt, wo immer es ihm verlockend erscheint, unterbrechen. Dasselbe gilt für Unterkunft und Verpflegung, wobei Hesse den keimfreien Hotels einheimische Schenken und Privatpensionen vorzieht, die ihn am Alltag, den unterschiedlichen Eß- und Lebensgewohnheiten teilnehmen lassen: »Diese Leute sind, wenn sie nicht gerade Geschäfte machen, von einer Naivität und Sicherheit des Sichgebens, dabei von einer natürlichen Lebensart und Beweglichkeit, neben der wir Nordländer Marionetten sind.« Statt sich professionellen Fremdenführern anzuschließen und sich demonstrieren zu lassen, was zur Bildung gehört, ist er sein eigener Cicerone oder läßt sich, wie in Chioggia, die Besonderheiten von einem achtjährigen Gassenbuben zeigen, qualifiziert durch ein »braunschwarzes, schlaues Gesicht, ganz wild, geht in keine Schule«.

Wie oft Hesse auch später nach Italien (und anderswohin) aufbrach, nie hat er – selbst nicht als etablierter Autor, der sich ein wenig Luxus durchaus hätte gönnen können – diese Art des Reisens aufgegeben, um das Fremde so authentisch und unmittelbar wie möglich am eigenen Leib zu erfahren. Denn »die Poesie des Reisens«, schreibt er 1904, »liegt im Erleben, im Reicherwerden, im organischen Angliedern von Neuerworbenem, im Zunehmen unseres Verständnisses für die Einheit im Vielfältigen ... im Wiederfinden von alten Wahrheiten und Gesetzen unter ganz neuen Verhältnissen«.

Es ist erstaunlich, was der 23jährige alles wahrnimmt, mit welcher Hingabe er sich der neuen Kultur öffnet und welches Pensum er sich abverlangt, um der fast verwirrenden Fülle und Vielfalt kunsthistorischer Leistungen einigermaßen gerecht zu werden. Hesse gehört weder zu den Touristen, die alles anschauen und nichts sehen, noch ist er der brave Adept, der nur das aufsucht und würdigt, was vom offiziellen Kodex als Sehenswürdigkeit empfohlen und vorgeschrieben ist. In der Bewertung von Malerei und Architektur ist er durchaus selbständig und sicher, mitunter geradezu ein Entdecker, dem die Reiseführer bald schon nicht mehr genügen: »Baedeker schweigt unverantwortlich«, notiert er in Venedig. Was Wunder bei einer Sensibilität und Vielseitigkeit der Wahrnehmung, welche für alltägliche Reize wie Wolken, Himmel und Wasser, die Eigenarten von Vegetation und Landschaft, die Rhythmen von Licht und Schatten ebenso empfänglich ist wie für die Musik der architektonischen Proportionen und das Unverwechselbare in Kunst und Kultur? Eine ganz ungewöhnliche Begabung des Auges zeigt sich in Hesses Aufzeichnungen. Die Komposition oder der Pinselstrich eines Gemäldes begeistern ihn nicht weniger als die Schlammbänke der Lagune, die kein Reiseveranstalter in seinem Programm von Sehenswürdigkeiten wagen würde anzubieten, obwohl man dort »fabelhaftere und reichere Tönungen, Übergänge und Auflösungen irisierender Farbflächen studieren kann als in einer Glasbläserei« von Murano. Einen Gondoliere bittet Hesse zu dessen Verwunderung, nicht die kürzeste Route einzuschlagen, sondern den zauberhaften Lichtreflexen der Aprilsonne auf dem Guidecca-Kanal zu folgen. Was er dabei beobachtet, wird in seinen Aufzeichnungen zu Malerei in Prosa, impressionistisch und doch so exakt, daß es ihn plötzlich befähigt, auch den Bildern in den Galerien auf ganz andere Weise gerecht zu werden: »Unbewußt habe ich die große Klugheit begangen, erst ein paar Tage venezianische Sonne zu sehen und hiesige Luft zu atmen, ehe ich die venezianische Malerei zu betrachten anfing.« Manches, was ihm zuvor in den Gemäldesammlungen von Florenz noch unwahrscheinlich und als stilistische oder individuelle Willkür der Maler vorkam, erkennt er jetzt als Authentizität unverwechselbar lokaler Licht- und Farbqualitäten. Ähnliches gilt für die Porträtmalerei, so daß er im Tagebuch notiert, er habe im Zug eine Frau mit Perugino-Augen gesehen, und eines Tages berichten kann: »Heute ist mir das süßeste und lieblichste Wunder begegnet. Ich sah jene entzückende Blonde, die Bonifazio [Veronese] vor 400 Jahren als Lautenspielerin gemalt hat. Ich konnte nicht widerstehen, ich mußte Halt machen und sie anreden . . . Sie war es vollkommen: der zarte Hals, das kindliche und träumerische Gesicht, die feinen Schultern, das schwere, hochgebundene Haar. Sie hieß Gina Salistri, ist armer Leute Kind und wohnt in San Giobbe . . . In Wirklichkeit aber ist sie eine Traumschöpfung des Malers Bonifazio, nach 400 Jahren zu Leben und körperlichem Dasein erwacht.«

Es ist reizvoll zu beobachten, wie Hesse solche, in den Tagebüchern oft nur stichworthaft vermerkte, Beobachtungen bald darauf in Gedichten (vgl. zu dieser Episode das Gedicht »Bonifazios Bild«) und in den »Stimmungsbildern aus Oberitalien« verarbeitet hat und wie sich dabei nach und nach ihr Aggregatzustand vom Persönlichen ins Allgemeine und Fiktionale verändert. Ein Beispiel dafür ist die Szene mit dem an die Wand einer Weinschenke gemalten Gast, der dann leibhaftig das Lokal betritt (Tagebuch vom 19. 4. 1901) in der Erzählung »Der lustige Florentiner«, dem der junge Autor dann eine kuriose Mischung von Selbsterlebtem und Fabuliertem in den Mund legt.

Die Erzählung »Der Zwerg« dagegen ist reine Erfindung und ein gutes Beispiel für Hesses Gewohnheit, sich angesichts historischer

Architekturen in die Entstehungs- und Blütezeit jener Bauwerke zurückzuversetzen, um wenigstens in der Phantasie das inzwischen Märchenhafte ihrer Existenz und Atmosphäre kulturgeschichtlich zu erfassen und wiederzubeleben.

Auch Hesses erster Roman »Peter Camenzind«, dessen Manuskript er unmittelbar nach seiner zweiten Italienreise an Samuel Fischer sandte, ist voll von italienischen Motiven. Es sei, schreibt der knapp Sechsundzwanzigjährige in seinem Begleitbrief vom 9.5. 1903 an den Verleger, zwar unmodern, ja antimodern, dagegen seien Land und Volk aus langen und liebevollen Studien dargestellt, so daß sein Werkchen nichts Erfundenes und Unerlebtes enthalte. Auch das läßt sich nun anhand der Reisetagebücher verifizieren, die im »Peter Camenzind« sogar eigens erwähnt werden: »Da hatte ich knapp und kurz Notizen über alles Sichtbare in der Welt aufgeschrieben, ohne Reflexionen und ohne Verbindungen. Es waren Skizzenhefte wie die eines Zeichners, und sie enthielten in kurzen Worten lauter reale Dinge: Bilder aus Gassen und Landstraßen, Silhouetten von Gebirgen und Städten, erlauschte Gespräche ... Notizen über Beleuchtung, Winde, Regen, Gestein ... Meerfarbenspiel und Wolkenformen. Gelegentlich hatte ich auch kurze Geschichten daraus bearbeitet und veröffentlicht.«

In diesen Geschichten, wie auch in Hesses erstem Roman, finden sich nicht nur Abwandlungen authentischer Namen wie Ercole Aglietti (im Tagebuch) in Erminia Aglietti (im Camenzind), sondern in gewissenhafter Reihenfolge auch die Stationen der ersten und zweiten Reise: Mailand (man vergleiche im Reisetagebuch von 1903 die Episode mit den Heiligenfiguren auf dem Mailänder Dom, die alle nicht schnell genug auf den höchsten Podest, die Abschußrampe in den Himmel, kommen können, mit derselben Szene im »Peter Camenzind«), Florenz, Fiesole und Pisa. Einzig der Aufenthalt Camenzinds in Assisi scheint Erfindung zu sein. Denn bisher gibt es noch keinen Anhaltspunkt dafür, daß Hesse den Heimatort des ihm liebsten unter den Heiligen vor 1911 mit eigenen Augen gesehen hat.

Früher als geplant, bereits nach sieben Wochen, mußte Hesse seine erste Italienreise abbrechen, da ihm am 16. 5. 1901 von der heimatlichen Militärbehörde der Musterungsbescheid nachgesandt worden war. »Wenn man von Italien heimreist«, heißt es im »Peter Camenzind«, »pfeift man auf Prinzipien und Vorurteile, man trägt die Hände in den Hosentaschen und kommt sich als durchtriebener Lebenskünstler vor. Man ist eine Weile im wohlig warmen Volksleben des Südens mitgeschwommen« und müsse dann zu Hause, wo man das alte, steife Leben unverjüngt und unveränderlich antreffe, kleinlaut und ärgerlich von der Höhe der neu erworbenen Heiterkeit Stufe um Stufe herabsteigen. »Aber etwas von dem Erworbenen keimte doch weiter«, so daß es zwei Jahre später nur eines zufälligen Anstoßes bedurfte, um vom einen auf den anderen Tag erneut – und danach bis 1914 mitunter jedes zweite Jahr – für einige Wochen nach Italien aufzubrechen.

Diesmal freilich, im April 1903, reiste Hesse nicht allein, sondern in Begleitung zweier junger Damen, einer Malerin und ihrer Freundin, der Basler Photographin Maria Bernoulli, die bald schon seine Frau werden sollte.

Diese zweite Italienreise, obwohl sie etwa zur selben Jahreszeit, jedoch bei empfindlich schlechterem Wetter und völlig spontan und unvorbereitet unternommen wurde, dauerte fast vier Wochen. Die bei Hesse mitunter aufkommende Verstimmung, diesmal in seiner Unabhängigkeit etwas eingeschränkt zu sein, wurde wieder aufgewogen durch die Freude, den Mädchen die ihm vertrauten Stationen seiner ersten Reise kenntnisreich zeigen und seine Kunstbegeisterung mit jemandem teilen zu können. Wie oft Hesse später noch nach Italien kam – wozu ihn auch die italienische Landkarte in seinem Gaienhofener Schlafzimmer ermuntert haben mag –, wie oft er mit der Eisenbahn oder auf langen Fußmärschen die Toskana und Umbrien durchstreifte, immer geschah es fortan in Gesellschaft von einem oder zwei Freunden, am häufigsten mit dem Maler Fritz Widmann, aber auch mit den Musikern Othmar Schoeck und Fritz Brun. Dem Bedürfnis und Ehrgeiz, in Museen und Galerien möglichst viel Kunst kennenzulernen, folgte von Jahr zu Jahr mehr das Interesse und die Freude an der Mentalität, die diese Kunstwerke, diese organisch konzipierten Stadtlandschaften und harmonisch proportionierten Architekturen hervorgebracht hatte, und die Sehnsucht, sich von den Verkrampfungen des überzivilisierten Nordens durch die unbeschnitten elementare Lebensfreude des Südens zu regenerieren. Fast alle Amateurphotographien, die uns von Hesse und seinen Reisebegleitern überliefert sind, zeigen etwas von der Lebensfreude, ja Ausgelassenheit dieser Italienreisen. Nun muß er nicht mehr, um seinen »Bildungssack zu komplettieren«, das ganze Land von Como bis hinab nach Sizilien absolvieren. Wenige Landschaften, diese aber so intensiv wie möglich zu erfahren, genügt ihm vollauf. 1912 notiert er dazu in einem Aufsatz »Für Italienfreunde«: »Es gibt in der Hauptsache drei Typen von Italienwanderern. Die einen sausen von Lugano oder Bozen bis Neapel durch und werden rasch fertig. Die andern saugen sich an einer der größeren Städte, meistens an Rom, für immer fest, kehren immer wieder dahin zurück und nehmen sich zwar immer wieder vor, nun bald auch diese oder jene andere Stadt und Provinz zu besuchen, kommen aber nie dazu. Wieder andere, und zu diesen gehöre ich selbst, haben zwar wohl das Ideal, Italien ganz kennenzulernen, fressen sich aber aus Trägheit und Behagen so langsam durch den Kuchen hindurch, daß sie niemals fertig werden. So ist es mir gegangen, der ich bald zehnmal in Italien war und noch nie Rom gesehen habe, obwohl ich schon zweimal ein Billett nach Rom in der Tasche hatte. Das eine Mal stieg ich in Orte, das andere Mal in Orvieto aus, und so kenne ich denn bis vor die Tore Roms hin Dutzende und Dutzende von italienischen Städten, Städtchen und Dörfern und habe allmählich jene Liebe für Italien gewonnen, die nicht mehr sucht und rennt.«

Was Hesse fortan in Italien sucht, ist nicht mehr das Anhäufen von Wissen und Kenntnissen, sondern im Gegenteil die Befreiung vom Zweckleben. Und angesichts der Kulturdokumente vergangener Jahrhunderte, denen er jetzt nicht mehr planmäßig nachreist, findet er nun für sich und seine eigenen Bemühungen die Zuversicht, »daß die Arbeit und Hingabe eines Menschen nicht wertlos sind«, daß über der bedrückenden Isolation, in der jeder, auch der anonyme, Künstler sein Leben verbringt, »etwas allen Gemeinsames vorhanden ist; daß zu allen Zeiten Hunderte einsam gelitten und gearbeitet haben, um das Sichtbarwerden dieses tröstlichen Gemeinsamen zu fördern . . . Denn Michelangelo und Fra Angelico haben weder an mich noch an irgend jemand gedacht, wenn sie arbeiteten. Sie haben für sich selber geschaffen, jeder für sich allein, jeder zum Teil für seine Not und in bitterem Kampf mit Unmut und Müdigkeit. Jeder von ihnen auch war tausendmal unbefriedigt von dem, was er machte; Ghirlandajo hat sich lachendere Bilder und Michelangelo viel mächtigere Bauten und Denkmäler erträumt. Wir haben nur, was übrigblieb, aber das scheint uns wert, daß jene sich mühten. Und damit gewinnen wir selber Mut, fortzufahren.« Das ist in nuce dieselbe Zuversicht, die Hesse Jahrzehnte später – provoziert durch die Destruktionen des Nationalsozialismus – mit seinem »Glasperlenspiel« bestärken und aktualisieren sollte.

Um Hesses Verhältnis zu Italien, seiner Kultur und Literatur möglichst vielseitig und facettenreich wiederzugeben, enthält dieser Band neben den autobiographischen Aufzeichnungen der Tagebücher, Reisebilder und Gedichte (darunter 13 in Buchform noch unveröffentlichte) auch eine Auswahl von Passagen aus seinen Briefen und Rezensionen. Einige Beispiele aus Hesses fiktionalen Schriften zeigen, auf welche Weise er italienische Motive, Eindrükke und Gestalten in seinem Werk assimiliert hat. Andere wie z. B. »Aventiure ... Nach alten Quellen erzählt« kann man in seinen Legenden und Erzählbänden nachlesen. Dasselbe gilt für »Peter Camenzind«, ein Werk, dessen Natur- und Menschenliebe der Beschäftigung mit Franz von Assisi sehr viel verdankt. Was für uns Ghandi oder Martin Luther King, war für den frühen Hesse Giovanni Bernardone (genannt Franziskus), der auf Kosten eigener Vorteile gegen alle Privilegien aufbegehrte, die Gewalt überwand, indem er sie erlitt, und keine Lehre hinterließ, es sei denn die Lehre seines Lebens. Über Franziskus, aber auch über Giovanni Boccaccio hat Hesse in wenigen Wochen »in jugendlichem Enthusiasmus« zwei legendäre Monographien geschrieben, die seit ihrem Erscheinen 1904 nie mehr gedruckt wurden, weil sie seiner späteren Meinung nach »einer Kritik nicht standhielten«. Sie wurden, ebenso wie die unbekannten Gedichte und viele andere verschollene Texte hier trotzdem aufgenommen, nicht aus Respektlosigkeit gegenüber den Qualitätsvorbehalten des Autors, sondern weil sie zum Thema gehören und im Kontext der übrigen Aufzeichnungen eine ganz andere Wertigkeit erhalten, weil sie entwicklungs- und werkgeschichtliche Stationen darstellen, die Späteres vorwegnehmen und erklären. Leider war es aus Umfangsgründen unmöglich, Hesses Aufzeichnungen mit noch mehr Bildmaterial zu belegen, obwohl sich nahezu alles auch optisch hätte veranschaulichen lassen. Als ich vor zwei Jahren mit diesen Texten durch Ober- und Mittelitalien reiste, gab es fast nichts, was nicht mehr auffindbar gewesen wäre. Möge es auch anderen so gehen und noch lange so bleiben, damit endlich, nach mehr als achtzig Jahren, Hesses Hoffnung erfüllt werde, die er 1901 seinem »Venezianischen Notizbüchlein« vorangestellt hat: »Ich wünsche mir einen Leser, den mein Buch auf heißen, nachmittäglichen Lagunenfahrten und auf morgendlichen Strandgängen am Lido begleiten darf.«

Frankfurt am Main im März 1983 *Volker Michels*

Register der in Text, Anmerkungen und Abbildungen erwähnten Eigennamen

(Kirchen, Palazzi etc. sind unter ihrem Eigennamen alphabetisch eingeordnet, z. B. San Marco → Marco; ä = ae; indirekte Erwähnung in Klammern (. . .))

Zeittafel

1877	geboren am 2. Juli in Calw/Württemberg als Sohn des baltischen Missionars und späteren Leiters des »Calwer Verlagsvereins« Johannes Hesse (1847–1916) und dessen Frau Marie verw. Isenberg, geb. Gundert (1842–1902), der ältesten Tochter des namhaften Indologen und Missionars Hermann Gundert.
1881–1886	wohnt Hesse mit seinen Eltern in Basel, wo der Vater bei der »Basler Mission« unterrichtet und 1883 die Schweizer Staatsangehörigkeit erwirbt (zuvor: russische Staatsangehörigkeit).
1886–1889	Rückkehr der Familie nach Calw (Juli), wo Hesse das Reallyzeum besucht.
1890–1891	Lateinschule in Göppingen zur Vorbereitung auf das württembergische Landexamen (Juli 1891), der Voraussetzung für eine kostenlose Ausbildung zum ev. Theologen im »Tübinger Stift«. Als staatlicher Schüler muß Hesse auf sein Schweizer Bürgerrecht verzichten. Deshalb erwirbt ihm der Vater im November 1890 die württembergische Staatsangehörigkeit (als einzigem Mitglied der Familie).
1891–1892	Seminarist im ev. Klosterseminar Maulbronn (ab Sept. 1891), aus dem er nach 7 Monaten flieht, weil er »entweder Dichter oder gar nichts werden wollte«.
1892	bei Christoph Blumhardt in Bad Boll (April bis Mai); Selbstmordversuch (Juni), Aufenthalt in der Nervenheilanstalt Stetten (Juni–August). Aufnahme in das Gymnasium von Cannstatt (Nov. 1892), wo er
1893	im Juli das Einjährig-Freiwilligen-Examen (Obersekundareife) absolviert. »Werde Sozialdemokrat und laufe ins Wirtshaus. Lese fast nur Heine, den ich sehr nachahmte.« Im Oktober Beginn einer Buchhändlerlehre in Esslingen, die er aber schon nach drei Tagen aufgibt.
1894–1895	15 Monate als Praktikant in der Calwer Turmuhrenfabrik Perrot. Plan, nach Brasilien auszuwandern.

1895–1898 Buchhändlerlehre in Tübingen (Buchhandlung Heckenhauer). 1896 erste Gedichtpublikation in »Das deutsche Dichterheim«, Wien. Die erste Buchpublikation *Romantische Lieder* erscheint im Oktober 1898.

1899 Beginn der Niederschrift eines Romans *Schweinigel* (Manuskript noch nicht aufgefunden). Der Prosaband *Eine Stunde hinter Mitternacht* erscheint im Juni bei Diederichs, Jena.
Im September Übersiedlung nach Basel, wo Hesse bis Januar 1901 als Sortimentsgehilfe in der Reich'schen Buchhandlung beschäftigt ist.

1900 beginnt er für die »Allgemeine Schweizer Zeitung« Artikel und Rezensionen zu schreiben, die ihm mehr noch als seine Bücher »einen gewissen lokalen Ruf machten, der mich im gesellschaftlichen Leben sehr unterstützte«.

1901 Von März bis Mai erste Italienreise.
Ab August 1901 (bis Frühjahr 1903) Buchhändler im Basler Antiquariat Wattenwyl.
Die *Hinterlassenen Schriften und Gedichte von Hermann Lauscher* erscheinen im Herbst bei R. Reich.

1902 *Gedichte* erscheinen bei Grote, Berlin, seiner Mutter gewidmet, die kurz vor Erscheinen des Bändchens stirbt.

1903 Nach Aufgabe der Buchhändler- und Antiquariatsstellung zweite Italienreise, gemeinsam mit Maria Bernoulli, mit der er sich im Mai verlobt. Kurz davor Abschluß der Niederschrift des *Camenzind*-Manuskripts, das Hesse auf Einladung des S. Fischer Verlags nach Berlin sendet. Ab Oktober (bis Juni 1904) u. a. Niederschrift von *Unterm Rad* in Calw.

1904 *Peter Camenzind* erscheint bei S. Fischer, Berlin. Eheschließung mit Maria Bernoulli und Umzug nach Gaienhofen am Bodensee (Juli) in ein leerstehendes Bauernhaus. Freier Schriftsteller und Mitarbeiter an zahlreichen Zeitungen und Zeitschriften (u. a. »Die Propyläen«, d. i. »Münchner Zeitung«; »Die Rheinlande«; »Simplicissimus«; »Der Schwabenspiegel«, d. i. »Württemberger Zeitung«). Die biographischen Studien *Boccaccio* und *Franz von Assisi* erscheinen bei Schuster & Loeffler, Berlin und Leipzig.

1905 im Dezember Geburt des Sohnes Bruno.

1906 *Unterm Rad* (1903–1904 entstanden) erscheint bei S. Fischer, Berlin. Gründung der liberalen, gegen das persönliche Regiment Wilhelms II. gerichteten Zeitschrift »März« (Verlag Albert Langen, München), als deren Mitherausgeber Hesse bis 1912 zeichnet.

1907 *Diesseits* (Erzählungen) erscheint bei S. Fischer, Berlin. In Gaienhofen baut und bezieht Hesse ein eigenes Haus »Am Erlenloh«.

1908 *Nachbarn* (Erzählungen) erscheint bei S. Fischer, Berlin.

1909 im März Geburt des zweiten Sohnes Heiner.

1910 *Gertrud* (Roman) erscheint bei Albert Langen, München.

1911 im Juli Geburt des dritten Sohnes Martin. *Unterwegs* (Gedichte) erscheint bei Georg Müller, München; Sept. bis Dez. Indienreise mit dem befreundeten Maler Hans Sturzenegger.

1912 *Umwege* (Erzählungen) erscheint bei S. Fischer, Berlin. Hesse verläßt Deutschland für immer und übersiedelt mit seiner Familie nach Bern in das Haus des verstorbenen befreundeten Malers Albert Welti.

1913 *Aus Indien.* Aufzeichnungen einer indischen Reise, erscheint bei S. Fischer, Berlin.

1914 *Roßhalde* (Roman), erscheint im März bei S. Fischer, Berlin.
Bei Kriegsbeginn meldet sich Hesse freiwillig, wird aber als dienstuntauglich zurückgestellt und 1915 der Deutschen Gesandtschaft in Bern zugeteilt, wo er von nun an im Dienst der »Deutschen Gefangenenfürsorge« bis 1919 Hunderttausende von Kriegsgefangenen und Internierten in Frankreich, England, Rußland und Italien mit Lektüre versorgt, Gefangenenzeitschriften (z. B. die »Deutsche Interniertenzeitung«) herausgibt, redigiert und 1917 einen eigenen Verlag für Kriegsgefangene (»Verlag der Bücherzentrale für deutsche Kriegsgefangene«) aufbaut, in welchem bis 1919 22 von H. H. edierte Bände erscheinen

Zahlreiche politische Aufsätze, Mahnrufe, offene Briefe etc. in deutschen, schweizerischen und österreichischen Zeitungen und Zeitschriften.

1915 *Knulp*. Drei Geschichten aus dem Leben Knulps (Teilvorabdruck bereits 1908), erscheint bei S. Fischer, Berlin.

Am Weg (Erzählungen) erscheint bei Reuß & Itta, Konstanz.

Musik des Einsamen. Neue Gedichte, erscheint bei Eugen Salzer, Heilbronn.

Schön ist die Jugend (Erzählungen) erscheint bei S. Fischer, Berlin.

1916 Tod des Vaters, beginnende Schizophrenie seiner Frau und Erkrankung des jüngsten Sohnes führen zu einem Nervenzusammenbruch Hesses. Erste psychotherapeutische Behandlung durch den C. G. Jung-Schüler J. B. Lang bei einer Kur in Sonnmatt bei Luzern. Gründung der »Deutschen Interniertenzeitung« und des »Sonntagsboten für die deutschen Kriegsgefangenen«.

1917 wird Hesse nahegelegt, seine zeitkritische Publizistik zu unterlassen. Erste pseudonyme Zeitungs- und Zeitschriftenpublikationen unter dem Decknamen Emil Sinclair. Niederschrift des *Demian* (Sept. bis Okt.).

1919 Die politische Flugschrift *Zarathustras Wiederkehr*. Ein Wort an die deutsche Jugend von einem Deutschen, erscheint anonym im Verlag Stämpfli, Bern.

Auflösung des Berner Haushalts (April). Trennung von seiner in einer Heilanstalt internierten Frau. Unterbringung der Kinder bei Freunden. Im Mai Übersiedlung nach Montagnola/Tessin in die Casa Camuzzi, die er bis 1931 bewohnt.

Kleiner Garten. Erlebnisse und Dichtungen, erscheint bei E. P. Tal & Co., Wien und Leipzig.

Demian. Die Geschichte einer Jugend, erscheint bei S. Fischer, Berlin, unter dem Pseudonym Emil Sinclair. Die Sammlung *Märchen* erscheint bei S. Fischer, Berlin. Gründung und Herausgabe der Zeitschrift »Vivos voco«, Für neues Deutschtum (Leipzig und Bern).

1920 *Gedichte des Malers,* Zehn Gedichte mit farbigen Zeichnungen, und die Dostojewski-Essays u. d. T. *Blick ins Chaos* erscheinen im Verlag Seldwyla, Bern.

Klingsors letzter Sommer (Erzählungen) erscheint bei S. Fischer, Berlin; danach, ebenfalls bei S. Fischer, *Wanderung.* Aufzeichnungen mit farbigen Bildern vom Verfasser.

Zarathustras Wiederkehr, Neuauflage bei S. Fischer, diesmal unter Angabe des Autors.

1921 *Ausgewählte Gedichte* erscheinen bei S. Fischer, Berlin. Krise mit fast anderthalbjähriger Unproduktivität zwischen der Niederschrift des ersten und des zweiten Teils von *Siddhartha.* Psychoanalyse bei C. G. Jung in Küsnacht bei Zürich.

Elf Aquarelle aus dem Tessin erscheint bei O. C. Recht, München.

1922 *Siddhartha.* Eine indische Dichtung, erscheint bei S. Fischer, Berlin.

1923 *Sinclairs Notizbuch* erscheint bei Rascher, Zürich. Erster Kuraufenthalt in Baden bei Zürich, das er fortan (bis 1952) alljährlich im Spätherbst aufsucht. Die Ehe mit Maria Bernoulli wird geschieden (Juni).

1924 Hesse wird wieder Schweizer Staatsbürger. Bibliotheks- und Vorbereitungsarbeiten an seinen Herausgeberprojekten in Basel. Heirat mit Ruth Wenger, Tochter der Schriftstellerin Lisa Wenger.

Ende März Rückkehr nach Montagnola.

Psychologia Balnearia oder Glossen eines Badener Kurgastes, erscheint als Privatdruck; ein Jahr später als erster Band in der Ausstattung der »Gesammelten Werke in Einzelausgaben« u. d. T.:

1925 *Kurgast* bei S. Fischer, Berlin. Lesereise u. a. nach Ulm, München, Augsburg, Nürnberg (im November).

1926 *Bilderbuch* (Schilderungen) erscheint bei S. Fischer, Berlin. Hesse wird als auswärtiges Mitglied in die Sektion für Dichtkunst der Preußischen Akademie der Künste gewählt, aus der er 1931 austritt: »Ich habe das Gefühl, beim nächsten Krieg wird diese Akademie viel zur Schar jener 90 oder 100 Prominenten beitragen, welche das Volk wieder wie 1914 im Staatsauftrag über alle lebenswichtigen Fragen belügen werden.«

1927 *Die Nürnberger Reise* und *Der Steppenwolf* erscheinen bei S. Fischer, Berlin, gleichzeitig – zum 50. Geburtstag Hesses – die erste Hesse-Biographie (von Hugo Ball). Auf Wunsch seiner zweiten Frau, Ruth, Scheidung der 1924 geschlossenen Ehe.

1928 *Betrachtungen* und *Krisis.* Ein Stück Tagebuch, erscheinen bei S. Fischer, Berlin, letzteres in einmaliger, limitierter Auflage.

1929 *Trost der Nacht.* Neue Gedichte, erscheint bei S. Fischer, Berlin; *Eine Bibliothek der Weltliteratur* als Nr. 7003 in Reclams Universalbibliothek bei Reclam, Leipzig.

1930 *Narziß und Goldmund* (Erzählung) erscheint bei S. Fischer, Berlin.

1931 Umzug innerhalb Montagnolas in ein neues, ihm auf Lebzeiten zur Verfügung gestelltes Haus, das H. C. Bodmer für ihn gebaut hat. Eheschließung mit der Kunsthistorikerin Ninon Dolbin, geb. Ausländer, aus Czernowitz.

Weg nach innen. Vier Erzählungen (»Siddhartha«, »Kinderseele«, »Klein und Wagner«, »Klingsors letzter Sommer«), erscheint als preiswerte und auflagenstarke Sonderausgabe bei S. Fischer, Berlin.

1932 *Die Morgenlandfahrt* erscheint bei S. Fischer, Berlin.

1932–1943 Entstehung des *Glasperlenspiels.*

1933 *Kleine Welt* (Erzählungen aus »Nachbarn«, »Umwege« und »Aus Indien«, leicht bearbeitet) erscheint bei S. Fischer, Berlin.

1934 Hesse wird Mitglied des Schweizerischen Schriftstellervereins (zwecks besserer Abschirmung von der NS-Kulturpolitik und effektiverer Interventionsmöglichkeiten für die emigrierten Kollegen).

Vom Baum des Lebens (Ausgewählte Gedichte) erscheint im Insel Verlag, Leipzig.

1935 *Fabulierbuch* (Erzählungen) erscheint bei S. Fischer, Berlin.

Politisch erzwungene Teilung des S. Fischer Verlags in einen reichsdeutschen (von Peter Suhrkamp geleiteten) Teil und den Emigrationsverlag von Gottfried Bermann Fischer, dem die NS-Behörden nicht erlauben, die Verlagsrechte am Werk Hermann Hesses mit ins Ausland zu nehmen.

1936 läßt Hesse dennoch seine Hexameterdichtung *Stunden im Garten* in Bermann Fischers Exil-Verlag in Wien erscheinen.

Im September erste persönliche Begegnung mit Peter Suhrkamp.

1937 *Gedenkblätter* und *Neue Gedichte* erscheinen bei S. Fischer, Berlin.

Der lahme Knabe, ausgestattet von Alfred Kubin, erscheint als Privatdruck in Zürich.

1939–1945 gelten Hesses Werke in Deutschland für unerwünscht. »Unterm Rad«, »Der Steppenwolf«, »Betrachtungen«, »Narziß und Goldmund« und »Eine Bibliothek der Weltliteratur« dürfen nicht mehr nachgedruckt werden.

Die von S. Fischer begonnenen »Gesammelten Werke in Einzelausgaben« müssen deshalb in der Schweiz, im Verlag Fretz & Wasmuth, fortgesetzt werden.

1942 Dem S. Fischer Verlag, Berlin, wird die Druckerlaubnis für *Das Glasperlenspiel* verweigert.

Die Gedichte, erste Gesamtausgabe von Hesses Lyrik, erscheinen bei Fretz & Wasmuth, Zürich.

1943 *Das Glasperlenspiel.* Versuch einer Lebensbeschreibung des Magister Ludi Josef Knecht samt Knechts hinterlassenen Schriften. Herausgegeben von Hermann Hesse, erscheint bei Fretz & Wasmuth, Zürich.

1944 Die Gestapo verhaftet Peter Suhrkamp, Hesses Verleger.

1945 *Berthold,* ein Romanfragment, und *Traumfährte* (Neue Erzählungen und Märchen) erscheinen bei Fretz & Wasmuth, Zürich.

1946 *Krieg und Frieden* (Betrachtungen zu Krieg

und Politik seit dem Jahr 1914) erscheint bei Fretz & Wasmuth, Zürich. Danach können Hesses Werke auch in Deutschland wieder gedruckt werden, zunächst im »Suhrkamp Verlag vorm. S. Fischer« (ab 1951 dann im Suhrkamp Verlag, Frankfurt am Main). Goethe-Preis der Stadt Frankfurt am Main. Nobel-Preis.

1950 Hesse ermutigt und ermöglicht Peter Suhrkamp, einen eigenen Verlag zu gründen, der im Juli eröffnet wird.

1951 *Späte Prosa* und *Briefe* erscheinen bei Suhrkamp, Frankfurt am Main.

1952 *Gesammelte Dichtungen* in sechs Bänden als Festgabe zu Hesses 75. Geburtstag erscheinen bei Suhrkamp, Frankfurt am Main.

1954 *Piktors Verwandlungen.* Ein Märchen, faksimiliert, erscheint bei Suhrkamp, Frankfurt am Main.

Der *Briefwechsel: Hermann Hesse – Romain Rolland* erscheint bei Fretz & Wasmuth, Zürich.

1955 *Beschwörungen,* Späte Prosa/Neue Folge, erscheint bei Suhrkamp, Frankfurt am Main. Friedenspreis des Deutschen Buchhandels.

1956 Stiftung eines Hermann-Hesse-Preises durch die Förderungsgemeinschaft der deutschen Kunst Baden-Württemberg e. V.

1957 *Gesammelte Schriften* in sieben Bänden, erscheinen bei Suhrkamp.

1961 *Stufen,* alte und neue Gedichte in Auswahl, erscheint bei Suhrkamp.

1962 *Gedenkblätter* (um fünfzehn Texte erweitert gegenüber der 1937 erschienenen Ausgabe) erscheint bei Suhrkamp.

9. August: Tod Hermann Hesses in Montagnola.

1962 »Hermann Hesse. Eine Bibliographie« von Helmut Waibler, erscheint im Francke Verlag, Bern und München.

1963 *Die späten Gedichte* erscheinen als Band 803 der Insel-Bücherei im Insel Verlag, Wiesbaden.

1964 Das Hermann-Hesse-Archiv in Marbach wird gegründet.

1965 *Prosa aus dem Nachlaß* (herausgegeben von

Ninon Hesse) erscheint bei Suhrkamp.
Neue Deutsche Bücher, Literaturberichte für »Bonniers Litterära Magasin« 1935 bis 1936 (herausgegeben von Berhard Zeller), in der Turmhahn-Bücherei des Schiller-Nationalmuseums, Marbach.

1966 *Kindheit und Jugend vor Neuzehnhundert,* Hermann Hesse in Briefen und Lebenszeugnissen 1877 bis 1895 (herausgegeben von Ninon Hesse), erscheint im Suhrkamp Verlag.
Tod von Ninon Hesse.

1968 *Hermann Hesse – Thomas Mann,* Briefwechsel (herausgegeben von Anni Carlsson), erscheint bei Suhrkamp und S. Fischer.

1969 *Hermann Hesse – Peter Suhrkamp,* Briefwechsel (herausgegeben von Siegfried Unseld), erscheint bei Suhrkamp.

1970 *Hermann Hesse Werkausgabe* in zwölf Bänden, mit einer Auswahl von Hesses Bücherberichten u. d. T. *Eine Literaturgeschichte in Rezensionen und Aufsätzen* (herausgegeben von Volker Michels), erscheint bei Suhrkamp.

1971 *Hermann Hesse – Helene Voigt-Diederichs.* Zwei Autorenportraits in Briefen (herausgegeben von Berhard Zeller), erscheint bei Diederichs, Köln.

1972 Materialien zu Hermann Hesses *Der Steppenwolf* bei Suhrkamp.

1973 *Gesammelte Briefe,* Band 1, 1895–1921 (herausgegeben von Volker/Ursula Michels und Heiner Hesse), bei Suhrkamp.
Die Kunst des Müßiggangs, kurze Prosa aus dem Nachlaß und Materialien zu Hermann Hesses *Das Glasperlenspiel* (beide herausgegeben von Volker Michels) bei Suhrkamp.
Hermann Hesse. Eine Werkgeschichte. (Herausgegeben von Siegfried Unseld) bei Suhrkamp.

1974 Materialien zu Hermann Hesses *Siddhartha* (herausgegeben von Volker Michels) bei Suhrkamp.

1977 *Kleine Freuden.* Kurze Prosa aus dem Nachlaß. (Herausgegeben von Volker Michels), *Politik des Gewissens.* Die Politischen Schriften 1914–1962, 2 Bände (herausgegeben von Volker Michels), *Hermann Hesse – R. J. Humm,* Briefwechsel (herausgegeben von Volker und Ursula Michels), erscheinen bei Suhrkamp, ebenso *Die Welt der Bücher.* Betrachtungen und Aufsätze zur Literatur.

Hermann Hesse. Bodensee. Betrachtungen, Erzählungen, Gedichte (herausgegeben von Volker Michels), bei Thorbecke, Sigmaringen.

Hermann Hesse als Maler, ausgewählt von Bruno Hesse und Sandor Kuthy, bei Suhrkamp.

1978 *Kindheit und Jugend vor Neunzehnhundert,* Band 2 (herausgegeben von Gerhard Kirchhoff), bei Suhrkamp.

Hermann Hesse – Heinrich Wiegand, Briefwechsel (herausgegeben von Klaus Pezold), erscheint im Aufbau Verlag, Berlin, DDR.

1979 *Gesammelte Briefe,* Band 2, 1922–1935, erscheint bei Suhrkamp.

Hermann Hesse. Sein Leben in Bildern und Texten. Von Volker Michels, erscheint bei Suhrkamp.

Theodore Ziolkowski, *Der Schriftsteller Hermann Hesse.*

1982 *Gesammelte Briefe,* Band 3, 1936–1948.

Ralph Freedman, *Hermann Hesse, Autor der Krisis.* Eine Biographie.

1983 *Italien*

Hermann Hesse
im Suhrkamp und im Insel Verlag
Eine Auswahl

Hermann Hesse Lesebücher
Zusammengestellt von Volker Michels

Blick nach dem Fernen Osten. Erzählungen, Legenden, Gedichte und Betrachtungen. Herausgegeben von Volker Michels. 486 Seiten. Gebunden

Eigensinn macht Spaß. Individuation und Anpassung. 204 Seiten. Gebunden

Die Einheit hinter den Gegensätzen. Religionen und Mythen. 207 Seiten. Gebunden

Das Leben bestehen. Krisis und Wandlung. 208 Seiten. Gebunden

Jedem Anfang wohnt ein Zauber inne. Lebensstufen. 207 Seiten. Gebunden

Mit dem Erstaunen fängt es an. Herkunft und Heimat. Natur und Kunst. 206 Seiten. Gebunden

Wer lieben kann, ist glücklich. Über die Liebe. 223 Seiten. Gebunden

Das Lied des Lebens. Die schönsten Gedichte. 240 Seiten. Gebunden

NF 213/1/1.02

Biographien

Hugo Ball. Hermann Hesse. Sein Leben und sein Werk. st 385. 194 Seiten

Ralph Freedman. Hermann Hesse. Autor der Krisis. Eine Biographie. Übersetzt von Ursula Michels-Wenz. st 3088. 540 Seiten

Hermann Hesse. Sein Leben in Bildern und Texten. Herausgegeben von Volker Michels. Vorwort von Hans Mayer. Gestaltet von Willy Fleckhaus. Autoren-Bildband. st 3218 und it 1111. 365 Seiten

Hermann Hesse. Schauplätze seines Lebens. Mit zahlreichen Fotografien. Herausgegeben von Herbert Schnierle-Lutz. it 1964. 365 Seiten

Marie Hesse. Ein Lebensbild in Briefen und Tagebüchern. Mit einem Essay von Siegfried Greiner. Lithographien von Gunter Böhmer. it 261. 261 Seiten

Gisela Kleine. Zwischen Welt und Zaubergarten. Ninon und Hermann Hesse. Ein Leben im Dialog. Mit Fotografien. st 1384. 643 Seiten

Volker Michels. Hermann Hesse. Leben und Werk im Bild. Mit dem »kurzgefaßten Lebenslauf« von Hermann Hesse. it 36. 235 Seiten

Joseph Mileck. Hermann Hesse – Dichter, Sucher, Bekenner. st 1357. 440 Seiten

NF 213/2/1.02

Theodore Ziolkowski. Der Schriftsteller Hermann Hesse. Wertung und Neubewertung. Übersetzt von Ursula Michels-Wenz. 271 Seiten. Gebunden

Über Hermann Hesse

Über Hermann Hesse. Erster Band (1904-1962). Herausgegeben von Volker Michels. st 331. 473 Seiten

Über Hermann Hesse. Zweiter Band (1963-1977). Herausgegeben von Volker Michels. st 332. 523 Seiten

Hermann Hesse in Augenzeugenberichten. Herausgegeben von Volker Michels. st 1865. 553 Seiten

Hermann Hesses Indienreise. Eine Moritat. Bebildert und in Verse gebracht von Otto Blümel. Mit einem Nachwort von Volker Michels. Großdruck. it 2430. 90 Seiten

Eugen Drewermann. Das Individuelle gegen das Normierte verteidigen. Zwei Aufsätze zu Hermann Hesse. Mit einem Nachwort von Volker Michels. st 2458. 90 Seiten

Siegfried Unseld. Begegnungen mit Hermann Hesse. st 218. 268 Seiten

Siegfried Unseld. Hermann Hesse. Werk und Wirkungsgeschichte. Mit zahlreichen Abbildungen. it 1112. 414 Seiten

NF 213/3/1.02

Briefwechsel

Ninon Hesse. »Lieber, lieber Vogel«. Briefe an Hermann Hesse. Herausgegeben von Gisela Kleine. Mit Abbildungen. st 3373 und gebunden. 620 Seiten

Hermann Hesse/Thomas Mann. Briefwechsel. Herausgegeben von Anni Carlsson und Volker Michels. Mit Fotografien und Abbildungen. 380 Seiten. Leinen

Hermann Hesse/Peter Suhrkamp. Briefwechsel 1945-1959. Herausgegeben von Siegfried Unseld. 507 Seiten. Leinen

Stufen des Lebens. Briefe. Ausgewählt und mit einem Nachwort versehen von Siegfried Unseld. IB 1231. 96 Seiten

Gedichte

Bäume. Betrachtungen und Gedichte. Mit Fotografien. Ausgewählt von Volker Michels. it 455. 140 Seiten

Die Gedichte. 1892-1962. Neu eingerichtet und um Gedichte aus dem Nachlaß erweitert von Volker Michels. st 381. 831 Seiten

Schmetterlinge. Betrachtungen, Erzählungen, Gedichte. Zusammengestellt von Volker Michels. Mit farbigen Illustrationen. Großdruck. it 2424. 160 Seiten

Stufen. Ausgewählte Gedichte. BS 342. 239 Seiten

Wolken. Betrachtungen und Gedichte. Mit Bildern von Thomas Schmid. Herausgegeben und Nachwort von Volker Michels. it 2367. 189 Seiten

NF 213/4/1.02

Hermann Hesse als Maler

Farbe ist Leben. Eine Auswahl seiner schönsten Aquarelle. Vorgestellt von Volker Michels. it 1810. 173 Seiten

Hermann Hesse als Maler. Vierundvierzig Aquarelle. Ausgewählt von Bruno Hesse und Sandor Kuthy. Mit Texten von Hermann Hesse und einem Essay von Volker Michels. 136 Seiten. Gebunden

Magie der Farben. Aquarelle aus dem Tessin. Mit Betrachtungen und Gedichten. Auswahl und Nachwort von Volker Michels. it 482. 117 Seiten

Tessin. Betrachtungen, Gedichte und Aquarelle des Autors. Herausgegeben und mit einem Nachwort von Volker Michels. 343 Seiten. Leinen

Tessiner Bilderbuch. Mit 28 mehrfarbig aquarellierten Federzeichnungen. Mit einem Nachwort von Rätus Luck. 88 Seiten. Leinen

Hermann Hesse und Italien

Italien. Schilderungen, Tagebücher, Gedichte, Aufsätze, Buchbesprechungen und Erzählungen. Herausgegeben und mit einem Nachwort von Volker Michels. Mit zahlreichen Abbildungen und Fotografien. st 689. 525 Seiten

Mit Hermann Hesse durch Italien. Ein Reisebegleiter durch Oberitalien. Herausgegeben von Volker Michels. it 1120. 215 Seiten

NF 213/5/1.02

Hermann Hesse und die Literatur

Dank an Goethe. Betrachtungen, Rezensionen, Briefe. Mit einem Essay von Reso Karalaschwili. Neu zusammengestellt von Volker Michels. it 2250. 213 Seiten

Magie des Buches. Betrachtungen. BS 542. 132 Seiten

Eine Literaturgeschichte in Rezensionen und Aufsätzen. Herausgegeben von Volker Michels. st 252. 620 Seiten

Die Welt der Bücher. Betrachtungen und Aufsätze zur Literatur. Zusammengestellt von Volker Michels. st 415. 373 Seiten

Die Welt im Buch. Leseerfahrungen I. Rezensionen und Aufsätze aus den Jahren 1900-1910. Herausgegeben von Volker Michels. 640 Seiten. Leinen

Die Welt im Buch. Leseerfahrungen II. Rezensionen und Aufsätze aus den Jahren 1911-1916. In Zusammenarbeit mit Heiner Hesse herausgegeben von Volker Michels. 807 Seiten. Leinen

Hermann Hesse im HörVerlag

Hermann Hesse. Der Dichter. Märchen, Erzählungen und Gedichte. MC und CD, Laufzeit ca. 75 Minuten

Mit der Reife wird man immer jünger. Betrachtungen und Gedichte über das Alter. MC und CD, Laufzeit ca. 120 Minuten

Siddhartha. Eine indische Dichtung. Vollständige Lesung. 3 MC und 4 CD, Laufzeit ca. 230 Minuten

NF 213/6/1.02

Traumgeschenk. Betrachtungen, Erzählungen und Gedichte. MC und CD, Laufzeit ca. 60 Minuten

Über das Glück. Prosa und Gedichte. MC, Laufzeit ca. 57 Minuten

NF 213/7/1.02